LE CARTULAIRE

DU PRIEURÉ DE

NOTRE-DAME DE LONGPONT

EGLISE DE LONGPONT

LE CARTULAIRE

DU PRIEURÉ

DE NOTRE-DAME

DE LONGPONT

DE L'ORDRE DE CLUNY

AU DIOCÈSE DE PARIS

Publié pour la première fois avec une Introduction & des Notes.

XIe — XIIe SIÈCLE.

LYON

IMPRIMERIE ALF. LOUIS PERRIN ET MARINET

Rue d'Amboise, 6

M D CCC LXXIX

INTRODUCTION

I

ANS une charte non datée, mais que les concordances chronologiques auxquelles elle donne lieu permettent d'attribuer à l'année 1061 ou environ, & dont le Cartulaire de Longpont nous fournit le texte fous le n° LI, Geoffroi (1), évêque de Paris, expofe que Gui, l'un de fes chevaliers ou vaffaux (*nofter miles*), eft venu le trouver & l'a très-humblement fupplié de faire don & remife de l'églife ou chapelle de Notre-Dame, fituée dans le bourg de Longpont qui eft de fon domaine, à des moines appelés

---

(1) Geoffroi de Boulogne, 1061. — 1ᵉʳ mai 1095.

par lui, qui y serviraient Dieu selon la règle de Saint-Benoît. Ces moines, envoyés par l'abbé de Cluny (1), qui devait rester à tout jamais leur supérieur régulier, étaient déjà arrivés à Longpont, & le chevalier Gui, de son autorité privée (*nostro consilio nostraque auctoritate*), les avait reçus & mis en possession de l'église (2). L'Évêque de Paris accueille favorablement la requête de son vassal & accorde l'investiture sollicitée aux moines nouveau-venus & au monastère de Cluny, dont ils dépendront, en réservant soigneusement, suivant l'usage, tous les droits & priviléges de l'évêque diocésain & en particulier ceux de Joscelin, son archidiacre, dans la juridiction de qui Longpont était placé, & qui souscrit la charte à son rang. » Le « nombre des moines venus de Cluny, » ajoute l'abbé Lebeuf, « était de 22, suivant l'institu-

---

(1) Saint Hugues, abbé de Cluny, de 1049 à 1109.

(2) Saint Hugues fit, dans les premières années de son abbatiat, un long voyage *en France*. Il séjourna plusieurs mois à Paris & dans les environs, à Gournay, à Crespy-en-Valois, parcourut tout le Beauvaisis, &c. N'est-ce pas à ce voyage & à la présence prolongée dans le pays de Paris du saint abbé, dont la haute renommée commençait alors à se répandre, qu'il convient de rattacher la pensée du fondateur d'affilier le nouveau Prieuré à l'ordre de Cluny? L'influence personnelle de saint Hugues, jointe à l'éclat incomparable dont brillait à ce moment l'abbaye-mère, rendent cette hypothèse très-vraisemblable.

tion primitive; mais, plus tard, il monta jufqu'à 30 (1). »

Telle eft clairement & authentiquement expliquée l'origine de notre Prieuré.

Le village de Longpont (2) (*Longus Pons*) eft fitué dans la vallée de l'Orge, au pied de la colline de Montlhéry, du côté du Nord-Eft, & à deux kilomètres feulement de la petite ville du même nom. La plaine baffe & humide, au milieu de laquelle il eft bâti, était autrefois très-marécageufe, & c'eft fans nul doute à cette circonftance qu'il doit le nom qu'il porte. « Quant
« au nom de Longpont, » dit l'abbé Lebeuf, « il
« vient fans doute d'une longue chauffée qui y
« a été, & fur les arcades de laquelle on paffait
« la rivière d'Orge, ou peut-être même vient-il
« de celle que l'on y paffe encore aujourd'hui
« en arrivant du côté de Launay. L'abbaye de
« Longpont proche Soiffons a eu depuis ce
« temps-là une étymologie fondée fur une rai-
« fon à peu près femblable (3). » Des termes

---

(1) Lebeuf, *Hiftoire du Diocèfe de Paris*, x, 143.

(2) Seine-&-Oife; arrondiffement de Corbeil; canton de Longjumeau.

(3) *Hiftoire du Diocèfe de Paris*, x, 135. — Quelques antiquaires conteftent l'exactitude de l'étymologie donnée par l'abbé Lebeuf & propofent de traduire le mot français de *Longpont*, non par *Longus*

mêmes de la charte mentionnée plus haut il résulte clairement que le village exiſtait dès le milieu du xıᵉ ſiècle. Quant à l'égliſe ou chapelle de Notre-Dame, elle ne devait pas être moins ancienne. Dès le xııᵉ ſiècle, elle était le but d'un pèlerinage demeuré très-populaire dans les environs de Paris, & qui s'eſt continué preſque ſans interruption juſqu'à nos jours.

Ce Gui, fondateur du Prieuré de Longpont & ſimplement qualifié de *chevalier de l'évêque de Paris*, n'était autre que Guy Iᵉʳ, deuxième ſeigneur connu de Montlhéry (1). Il était fils de Thibaud, ſurnommé File-Etoupes (*Filans ſtupas*); le fondateur du célèbre château & l'auteur de cette puiſſante maiſon de Montlhéry, qui cauſa tant de ſoucis aux rois Henri Iᵉʳ & Philippe Iᵉʳ & qui, heureuſement pour leurs ſucceſſeurs, ſe fondit rapidement dans la maiſon de France. Une ancienne tradition, qui jouiſſait de quelque crédit parmi les érudits, au xvııᵉ ſiècle, que les auteurs de *l'Art de vérifier*

Pons, mais par *Longus Pontus*, en donnant à ce dernier mot le ſens qu'il paraît avoir dans quelques documents du moyen-âge de *marais* ou *terrain marécageux*.

(1) Par une inadvertance ſingulière, les auteurs du *Gallia Chriſtiana* ont confondu Gui Iᵉʳ de Montlhéry avec ſon petit-fils Gui Trouſſel, dont ils font mal à propos le fondateur du Prieuré de Longpont. (vıı, col. 553.)

INTRODUCTION

les Dates ont acceptée sans discussion (1), & dont nous retrouverons la trace dans un document mentionné plus loin (2), rattache les premiers seigneurs de Montlhéry à l'illustre maison de Montmorency & fait de Thibaud File-Etoupes, le second fils de Bouchard II de Montmorency (vers 1000 & 1010). L'abbé Lebeuf (3) est peu disposé à admettre cette tradition qui ne s'appuie sur aucun document, & Duchesne lui-même, dans son *Histoire de la Maison de Montmorency* (4), reconnaît qu'elle n'a pas d'autre valeur que celle d'une pure hypothèse. Thibaud File-Etoupes était revêtu, suivant les auteurs précités, de la charge de forestier du roi Robert.

Voici la généalogie de ces seigneurs de Montlhéry, fondateurs ou bienfaiteurs du Prieuré de Longpont, telle au moins qu'il est possible de l'établir d'après les textes du Cartulaire de Longpont, rapprochés des indications fournies par Suger, dans la *Vie de Louis le Gros* (5):

1° Thibaud File-Etoupes, vers 1010, vers 1040.

---

(1) II, 658.
(2) *Introduction*, p. 20.
(3) *Histoire du Diocèse de Paris*, x, 157.
(4) P. 687.
(5) Lib. viii & *seq*.

2° Gui Ier, vers 1050 & 1060.

3° Milon le Grand, 1080 & 1090.

4° Gui II Trouffel, fils aîné de Milon le Grand, vers 1098 — 1105 ou 1106.

5° Philippe, comte de Mantes, marié à Elifabeth, fille & héritière de Gui Trouffel, vers 1106 — 1108.

6° Milon de Bray, vicomte de Troyes, deuxième fils de Milon le Grand, 1109, 1117 & 1118.

La feigneurie de Montlhéry eft alors définitivement réunie au domaine de la couronne.

Le mariage d'Elifabeth, fille unique & héritière de Gui Trouffel, quatrième feigneur, avec Philippe, comte de Mantes, fils du roi Philippe Ier & de Bertrade de Montfort (1105 ou 1106) (1), amena, non pas encore la réunion complète & définitive, mais, en attendant mieux, l'annexion momentanée de la feigneurie de Montlhéry au domaine de la couronne. La ceffion au roi du château & de la terre de Montlhéry était la condition expreffe du confentement de celui-ci au mariage de fon fils, & Gui

---

(1) Le P. Anfelme (*Hiftoire généalogique de la Maifon de France*, t. III, p. 665), donne à cet évènement la date de 1104.

Trouffel vieilliffant, craignant d'ailleurs qu'après lui fa fille ne fût dépouillée de fon héritage, fe réfigna à la fubir. Il reçut en dédommagement la terre de Mehun-fur-Loire, que le roi avait récemment acquife par confifcation. Philippe Ier, pour la première fois en pofition de faire acte de fouveraineté à Montlhéry, confia à fon fils la garde militaire du château, & lui-même eut enfin la fatisfaction fi longuement & fi ardemment fouhaitée de venir, l'année même du mariage, faire réfidence & tenir fa cour féodale dans cette redoutable forterefle, dont l'entrée lui était jadis interdite & qui, pendant tout un demi-fiècle avait bravé fon autorité & entravé l'exercice du gouvernement au cœur même du royaume (1). « C'eft « ainfi, ajoute Suger, dont nous fuivons le « récit, que fut rompue la haie, qui barrait « la route de Paris à Orléans (2). »

(1) « Qua occafione, caftro cuftodiæ fuæ recepto, tanquam fi
« oculo fuo feftucam eruiffent, aut circumfepti repagula dirupiffent,
« exhilarefcunt. Teftabatur quippe pater filio Ludovico, nobis au-
« dientibus, ejus defatigatione acerbiffime gravatum : age, inquiens,
« fili Ludovice; ferva excubans turrim, cujus devexatione pene con-
« fenui, cujus dolo & fraudulenta nequitia nunquam pacem bonam
« & quietam habere potui. » (Suger, *Vita Ludovici groſſi*, VIII.)

(2) « Verum præfati cauſa matrimonii fepem rupit, acceffum
« jocundum utrifque (*Pariſienſibus & Aurelianenſibus*) reparavit. »
(Suger, *loco citato*.)

Mais, comme il était facile de le prévoir, un si bel accord entre le roi & ses turbulents vassaux de l'Ile de France ne pouvait être de longue durée, & les dernières épines de la *haie* n'étaient point encore arrachées. La main du roi posée sur la tour de Montlhéry était une menace toujours suspendue sur les châteaux du voisinage. Aussi les trois puissants frères de Garlande, Anseau, Guillaume & Etienne, (*Garlandenses fratres*, comme les appelle Suger), trouvèrent-ils de l'écho autour d'eux, lorsque l'année suivante (1107) ils entrèrent de nouveau en lutte avec l'autorité royale (1). Ils entraînèrent facilement à les suivre les nombreux seigneurs de leur voisinage, tous ou presque tous alliés de la maison de Montlhéry, entr'autres Amaury de Montfort & le seigneur du Puiset, & plus particulièrement Milon de Bray, vicomte de Troyes, frère cadet de Gui Troussel & héritier légitime, après sa nièce Elisabeth, de la seigneurie de Montlhéry. La guerre s'engagea sans tarder, guerre violente, acharnée, dont Suger nous a raconté les dramatiques péripéties (2). Comme entrée de jeu,

(1) « ... Garlandenses fratres, qui tunc regis & filii incurrerant « inimicitias... » (*Vita Ludovici grossi*, VIII.)
(2) *Ibid.*

Milon de Bray s'empara par un coup de main du château de Montlhéry, qu'occupait une petite garnison royale; mais tous ses efforts échouèrent contre la grosse tour du donjon, au secours de laquelle ne tardèrent pas à accourir le sénéchal de France, Gui de Rochefort (1), oncle de Milon, & peu après le jeune roi Louis en personne. Hors d'état de tenir tête à ses deux adversaires, Milon se hâta de déguerpir, laissant le château vide entre les mains du roi, qui en fit immédiatement jeter bas toutes les fortifications, à la seule exception de la grosse tour (2). (1107 ou commencement de 1108) (3).

A la suite de cette heureuse expédition, Phi-

(1) Gui, dit le Rouge, seigneur ou plutôt comte de Rochefort (car Suger lui donne ce titre : *comes de Rupe forti*), de Châteaufort & de Gometz, était fils de Gui Ier de Montlhéry & d'Hodierne, & par conséquent frère de Milon le Grand & oncle de Gui Trousse! & de Milon de Bray. Peu après son retour de la Terre-Sainte, l'an 1100 environ, il reçut du roi auquel il s'était chaleureusement rallié (*regi Philippo gratanter adhæsit*, dit Suger) la dignité de sénéchal de France, qu'il avait une fois déjà possédée, de 1093 à 1097, & qu'il avait spontanément résignée en partant pour la croisade. (Voyez Suger, *loco citato*, & l'*Art de vérifier les Dates*, VI, 29.)

(2) « Ne quid simile deinceps molirentur, totam castri munitio-
« nem, præter turrim, dejecit. » (*Vita Ludovici grossi*, VIII.)

(3) L'éditeur des *OEuvres complètes* de Suger pour la Société de l'Histoire de France, M. Lecoy de la Marche, assigne aux évènements rapportés plus haut la date approximative de 1104 ou 1105. (*Vie de Louis le Gros*, p. 27.) — Il nous semble cependant, d'après les termes mêmes du récit de l'abbé de Saint-Denis & l'ordre dans lequel les

lippe de Mantes, du confentement du jeune roi Louis, fon frère, rentra en poffeffion du château de Montlhéry, dont il jouit paifiblement jufqu'à la mort de fon père, Philippe Ier (Juillet 1108).

Le début d'un nouveau règne était, au xiie fiècle, une occafion traditionnelle de foulèvement, que les grands vaffaux, perpétuellement mécontents, n'avaient garde de laiffer échapper. Le comte de Mantes, excité par fa mère, Bertrade de Montfort, donna le fignal de la révolte, & à fon appel répondirent auffitôt le comte de Rochefort & fes deux fils, Gui & Hugues de Crécy, Amaury de Montfort, frère de Bertrade, & les feigneurs de Garlande. Cette nouvelle guerre, dont nous n'avons pas à fuivre ici les incidents, fut leftement & habilement menée par le jeune roi, qui avait hâte, on le comprend, d'en finir avec cet énervant régime de luttes inceffantes aux portes de Paris, que lui avait légué fon père. Une excellente occafion fe préfentait tout d'abord de détacher de la ligue féodale armée contre lui l'un de fes

---

faits y font préfentés, que ces évènements doivent être avancés de deux ou trois ans & reportés à l'extrême fin du règne de Philippe Ier, c'eft-à-dire à 1107 & aux premiers mois de 1108. (Philippe Ier mourut le 29 juillet de cette dernière année.) C'eft bien dans le même fens que l'abbé Lebeuf paraît entendre le récit de Suger. (*Hiftoire du Diocèfe de Paris*, x, 159.)

principaux adhérents, Milon de Bray, & Louis le Gros s'empreſſa de la mettre à profit. Milon ſouhaitait ardemment recouvrer le château de Montlhéry, qui lui revenait par droit d'héritage, & que ſe diſputaient, en ce moment même, les armes à la main, le roi & Hugues de Crécy, deuxième fils de Gui, le ſénéchal, & par conſéquent couſin germain de Milon (1). La promeſſe immédiatement ſuivie d'effet de la reſtitution de la ſeigneurie de Montlhéry eut facilement raiſon des ſcrupules de ce dernier, qui fit, aux dépens de ſes alliés, ſa paix particulière avec le roi & entra auſſitôt en poſſeſſion de l'héritage paternel (1108-1109). Mais Hugues de Crécy, que ſon caractère violent juſqu'à la fureur & ſa cruauté (2) avaient rendu la terreur de ſes voi-

(1) Hugues, ſeigneur de Crécy du vivant de ſon père, ſuccéda à celui-ci dans toutes ſes ſeigneuries : Rochefort, Châteaufort, Gometz. Il lui ſuccéda également dans la charge de ſénéchal de France, en 1106 ou 1107, & fut lui-même remplacé dès 1108, auſſitôt après la mort de Philippe Ier, par Anſeau de Garlande. Il eut pour femme la fille d'Amaury, ſeigneur de Montfort. (Cf. Suger, *Vita Ludovici groſſi*, XVII, & l'*Hiſtoire généalogique*, du P. Anſelme, VI, 30.) Sur ces divers perſonnages appartenant à la maiſon de Montlhéry ou aux branches collatérales iſſues d'elle, conſultez le mémoire de M. Jules Lair, intitulé : *Hiſtoire de la Seigneurie de Bures*, & publié dans les *Mémoires de la Société de l'Hiſtoire de Paris & de l'Ile de France*, t. II, p. 187.

(2) « Homo perditiſſimus, humani ſanguinis ſitibundus,... tam rapi-« nis quam incendiis aptus totiuſque regni turbator celerrimus... » (*Vita Ludovici groſſi*, XIV.)

fins, n'était pas homme à fupporter patiemment & à pardonner le double échec de fes alliés & de lui. Outre fes griefs généraux & particuliers contre Milon, qui avait le premier déferté la caufe commune (1), & qui lui avait enlevé, grâce au roi, le château de Montlhéry, le feigneur de Crécy avait de plus un grave motif perfonnel de haine contre Louis le Gros, protecteur de fon coufin. L'une de fes fœurs, Lucienne (2), avait été mariée, non encore nubile, au jeune prince Louis, & celui-ci, après fon affociation à la couronne, & avant que le mariage eût été confommé (*quam fponfam recepit uxorem non habuit*, dit Suger, *loco cit.*), avait fait rompre fon union par le Souverain Pontife, pour caufe de parenté (*confanguinitatis caufa*) (3). Hugues avait confervé de cette rupture un vif reffentiment, dont Milon de Bray devait fubir plus tard, & de façon terrible, les effets. En 1116

---

(1) Les frères de Garlande n'avaient pas tardé à fuivre l'exemple de Milon de Bray, & l'aîné, Anfeau, en avait été auffitôt récompenfé par le don de la charge de fénéchal, enlevée à Hugues de Crécy.

(2) Lucienne (*Luciana*) & non pas *Luifane*, comme la nomme M. Lair, *loco cit.*, p. 190.

(3) *Vita Ludovici groffi*, VIII. — C'eft en 1107, au concile de Troyes, que le pape Pafcal II caffa le mariage du roi Louis avec Lucienne de Rochefort.

ou 1117, l'occasion, depuis longtemps épiée, se présenta. Ayant attiré son cousin au château de Rochefort par de fausses paroles de paix & de réconciliation, Hugues s'empara de sa personne & de là le traîna, enchaîné & garrotté, jusque dans la forteresse de Châteaufort, où il le garda prisonnier. Après une dure captivité de plus d'une année, le malheureux vicomte de Troyes fut étranglé sur l'ordre & en présence même de Hugues de Crécy, qui fit jeter le cadavre du haut de la tour du donjon dans les fossés du château (1). Peu de temps avant sa mort, Milon avait choisi pour lieu de sépulture l'église du Prieuré de Longpont, auquel il avait, par le même acte, donné tout ce qu'il possédait sur le territoire du village (2). C'est donc à l'église de Longpont que fut

---

(1) Les auteurs de l'*Art de vérifier les Dates* (II, 660) placent par erreur la scène du meurtre de Milon de Bray au château de Gometz. De son côté, M. Lair (*mém.* déjà cité, p. 190), substitue a tort, dans le récit de ce tragique événement, le château de Rochefort à celui de Châteaufort.

Voyez plus bas *la Charte* LXXXIV de notre Cartulaire, qui nous fournit des renseignements précieux sur la mort & les obsèques de Milon de Bray & qui désigne expressément le château de Châteaufort comme le théâtre du meurtre (apud *Castellumforte occisus*).

(2) ... dedit quod habebat apud Longum Pontem & medietatem culturarum suarum, se ipsum etiam, si moreretur, ad tumulandum. (*Ch.* LXXXIV.)

apporté le cadavre mutilé du feigneur de Montlhéry (1) & que furent célébrées fes obsèques folennelles, en préfence du roi lui-même, accouru à la première nouvelle du crime, de l'évêque de Paris, du doyen du chapitre & de beaucoup d'autres illuftres perfonnages, tant laïques qu'eccléfiaftiques (2). Louis le Gros n'était pas homme à manquer l'occafion. En punition de l'attentat, il déclara confifqués à fon profit, fur les defcendants de Gui Ier et de Milon le Grand, le château & la feigneurie de Montlhéry, qui tombèrent alors dans le domaine royal pour n'en plus fortir (1118).

Du même coup, les moines de Longpont échangèrent le patronage de leurs anciens feigneurs contre le patronage direct des rois de France.

Après cette longue digreffion fur les feigneurs de Montlhéry, reprenons l'hiftoire de la fondation de notre Prieuré au point où nous l'avons laiffée.

Il y a lieu de s'étonner que la charte épis-

---

(1) « ... a priore Heinrico apud Longum Pontem allatus... » (*Ibid.*)
(2) « ... in prefentia Ludovici, regis, & Girberti, Parifienfis epif-
« copi, & Bernerii, decani, & Stephani, archidiaconi, aliorumque
« multorum, tam clericorum quam laïcorum, honorifice fepultus
« eft... » (*Ibid.*)

INTRODUCTION

copale de 1061 omette de mentionner, à la fuite du nom de Gui de Montlhéry, celui de fa femme Hodierne, qui prit une part pour le moins auffi active que lui à la fondation et à la dotation du Prieuré de Longpont : mais la mémoire populaire, fidèle au fouvenir de *Madame Sainte Hodierne*, s'eft volontiers chargée du foin de la venger de l'injufte oubli de l'évêque Geoffroi de Boulogne.

Hodierne était fille de Guillaume de Gometz, feigneur de Bures, dont la famille formait un des nombreux rameaux détachés de la grande maifon de Montlhéry (1). Le P. Anfelme & les auteurs de l'*Art de vérifier les Dates* lui donnent de plus le titre de *dame de la Ferté-Alais & de Gommets* (*fic*), *dans le Hurepoix*, (2). Les anciennes archives du Prieuré de Longpont, conservées dans le dépôt départemental de Seine-&-Oife (3), nous permettront d'ajouter quelques mots à ces laconiques renfeignements. Parmi les rares pièces intéreffantes que renferment ces archives figure au premier rang un inventaire des titres du

---

(1) Voyez : Jules Lair, *Hiftoire de la Seigneurie de Bures*, p. 189.

(2) *Hift. généal. de la Maifon de France*, III, 664; l'*Art de vérifier les Dates*, II, 658.

(3) *Archives de Seine-&-Oife*, H, *Prieuré de Longpont*.

Prieuré, rédigé en 1713 & précédé d'une courte notice hiftorique, dont l'auteur figne du nom de *Brémeron*. Dans cette notice où les inexactitudes fourmillent(1) & qu'il convient de ne lire qu'avec beaucoup de réferves, quelques renfeignements cependant méritent d'être recueillis, & entr'autres ceux qui concernent Hodierne & fon époux. Voici dans quels termes le fieur de Brémeron parle des deux fondateurs du Prieuré de Longpont: « Gui II de Montmorency, fils
« de Thibaud de Montmorency, surnommé
« File-Etoupes, feigneur de Bray, perfonnage de
« grande eftime & réputation auprès du roy
« Henry Ier, époufa une dame de grande naif-
« fance nommée Hodierne, fille & héritière de
« Guillaume de Gominetz (*fic* pour *Gometz*),
« fénéchal de France, feigneur de la Ferté...(2) »

---

(1) Thibaud File-Etoupes, premier feigneur de Montlhéry, eft appelé *Thibaud de Montmorency;* Gui Ier, que l'auteur appelle *Gui II de Montmorency*, eft confondu tantôt avec fon fecond fils, Gui le Rouge, feigneur de Rochefort, tantôt avec fon petit-fils, Gui Trouffel, &c.

(2) *Livre contenant les Inventaires des Titres du petit couvent de Longpont & de ceux de l'Hôtel-Dieu de Paris, en* 1713. — *Archives de Seine-&-Oife*, H. *Prieuré de Longpont.* — Ce fénéchal Guillaume, *feigneur de la Ferté*, que le fieur de Brémeron donne pour père à Hodierne, eft sans doute le même perfonnage que le *Guillaume fénéchal*, qui contrefigna comme témoin, en 1060, la charte de fondation du Prieuré de Saint-Martin-des-Champs, de Paris. (Cf. l'*Hiftoire généal. du P. Anfelme*, VI. 29.)

S'il faut s'en rapporter à l'article de l'obituaire de Longpont qui lui était confacré, Hodierne aurait fait elle-même le voyage de Cluny, afin d'obtenir de faint Hugues les moines deftinés à peupler le nouveau monaftère, & elle aurait ramené avec elle la petite colonie, après avoir offert à l'illuftre abbé, en témoignage de gratitude, un calice d'or de trente onces & une riche chafuble. Le confentement de faint Hugues à cette émigration partielle, ajoute le texte de l'obituaire, aurait été d'autant plus difficile à arracher qu'il n'y avait encore à ce moment aucun moine de Cluny établi dans le Parifis ou dans les pays environnants (1). Nous trouvons d'ailleurs Hodierne figurant, en compagnie de fon mari,

---

(1) Legitur in libro obituum monafterii Longis Pontis : « Domina
« Hodierna, uxor Guidonis, fenioris, militis, ipfo confentiente,
« Cluniacum perrexit, fecum munera deferens, calicem videlicet
« aureum XXX untiarum, cum cafula pretiofa, quæ beato Hugoni
« tribuit. Vix ab eo impetrare valuit ut de monachis fuis hic ad
« commorandum daret, quia in has partes Franciæ nullus monachus
« Cluniacenfis propter hoc nondum advenerat. Deo tamen volente,
« obtinuit & monachos fecum illuc adduxit. Quandiu autem vixit,
« hunc locum valde honoravit multaque inibi bona fecit. Obiit VII
« aprilis. » (*Gall. chrift.*, VII, col. 553 & 554. — « Guy, ayant ouï faire
« récit de la grande vertu & fainte vie de Hugues, abbé de Cluny,
« il envoïa devers luy Hodierne, fa femme, demander des religieux
« de fa congrégation pour les établir dans l'églife de Long Pont fous
« Mont-Lehéry... Geoffroy, évefque de Paris, confirma cet établiffe-
« ment.. » (*Notice hiftorique du fieur de Brémeron*, déjà citée).

dans deux chartes de notre Cartulaire (1), où sont concédés aux moines, à titre gratuit, dans la première, le privilége d'exemption de la juridiction seigneuriale sur les hommes & les terres du Prieuré; dans la seconde, la propriété du moulin Groteau, près de Longpont. La mémoire d'Hodierne, que les habitants vénéraient publiquement comme sainte, demeura bien longtemps populaire dans tout le pays, & son nom est resté attaché à celui d'une source située près du village & qu'on appelle encore aujourd'hui *la fontaine de dame Hodierne*.

Le fondateur & la fondatrice reposent, suivant le pieux usage des anciens temps, sous les dalles de la vieille église prioriale. Gui de Montlhéry, qui avait quitté le monde & pris le froc à Longpont, vers 1070 (2), fut inhumé dans l'aile droite de la nef. On y voyait encore sa tombe au temps de l'abbé Lebeuf. « C'é-
« tait, dit-il, un monument isolé & haut de

---

(1) N.ºs XLI & XLVIII.

(2) C'est précisément à l'occasion de sa prise d'habit (*monachicum habitum suscipiendo*) que Gui de Montlhéry, d'accord avec sa femme, avait fait don aux moines du moulin Groteau. (*Charte* XLVIII.) — « Guy, sur ses vieux jours, se rendit luy-mesme religieulx, audict « Long Pont, sous le prieur Estienne, &, le jour qu'il y prist l'habit, « il donna aux religieulx le moulin de Grootel. » (*Notice du sieur de Brémeron*, déjà citée).

« deux pieds. Il eſt maintenant au niveau
« des carreaux de terre dont l'égliſe eſt car-
« relée (1). »

Quant à Hodierne, humblement enterrée d'abord, & ſur ſa demande ſans doute, dans le cimetière qui entourait l'égliſe & ſous le ſeuil même de la grande porte, elle fut, en 1641, lors de la reſtauration du chœur, tranſférée dans l'intérieur de l'édifice (2). Le prieur, Michel le Maſle, ſeigneur des Roches, fit alors ſolennellement dépoſer ſes reſtes au pied du maître-autel (3) & plaça ſur la dalle tumulaire l'inſcription ſuivante qu'on y lit encore aujourd'hui : « *In memoria æterna erit. Audiernæ (ſic*
« *pro Hodiernæ), inclytæ comitiſſæ Herici Mon-*
« *tis, ſacrarum harum ædium fundatricis, oſſa*
« *ſub dio jacentia ab anno milleſimo (ſic), pio*

---

(1) Lebeuf, *Hiſtoire du Dioc. de Paris*, x, 144.

(2) L'abbé Lebeuf donne par erreur à la tranſlation des reſtes d'Hodierne la date de 1651 au lieu de 1641 (*ibid*. x, 144). La preuve de la faute de tranſcription du ſavant hiſtorien du diocèſe de Paris ſe trouve dans les termes mêmes du procès-verbal officiel de la cérémonie, où nous liſons qu'elle eut lieu ſous le règne de Louis XIII & le gouvernement du cardinal de Richelieu (*Ludovico XIII regnante, Armando, cardinale, duce de Richelieu... regno providente.* — *Archives du Prieuré de Longpont, Inventaire des Titres de* 1713).

(3) La dalle tumulaire a été déplacée plus tard, très-probablement à l'époque de la démolition des tranſepts & du chœur, & tranſportée au milieu de la nef où nous la voyons encore aujourd'hui, en parfait état de conſervation.

« *Michaelis Le Masle, domini des Roches, hujusce*
« *domus prioris, studio, huc translata fuere, anno*
« *millesimo sexcentesimo quadragesimo primo, die*
« *ultimo mensis Augusti.* » Le procès-verbal
officiel de la cérémonie, dont M. de Brémeron
nous a conservé le texte complet dans la *Notice*
historique déjà citée, porte la date du 20 mars
au lieu du 31 août que donne l'inscription.
Nous y trouvons en outre ce renseignement, sur
lequel l'inscription est muette, que deux filles
d'Hodierne furent inhumées auprès de leur mère.
Le P. Anselme & les auteurs de l'*Art de vérifier*
les Dates s'accordent à donner cinq filles aux
fondateurs du Prieuré de Longpont (1). Quelles
étaient les deux qui reposaient à côté de leur
mère, dans le cimetière des moines ? Il y a tout
lieu de penser que l'une d'elles au moins était
Mélisende la jeune, surnommée *Chère Voisine*
(*Cara Vicina*), femme du seigneur de Pont-sur-
Seine & mère de Philippe, évêque de Troyes.

---

(1) 1° Mélisende, comtesse de Réthel ;
2° Alix, dame du Puiset ;
3° N. mariée à Gauthier II, seigneur de Saint-Valery-sur-Somme ;
4° Mélisende la jeune, surnommée *Chère Voisine*, dame de Pont-sur-Seine.
5° Elisabeth, seconde femme de Joffelin de Courtenay.
(*Histoire généal. de la Maison de France*, III, 664 ; *l'Art de vérifier les Dates*, II, 658.)

Chère Voisine en effet comptait au nombre des bienfaitrices du Prieuré de Longpont, à qui elle avait fait don entr'autres biens de la terre considérable de Ver (1); d'où l'on peut sans témérité inférer qu'elle avait, suivant l'usage de son temps & de sa famille, choisi sa sépulture à l'ombre de l'église qu'elle avait dotée. Voici d'ailleurs les termes mêmes du procès-verbal officiel, tels qu'ils sont rapportés par le S*r* de Brémeron : « *Deo optimo maximo, Virgini matri. Ludovico XIII regnante, Armando, cardinale, duce de Richelieu, Cluniacensium antistite, regno providente, Michaele le Malle, sanctioris regis consilii comite, huic sacrario invigilante, inclitæ Hodiernæ de Monte Letherico, ab anno M° C° (sic) Longi Pontis cænobii conditricis, natarumque duarum cineres diu sub dio ingloriose jacentes, pro nutu munifici cænobiarchæ, istuc adsportati, sacro solo mandati nobilique titulo insigniti fuere, die XX mensis Martii MDCXLI* (2). »

Le Prieuré de Longpont, grâce à ses puissants patrons, grandit rapidement en richesse & en importance. Notre Cartulaire en fournit d'a-

---

(1) Voyez dans le Cartulaire *les Chartes* CXCVI, CCI, CCII & CCVIII. Voyez aussi Lebeuf, *Histoire du Dioc. de Paris*, XI, 53.

(2) Le copiste a écrit par inadvertance : MDCXLIX.

bondantes preuves pour la fin du xie siècle & toute la première moitié du xiie, &, sans entrer dans le détail qui ne saurait convenablement trouver place ici, il nous suffira de renvoyer le lecteur à la bulle du pape Eugène III, du 21 février 1152, qui sert d'introduction au Cartulaire & contient l'énumération de tous les bénéfices ecclésiastiques, droits & revenus, dont elle confirme la possession aux moines de Longpont. Parmi les acquisitions du xiie siècle, postérieures à la bulle pontificale, il convient toutefois de mentionner, à cause de son importance particulière, celle des deux églises renfermées dans l'enceinte du château de Montlhéry, savoir : la collégiale de Saint-Pierre, gouvernée par un chapitre de chanoines ayant un abbé à leur tête, & qui passait pour avoir été fondée par Thibaud File-Etoupes, premier seigneur de Montlhéry, & l'église de Notre-Dame, dépendant de la première. Une charte de Louis le Jeune, datée de 1154 & confirmée dans la même année par le pape Anastase IV qui relate le consentement de Thibaud, évêque de Paris, prononce la réunion perpétuelle des deux églises, avec tous leurs droits & revenus, au Prieuré de Notre-Dame de Longpont, de l'assentiment unanime de l'abbé de Saint-Pierre &

de son chapitre (1). D'après la *Bibliotheca Cluniacensis* qui fait autorité en pareille matière, voici quels étaient les prieurés immédiatement soumis à celui de Notre-Dame de Longpont : Saint-Julien-le-Pauvre, à Paris (réuni à l'Hôtel-Dieu en 1697); Saint-Laurent de Montlhéry (réuni à Notre-Dame de Longpont en 1420 seulement); Saint-Martin d'Orsay; Saint-Arnoul-sur-Touque, au diocèse de Lisieux; le Prieuré de Forges, au diocèse de Paris; Saint-Laurent près Milly; enfin les églises déjà nommées de Saint-Pierre & de Notre-Dame de Montlhéry (2).

« Presque dans tous les temps, » dit l'abbé Lebeuf, « ce Prieuré a été possédé par de grands « personnages (3). » Parmi les divers noms qu'il cite & dont la plupart ne remontent pas au-delà des deux derniers siècles, je me bornerai à relever ceux des deux frères Guillaume &

---

(1). *Annales ordinis S. Benedicti*, vi, p. 725.

(2) Sequuntur prioratus immediate subditi prioratui B. Mariæ de « Longo Ponte : prioratus S. Juliani Pauperis, parisiensis diœcefeos ; « prioratus S. Laurentii de Monte Leherico, paris. diœc. unitus eidem « prioratui de Longo Ponte anno 1420 per D. abbatem Cluniacensem; « prioratus S. Martini de Orceyo, paris. diœc.; prioratus S. Arnulfi « supra Touquam, Lexoviensis diœcefeos; prioratus de Forgiis, paris. « diœc. ; prioratus S. Laurentii prope Milliacum. « (*Bibliotheca Cluniacensis*, col. 1726.)

(3) *Histoire du Dioc. de Paris*, x, 151.

Foulque de Chanac (1), qui se succédèrent l'un à l'autre dans le priorat de Longpont, en 1350 & 1352. Le premier, Guillaume, devint évêque de Chartres en 1368, évêque de Mende en 1371, puis cardinal; le second, Foulque, monta sur le siége d'Orléans en 1383. Ils étaient neveux de leurs homonymes Guillaume & Foulque de Chanac, successivement évêques de Paris en 1332 & 1342.

Le Prieuré de Longpont fut mis en commende en 1550, & Guillaume Raguyer en fut le premier prieur commendataire. Il subit en 1700 une nouvelle & dernière transformation. Les moines de Cluny, qui l'avaient possédé sans aucune interruption depuis sa fondation, le cédèrent alors aux Bénédictins de la congrégation de Saint-Maur. Ceux-ci y établirent une petite congrégation de six des leurs & n'en furent dépossédés que par la Révolution française.

(1) Les auteurs du *Gallia christiana* ont rendu méconnaissables les noms de ces deux personnages, en les appelant *Guillelmus de Chamaio*, *Fulco de Chamaio*. (*Catalogus Priorum Longi Pontis*, VII, col. 557.)

PORTAIL DE L'ÉGLISE DE LONGPONT.

II

L'églife Notre-Dame, aujourd'hui exclufivement confacrée au fervice paroiffial, eft le feul refte encore debout de l'ancien Prieuré. Au temps des moines, le fervice paroiffial était fait dans l'églife même, à l'autel de la chapelle de Saint-Barthélemi, bâtie dans le tranfept feptentrional & appuyée au mur du côté gauche du chœur (1). Le grand intérêt que l'édifice préfente au point de vue archéologique nous engage à en donner ici la defcription.

Confidérée dans fon enfemble, & abftraction faite de quelques additions ou remaniements poftérieurs, l'églife de Longpont appartient par le ftyle de fon architecture à l'époque dite *de tranfition*, dont elle reproduit fidèlement les principaux caractères. Bâtie pendant le cours du XIIᵉ fiècle, puis reprife dans fes parties hautes & achevée au commencement du fiècle fuivant, elle a fubi plus tard, dans un temps plus rapproché de nous, de

---

(1) Voyez: Lebeuf, *Hiftoire du Dioc. de Paris*, X, 147.

cruelles mutilations (1). Toute la portion située au-delà de la nef, c'est-à-dire les transepts, le chœur et le chevet, a été abattue & maladroitement remplacée par une abside moderne sans caractère. Cette abside, construite en mauvais matériaux & ne contrebutant pas suffisamment la poussée des murs de la nef, a laissé s'écrouler en partie la travée de la nef qui lui est contiguë. Dans leur état actuel, les res-

---

(1) Tous les érudits savent combien sont rares dans les recueils d'actes du moyen-âge, & notamment dans les cartulaires de cathédrales & d'abbayes, les mentions, même les plus fugitives, relatives à la construction des édifices auxquels ces recueils tiennent pourtant de si près. C'est ainsi que, dans les célèbres cartulaires de Notre-Dame de Paris, dont les actes embrassent précisément toute la période de construction de l'église actuelle, il n'est pas une seule fois fait allusion aux immenses travaux qui devaient cependant exciter à un haut degré l'intérêt du clergé & des fidèles. Il y a lieu de supposer que les chapitres séculiers, aussi bien que les moines, tenaient pour les œuvres de cette nature des registres de comptes spéciaux, qui ne sont pas parvenus jusqu'à nous. Quoi qu'il en soit, le Cartulaire de Longpont est, archéologiquement parlant, moins muet que la plupart des recueils de son espèce, & nous y avons pu relever jusqu'à deux mentions bien précises de la construction de l'église priorale. Voici en substance ce que contiennent ces deux mentions :

1° Vers 1136, Guillaume de Massy donne aux moines une rente assise sur un hôte, à Viry, « tali condicione quod *custos operis*, qui an-
« nonam habere debet *donec opus consummetur*, &, *constructo opere*,
« sacrista ad quem redditus veniet, si ad terminum non habuerit, tunc
« hospitem ante se submonebit. » (*Charte* xx.)

2° Vers 1140, Herbert d'Ablon & son épouse, Holdéarde, donnent aux moines de Longpont « *ad opus ecclesie faciende*, omnibus annis,
« unum quostereth vini de vinea sua de Turnella. » (*Charte* CLXXVI.)

tes encore debout de l'édifice primitif se composent donc d'un portail, d'une large nef à six travées & de deux bas-côtés (1).

La façade occidentale appartient au plus pur style gothique du commencement du xiiie siècle. Elle préfente, à fa partie inférieure, une grande porte en ogive, de forme très-élégante, dont les deux vouffures, encadrées dans des moulures rondes couvertes de légers feuillages fculptés, retombent à droite et à gauche fur quatre colonnes à chapiteaux ornés de bouquets de feuilles épanouies, & dont les bafes repofent fur un banc de pierre ou ftylobate peu élevé. L'intérieur des deux vouffures eft occupé par une double rangée de charmantes ftatuettes, formant comme une guirlande vivante du plus joli effet. Dans la vouffure intérieure, font étagés les uns au-deffus des autres de petits anges tenant des encenfoirs, tandis que dans le large cordon formant la vouffure extérieure fe déploie la double férie des vierges fages à droite & des vierges folles à gauche, au nombre de cinq de chaque

---

(1) Le curé actuel de Longpont, plein de zèle pour la reftauration de fon églife, à laquelle il confacre depuis près de trente ans fon ardeur & fes reffources, a entrepris de rebâtir les tranfepts, le chœur & l'abfide, tels qu'ils étaient autrefois. Les travaux, activement & habilement conduits par M. Paul Naples, architecte de l'églife, ont été achevés & folennellement confacrés dans l'été de 1878.

côté. Aux fûts des quatre colonnes des voussoirs sont adossées quatre statues, malheureusement très-frustes et très-mutilées aujourd'hui, mais dans lesquelles il est cependant encore possible de reconnaître, d'abord deux apôtres placés en avant (1), puis, derrière eux, à droite, un évê-

---

(1) Quels sont ces deux apôtres ? L'affreux état de mutilation où sont réduites les malheureuses statues décapitées, sans pieds & sans mains, ne permet guère de former à leur égard autre chose que des conjectures. Celui des deux personnages, qui est placé à la droite du spectateur, tenait appuyée sur sa poitrine une croix dont la trace très-nette est encore parfaitement visible : le personnage qui lui fait pendant n'a pas conservé d'autre attribut que le livre qu'il tenait de la main gauche. Faut-il voir dans ces deux statues la représentation des deux princes des apôtres? C'est la pensée qui vient tout d'abord & le plus naturellement du monde à l'esprit, & la position respective de saint Pierre & de saint Paul, à droite & à gauche de la porte, n'a rien que de conforme à la tradition fréquemment suivie par les artistes du moyen-âge. Pour celui des deux personnages qui est à gauche du spectateur l'hésitation n'est guère permise. Le livre tenu de la main gauche & la direction nettement indiquée de l'avant-bras droit, dont la main devait reposer sur la garde de l'épée traditionnelle, désignent aussi clairement que possible l'apôtre des Gentils. Pour le deuxième apôtre qui fait pendant il n'en va pas tout à fait aussi aisément. Sans doute, la croix, comme attribut, n'a rien d'incompatible avec saint Pierre, puisqu'il a été crucifié & qu'il est permis d'ailleurs de supposer, pour compléter son identité, qu'il tenait les clefs de sa main droite absente. Nous n'y contredisons pas. Nous ferons remarquer cependant que la croix de notre personnage n'est pas du tout la grande croix de supplice, telle que la portent d'habitude les saints qui ont été crucifiés, les apôtres saint Philippe, saint Jude & saint André par exemple, & Notre-Seigneur lui-même, lorsqu'il est représenté sa croix à la main. La croix que l'apôtre de Longpont tient pieusement appuyée sur sa poitrine est cette petite croix *banale*, non caractéristique du supplice subi, que les sculpteurs ont de tout temps donnée aux confesseurs de la foi & aux

que, reconnaissable à la disposition de son étole & aux riches broderies qui décorent le bas de son aube *parée* (1), & à gauche un diacre. On

saints qui n'ont pas d'attribut plus particulier. Aussi plusieurs antiquaires ont-ils proposé de donner à notre statue, non plus le nom de saint Pierre, mais celui de l'apôtre saint Barthélemi. Rappelons, pour expliquer cette attribution, que saint Barthélemi était de temps immémorial & est encore le patron de la paroisse de Longpont & qu'il était de plus le titulaire de la grande chapelle du transept septentrional de l'église priorale, laquelle servait, depuis la fondation du monastère, de chapelle paroissiale aux habitants du village. Mais, objectera-t-on, l'attribut propre de saint Barthélemi n'est pas la croix, mais le couteau, instrument de son supplice. A cela il est facile de répondre que, la croix étant dans le cas présent écartée comme attribut personnel du saint, s'il est permis de placer par hypothèse les clefs du Paradis dans la main qui manque, il n'est pas interdit davantage d'y placer le couteau.

L'objection capitale est vraiment & uniquement celle-ci : Est-il possible de donner à un simple apôtre la place consacrée de tout temps & partout à saint Pierre, alors qu'aucun exemple authentique n'autorise une attribution si hardie, & la qualité exceptionnelle de patron de la paroisse justifie-t-elle suffisamment une dérogation si éclatante aux traditions les plus acceptées & les plus constamment respectées des artistes du moyen-âge ? Ce serait à la statue elle-même de nous fournir le mot de l'énigme qu'elle nous propose ; mais, par malheur, l'état de dégradation où elle est tombée la rend muette, ou à peu près. Tout bien considéré cependant, mais non sans grande hésitation, nous inclinons, comme M. Ed. Didron, en faveur de saint Pierre, qui a pour lui la *possession d'état* & qu'il serait téméraire de déposséder sans preuves plus concluantes que celles que nous fournit ou plutôt ne nous fournit pas le portail de Longpont.— Voyez sur l'iconographie du portail de Longpont l'excellente description de l'église publiée par M. Ed. Didron dans le numéro du journal *Le Monde* du 23 juillet 1875.

(1) Il convient de signaler en passant la merveilleuse finesse des broderies byzantines & des galons gaufrés qui garnissent les aubes & recouvrent les ornements sacerdotaux des statues de l'évêque & du diacre.

s'accorde généralement à donner à ces deux figures les noms de saint Marcel, évêque de Paris, & du diacre saint Etienne, premier martyr, dont l'églife de Longpont a poffédé de tout temps d'importantes reliques. Les quatre ftatues font abritées par des dais formés de groupes de tourillons juxtapofés.

Les ventaux de la porte font féparés par une haute colonne faifant l'office de trumeau & fupportant une ftatue de la Vierge avec l'enfant Jéfus, du plus beau caractère & que l'on peut fignaler comme l'un des plus remarquables fpécimens de la fculpture du milieu du XIIIe fiècle (1). La Vierge a les pieds pofés fur deux bêtes fantaftiques, dont l'une eft certainement un dragon.

Le tympan, qui nous paraît offrir un grand

---

(1) Cette ftatue de la Vierge avec l'Enfant, de dimenfion beaucoup plus grande que fes voifines, n'a pas été plus épargnée que celles-ci par le marteau des révolutionnaires : mais, grâce à fon importance capitale dans la décoration du portail, elle a été l'objet, il y a peu d'années, en 1850, d'une réparation confidérable. Les deux têtes de la Mère & de l'Enfant, d'un très-beau ftyle, font deux pièces rapportées. Elles font l'œuvre d'un jeune artifte plein de talent & d'avenir, nommé Bonnardel, qui obtint le grand prix de Rome pour la fculpture en 1851 & mourut en 1856, dans la quatrième année de fon féjour à la villa Médicis. On a de lui une *Pietà*, placée à St-Germain-l'Auxerrois, à Paris. La mort ne lui permit pas de terminer ce groupe qui fut achevé par M. Chapu. (Renfeignements fournis par M. Paul Naples, architecte de l'églife de Longpont.)

intérêt pour l'histoire de l'iconographie symbolique du moyen-âge, est divisé en deux parties inégales par un mince cordon de pierre horizontal. A la partie inférieure est représenté sous une double forme, on pourrait dire en double exemplaire, l'ensevelissement de la Vierge. Dans ces deux représentations du même fait, qui sont contiguës & qu'aucune moulure ne sépare, les personnages sont disposés autour des deux tombeaux de façon identique; ces tombeaux eux-mêmes, de forme semblable & taillés tous deux sur le modèle des sarcophages byzantins, sont également décorés sur leur face principale de fleurons & d'ornements géométriques gravés en creux; enfin, pour qu'on ne pût pas se méprendre sur sa pensée, l'artiste a non-seulement pris soin de donner aux deux cadavres étendus des attitudes absolument semblables, mais il a poussé le scrupule jusqu'à reproduire sur les deux linceuls les mêmes plis. C'est donc bien le même fait qui est retracé dans les deux scènes figurées côte à côte; aucune contestation ne saurait s'élever sur ce point. Mais (& c'est ici que se montre la différence qui est capitale), tandis que dans la scène de gauche le sarcophage est entouré par les apôtres & les saintes femmes, c'est-à-dire par les témoins historiques de la mort de la mère de Dieu, les personnages qui composent la scène de droite, bien que distribués autour du monument avec la même symétrie que les premiers, appartiennent à un autre ordre d'idées ou de sentiments : ce sont ici des anges aux longues ailes éployées, dans l'attitude de la vénération, &, au milieu d'eux, se dressant de toute sa hauteur, le Sauveur, la tête ceinte du nimbe crucifère & bénissant à la manière latine la dépouille immortelle de sa mère. Ainsi, d'une part, l'ensevelissement de la Vierge sous la forme réelle & historique ; d'autre part, l'ensevelissement sous la forme mystique ; telle est, à notre sens, la pensée un peu subtile qui a inspiré le sculpteur & qu'il a voulu représenter. Nous ne savons s'il existe quelque part une représentation analogue de la mort de la Vierge ; pour nous, nous n'en connaissons point. En tout cas, le fait est certainement assez rare pour que, le rencontrant par hasard au portail de Longpont, l'on juge utile de le décrire avec détail & de l'expliquer. — La partie supérieure du tympan représente dans la forme consacrée par la tradition le couronnement de la Vierge.

Le grand arc ogival, qui forme l'amortissement de la porte & encadre les voussures, a été retouché dans les dernières années du xve siècle, assez discrètement cependant pour que la physionomie générale du portail n'en ait pas été sensiblement altérée. Il est décoré d'une riche guirlande de feuilles de chicorée & de choux frisés ; deux niches, appartenant également au gothique flamboyant, l'accompagnent à droite & à gauche ; enfin, une mince corniche de même style, coupant horizontalement la façade à l'étage supérieur, termine cette modeste décoration, due à la munificence de Charles VIII & de la reine Anne de Bretagne. Plus haut est percée une petite rose rotiforme, dans le style du xiiie siècle ; puis, la façade s'amortit en un haut pignon de forme très-aiguë & dépourvu de tout autre ornement qu'une petite baie cintrée qui l'éclaire. Au côté gauche du portail (gauche du spectateur) est appuyée une grosse & lourde tour carrée, à un seul étage, construite dans le plus pur style du xiiie siècle, dont le rez-de-chaussée forme un porche fermé sur trois de ses faces. L'aire intérieure de l'église se trouvant très en contre-bas du sol environnant, on y descend par un large escalier de pierre d'une dizaine de marches. Au premier étage, la tour est éclairée par d'élégantes baies en forme de lancettes ogivales, du dessin le plus correct, & flanquées de minces colonnettes à chapiteaux feuillus. Au-deſſus, règne autour des quatre faces une corniche, dont la décoration conſiſte en larges feuilles d'eau aux extrémités recoquevillées. La tour reſtée inachevée ne s'élève pas plus haut.

Nous avons dit précédemment que la nef comprenait ſix travées dans ſa longueur. Dans les cinq travées les plus proches de l'abſide, les grandes arcades qui accèdent aux bas-côtés ſont en plein cintre & portées par de maſſifs piliers carrés, cantonnés à leurs angles de colonnes aux baſes pattées, ſur leſquelles repoſent les retombées des arcs, & dont les chapiteaux ſont décorés de ces longues feuilles d'eau, plates, liſſes, pointues, que les ſculpteurs du XIIe ſiècle ont miſes en ſi fréquent uſage. Sur la face antérieure de chaque pilier (c'eſt-à-dire la face qui regarde le milieu de la grande nef), eſt appliquée une colonne qui s'élève d'un ſeul jet depuis le ſol juſqu'au ſommet du mur, tel qu'il était dans ſon état primitif, c'eſt-à-dire, avant la ſurélévation opérée au commencement du XIIIe ſiècle (1).

(1) Il y a tout lieu de ſuppoſer en effet que, ſuivant le plan des premiers architectes, les murs de la grande nef ne s'élevaient pas plus haut que les chapiteaux des maîtreſſes colonnes dont nous venons de parler, & que ſur ces colonnes s'appuyaient les poutres de la couverture en charpente, qui a dû précéder la voûte en pierre encore ſubſiſtante aujourd'hui.

La première travée, celle qui touche au portail, a été construite après les autres, & très-probablement dans les dernières années du xiie siècle. Dans celle-ci en effet les grandes arcades inférieures ont la forme ogivale très-accusée, &, bien que les piliers qui les supportent aient été scrupuleusement construits suivant le modèle des précédents, les chapiteaux de leurs colonnes d'angles n'en ont pas moins subi une modification significative : les longues feuilles plates de l'époque antérieure y sont déjà remplacées par ces minces & élégants feuillages terminés en crochets, qui sont un des ornements les plus caractéristiques de la première époque du style ogival.

L'œuvre du xiiie siècle s'est donné pleine carrière dans les parties hautes de l'édifice. A cette seconde époque, les murs de la nef, qui ne devaient pas alors s'élever plus haut que les chapiteaux des grandes colonnes engagées dont nous parlions tout à l'heure, sont portés à la hauteur où nous les voyons aujourd'hui, fortifiés par des arcs en tiers-point & percés de longues & étroites baies en forme de lancettes cintrées dont les arcs reposent sur des colonnettes à chapiteaux feuillus. D'autres modifications plus graves s'introduisent encore dans la direction générale de l'œuvre. Les grandes arcades cintrées de la deuxième & de la troisième travées font réunies fous une croifée d'ogive commune, dont les courbes coupent en paffant le fommet des anciennes fenêtres ; puis, on imagine, pour embellir le monument, d'appliquer au mur, entre les arcs inférieurs & les fenêtres, une mefquine arcature fimulant une galerie ou *triforium* aveugle & fans profondeur. Ces additions, timidement conçues & maladroitement exécutées, altèrent notablement l'harmonie de l'œuvre du XIIe fiècle, fans parvenir toutefois à lui enlever fon noble & impofant caractère.

La grande voûte, conftruite fur croifées d'ogives, paraît contemporaine des travaux de la deuxième époque (1).

Les bas-côtés, étroits & éclairés par de petites baies cintrées fans ornements, font divifés en travées correfpondant à celles de la nef centrale par des arcs doubleaux foutenant les voûtes qui font fimplement d'arête. Ces voûtes, dont il ferait difficile de fixer la date,

---

(1) N'y aurait-il pas plutôt lieu de penfer que cette voûte a été conftruite à une époque bien plus rapprochée de nous & relativement moderne ? C'eft une opinion à laquelle nous ne ferions pas éloigné de nous ranger.

femblent néanmoins d'une époque bien poftérieure au refte de l'édifice.

A l'extérieur, l'églife dépourvue d'ornementation eft foutenue par de petits contre-forts plats, fans arcs-boutants & fans piliers.

Dans le pavé de la grand nef font encaftrées cinq belles dalles tumulaires. La première en partant du chœur, & de beaucoup la plus importante, recouvrait la dépouille de la fondatrice, Hodierne de Montlhéry. Nous avons donné plus haut le texte de l'infcription qu'elle porte (1).

Deuxième dalle. — *Cy-gift honorable home Jehan Pellovard, marchant & laboureur, demeurant au Mefnil, parroiffe de Longpont, lequel décéda le XIIe jour de Janvier mil VIe XV.*

Troifième dalle. — *Cy-gift madame Marguerite de Bretigny, femme de noble...* Le refte eft effacé. La tombe eft du xive ou plutôt du xve fiècle.

Quatrième dalle. — Repréfentation gravée au trait d'une dame portant le coftume du xvie fiècle. La légende eft complétement détruite.

Cinquième dalle. — Très-belle pierre tom-

---

(1) Voyez plus haut, p. 23.

bale à deux perſonnages. La légende eſt illiſible (1).

L'égliſe de Longpont a eu la ſingulière fortune de conſerver juſqu'aujourd'hui les reliques en nombre vraiment extraordinaire qui ont fait de tout temps la célébrité de ſon pèlerinage (2). Ces reliques dépoſées dans une

(1) Aucune des cinq dalles tumulaires mentionnées ici ne figure dans la deſcription de l'égliſe priorale de Longpont, que nous a donnée l'abbé Lebeuf. En revanche, le ſavant hiſtorien du diocèſe de Paris en rapporte & décrit quelques-unes, dont on ne retrouve pas la moindre trace aujourd'hui. Le renouvellement du pavé de l'égliſe eſt ſans nul doute la cauſe de cette fâcheuſe diſparition. Voici en quels termes s'exprime l'abbé Lebeuf : « Les autres tombes ſont en divers lieux.
« Dans la nef s'en voit une ſur laquelle eſt figuré un diacre, dont le
« nom, gravé en gothique capital, eſt *Guido de Carolico*. Cette inſ-
« cription eſt du quatorzième ſiècle. On y voit pareillement ſur une
« autre du même ſiècle le nom de Tiphaine de Villiers, dame.
« Plus, la tombe de *Jehan Laumonier, docteur en décret, curé de céans,*
« & celle de ſa mère. Ces tombes ſont beaucoup plus nouvelles &
« ſont gravées en gothique minuſcule. Au fond de l'aile gauche ou
« ſeptentrionale, autour d'une tombe qui repréſente un prêtre en
« habits ſacerdotaux, ſe liſent encore ces mots, gravés en gothique
« capital : *Hic jacet Frater Odo de Brecis, monachus Cluniac... M. CC. X.*
« *cujus anima requieſcat in pace*. Il y a eu, dans le douzième ſiècle,
« quantité de ſeigneurs, chevaliers ou écuyers, bienfaiteurs, qui ont
« eu leur ſépulture à Longpont, ainſi qu'il paroit par le Cartulaire
« de ce temps-là ; mais on n'en voit plus rien. » *Hiſt. du Diocèſe de Paris*, x, 145.)

(2) Notre Cartulaire nous fournit une preuve expreſſe de l'importance ſingulière du tréſor de Longpont & de la célébrité dont il jouiſſait dès le milieu du xiie ſiècle. Dans une charte de 1140 environ, Pierre-le-Vénérable, abbé de Cluny, après avoir interdit aux moines de Longpont, ſous peine d'excommunication, l'aliénation

chapelle, récemment bâtie à leur intention, sont enfermées dans de grandes châsses dorées qui toutes sont modernes (1).

sous une forme quelconque de leurs biens, meubles ou immeubles, ajoute cette recommandation significative : « *Nominatim de thesauro* « *illius ecclesie* super quo querimonia nuper ad nos est delata, precep- « tum istud edico ne quis prior aliquave persona alia quicquam de eo « vendere, impignorare vel dare presumat. » (Charte VIII.)

Comment expliquer cette singulière assertion de l'abbé Lebeuf (*loco cit* x, 147): « L'église de Longpont n'est point renommée par ses reliques » ?... Il est vrai que, deux pages plus loin (p. 149), l'auteur ajoute ce correctif: « Comme l'église de Longpont était l'objet d'un « pèlerinage au treizième siècle, il y a apparence que son trésor « n'étoit pas dépourvu de reliquaires. » La première affirmation, sous la plume d'un historien aussi exact que le savant académicien, n'en demeure pas moins surprenante.

(1) L'église de Longpont a possédé, pendant une quinzaine d'années, de 1820 à 1835 environ, un célèbre tableau du musée du Louvre, *Saint-Jean-Baptiste dans le désert*, de Raphaël, ou du moins attribué à Raphaël, placé aujourd'hui, sous le numéro 378 bis, dans la première division de la grande galerie, à gauche, en venant du salon carré. En 1820, le roi Louis XVIII, sur la demande du duc de Maillé, fit don à l'église de Longpont de ce tableau. qui avait appartenu jusqu'à l'époque de la Révolution à la galerie du château de Versailles. Plus tard, vers 1835, M. de Maillé le retira de l'église pour le faire réparer, (il était alors dans le plus pitoyable état de dégradation), & le garda provisoirement chez lui. A la mort du duc, il figura dans sa vente, & fut acheté par M. Cousin, marchand de tableaux, pour la somme de 59 francs. Revendiqué en 1837 par l'Administration du musée, un arrêt de la cour royale, rendu à la suite d'un procès engagé entre les héritiers de Maillé & M. Cousin, le restitua, l'année suivante, à la liste civile. Depuis lors, il n'a plus quitté le Louvre. — Sur les singulières aventures de cette toile, très-discutée d'ailleurs, consultez la succincte, mais très-complète notice que M. Fr. Villot lui a consacrée dans son catalogue des peintures du musée du Louvre. (1re partie, p. 234, édit. de 1875.)

III

Le Cartulaire de Longpont est inscrit au catalogue des manuscrits de la Bibliothèque nationale sous le numéro 9968 du fonds latin (1). Dès le commencement du xviiie siècle, il était déjà sorti, par vente ou donation, de la bibliothèque du Prieuré; car nous ne le voyons pas figurer nommément dans l'*Inventaire des Titres de* 1713, cité plus haut, où les moines n'eussent certainement pas négligé de l'inscrire s'il eût encore occupé sa place sur leurs tablettes. Peu d'années après, il tomba entre les mains de M. de Foncemagne. Une note succincte, mise en tête du premier feuillet du manuscrit, nous apprend que le savant académicien le légua par testament à la bibliothèque du Roi, où il entra le 16 décembre 1779, & d'où il n'est plus sorti depuis.

Le manuscrit, en très-bon état de conservation, est de format petit in-folio & écrit sur vélin. Il comprend 56 feuillets sur lesquels sont copiées 355 chartes. La charte 355e & dernière n'étant pas complète, il en résulte évi-

---

(1) Ancien fonds latin n° 13.

demment que le manuscrit a perdu un plus ou moins grand nombre de feuillets. La pagination, marquée primitivement en chiffres romains, l'a été beaucoup plus récemment en chiffres arabes. Le nombre des lignes dans chaque page varie de 32 à 35. A de très-rares exceptions près, chacune des chartes forme un alinéa séparé. Les feuillets sont rayés à l'encre rouge. Quelques chartes, en très-petit nombre, dont l'écriture annonce manifestement le XIIIe siècle, ont été ajoutées après coup dans les blancs du manuscrit ou sur les marges : telles sont entr'autres les chartes 40 & 297. Celle-ci a été transcrite sur la marge inférieure, & les dernières lignes en ont été coupées, lorsqu'on a relié le Cartulaire. Dans les neuf premières chartes, dans la 41e & la 42e, les initiales sont peintes en rouge & vert ; du numéro 299 au numéro 334 inclusivement, elles sont peintes en rouge seulement ; dans tout le reste du Cartulaire, enfin, les initiales, tracées à l'encre noire, sont de belles majuscules dessinées avec soin. Dans un petit nombre de chartes, l'initiale est absente ; mais sa place a été soigneusement réservée, ce qui indique qu'elle devait être dessinée ou peinte par un autre que le copiste. Les chartes 98, 137 &

138 ont été bâtonnées, mais non de façon à les rendre illisibles.

L'écriture du Cartulaire, abstraction faite des quelques chartes ajoutées au xiiiᵉ siècle, que je signalais tout à l'heure, appartient au milieu du xiiᵉ siècle. L'année 1151-52 étant précisément la date de la bulle pontificale placée en tête du recueil, il en résulte bien évidemment que le Cartulaire n'a pas pu être écrit avant la deuxième moitié du xiiᵉ siècle. D'autre part, la parfaite similitude de l'écriture des dernières chartes avec celle de la plupart des premières, similitude qui se montre aussi bien dans les caractères proprement dits que dans les abréviations, atteste que le manuscrit a été complété dans un intervalle de temps assez court, & cet intervalle peut, il nous semble, être enfermé, sans crainte d'erreur, entre les années 1152 & 1200.

Les chartes transcrites dans le Cartulaire appartiennent toutes au xiᵉ & au xiiᵉ siècle. Huit seulement sur 355 sont datées : ce sont les numéros 1, 2, 3, 5, 6, 7, 9 & 181. Les dates des sept premières que je viens de nommer sont comprises entre les années 1140 & 1152; le numéro 181 est de l'année 1092. Quant à la masse des pièces non datées, elles doivent être attribuées sans aucune hésitation aux dernières années du xɪᵉ siècle & aux premières années du siècle suivant. Voici sur quelles présomptions se fonde cette affirmation : Dans un grand nombre d'actes figurent, soit comme parties, soit comme témoins, des personnages célèbres de l'époque dont nous parlons ; tels sont les divers seigneurs de Montlhéry, depuis Gui Iᵉʳ jusqu'à Gui-Troussel & à Milon de Bray, Hugues de Crécy, Gui de Rochefort, &c., qui tous sont parfaitement connus comme contemporains du long règne de Philippe Iᵉʳ. Dans beaucoup d'autres actes, où n'apparaissent pas ces personnages de premier ordre, on rencontre du moins, & presque toujours groupés d'une façon identique, les témoins plus obscurs qui ont concouru ailleurs avec eux, & de ce simple rapprochement, si facile à faire, résulte pour la critique la possibilité de fixer approximativement des dates que, sans ce secours, il serait probablement bien difficile de déterminer, même à beaucoup d'années près. En second lieu, le Cartulaire nous fournit le texte de plusieurs donations faites par des personnages partant pour la Terre-Sainte. Or, des termes mêmes que les chartes emploient pour mentionner ces voyages il résulte, à n'en pouvoir douter, que les croisades n'ont pas encore commencé, & qu'il s'agit simplement alors de ces pèlerinages ifolés si fréquents au xie fiècle ; d'où fe tire cette conclufion forcée que les donations faites pour un pareil motif font antérieures au concile de Clermont, c'eft-à-dire à 1,095, & qu'il convient d'en dire autant des perfonnages qui les ont confenties & des témoins qui en atteftent la vérité. C'eft grâce à ces divers rapprochements, qui fe fortifient l'un par l'autre, qu'il nous a été poffible de propofer des dates approximatives, néceffairement très-flottantes & quelquefois bien conjecturales, pour un fi grand nombre de pièces totalement dépourvues de toute indication chronologique précife. Le lecteur voudra bien prendre ces dates comme nous les lui donnons.

Les abréviations, foit générales, foit fpéciales, employées dans notre Cartulaire, font nombreufes et rentrent complètement dans le fyftème ufité à l'époque où il a été écrit; elles ne donnent donc lieu à aucune obfervation particulière de quelque importance. Quant aux fignes de ponctuation, ils font fort fimples & au nombre de deux feulement : le point feul & le point furmonté d'une virgule retournée. Ce dernier figne fépare les membres de phrafe & remplit l'office, foit de notre point-virgule, foit même de notre fimple virgule. Le point feul a deux emplois très-diftincts. D'abord il termine la phrafe, &, dans ce cas, la phrafe fuivante commence par une majufcule ou par une minifcule de grande forme ; enfuite, il lui arrive de féparer les différentes parties d'un même membre de phrafe &, dans cet emploi fecondaire, il a fréquemment une valeur moindre que notre virgule actuelle, fe plaçant entre des mots entre lefquels nous ne mettrions aucun figne de ponctuation ; c'eft ainfi que l'on trouve prefque conftamment un point entre deux mots que réunit d'ailleurs la particule &.

IV

Notre Cartulaire était-il le feul de fon efpèce que poffédât le monaftère de Longpont ? Il eft de fi mince dimenfion & l'efpace de temps qu'il embraffe fi court que cette hypothèfe nous paraît difficile à admettre. Nous inclinerions plutôt à voir dans notre petit manufcrit le premier tome d'une collection plus ou moins nombreufe, que le temps & les révolutions ont dispersée ou détruite. A l'appui de cette opinion, & lui donnant presque le caractère de la certitude, nous relevons un argument de valeur incontestable, on pourrait même dire une preuve, dans l'*Inventaire des Titres de* 1713, dont nous avons déjà parlé plusieurs fois & qui est la pièce la plus importante des anciennes archives du Prieuré de Longpont conservées au dépôt départemental de Versailles. On voit, en effet, figurer tout au long, parmi les titres dont il se compose, la *Table d'un Cartulaire du Prieuré de Longpont, de l'ordre de Cluny*, (xiie-xiiie *siècle*), qui n'est certainement pas le nôtre, mais qui, si l'on s'en rapporte aux dates des pièces mentionnées & *presque toutes datées*, devait exactement & immédiatement faire suite à celui-ci. Les chartes dont se composait ce deuxième cartulaire s'étendaient du milieu du xiie siècle aux dernières années du xiiie; en outre, à en juger par les courts sommaires qui seuls nous les font connaître, elles donnent lieu à une seconde observation que nous relevons d'autant plus volontiers qu'elle vient, comme un argument de plus, à l'appui de notre hypothèse de tout à l'heure. Comme pour mieux affirmer ce que l'on pourrait appeler la *fraternité* des deux manuscrits, les pièces *les plus anciennes* du deuxième cartulaire (1142-1150-1151) ne font autre chofe que des *doubles* des pièces *les plus récentes* du premier cartulaire que nous publions. Voici, comme fpécimen, un extrait de la première page de la *Table*, qui occupe à elle feule plufieurs feuillets de l'*Inventaire* :

1158. — Privilége du pape Anaftafe IV fur les dixmes de l'abbaye.
1151. — Eugène IIIe. (1).
1164. — Privilége du pape Alexandre III, confirmatif des deux précédents.
1154. — Louis VII transfère le chapitre Saint-Pierre de Montlhéry & l'églife de Notre-Dame du château à l'églife de Longpont, du confentement des chanoines.
1142. — Foire concédée par Louis VII (2).
S. D. — Confirmation par Anaftafe IV de la tranflation du chapitre Saint-Pierre de Montlhéry à Longpont.
1150. — Ratification par Thibault, évêque de Paris, des priviléges des moines de Longpont dans fon diocèfe (3).

(1) Il s'agit ici de la bulle d'Eugène III, n° I de notre Cartulaire.
(2) N° III de notre Cartulaire.
(3) N° II de notre Cartulaire.

1221. — Donation de 30 arpens de bois aux moines de Forges.

S. D. — Chartre où Simon de Rochéfort ratifie l'échange fait entre Michel & les moines de Longpont (1).

S. D. — Simon, seigneur de Rochefort, donne à Notre-Dame de Longpont un fief avec terres, bois, &c., à Garnevesin (2)....

Les archives de Longpont, conservées à Versailles, forment un dossier assez considérable; elles ne renferment cependant qu'un très-petit nombre de pièces anciennes originales : trois seulement sont du XIIIe siècle (années 1251, 1295, 1297); le XVe siècle en fournit à peine autant, & le XVIe siècle n'est guère mieux partagé. A l'exception de ces rares débris des archives du moyen-âge, & de l'*Inventaire de 1713* déjà mentionné, les volumineuses liasses qui remplissent plusieurs cartons ne renferment que des papiers d'administration & surtout des dossiers de procès appartenant aux deux derniers siècles.

Voici, pour terminer cette notice préliminaire, le texte de la pièce la plus ancienne que

---

(1) N° XXXVII de notre Cartulaire.
(2) Voyez le texte complet de la table à la suite de notre Cartulaire.

nous venons de mentionner, c'est-à-dire de la charte de 1251.

« Universis presentes litteras inspecturis
« officialis curie Parisiensis salutem in Domino.
« Notum facimus quia coram nobis constituti
« Petrus de Brueria, miles, & domina Marga-
« reta, ejus uxor, asseruerunt quia ipsi habe-
« bant, tenebant & possidebant in alodio
« quinque arpenta vel circiter terre arabilis,
« in una pecia, sita ad Hayas de Tirelou,
« movencia de hereditate ipsius Margarete,
« quitta & libera ab ommi redevencia, censu,
« corveia, redditu & coustuma, & alio onere,
« censuali vel feodali. Que quinque arpenta
« vel circiter terre arabilis, quitta & libera,
« ut dictum est, ipsi Petrus & Margareta,
« uxor ejus, coram nobis vendiderunt &
« imperpetuum quittaverunt conventui beate
« Marie Longi Pontis, parisiensis diocesis, pro
« triginta libris parisiensibus, jam sibi solutis,
« traditis & numeratis, sicut ipsi venditores
« confessi sunt coram nobis, renunciantes
« expresse, &c...

« De recta vero garendia ferenda & de
« premissis omnibus & singulis, complendis
« & fideliter observandis, Guillermus de
« Cocheto, miles, Adam de Cocheto, Guido

« de Mefnilio, Hugo de Villaribus, Reginaldus
« Cocherel, Guillermus de Buris, dictus de
« Coufances, & Reginaldus de Anfegnies,
« armigeri, fe plegios & garentizatores confti-
« tuerunt coram nobis, ad ufum & confuetu-
« dinem Francie, quilibet eorum in folidum
« & per fidem, volentes, &c...

« Datum anno Domini millefimo ducen-
« tefimo quinquagefimo primo, menfe Au-
« gufto. »

Jules Marion.

CATALOGUE

DES PRIEURS DE NOTRE-DAME DE LONGPONT

---

1. Robert, 1061.
2. Bernard, 1066.
3. Etienne Ier, 1070.
4. Eude I de Péronne, 1076.
5. Henry, 1086 & 1125.
6. Landry, 1136.
7. Jean Ier, 1140.
8. Macaire, 1141.
9. Pierre Ier, 1142 & 1147.
10. Thibaud Ier, 1150 & 1154.
11. Simon Ier, 1180.
12. Géraud *ou* Giroud, 1190.
13. Guillaume Ier de Milly, 1198.
14. Eude II de Condom, 1232.

15. Drogon, 1235.
16. Etienne II d'Espinaille, 1245.
17. Eude III des Brosses, 1295.
18. Jean II, 1303.
19. Guillaume II de Chamarets, 1315.
20. Pierre II de Saint-Martial, 1320.
21. Jean III Malen, 1336.
22. Simon II de Gillans, 1343.
23. Guillaume III de Chanac, 1350.⎫
24. Fou... de Chanac, 1352.   ⎬(1).
25. Thibaud II, 1393.
26. Arnaud, 1395.
27. Gilles Ier de Montagu, 1398 & 1403.
28. Etienne III d'Espinasse, 1423.
29. Etienne IV Buret, 1434.
30. Guillaume IV Leurand, vers 1438.
31. Zacharie de Tologny, 1440.
32. Guillaume V de Condac, 1460.
33. Pierre III Gouffier, 1499.
34. Jacques de Puivyvant, 1511.
35. Antoine de Puivyvant, 1532.
36. Charles de Rovray, 1533.
37. Louis Ier Béga, 1540.

(1) Les noms de ces deux personnages ont été défigurés dans le *Gallia christiana*, qui les appelle *Guillelmus de Chamaio, Fulco de Chamaio*. (*Gall. Christ.*, VII, col. 557.)

Prieurs Commendataires :

38. Guillaume VI Raguyer, 1550.
39. Louis II Dannet *ou* Dauvet, 1565.
40. Germain Le Sec, 1571.
41. N. de Malarty, 1572.
42. Potentien de la Place, 1573.
43. Gilles II Le Breton, 1573.
44. Lazare Coquelay, 1574.
45. Nicolas Ier Pierron, 1576.
46. Merry de Vic, 1578.
47. Lucien de la Fontaine, 1582.
48. Nicolas II Le Gay, 1584.
49. Jean IV Le Court, 1588.
50. Nicolas III Le Gay, 1592.
51. Dominique de Vic, 1592 & 1615.
52. Claude de Saint-Bonnet de Thoiras, évêque de Nîmes, 1633.
53. Michel Le Masle des Roches, 1640 & 1651.
54. Pierre IV du Cambout, cardinal de Coiflin, évêque d'Orléans, 1661-1706.
55. Frédéric-Conftantin prince de la Tour-d'Auvergne, février 1706-1709.

INTRODUCTION

56. Jean-Paul Bignon, 15 février 1710-1735 (1).
57. Jean-Paul Brunet d'Evry, 2 janvier 1736.
58. Jean-Joseph de Valrivière, 1779.
59. N. Roland, 1782.

(1) En 1714, Jean-Paul Bignon échangea le Prieuré de Longpont contre les deux Prieurés de Rigny & de l'Hopital, dont N. Richard, chanoine de Sainte-Opportune, à Paris, était titulaire. Mais, n'ayant pu prendre poffeffion de fes deux nouveaux bénéfices, attendu que Richard, les avait précédemment cédés à fon propre neveu, J.-P. Bignon contraignit, non fans peine, le chanoine de Sainte-Opportune à lui reftituer le Prieuré de Longpont. Il en reprit poffeffion en 1715 & le conferva jufqu'à fa mort, arrivée en 1735.

STATUE DE LA VIERGE (XIIIe SIÈCLE.)
Trumeau du Portail de Longpont

LE CARTULAIRE

DU PRIEURÉ DE

NOTRE-DAME DE LONGPONT

I

Eugenius (1), episcopus, servus servorum Dei, dilectis filiis 1152
Teobaldo, priori monasterii beate Marie de Longo Ponte, 21 février.
ejusque fratribus, tam presentibus quam futuris, regularem
vitam professis, in perpetuum.

Quociens illud a nobis petitur quod religioni & honestati
convenire dinoscitur, animo nos decet libenti concedere, &
petentium desideriis congruum impertiri suffragium. Ea
propter, dilecti in Domino filii, vestris justis postulationibus
clementer annuimus, & prefatum monasterium, in quo divino mancipati estis obsequio, sub beati Petri & nostra protectione suscipimus, & presentis scripti privilegio communi-
mus, statuentes ut quascumque possessiones, quecumque bona
idem monasterium in presentiarum juste & canonice possidet,
aut in futurum, concessione pontificum, largitione regum vel

principum, oblatione fidelium feu aliis juftis modis, Deo propicio, poterit adipifci, firma vobis veftrifque fucceſſoribus & illibata permaneant. In quibus hec propriis duximus exprimenda vocabulis : In epifcopatu parifienfi, villam videlicet de Longo Ponte cum decima & atrio; capellam fancti Juliani, Parifius, juxta Parvum Pontem fitam, cum fepultura; eccleſiam de Forgiis cum decima & atrio; eccleſiam de Orceaco cum decima & atrio; eccleſiam de Pifcofis cum decima & atrio; eccleſiam de Champlant cum atrio & tercia parte decime & dimidio modio; eccleſiam de Bunduflo cum decima & atrio; eccleſiam de Orengiaco cum decima & atrio; eccleſiam de Noereio cum decima; decimas de Monte Leterico; medietatem decimarum Viriaci; decimas de Joi; medietatem decimarum de Monteclein; medietatem decimarum de Saviniaco; quartam partem decime Sancti Mederici; decimas de Britiniaco & Pleſſeiz; quartam partem decimarum Ville Abbatis; villam que vocatur Saviniacus; villam que vocatur Ver, & fextam partem decimarum; medietatem ville Soliniaci cum medietate decimarum; medietatem ville que vocatur Champlant; in villis Jude & Fretnes terciam partem decimarum & tractum (2) tercio anno. In archiepifcopatu Senonenfi, terciam partem decimarum de Mandavilla. In epifcopatu Carnotenfi, monafterium Sancti Andree de Orphegiis & obedientiam de Papinivilla cum appendiciis fuis. In epifcopatu Luxovienfi, monafterium de Tocha cum pertinentiis fuis; decimam de Ophergiis. Decernimus ergo ut nulli omnino hominum liceat prefatum monafterium temere perturbare, aut ejus poſſeſſiones auferre vel ablatas retinere, minuere aut aliquibus vexationibus fatigare; fed omnia integra conferventur, eorum, pro quorum gubernatione & fuftentatione conceſſa funt, ufibus omnimodis profutura, falva fedis apoftolice auctoritate & Cluniacenfium abbatum obedientia, atque diocefanorum epifcoporum canonica justicia. Si qua igitur in futurum ecclesiastica secularisve persona hanc nostre constitutionis paginam sciens contra eam temere temptaverit venire, secundo terciove commonita, si non satisfactione congrua emendaverit, potestatis honorisque sui dignitate careat, reamque se divino judicio existere de perpetrata iniquitate cognoscat & a sacratissimo corpore ac sanguine Dei & Domini redemptoris nostri Jesu Christi aliena fiat atque in extremo examine districte ultioni subjaceat. Cunctis autem eidem loco justa servantibus sit pax domini nostri Jesu Christi, quatenus & hic fructum bone actionis percipiant & apud districtum judicem premia eterne pacis inveniant. Amen — amen — amen. —

Ego Eugenius, catholice ecclesie episcopus, SS. (3). Ego Gregorius presbiter cardinalis tituli [sancti] Calixti, SS. Ego Julius, presbiter cardinalis tituli sancti Marcelli, SS. Ego Ubaldus, presbiter cardinalis tituli sancte Crucis in Jerusalem, SS. Ego Imarus, Tusculanensis episcopus, SS. Ego Nicolaus, Albanensis episcopus, SS. Ego Hugo, Hostiensis episcopus, SS. Ego Bernardus, presbiter cardinalis, tituli sancti Clementis, SS. Ego Otto, diaconus cardinalis sancti Gregorii (4) ad Velum aureum, SS. Ego Gregorius, diaconus cardinalis sancti Angeli, SS. Ego Guido, diaconus cardinalis sancte Marie in Porticu, SS. Ego Johannes, sanctorum Sergii & Bachi diaconus cardinalis, SS.

Datum Signie, per manum Bosonis, sancte romane ecclesie scriptoris, VIIII Kalendas Marcii, indictione XV, incarnationis Dominice anno M° C° L° I°, pontificatus vero domni Eugenii tercii pape anno septimo (5).

(1) Eugène III, pape. — 4 mars 1145 — 8 juillet 1153.
(2) Le droit qualifié *tractus* ou *tractus decimæ* serait, d'après Ducange, une dîme levée sur la dîme elle-même (*redecima*), sans doute au profit du collecteur. (V° *Tractus*, 3.)

(3) En avant de la fignature du Pape eft deffiné le fac-fimile du fceau de plomb, portant, fuivant la forme confacrée, les mots: SCS PETRVS, SCS PAVLVS, EVGENIVS PP. III, difpofés dans les quatre cantons de la croix centrale, &, en exergue, la devife d'Eugène III : *Domine, fignum in bonum fac mecum.* — Toutes les fignatures des témoins font précédées de grandes croix, tracées alternativement à l'encre rouge & à l'encre verte.

(4) Lifez : *Georgii.* — Il s'agit de la bafilique cardinalice de Saint-Georges au Vélabre.

(5) 1152 (*nouveau ftyle*). — La chancellerie d'Eugène III faifait partir le commencement de l'année, tantôt du 1er janvier, tantôt du 25 mars. C'eft d'après le dernier de ces deux ufages qu'eft datée la préfente bulle. En effet, elle porte la double indication de l'année 1151 & de la feptième année du pontificat. Or, la feptième année d'Eugène III court du 4 mars 1151 au 4 mars 1152. Le 21 février de la *feptième année* (date de la bulle) eft donc évidemment le 21 février 1152 (*nouv. ft.*); &, pour que ce 21 février porte en même temps le milléfime de 1151, il faut de toute néceffité que l'année 1151 ait commencé feulement le 25 mars & fe foit prolongée jufqu'à la même date de l'année fuivante.

II

1150.

Teobaldus (1), Dei gracia Parifiorum epifcopus, venerabili ac dilecto filio Teobaldo, priori de Longo Ponte, & fratribus ibidem Deo fervientibus, in perpetuum. Id epifcopale fpectat officium ecclefie fibi credite curam gerere, maxime vero paci & quieti religioforum fratrum attentius providere. Idcirco nos propenfiori cura & habundantiori pietate bona ecclefie veftre, quecumque tempore predecefforum noftrorum vel noftro legitime adquifita funt, fub noftra protectione & parifienfis ecclefie conftituimus & auctoritate munimus : ecclefiam de Longo Ponte cum decima & atrio; ecclefiam fancti Juliani, Parifius, juxta Parvum Pontem sitam, cum atrio; ecclesiam de Forgiis cum decima & atrio ; ecclesiam de Orceaco cum decima & atrio; ecclesiam de Piscosis cum decima & atrio; ecclesiam de Champlant cum atrio, & tercia parte decime & dimidio modio; ecclesiam de Bunduflo cum decima & atrio; ecclesiam de Orengiaco cum decima & atrio; ecclesiam de Nooreio cum decima; decimam de Monte Leterico; decime de Viriaco medietatem; decimam de Joi; medietatem decime de Monteclein; terciam partem tercie partis decime de Athiis; medietatem decime de Saviniaco; quartam partem decime de Sancto Mederico; decimam de Britiniaco & de Plesseiz; quartam partem decime de Abbatis Villa; decimam de Licis, de terra Adam; duas partes de pane, in festo sancti Stephani, in ecclesia de Saviniaco ; villam que vocatur Saviniacus; villam que vocatur Ver & sextam partem decime; decem hospites in villa que vocatur Larziacus: medietatem ville que vocatur Soliniacus, cum medietate decime; medietatem ville que vocatur Champlant; terciam partem decime de Villa Jude, & tractum tercio anno, & terciam partem decime de Fresnes & tractum tercio anno. Hec prenominata, & si qua alia juste & canonice possidetis vel possessuri estis, vobis pontificali auctoritate confirmamus, &, ut hoc in posterum ratum & inconvulsum permaneat, sigilli nostri inpressione roboramus, statuentes ut nullus bona vestra diripere, minuere vel presentis pagine statutum audeat infirmare. Quod si presumpserit, secundo terciove commonitus, si non satisfecerit, sciat se perpetui anathematis vinculo constrictum: conservantibus autem hec honor & salus, amen. Actum Parisius, anno incarnationis Dominice M° C° L°, episcopatus nostri VIII°.

---

(1) Thibaud, 1143 — 1157.

III

1142. In nomine sancte ac individue Trinitatis. Ego Ludovicus (1), Dei gratia, rex Francorum & dux Aquitanorum, notum facimus universis, presentibus pariter & futuris, quoniam nostram adiere presentiam domnus abbas Macharius Mauriniacensis & Petrus, prior sancte Marie Longi Pontis, humiliter depoſcentes quatenus, pro animarum patris mei & matris mee predecessorumque meorum remedio, nundinas quasdam, quas *ferias* vulgaliter appellamus, ecclesie sancte Marie Longi Pontis in perpetuum possidendas concederemus. Quorum peticionem misericorditer amplectentes, ecclesie sancte Marie Longi Pontis nundinas, a vigilia nativitatis beate Marie que colitur in septembri usque ad octabas continue (2) perdurantes, concessimus. Forum quoque de Monte Leherico, quod infra octabas evenerit, apud Longum Pontem sicut & feria tenebitur. Remisimus etiam in manu jamdicti Petri, prioris, & ecclesie Longi Pontis omnes justicias & consuetudines ad easdem ferias pertinentes, pedagio & conductu (3) nostro excepto. De Monte autem Leherico hospitantibus ad easdem nundinas venientibus vel ab eisdem redeuntibus ne aliquis minister noster aliquas justicias faciat, nisi eos in presenti forisfacto invenerit, instituimus. Dum autem ipsi mercatores in castello nostro erunt, si aliquid vendiderint vel emerint, theloneum nostrum & quod consuetudinarium est habebimus. Pretaxatus vero prior totusque ecclesie illius conventus karitative nobis donaverunt quod anniversarium patris nostri nostreque matris pariterque nostrum, post obitum nostrum, in ecclesia sancte Marie Longi Pontis quotannis celebraretur. Verum, ut hoc ratum &

firmum permaneat in fempiternum, fcripto commendari, figilli noftri auctoritate muniri noftrique nominis fubter infcripto karactere corroborari precepimus. Actum publice, Stampis, anno incarnati Verbi millefimo c° xl° 11°, regni vero noftri vi°, aftantibus in palacio noftro quorum nomina fubtitulata funt & figna : Signum Radulfi, Viromandorum comitis (4), dapiferi noftri. S. Guillelmi, buticularii. S. Mathei, camerarii. S. Mathei, conftabularii.

Data per manum Cadurci, cancellarii.

(1) Louis VII *le Jeune*.
(2) Du 7 au 15 feptembre.
(3) *Conductus* eft le droit payé au feigneur pour la fauvegarde des marchandifes amenées à la foire. (*Voy.* du Cange : v° *Conductus*, 2.)
(4) Raoul Ier, dit *le Vaillant*, & *le Borgne*. — 1102—1151.

IV

Ludovicus (1), Dei gratia rex Francorum & dux Aquitanorum, militibus Montis Letherii (2) falutem. Vobis volumus innotefcat quoniam ecclefie de Longo Ponte & ibidem morantibus monachis, in obfequio regis eterni, feriam feptem dierum ad feftivitatem beate Marie Septembris donavimus. Proinde, per regia vobis fcripta mandamus ut coherceatis filios & familias veftras, ne quas forte coactiones vel exactiones inferre prefumant. Omne etenim forisfactum ab illo fumus requifituri, de cujus effe familia auctor injurie cognofcetur.

S. D.
Vers 1142.

(1) Louis VII *le Jeune*.
(2) Les *milites* auxquels cette charte eft adreffée font les officiers ou châtelains, gardant pour le roi le château-fort de Montlhéry, &

qui, en leur qualité de défenseurs des fiefs relevant de la châtellenie, étaient tenus aux chevauchées ordonnées par le roi & à la garde continuelle du château. Ils sont qualifiés habituellement *milites de fisco Montis Letherici* ou simplement *milites Montis Letherici*. Plusieurs de ces vassaux habitaient dans l'enceinte même du château. Il convient de remarquer que cette institution féodale, d'un caractère assez original, était bien antérieure à la réunion de la seigneurie de Montlhéry au domaine royal & devait, selon toute probabilité, remonter au temps où les évêques de Paris étaient suzerains du *Mons Lethericus*, qu'ils avaient acquis par échange des abbés de Saint-Denis, vers le commencement du ixe siècle. C'est en vertu de ce vieux droit que, dans la charte de fondation du Prieuré de Longpont (*inf.* n° LI), l'évêque de Paris, Geoffroy de Boulogne, appelle Gui de Montlhéry *noster miles*. « L'évêque de Paris, dit l'abbé Lebeuf (*Hist.* « *du Dioc. de Paris*, x, 156), s'accommoda [avec l'abbé de Saint- « Denis] du *Mons Aericus :* mais, vers la fin de la seconde race, il « céda cette montagne à des chevaliers qui se rendirent ses feuda- « taires & qui peu à peu la firent essarter. » — En dehors de l'enceinte fortifiée, du côté du couchant, s'était formé peu à peu le bourg de Montlhéry, dont le roi confia l'administration & la garde à des officiers spéciaux qualifiés de prévôts.

V

1137. Avant le 1er août.

In nomine sancte & individue Trinitatis. Sciant tam presentes quam futuri quod ego Ludovicus (1), rex Francorum, quandam terram, que juxta portam Parisiacensem est, apud Montleheri, que etiam erat monachis sancte Marie de Longo Ponte, ab eisdem monachis alternavi, eo scilicet tenore quod tot jugera de mea propria cultura de Alba Spina, que vicinior est eis, illis reddidi, quot de predicta terra ab eis accepi. Concessi etiam & hoc precepto sigillo meo munito confirmavi quod homines de elemosina domini Milonis junioris (2), apud Longum Pontem commorantes, placitum generale monachis predictis reddant, & de incurſionibus (3) forisfactorum, tam de pratis meis & de vineis quam etiam de ſegetibus, juxta eſtimationem dampni, ſicut mos antiquitus fuerat, ſacramento adhibito, a miniſtris meis non inquietentur, dampno, ſicut dictum eſt, eis juxta eſtimationem perſoluto.

Acta ſunt hec anno incarnationis Dominice, milleſimo c° xxx° vii°, regis autem Ludovici anno regni xx^{mo} viiii^{no}, indictione xv.

(1) Louis VI *le Gros.*

(2) Milon de Montlhéry, ſeigneur de Bray, vicomte de Troyes, troiſième fils de Milon le Grand, ſeigneur de Montlhéry. Il mourut en 1116 ou 1117, aſſaſſiné par ſon couſin germain, Hugues de Rochefort, ſeigneur de Crécy, de Gometz & de Châteaufort, ſénéchal de France après ſon père, en 1107. (*Voyez plus bas la charte* n° LXXXIV & *l'Introduction*, p. 17.)

(3) Le mot *incurſio* a le ſens de *reſponſabilité devant la juſtice*, du fait d'encourir un châtiment; en vieux français *encourement*. (Voyez du Cange, v° *Incurſio*.)

VI

In nomine ſancte & individue Trinitatis. Ego Ludovicus (1), Dei gracia, rex Francorum & dux Aquitanorum. Convenienter nimirum ad benefaciendum eccleſiis munificentia regalis habundat; regium quippe opus eſt & ipſas ſtudioſe defendere & oportunis beneficiorum largitionibus aucmentare. Notum itaque fieri volumus omnibus, tam futuris quam preſentibus, quoniam ecclefie beatiſſime virginis Deique genitricis Marie de Longo Ponte tres ſolidos de cenſu, quos in vineis monachorum apud Calliacum habebamus, in perpetuum condonantes, donavimus. Pro quo dignum judicavit eccleſia ut illuſtrium ac venerande memorie regum, genitoris videlicet no-

1144.
Après le 1er août.

ſtri Ludovici avique noſtri Philippi (2), anniverſarii diem annua in poſterum commemoratione percelebret. Quod ut perpetue ſtabilitatis optineat munimenta, ſcripto commendari, ſigilli noſtria uctoritate muniri noſtrique nominis ſubter inſcripto karactere corroborari precepimus.

Actum publice, Pariſius, anno ab incarnatione Domini millefimo cº xlº iiiiº, regni vero noſtri viiiº (3); aſtantibus in palatio noſtro quorum nomina ſubtitulata ſunt & ſigna. Signum Radulfi, Viromandorum comitis (4), dapiferi noſtri. S. Mathei, camerarii. S. Mathei, conſtabularii. Signum Guillelmi, buticularii.

Data per manum Cadurci, *(monogramme royal)* cancellarii.

(1) Louis VII.
(2) Louis VI, ſon père, & Philippe Ier, ſon aïeul.
(3) La huitième année du règne de Louis le Jeune, à partir de la mort de ſon père, a commencé le 1er août 1144.
(4) Raoul Ier *le Vaillant.*

VII

1146.

Sciant tam preſentes quam futuri quod Guillelmus Cuchivis, miles de Monte Leterici (1), partem ſuam ex integro, id eſt ſextam decime, que eſt in parochia Britiniaci, dedit in elemoſinam monachis cluniacenſibus eccleſie ſancte Marie de Longo Ponte, uxore ſua & filio majore natu & fratre ſuo, Hugone, hoc idem concedentibus; & tam diu monachi, abſque omni calumpnia, predictam decimam poſſideant, donec ipſe Guillelmus aut heres ejus xv^{im} libras Provenienſis monete monachis perſolvat, quas a domno Petro, priore ejuſdem loci, ſub preſenti cyrographo accepit: quod ſi moneta mutata fuerit, vii^m marcas & dimidiam puri probatique argenti monachis reftituat. Hujus donationis & conventionis ego Teobaldus, Dei gracia parifienfis epifcopus, teftis fum, &, quia decima de feodo noftro eft, ita effe concedimus; &, ut ratum in pofterum perfeveret, figilli noftri epifcopali auctoritate confirmamus. Quod fi quis fuper hoc monachos inquietare temptaverit, ufque tercio admonitus fi non emendaverit, anathematis gladio feriatur. Teftes etiam huic negocio plures interfuerunt : ex parte Guillelmi : Hugo, frater ejus; Guido Chamilli; Nanterius de Orceaco; Garinus, filius Aymonis de Maciaco; Guarinus, filius Pagani de Alneto; Hungerius de Caftris; ex parte autem monachorum : Arnulfus, major; Bernardus, famulus; Robertus, ftabularius; Johannes, filius Garnerii, famuli.

Actum eft publice in fede noftra, Parifius, anno millefimo c° xl° vi° incarnationis Domini, Ludovici vero fecundi anno regni xv° (2), epifcopatus vero noftri iiii°.

(1) A propos de cette qualification de *miles de Monte Leterici* voyez plus haut la charte iv, *note* 2.

(2) Dans cette charte, les années du règne de Louis VII font comptées, non pas comme dans la charte précédente, à partir de la mort de fon père, mais à partir de fon affociation au trône, en 1131; mode de compter fréquemment employé dans la chancellerie de ce prince. On remarquera la défignation de *fecundus* (Louis deuxième ou Louis *le Jeune*), donnée ici à Louis VII, par oppofition avec fon père, Louis *le Vieux*, auquel il avait été affocié pendant fix ans.

VIII

Ego frater Petrus (1), humilis Cluniacenfis abbas, notum facio omnibus fratribus noftris quod, fratrum noftrorum confilio ac certe utilitatis caufa, in communi capitulo decrevi ut qui-

S. D.
1122-1157.
Vers 1140.

cumque de fratribus noftris terras vendiderint, inpignoraverint aut dederint, fine noftro confenfu vel juffu, excommunicationi fubjaceant. Quod cum generaliter de toto corpore Cluniacenfis ecclefie fecerim, nunc fpecialiter de ecclefia noftra Longi Pontis idem ftatuo, & nominatim de thefauro illius ecclefie, fuper quo querimonia nuper ad nos eft delata, preceptum iftud edico ne quis prior aliquave perfona alia quicquam de eo vendere, inpignerare vel dare prefumat. Quod fi quis fecerit, ex parte Dei omnipotentis, & beate Marie, femper virginis, & beatorum apoftolorum, Petri & Pauli, & fancti patris noftri, Benedicti, & omnium fanctorum, & ex officio nobis injuncto, anathemati & omnimode excommunicationi eum fubicimus.

(1) Pierre le Vénérable, abbé de Cluny, de 1122 à 1157.

IX

1140. In nomine fancte & individue Trinitatis, amen. Ludovicus (1), Dei gracia, Francorum rex & Aquitanorum dux, ecclefie beate Marie de Forgiis in perpetuum. Quoniam Dei miferatione multa poffidemus, ne ingrati beneficiorum coram ipfo inveniamur, ut pauperes Chrifti recipiant nos in eterna tabernacula, cum noftra defecerint, eorum indigencie de noftra habundantia fubvenire debemus. Et quia, ficut graciofa eft nubes pluvie tempore ficcitatis, fic tempore neceffitatis elemofina; ob falutem anime noftre & anteceforum noftrorum, ecclefie de Forgiis & monachis ibidem Deo fervientibus, unam feriam, fingulis annis, in die Affumptionis fancte Marie concedimus, & tam euntes quam redeuntes in conductu & tutela noftra fufcipientes, ut nec pofteros nec

presentes lateat, per presentem paginam omnibus innotes-
cimus. Ne quis ergo hoc factum nostrum temere permutare
vel monachos super hoc aliquo modo inquietare audeat,
regia prohibemus auctoritate, &, ut inviolabile robur quod
gerimus obtineat, sigilli nostri firmamus inpressione.

Actum est hoc anno incarnationis Dominice M° C° XL°, regni
nostri octavo (2), astantibus in palacio nostro quorum
nomina & signa subscripta sunt. S. Radulfi, dapiferi. S. Guillelmi, butticularii. S. Mathei, constabularii.

Huic dono nostro interfuerunt Theodericus, Galerannus
& Albertus de Avo.

Data per manum Natalis, cancellarii *(monogramme royal)*.

(1) Louis VII.
(2) Dans cette charte, comme dans la charte VII, les années du
règne de Louis VII sont comptées à partir de son association au
trône (25 octobre 1131), mais avec une erreur de quelques mois,
due sans doute à l'inadvertance du scribe de la chancellerie. En
effet, la huitième année du règne de Louis VII, suivant ce mode de
compter, avait pris fin le 25 octobre 1139.

X

Presentibus & futuris notum fieri volumus quod Johannes   S. D.
Paalee dono concessit ecclesie beate Marie de Longo   Vers 1136.
Ponte quartam decime partem, quam Saviniaco habebat,
tam de annona quam de vino seu ceteris fructibus annuis,
necnon & xx^{ti} duos denarios censuales & medietatem
hostisie, de qua Johannes, filius Hermerii, xii^{cim} reddit : alios vero decem alii homines reddunt, videlicet Drogo
de Marcociis, II denarios, Petrus de Furno, II denarios,
Drogo de Castis, III denarios, Robertus, filius Johannis, III

denarios. Prefato fiquidem Johanni fcilicet Paalee domnus Landricus, tunc ejufdem prior ecclefie (1), xx^{ti} libras in monimentum hujus donationis ex karitate tribuit. Hujus autem conceffionis memoratus Johannes ab avunculo fuo, Gifleberto de Orengiaco, de cujus feodo prefata movebat decima, & a filiabus fuis conceffionem impetravit. Conceffrunt autem & hoc Oddo de Villa Moiffun & Josbertus, coquus, ad quem fpecialiter pertinebat feodus quem Giflebertus tenebat.

(1) Landry était prieur de Longpont en 1136. (*Gall. chrift.*)

XI

S. D.
Vers 1140.

Prefencium pofteritati commendare difpofuimus quod Robertus Caftellus, anime fue faluti pio providens confilio, quicquid apud Pifcofas hereditario jure poffidebat, videlicet cenfum, terram arabilem, tres partes cujufdam hofpitis, partem fuam furni, tres partes cujufdam prati, & fi quid aliud ibi habebat, totum ex integro ecclefie beate Marie de Longo Ponte devote contulit, affenfum prebentibus Walterio Gohori & Gifleberto, nepotibus fuis; domino etiam Symone de Rupe Forti (1), comite, de cujus fedo hoc ipfum erat, benigne concedente. Dedit etiam memoratus Robertus beate Marie medietatem omnium que apud Curvam Villam habebat; concedentibus Balduino Cuungerio, de quo ipfe tenebat, & Guidone, filio Frederici de Palaciolo, & Bucchardo, fratre Guillelmi de Orceaco, qui cognominatur Panis & Aqua, de quibus Balduinus tenebat. Has predictas donaciones Galterius & Giflebertus, & due Gifleberti forores & earum liberi concefferunt.

(1) Gui de Montlhéry, dit *le Rouge*, fils de Gui de Montlhéry, le fondateur du Prieuré de Longpont, & frère de Milon le grand, seigneur de Montlhéry, devint comte de Rochefort-en-Yveline & seigneur de Châteaufort; puis, sénéchal de France vers 1093. Il mourut en 1108, laissant deux fils, qui lui succédèrent l'un après l'autre : 1° Hugues de Rochefort, seigneur de Crécy, sénéchal de France en 1107, mort sans enfants vers 1120; 2° Gui II de Rochefort. (P. Anselme, *Hist. Généal.* t. III, p. 666, & t. VI, p. 29.) — Il y a tout lieu de croire que le Simon, comte de Rochefort, qui figure dans nos chartes XI & XII, était le fils & successeur du comte Gui II.

XII

Sciant etiam omnes quod Gislebertus, prefati Roberti nepos, se & sua beate Marie reddens, quicquid de avunculi sui successione apud Guarnoveisin possidebat, terram scilicet arabilem cum nemore, fratre ejus Gualterio concedente, totum prefate concessit ecclesie, domino etiam Symone, de cujus fedo erat, concedente.

S. D.
Vers 1140.

XIII

Quoniam, ob succedentium temporum prolixitatem, preteritarum rerum seriem humane memorie facile surripit oblivio, pulcherrimus a predecessoribus mos inolevit ut ea videlicet, que futuris profutura creduntur, commendacioris littere sigillo in perpetuum vivenda signentur. Commendamus igitur fidelium noticie quod Rencia, uxor Haymonis de Boolum, suppremo decunbens incommodo, ecclesie beate Marie de Longo Ponte, quam vivens plurimum dilexerat, etiam moriens benigne memor, IIIes solidos censua-

S. D.
Vers 1136.

les eidem ecclesie, pro anime sue salute, perpetuo possidenda concessit, apud Villam Romanariam. Hoc concesserunt Haymo, maritus ejus, & Luciana, filia ejus. Hujus rei testes sunt: ipse Haymo; Guido de Boolum, nepos ejus; Thomas Bibens, gener ejus; Terbertus de Turre; Guido de Alneto; Guarinus de Ver, frater ejus; Theodericus, major; Gaufredus Torpaut; Gaufredus Anglicus; Symon, filius ejus.

XIV

S. D.
Vers 1136.

Noverit presencium futurorumque posteritas quod Theodericus, major de Plessiaco, injuriarum quas ecclesie de Longo Ponte irrogaverat penitens, dedit eidem ecclesie decimam de IIII^{or} arpennis & dimidio terre apud Nodum de Hua; concedente domino Frederico de Gigni & ejus heredibus, de cujus fedo ipsam terram tenebat. Testes sunt hujus donacionis: ipse Theodericus & Robertus, nepos ejus; Haymo de Boolum; Guido & Thomas, nepotes ejus; Gaufredus Torpautlis; Jonannes, famulus; Michael.

XV

S. D.
Vers 1136.

Stephanus, miles, de Maciaco, cognomento Palmarius dimisit Deo & sancte Marie de Longo Ponte II solidos censuales apud Champlant, quos reddit homo quidam, nomine Balduinus, de duobus arpentis terre, quos tenet. De hoc misit predictus Stephanus donum super altare, ipso die quo frater ejus, Guillelmus, itidem de Maciaco, pro quo specialiter hoc beneficium factum est, a monachis de Longo Ponte honorifice sepultus est; astantibus ex parte sua:

Hugone, & Buchardo, & Theobaudo de Vallegrinosa & aliis multis; ex parte monachorum : Theoderico, majore; Gaufredo, filio ejus; Gaufredo Anglo; Symone, filio ejus, & aliis pluribus.

XVI

Venturas in posterum generationes volumus non latere quod Theobaldus de Balisiaco, consilio & assensu fratris sui, Balduini, & uxoris ejus, de decima quadam, que sub castello Montis Letherici nostre (1) communis erat, super altare beate Marie de Longo Ponte donum Landrico, priori, & fratribus ibi Deo famulantibus fecit, astante conventu & laicis pluribus circumstantibus ; &, ob spontaneam doni hujus concessionem, a priore supranominato xxvii libras de caritate idem Theobaldus accepit. Concessit hoc frater ejus, Balduinus, & uxor ejus, & donum misit super altare. Concesserunt & hoc Theobaldus Rufus, de quo tenebat hanc decimam Theobaudus & Hugo de Vallegrinosa, de quo Theobaudus Rufus tenebat, & se doni hujus testes, fidejussores & defensores futuros spoponderunt. Miserunt & ipsi donum super altare, astantibus his : Haymone de Boolum, Oddone de Villamoyssun, Johanne, famulo, & Ivone, fratre ejus ; Guidone Muler, Guidone Blundo, Gaufredo Anglico & Symone, filio ejus ; Theoderico, majore, & filiis ejus, Gaufredo & Guillelmo. Apud Espinolium ergo, ubi uxores eorum, Balduini scilicet, Theobaudi Rufi & Hugonis, hoc concesserunt, affuerunt : Laurencius, monachus ; Philippus, prior de Brolio ; Victor, sacerdos de Espinolio ; Haymo de Boolum ; Johannes, famulus, & Ivo, frater ejus ; Guido Blundus, Gaufredus Anglicus & alii plures.

S. D.
Vers 1136.

(1) Lisez : *nobis*.

XVII

S. D.
Vers 1136.

Burchardus de Saviniaco dimisit Deo & sancte Marie de Longo Ponte unum hospitem, apud Saviniacum, nomine Johannem, filium Theobaudi, reddentem v solidos censuales. De hoc miserunt donum super altare, Maria, mater ejus, Aalicia, uxor ejus, Rainaudus & Ansellus, fratres ejus, ipso die quo idem Burchardus, famosissime indolis miles, cum planctu maximo a monachis de Longo Ponte sepultus est. Affuerunt huic donacioni : Litbertus, miles, de Turre; Heccelinus de Linais ; Radulfus de Campis ; Haymo de Boolum & alii multi; Terricus, major; Gaufredus anglicus ; Symon, filius ejus.

XVIII

S. D.
Vers 1136.

Guillelmus de Milliaco, filius Johannis de Cosenciis, nepos autem Rainaudi, decani de Milliaco, apud sanctam Mariam de Longo Ponte monachicum habitum suscipiens, dedit eidem ecclesie terram, in qua domus de Milliaco sita est, & pratum & vineam que domui adjacent; concedentibus fratribus suis, Balduino & Pagano, & sororibus suis; concedente & Philippo, de cujus feodo movebat. Laurentius autem, monachus noster, qui domum ipsam fundavit & in ea multum laboravit, ab eodem Philippo feodum pro XL^a solidis comparavit; concedente Guillelmo de Milliaco, de quo Philippus tenebat. Ad hoc fuerunt: Oddo, miles, de Monte Sancti Petri; Guido Nanterius, miles; Teodericus, major; Gaufredus Anglicus.

XIX

Ermengardis de Cochet, tradens filium suum, Bernerium, Deo & beate Marie de Longo Ponte & monachis ejusdem loci educandum secundum regulam beatissimi patris Benedicti, dedit in elemosinam eidem loco quartam partem decime de Cochet, tam de frugibus quam de ceteris de quibus datur decima; cujus decime, tres residue partes nostre erant. Concessit hoc Gaufredus, clericus, filius ejus, in cujus porcionem decima ipsa devenerat; & ceteri fratres ejus, videlicet Hugo, Geraldus, & Johannes, & alii fratres ejus & sorores. De hoc posuit donum super altare supradictus Gaufredus, ipso die quo frater ejus, Bernerius, monachilem habitum suscepit. Ad hoc fuerunt : Guillelmus Cuchevi, miles; Johannes Escharat; Haymo de Boolum; Yvo, famulus; Theodericus, major; Gaufredus Anglicus.

S. D.
Vers 1145.

XX

Avelina, uxor Warini de Maciaco, viam universe carnis ingrediens, dimisit Deo & sancte Marie de Longo Ponte II sextarios annone, per singulos annos, 1 videlicet hyemalis, 1 avene. Concessit hoc Guavinus, vir ejus, & Andreas, frater ejus, & posuerunt donum super altare. Processu vero temporis, Willelmus, filius, cum ad terram venisset, donum matris sue irritum facere conatus est. Suasus autem a pluribus & postmodum facti penitens, ipsum concessit, & apud Torinni super unum hospitem, qui vocatur Asto de Viri, assedit; tali condicione quod custos operis, qui

S. D.
Vers 1136.

annonam habere debet donec opus confummetur, &, conf-
truéto opere, facrifta ad quem redditus veniet, fi ad terminum non habuerit, tunc hofpitem ante fe fubmonebit, rectum
accipiet & legem, fi voluerit. Quod fi etiam ita ei vifum
fuerit, dictante racione, aut inportunitas ruftici hoc merue-
rit, eum eiciet de hoftifia & in manu fua eam accipiet, nec
ullatenus poterit hofpes domino terre reconciliari ut hoftifiam recipiat, nifi cum monacho pacem fecerit. Dedit autem
fupradicto Guillelmo Chriftianus, tunc cuftos operis, v folidos de caritate, propter conceffionem. Ita definitum eft
apud Montem Lethericum, aftantibus his : Landrico, priore;
Duranno, camerario; Philippo, priore de Brolio; Manaffe,
priore de Monte Letherico; Guarino de Maciaco & Guillelmo, filio ejus, qui hoc fecerunt; Haymone de Boolum,
Philippo de Luifant, Johanne, famulo; Yvone, fratre ejus;
Terrico, majore, & aliis pluribus.

XXI

S. D.
Vers 1136.

Terricus, presbiter de Saviniaco, cum adhuc per naufra-
gofi hujus feculi fluctuaret procellas, fue memor fragilitatis
& de mamona inquitatis amicos fibi facere geftiens qui eum
recipiant in portu felicitatis eterne, dedit Deo, & fancte
Marie & monachis de Longo Ponte decimam de duobus
arpennis terre juxta Rogum, poft mortem fuam in perpetuum poffidendam. Et, ne poft mortem fuam amici aut
parentes fui eam calumpnientur, coram teftibus donum
fuper altare pofuit; aftante Landrico, priore, & toto conventu
& teftibus his : Johanne, famulo; Yvone, famulo, fratre
ejus; Guidone Blundo, Gaufredo Anglico : aftante & ex
parte facerdotis Gifleberto, clerico. Conceffum eft autem

ei quod anniverfarium Michaelis, nepotis fui, & fuum, cum ex hac vita tranfierit, in domo noftra omni anno fiat.

XXII

Fulcho de Lers, erga beate Dei genitricis ecclefiam de Longo Ponte devotum gerens affectum, ejufdem eccle- fie benefactorum provocatus exemplis, terram quandam apud Pleffiacum, monachorum ipforum culture apud contiguam, prefate dedit ecclefie; concedente uxore fua, Machania, & filiis, Symone fcilicet & Fulchone; aftantibus coram altare beate Marie donationis hujus teftibus iftis : Buchardo de Vallegrinofa, Oddone Efglin, Buchardo de Codreio, Buchardo Poodo. Ifti quoque quattuor contra calumpniancium infeftaciones, rogatu Fulchonis, fefe monachis fidejuffores, finguli pro x libris, delegaverunt. Quod audierunt & alii qui prefentes affuerunt: Hugo, miles, de Atiis; Johannes, famulus; Yvo, frater ejus; Laurentius, faber; Radulfus Lecherie; Symon, filius Gaufredi Anglici; Petrus de piftrino, Rogerius de coquina. Landricus igitur, prior, fuper hac donacione Fulconis devotum approbans animum, quemdam ei deftrarium ex caritate dedit.

S. D.
Vers 1136.

XXIII

Noverint prefentes & futuri quod ecclefia beate Marie de Longo Ponte fextam partem de omnibus, tam terris quam nemoribus, pratis vel omnibus redditibus, quoquomodo provenientibus, apud Buxiacum & Egleias, jure debito poffidet.

S. D.

XXIV

S. D.
Vers 1136.

Noverint universi quod Guillelmus de Guillervilla dedit Deo & monachis de Longo Ponte x^{cem} nummos censuales, [in Luisant, de vinea quam tenet Oddo de Cabrosia] (1), quorum Engelardus debet II denarios & Hermannus de Buisien VIII, pro anima patris sui Warini. Ad hoc fuerunt, Wido de Vallegrinosa, Bucchardus, frater ejus; Hugo de Lers, Johannes de Maciaco, Gaufredus Poodus, Gaufredus, filius ejus ; Heccelinus de Linais, Rainaldus Escharat, Oddo Eglins & alii multi; Johannes, famulus; Yvo, frater ejus.

(1) Les mots entre crochets ont été barrés dans l'original.

XXV

S. D.
Vers 1140.

Noverint omnes Radulphum de Challi domum & terram emisse, quam Lambertus de Berlenviller solebat de nobis tenere ; quod concessimus sub hac convencione quod Radulphus censum & omnes consuetudines sicut villanus reddat, quas terra reddere potest & debet. Sciendum vero quod Guichardus de Berlenviller censum ejusdem terre, scilicet XII denarios, ad festum sancti Remigii debet predicto Radulpho reddere & Radulphus nobis, ita etiam quod Radulphus, propter transgressionem census, si contigerit, poterit super Guichardum exercere justiciam, sed non propter aliam rem. Idem Guichardus ad idem festum de eadem re VI denarios solvit nobis. Rei predicte testes sunt: Gauterius Nanters, Teobaldus Chocherels, Petrus de Berlenviller, avunculus predicti Radulphi; Terricus, major noster; Johannes & Yvotet, fratres, & alii.

XXVI

Scire volumus omnes Hugonem de Vallegrinosa, assensu sue uxoris & filiorum & filiarum suarum, quando filium suum in monachum recepimus, nobis in elemosinam perpetuo concessisse IIIes solidos censuales, quos Guido Gibbosus, de Chetenvilla, reddebat eis, singulis annis, circa Pascha. Dimisit etiam nobis feodum ejusdem decime, consensu & voluntate Guidonis de Vallegrinosa, de quo res movebat. Testes sunt: idem Guido, Buchardus, frater ejus; Gaufredus Peoz, Buchardus, frater ejus; Gaufredus Peot, junior; Johannes de Machiaco, Hugo Bardul, Guido de Alneto, Johannes, famulus; Yvotet, frater ejus; Guido Blundus & alii multi.

S. D.
Vers 1136.

XXVII

Noverint omnes quod Guido de Vallegrinosa nobis quandoque controversiam agebat super uno modio ivernagii, quem Buchardus, avus ejus, ad concinnendum luminare ecclesie beati Petri, apud Buxeium, de redditu suo legavit & erogavit: predictus enim Guido modium illum quandoque retinebat, sed tamen luminare complebat. Qui tandem a Landrico, priore, super hoc conventus, divina inspirante gracia, donum quod avus ejus fecerat concessit, & super altare sancti Petri posuit; tali modo ne ipse vel heres

S. D.
Vers 1136.

ejus, aliqua deinceps victus cupiditate, modium retineat; sed serviens noster, singulis annis, sine aliqua contradictione, de redditu suo nobis eum, apud Buxeium, ut diximus, recipiat. Ad hoc interfuerunt ; Gaufridus Peot : Buchardus, frater ejus ; Hugo de Batuns ; Aubertus famulus ; Duret Manchet ; Johannes & Yvo, fratres ; Herveus, Radulphus Lecherie, Joscelinus, famuli nostri, & alii multi monachi, Durannus, Girardus, Renaudus, Guibertus.

XXVIII

S. D.
Vers 1145.
Presentibus & posteris commendetur quod Guiburgis de Coldreio & Guido, filius ejus, dimiserunt ecclesie beate Marie de Longo Ponte ii^{os} solidos censuales apud Compendolium. Quod utique donum approbaverunt, concesserunt Guarinus & Asto, fratres, illud super altare beate Marie pro signo confirmationis ponentes, plurimis coram astantibus, quorum sunt nomina : Tebertus de Turre, Guido de Vallegrinosa & Buchardus, frater ejus.

XXIX

S. D.
Vers 1140.
Milo & Petrus de Alneto, fratres, dederunt nobis, pro Deo, quando recepimus fratrem suum Renaudum in monachum, ii sex bladi apud Lodevillam, unum videlicet de mistolio, alterum de ordeo, ita singulis annis solvendos. Ad hoc fuit & concessit Guido, pater eorum ; Haymo de Boolum ; Johannes & Yvo, fratres, & famuli nostri, Guido Blundus & Albericus, filius ejus.

XXX

Noverint presentes & futuri Guidonem Gibosum, de Cha- S. D. renvilla, vendidisse nobis decimam quam habebat apud Vers 1140. Fontanas, assentiente uxore sua & fratre suo, qui etiam hoc dimiserunt super altare sanctæ Marie, astantibus his : Guillelmo, majore de Fontanis; Johanne & Yvone, fratribus; Guidone Blundo; Alberico, filio ejus.

XXXI

Teobaldus Cocherel, assentiente uxore sua & tota progenie, S. D. pro filio suo, Guidone, quem recepimus in monachum, nobis Vers 1140. in elemosinam concessit II sex bladi apud Fontanas, de redditu, in perpetuum. Cujus rei testes sunt : Guido de Vallegrinosa, Buchardus, frater ejus; Johannes, Yvotet, fratres; Guido Blundus; Albericus, filius ejus.

XXXII

Fulco de Lers dedit nobis apud Plessiacum VII solidos S. D. & II denarios censuales, pro Deo & quia filium suum, Buchar- Vers 1140. dum, monachum fecimus, & alios duos solidos ibidem pro Machania, uxore sua, quando cessit e medio. Unde testes sunt : Guido de Vallegrinosa; Buchardus, frater ejus; Tibertus & Girbertus, filius ejus; Hugo & Theobaldus Rufus, frater ejus; Johannes, Yvotet, fratres; Guido Blundus; Albericus, filius ejus, & alii multi.

XXXIII

S. D.
Vers 1140.
Johannes de Maciaco, pro filio suo, Guidone, facto nobiscum monacho, nobis dedit II solidos census; quorum XII denarii sunt ad Champelant, in pratis, alii nondum sunt assignati. Cujus rei testes sunt illi omnes qui supra pro Fulcone.

XXXIV

S. D.
Vers 1136.
Volumus ut omnes sciant priorem Landricum comparasse de Theobaldo Rufo decimam, que est sub Monte Letherico, XXVII libras, dominumque Guidonem de Vallegrinosa, de cujus feodo movebat, eumdem feodum nobis dimisisse, coram omni conventu, cum profecturus esset Jerosolimis, totum conventum salutans & osculans. Ad hoc fuit Hugo, clericus, de Castris. Testes empte decime: Theodericus, major; Johannes, Yvotet, Rogerus Goioth, Gaufridus Torpaut, & alii.

XXXV

S. D.
Vers 1140.
Noverint presentes & futuri quia Herbertus de Orengiaco dedit in elemosinam ecclesie beate Marie de Longo Ponte & monachis ibidem Deo servientibus VIII denarios census, quos de grangia monachorum de Longo Ponte, que Orengiaci sita est, annuos habere solebat; ita tamen quod matri sue concederetur in clausura curie hostium fieri, quo sola

duntaxat tranfiret, quandiu viveret, cum ad ecclefiam procedere vellet. Hoc igitur donum atteftantur qui prefentes affuerunt, cum idem Herbertus illud fuper altare beate Marie pofuiffet, videlicet: Johannes, famulus; Petrus, filius Rogerii Goioth; Achardus, coquus.

XXXVI

Tyrbertus, filius Tirberti, langoris tactus incommodo quo illum mori contigit, pro fue anime falute dedit & affignavit ecclefie noftre quicquid pofidebat apud Sauciel, Philippo, fratre fuo, & Margarita, uxore fua, benigne concedentibus. Margarita autem morte preventa, quia hoc facere non potuit, memoratus Philippus hoc donum fuper altare beate Marie pofuit, aftantibus plurimis qui teftes hujus donationis exiftunt: Afto, clericus; Buchardus Poot; Hugo de Cochet; Guido Blundus; Symon, piftor; Rogerius.

S. D.
Vers 1140.

XXXVII

Noverint univerfi quod Gaufredus Bovet, Jherofolimam peregrinari defiderans, quicquid habebat apud Garnevefin domino Michaeli vendidit. Qui videlicet Michael, quod jufte comparaverat tanquam proprium pofidens, cum ecclefia de Longo Ponte commutacionem fecit; illud fcilicet ecclefie hundevum (1) concedens quod Garnevefin a Gaufredo prefato jufte mercatus fuerat, & ecclefia Michaeli tradente quicquid apud Soliniacum juris habebat. At memoratus Gaufredus, Jherofolimis rediens, predictam vendicionem inficians, calumpniis ecclefiam de Longo Ponte frequentius lacef-

S. D.

sivit, jus suum eam injuste tenere proclamans. Sed huic controversie Garinus, domini Michaelis filius, qui patri successerat, sese obvium conferens, contra omnia Gaufredi machinamenta vel infestationes sese defensorem ecclesie proposuit. Cum autem inter se super his ecclesiam (2) de Longo Ponte & Gaufredo (3) minime concordarent, eo usque ventum est ut in curia domini regis, Stampis, datis utrinque vadibus, per duellum lis ista finem sortiri deberet. Sed mediantibus viris sapientibus, ecclesia & Gaufredus, conditione data, invicem convenerunt. Habuit enim G. Bovet & G. Labele, gener ejus, pro pace reformata, VII libras, de quibus ecclesia de Longo Ponte xxx solidos reddidit Sique (4) factum est ut Gaufredus, & gener ejus & uxores eorum, & filii & filie ipsorum, nunquam deinceps erga ecclesiam injurias irrogare, sed illam de cetero quietam fore, coram eis qui astabant, quorum nomina subscripta sunt, pronuntiarent. Hujus ergo rei testes existunt: Petrus de Richevila, tunc temporis Stampis prepositus; Adam Tadet; Garinus de Solini; Guillelmus Racicoht; Sevinus Gorloent; Gaufridus Labele; Mathildis, uxor ejus, & filii ejus & filie; Robertus, figulus.

(1) Que signifie ce mot *hundevum* ou peut-être *handevum*? Nous ne saurions le dire.
(2) Lisez : *Ecclesia*.
(3) Lisez : *Gaufredus*.
(4) Lisez : *Sicque*.

XXXVIII

S. D.
Vers 1145.

Sciant tam presentes quam futuri quod Heremburgis, uxor Hingerii, de Castris, in extremo vite sue posita, pro remedio anime fue, dimifit Deo & beate Marie de Longo Ponte, monachifque ibidem commorantibus, iv denarios cenfuales apud Toſſum; concedentibus & donum fuper altare ponentibus ipfo Hingerio, viro fuo; Reinaldo de Lai, patre fuo, & Herfendi, matre fua. Quod viderunt & audierunt ifti teftes: Galterius de Buelun, Haymo, frater ejus; Buchardus Cocherel; Arnulphus, major; Galfredus Torpalt; Johannes, famulus.

XXXIX

Commendare memorie volumus quod Oddo de Ver & mater ejus, Emelina, in die Affumptionis fancte Marie, donum quod prius fecerant Deo & fancte Marie de Longo Ponte, & monachis ejufdem loci, coram teftibus confirmaverunt, videlicet ecclefiam de Orengiaco, atrium, decimam, nemoris medietatem. De furno autem medietatem in vita fua retinuit; fed poft mortem fuam ecclefie conceffit (1). *15 août, fans date d'année. Vers 1095.*

(1) Voyez plus bas la *charte* cxcv.

XL

Noverint omnes quia de querela que verfabatur inter nos & Galfredum de Ver, fuper duobus modiis & v fextariis blazi, cumpromifimus in tres arbitros, Johannem videlicet de Corbullio, Guidonum de Vallegrinofa, Robertum Polin; ficque tranfactum eft ut, fingulis annis, reddamus prefato Galfredo modium unum blazi convenientis in grangia de Orengi, medietatem fcilicet unius & medietatem alterius; &, ne prefatus Galfredus aut mater ejus ab hac compoficione refi- *Octave de l'Afcenfion, fans date d'année. Mai ou juin. Vers 1136.*

lirent, fe ipfos plegios fide data conceſſerunt. Similiter &
Guillermus, frater Galfridi, Nicholaus, fororius ejus, Robertus
Polin, Milo de Alneto, fub hac condicione quod infra
menfem fubmonitionis Monte Leterico captione tenti, non
niſi per ignem aut aliud evidens periculum, recederent, illuc
& quanto citius poſſent reverfuri, donec nobis de compofi-
tione refoluta fatisfactum fuiſſet. Statutum eſt & ut Johannes
de Cramuel medietatem nemoris fupradicti loci haberet &
nos reliqua. Maza autem, uxor ejufdem Johannis, fidem dedit
quod hoc faceret ei concedere, cum a Jerofolimis rediret. Hec
omnia confirmata funt apud Montobertum, aſſiſtentibus
Landrico, tunc priore Longi Pontis; Odone Peot, priore Montis
Leterici; Guiberto, monacho, & omnibus fupra nominatis;
infuper & Hugone de Lers, Fulchone de Lers, Alraudo de
Pleſſeiz, Giliberto de Pleſſeiz, Galfrido Peot, juniore; Petro
de Flori; Galfrido, capellano de Longo Ponte; Stephano
Lefchot, tunc prepofito Montis Leterici; Terrico, majore;
Johanne, famulo; Galfredo, filio majoris; Guillermo, filio
Ingilardi; Anfeldo, filio tinctoris; Rogerio, futore; Terricho,
carpentario. Factum eſt die octavo Afcenfionis Dominice. Nec
illud filendum quod Baldovinus de Dunguno, de cujus feodo
res movet, hec poſtea libere conceſſit, apud Bundulflum, in
domo Andree, tunc presbiteri, ipfo Andrea prefente; Landrico, priore; Guiberto, monacho; Galfrido, presbitero;
Auraudo, milite, de Pleſſeiz; Baldoino de Orengi; Giliberto
Goori; Johanne, famulo, & aliis multis.

XLI

S. D. In nomine fancte & individue Trinitatis. Notum facimus
Vers 1061. omnibus chriſtianis, tam clericis quam laicis, quod Guido

de Monte Leterico ejufque uxor, Hodierna (1), ecclefie fancte Marie de Longo Ponte hanc libertatem dederunt ut nullus ex hominibus fupradicti Widonis, neque prepofitus aut aliquis ferviens, in hominibus fancte Marie de Longo Ponte, pro qualicumque re, in omni terra fua feu poteftate, jufticiam facere prefumant, quoadufque ad proclamationem prioris res ipfa de qua criminatur homo fancte Marie perveniat. Hanc libertatem, ficut fupra fcripta eft, donaverunt hominibus fancte Marie de Longo Ponte Wido et Hodierna, uxor ejus, tempore Roberti, prioris (2). De hac enim re hii teftes funt : ex parte Widonis & Hodierne : Wido, filius eorum (3); Adam, vice comes ; Hecelinus de Linais, miles ; Erchenbaldus de Valaro ; Stephanus, prepofitus ; Johannes Beloardus. Ex parte fancte Marie funt hii : Robertus, prior ; Bernardus, monachus ; Areftannus, monachus (4).

(1) Gui de Montlhéry, fils de Thibaud *File-Etoupes*, & Hodierne, fondateurs du Prieuré de Longpont.
(2) Robert, premier prieur connu de N.-D. de Longpont.
(3) Gui, dit *le Rouge*, deuxième fils de Gui de Montlhéry et frère de Milon le Grand, plus tard comte de Rochefort-en-Yveline & sénéchal de France vers 1093. (Voyez plus haut *la charte* XI, *note* 1.)
(4) Cette charte a été éditée par Dubois (*Hift. Ecclef. Parifienfis*, I, p. 688).

XLII

Domnus Wido Troffellus (1), poftquam terram fuam in manu domni Ludovici (2) commendavit (3), eum fubnixe rogavit ut ecclefiam fancte Marie de Longo Ponte ejufque habitatores cuftodiret, & omnes confuetudines & res quas ubique habebat, ficut in diebus fuis & deceffo-

S. D.
Vers 1108.

rum suorum tenuerat, liberas & immunes esse concederet. Cujus precibus cum omni humilitate supradictus domnus Ludovicus libentissime annuit, & omnino se ita facturum esse promisit, nisi melius faceret. Testes autem hujus concessionis sunt hii : ex parte domni Ludovici : Paganus de Monte Gaio; Stephanus, archidiaconus; Ansellus, dapifer (4); Rodulfus de Balgenciaco; Herluinus, magister (5) ipsius Ludovici; Fredericus, cubicularius; Johannes Anderlinus; Herveus, vicecomes; ex parte sancte Marie : Ansoldus, filius Lisiardi ; Godefredus Gruel; Guido de Linais ; Thomas de Brueriis ; Hugo de Brueriis ; Rainaldus de Braiolet; Bernerius, miles; Bernardus de Cabrosia; Aymbertus, cubicularius ; Hugo Bocellus.

(1) Gui Trousfel, seigneur de Montlhéry, fils aîné & successeur de Milon le Grand.

(2) Louis VI le Gros.

(3) Sur la cession du château & de la seigneurie de Montlhéry, consentie par Gui Troussel au profit du roi, voyez plus haut *la charte* IV, note 2. — A la suite du mariage de Philippe, comte de Mantes, fils du roi Philippe Ier & de Bertrade de Montfort, avec la fille & héritière de Gui Troussel, celui-ci avait remis la garde du château de Montlhéry à son gendre, & le roi Philippe vint y séjourner l'année même où eut lieu le mariage de son fils (Suger, *Vie de Louis le Gros,* VIII). Voyez l'*Introduction*, pp. 10 & 11.

(4) Ansel de Garlande, sénéchal de Louis le Gros.

(5) *Magister,* c'est-à-dire *précepteur.*

XLIII

S. D.
Vers 1112.

Domnus Milo (1), filius Milonis (2), senioris, concessit Deo & sancte Marie de Longo Ponte, & monachis ejusdem loci, & habendum confirmavit quicquid Milo, pater suus,

& frater ejus, Wido (3), eis dederant & quicquid ex antecefforum fuorum poffeffionibus obtinebant. Pro qua confirmatione ipfe ex eorum caritate quendam equum varium (4) accepit. Hujus vero conceffionis videntes & audientes teftes funt hii : ex parte fua : Tevinus de Forgiis, Gaufredus de Junvilla, Buchardus de Valle Grinofa, Wido Pinel, Aymo de Sancto Yonio, Dionifius qui vocatur Paganus, Guillermus de Bonella, Gaufredus Piel, Rainaldus Bigoz, Hilduinus de Palefcolo, Ebrardus Coyfi, Ebrardus de Britiniaco ; ex parte fancte Marie :. Heinricus, prior (5) ; Drogo de Corbii, monacus fancti Martini de Campis ; Hugo, monacus, frater Theobaldi de Valle Grinofa ; Malgerius, monacus, Willermus, monachus ; Hugo, monachus, de Palefeolo ; Rannulfus, famulus ; Raimbaldus, famulus ; Ebroinus, famulus fancti Martini de Campis.

(1) Milon de Montlhéry, feigneur de Bray, vicomte de Troyes, troifième fils de Milon le Grand. Sur ce perfonnage, voyez plus haut *la charte* v, *note* 2, & *l'Introduction*, pp. 12 & fuiv.

(2) Milon le Grand, feigneur de Montlhéry.

(3) Gui *le Rouge*, comte de Rochefort, fils de Gui de Montlhéry & frère de Milon le Grand, mort en 1108. Sur ce perfonnage, voyez plus haut *la charte* xi, *note* 1, & *l'Introduction*, pp. 13 & fuiv.

(4) Un cheval *vair*.

(5) Henri, prieur de N.-D. de Longpont, de 1085 environ à 1125 environ.

XLIV

Notum fieri volumus tam futuris quam prefentibus in hoc mundo viventibus quod inter canonicos fancti Petri de Monte Leterico (2) & monachos fancte Marie de Longo Ponte quedam diffenfio fuit. Dicebant enim canonici quod

S. D.
Vers 1109
(1).

in die feſtivitatis ſancte Marie mediato Auguſto, proceſ-
ſione adducta & cum monachis miſſa cantata, non ſolum
modo gracia, ſed conſuetudine, in refectorio manduca-
rent. Quo audito, monachi conturbati & conſuetudini con-
tradicentes noluerunt eos recipere, ut prius. Videns igitur
domnus Milo (3) fere per duos annos eos male diſcordantes
condoluit; & nolens utroſque neque vi neque placito cogere,
precatus eſt monachos ut, propter concordiam habendam &
conſuetudinem quam canonici querebant remanendam, ſex ſolidos denariorum uno quoque anno habendos, in die feſti ſancti
Remigii (4), ſupradictis canonicis darent. Quod ita factum
eſt, & preceptis ejus & precibus, & canonicis concedentibus,
v ſolidos ſcilicet apud Villam Romanariam & duodecim denarios apud Coldriacum, de vinea Bernardi Francigene. Preterea,
domnus Milo volens eorum res omnino ſeparatim, ne ulte-
tius aliqua inter eos diſcordia oriretur, ſtatuere, precepit
& conceſſit de ſepultura, quam monachi in burgo clamabant, ut, ſicut pater ejus Guido (5). in vita ſua conſti-
tuerat, ita ſemper haberetur; videlicet ut canonici ſepulturam
tocius burgi a porta Baldrici uſque ad portam Pariſien-
ſem (6) tantum [intra] aggeres haberent, exceptis clericis, militibus & ſervientibus: monachis vero, & ſepulturam tocius caſ-
tri, quam prius habebant, & ſepulturam omnium extra aggeres
circumquaque commorantium, remota omni dubitatione,
conceſſit. Teſtes hujus rei ſunt hii: ipſe domnus Milo, Puioldus,
Guido de Linais, Buchardus de Valle Grinoſa, Godefredus
Gruel, Baldevinus, filius Rainardi.

(1) On lit en marge, d'une écriture du xvie siècle, le titre suivant:
*Concordia inter canonicos Sancti Petri Montis Letherici & monachos Longi
Pontis.*

(2) La collégiale de Saint-Pierre était bâtie dans l'enceinte même
du château de Montlhéry, ainsi que l'église de Notre-Dame. L'une &

l'autre furent unies au Prieuré de Longpont sous le gouvernement du prieur Thibaud Ier, vers 1150 ou 1155.

(3) Milon le Grand, seigneur de Montlhéry.

(4) 1er octobre.

(5) Gui de Montlhéry, fondateur du Prieuré de Longpont.

(6) La porte Baudry & la porte de Paris étaient les deux seules portes du bourg de Montlhéry, situé au pied du château, du côté du couchant.

XLV

Omnibus christianis hoc scire volumus quod domnus Milo de Monte Leterico (1), quando Jerusalem perrexit, monachis sancte Marie de Longo Ponte molendinum de Groetello, & bannum & omnia que ad ipsum molendinum pertinent, sicut tenuerant perpetuo, laudavit habendum. Huic concessioni interfuerunt testes : ex sua parte : Odo, presbiter; Gauterius, dapifer ; Burchardus de Valle Grinosa; Ascelinus Pel Ursi ; Oddo de Villa Nova ; Georgius de Porta ; Sevinus, pistor; Albericus, pistor ; Humbertus, filius Arroldi ; Aymbertus, cellarius. Ex parte sancte Marie sunt hii testes : Gaufredus, major; Oylardus, famulus ; Teoldus famulus ; Rannulfus, famulus ; Hugo, pistor, & alii multi.

S. D.
Vers 1098.

(1) Milon le Grand, seigneur de Montlhéry.

XLVI

Milo de Monte Leterico (1) dedit Deo & sancte Marie de Longo Ponte, & monachis ejusdem loci, quendam hominem, nomine Benedictum, filium Goburgis, pro anima fratris

S. D.
Vers 1110.

sui, Guidonis Troffelli (2). Hujus rei sunt testes isti : Guido, nepos ejus, de Domna Petra ; Galterius, dapifer ; Giflebertus de Valle Grinosa ; Durannus, prepositus ; Galterius de Genulio ; Odo, filius Serinburgis ; Odo, filius Erneisii de Cabrosia.

(1) Milon de Montlhéry, seigneur de Bray & vicomte de Troyes, troisième fils de Milon le Grand.
(2) Gui-Trouffel, seigneur de Montlhéry, fils aîné de Milon le Grand.

XLVII

S. D.
Vers 1108
& 1110.

Guido (1), senior, de Monte Leterico, concessit Deo & sanctæ Marie de Longo Ponte, & monachis ejusdem loci, ut omnia eorum prata libera & quieta essent ab omni marcocia (2) armigerorum : quapropter, nimium armigeri contristabantur adversus monachos, & omnibus modis elaborabant ut predicta prata habere possent ad pascendum, veluti cetera. Tempore igitur Milonis, junioris (3), hec querela ante eum delata est & hoc modo definita : extiterumt homines quidam, Stephanus videlicet, pratarius, & alii, qui jurejurando parati fuerunt differere, tempore Milonis, senioris (4), patris scilicet supradicti Milonis & Guidonis Troffelli, fratris sui, ita extitisse. Quod ut audivit Milo, laudantibus militibus suis, libera ac quieta prata monachorum esse precepit, sicuti antecessores sui constituerant & concesserant. De hoc sunt testes hii : Balduinus, filius Rainardi ; Burcardus de Valle Grinosa ; Godefredus Gruel.

(1) Gui de Montlhéry, fondateur du Prieuré de Longpont, père de Milon le Grand, aïeul de Gui-Trouffel & de Milon de Bray, vicomte de Troyes.

(2) Droit de pâture dans les prés, avant que l'herbe ne soit mûre. (Du Cange, *Gloss.*, v° *Marcocia*.)

(3) Milon de Montlhéry, seigneur de Bray & vicomte de Troyes, frère cadet de Gui-Troussel.

(4) Milon le Grand, seigneur de Montlhéry.

XLVIII

Guido de Monte Leherico (1), cupiens & animam & corpus tradere beate Dei genitrici Marie & sancto Petro, videlicet monachicum habitum accipiendo, molendinum Grootellum, quicquid in eo huc usque possederam, cum ipso molendinario, prefate Dei genitrici Marie & ecclesie de Longo Ponte, presente priore Stephano, (2), concedo & inconcussum absque ulla inquietudine ab omnibus successoribus meis in posterum permanere deposco. Ut & hec res majorem vigorem obtineat in posterum, filii mei, Milo (3) & Guido (4), & conjux mea, Hodierna, rogatu meo, hujus rei donum super altare prefati loci manibus propriis posuerunt, & cetera que ego loco illi donaveram spontaneo assensu confirmaverunt. Hujus rei sunt testes : Admovinus (5), Bernardus, Boso, Otardus, Frodgerius & Harduinus (6), sacerdotes; Ecelinus, miles; Aymo, vicecomes; Gallerterius, castellus; Tebaldus, Joscelinus, Pugeldus, Joscelinus Gruel, Johannes, Stephanus, Ilbertus, Rannulfus, Teboldus & multi alii utriusque sexus (7).

S. D.
Vers 1070.

(1) Gui de Montlhéry, fils de Thibaud *File-Etoupes*, le premier seigneur connu de Montlhéry & le fondateur du château.

(2) Etienne Ier.

(3) Milon le Grand, successeur de Gui de Montlhéry.

(4) Gui *le Rouge*, comte de Rochefort & seigneur de Châteaufort, plus tard sénéchal de Louis le Gros.

(5) Dans Dubois (*Hist. Eccles. Paris.*) : *Advinus, monachus.*
(6) Dans Dubois : *Evardinus.*
(7) Édité dans le livre de Dubois : *Historia Ecclesiæ Parisiensis*, 1, p. 688.

XLIX

S. D.
Vers 1080.

Aymo de Donione, adhuc vivens, ipsa die qua monachus effectus est, dedit Deo & sanctæ Marie de Longo Ponte, videlicet illud quod habebat in quodam molendino, nomine Groetello, & quod habebat in dominio in silva que Siquiniacus dicitur; & altare Nongemelli ecclesie & quod ei pertinet, & clientem quendam, nomine Hermerium, cum uxore sua, nomine Fulcoisa, & cum omni mansura sua; insuper, & hoc quod Wlgrinus, frater suus, quando ad conversionem venit, dederat; quod ipse Aymo jam antea donum super altare sanctæ Marie posuerat denuo ibidem cum his suprascriptis concessit. De his ergo quidam miles, nomine Aymo Angevinus, jussu supradicti Aymonis, donum cum quodam ereo cocleare super altare sanctæ Marie posuit. Hujus ergo rei testes subscribuntur isti : Guido de Lynais, Hugo Chamillis, Geraudus de Sauz, Hugo de Palaciolo, Galterius Meschinus, Androldus, Milo de Castris, Petrus, filius Guinemari. Et, si quis hoc calumpniari presumpserit, totum irritum fiat quicquit dixerit, divineque ulcionis feriatur sentencia, horrendumque in spectaculum cunctis hominibus demonstretur, & cum Dathan, & Abiron & Juda, traditore, eterno gehenne incendio dampnetur. Amen.

L

S. D.
Vers 1090.

Eustachia, soror Burdini Lisiardi, jacens in infirmitate qua & mortua est, dedit Deo & sanctæ Marie de Longo Ponte,

& monachis ejufdem loci, decem folidos de cenfu, qui funt in culturis fub forefta Montis Letherii, a parte orientali; feodumque Hugonis Baffeti, apud Britini, & omnem decimam, fepulturam atque offerendam tocius terre quam habebat apud Bunduflum : & de hoc mifit donum per quandam porciunculam ligni in manu Heinrici, prioris, apud Montem Lethericum, in domo fua, jacens in predicta infirmitate. Quod viderunt & audierunt hii teftes : Radulfus, maritus ejus ; Conftancius, maritus Daaline; Bernardus de Orceaco; Garnerius, famulus ; Josbertus cognomento Paganus, futor. Die igitur qua fepulta eft, veniens predictus Radulfus, maritus ejus, ante altare fancte Marie & accipiens a prefatis monachis fupranominatam porciunculam ligni, juffu jam dicte domine Euftachie, pofuit fuper altare fancte Marie, per eam, ita ut dictum eft, donum edifferens factum fuiffe. Cujus rei funt teftes hii : Paganus Morinus, Anfeifus, Fulco, filius Roberti de Fluri ; Philippus de Moreffart, Amicus de Salcio, Guido de Puteo, Gaufredus, major; Georgius de Ferte, Georgius de Atrio, Warnerius, famulus ; Robertus, famulus ; Lebertus, nepos Oddonis Mulerii.

LI

In Dei nomine, ego Gaufredus (1), Parifiorum epifcopus, omnibus fancte matris ecclefie fidelibus, tam prefentibus quam futuris, notum fieri volumus qualiter quidam nofter miles, nomine Guido (2), noftram prefenciam adierit, humiliter precans & obnixe poftulans quatenus, pro remedio anime mee necnon antecefforum fuccefforumque noftrorum, ecclefie in burgo Longo Ponte dicto fitam, & in honore

S. D.
Vers 1061.

sancte Dei genitricis fundatam & dedicatam, monachis inibi Deo servituris & sub regula beati Benedicti militaturis traderemus, eo tenore, eo siquidem respectu ut omnia tam ad nos quam ad nostram ecclesiam pertinencia manerent illibata & inconvulsa, videlicet synodus & circade & cetere exactiones non indebite ; tantum districtio regularis maneret penes abbatem Cluniacensis monasterii, de cujus monachis predicta ecclesia, nostro consilio nostraque auctoritate, primicias monastice religionis visa est suscepisse. Cujus precibus adquiescentes, assensu Joscelini, archidiaconi, ad cujus ministerium predicta ecclesia pertinere videbatur, necnon ceterorum nostrorum fidelium, tam clericorum quam laicorum, prenominatam ecclesiam monachis inibi Deo famulantibus & pretaxato respectu Cluniacensis monasterii regulam sancti Benedicti servantibus, nostro nostreque ecclesie jure servato, ad Dei omnipotentis honorem & nostre ecclesie debitam reverenciam, concessimus habendam & in perpetuum tenendam ; firmantes etiam & nostra auctoritate corroborantes quatenus quicquid predictus noster miles vel dedit, vel in posterum daturus est, successoresque sui, firmum & inconcussum sine ulla inquietudine predicta ecclesia possideat & firmiter teneat. Quod si quis hujus nostri precepti paginam, quod minime credimus, infirmare temptaverit, nichil proficiat, sed ejus calumpnia irrita maneat ; &, ut majorem in posterum vigorem obtineat, nos eam manu propria firmavimus eamque nostrorum fidelium, tam clericorum quam laicorum, manibus firmari precipimus. S. Gaufredi, episcopi. S. Odonis, decani. S. Drogonis, archidiaconi. S. Joscelini, archidiaconi. S. Yvonis, archidiaconi. S. Landonis, cantoris. S. Galterii, presbiteri. S. Oddonis, presbiteri. S. Eustachii, presbiteri. S. Lancelini, diaconi. S. Drogonis, diaconi. S. Ermenerii, diaconi. S. Yrsonis, subdiaconi. S. Odonis, subdiaconi. S. Garini, subdiaconi. S. Lysiardi, acoliti (3).

(1) Geoffroi 1er de Boulogne, évêque de Paris, de 1061 au 1er mai 1095.

(2) Gui de Montlhéry, fondateur du Prieuré.

(3) Edité par Dubois, *Historia Ecclesiæ Parisiensis*, 1, p. 687. — A la dernière souscription, Dubois a imprimé par erreur : Lysiardi, *subdiaconi*, au lieu de : *acoliti*.

LII

Domnus Milo Castellus, habitum sancte religionis suscipiens, dedit Deo & sancte Marie de Longo Ponte, & monachis ejusdem loci, terram quam habebat sub castello Montis Letherici, apud marchesium Rainerii Calzonis, que terra est inter portam Parisiensem & terram que fuit Thebaldi de Valle Grinosa ; &, apud Orceacum, quandam plateam reddentem censum trium minutarum. Et item dedit quatuor arpennos terre apud Fous, juxta illam terram quam dederat pro anima uxoris sue. Quod donum concesserunt filii ejus, Sevinus & Nanterius, & Emelina, filia ejus. Hujus doni sunt testes ; ex parte eorum : Petrus Castellus, Gaufredus, filius Oddonis ; Teodericus, filius Hersendis ; Arnaldus de Rubernun ; Alboldus, furnerius ; Girardus, carpentarius ; Guillermus de Maldestor ; Arroldus, molendinarius ; Ebrardus de Viccorio qui vocatur Paganus ; ex parte sancte Marie : Galterius de Villa Bona ; Hugo, filius ejus ; Stephanus Barba ; Gaufredus, major ; Rannulfus, famulus ; Rainbaldus, famulus. Item, testes quando Sevinus, filius ejus, misit donum super altare sancte Marie, hii ex parte ejus : Hugo Chamili, Balduinus, filius Rainardi ; Arnulfus Aries, Robertus de Floriaco, Radulfus Baudus ; ex parte sancte Marie : Gaufredus, major ; Oylardus, famulus ; Georgius de Ferte, Ranulfus, famulus ; Georgius, filius Josbold ; Rainbaldus, famulus ;

S. D.
Vers 1090.

Heldigerius, clericus; Rogerius Orphanus; Robertus, filius Guillermi, ortolani; Johannes, filius Teoderici de Castellerio; Milo, filius Teoli, famuli.

LIII

S. D.
Vers 1090.

Guido Lyfiardus, senio confectus, seculo renuncians, ad monasterium sancte Marie de Longo Ponte ut monachus fieret allatus, dedit Deo & illius loci habitatoribus unum hospitem apud Brittiniacum, & medietatem juris quod habebat in silva que vocatur Siquiniacus, & viginti denarios cum xx^{ti} sextariis vini que Herbertus, hospes sancte Marie, reddere solitus erat. Hec omnia Guido donavit & filius ejus, Gaufredus, cognomento Burdinus, non multo post de his omnibus sancte Marie donacionem fecit, & donum ipse super [altare] per scyfum sancti Macharii posuit, audientibus & videntibus istis: Heinrico, priore; Otardo, monacho; Georgio, monacho; Andrea, monacho; Harduino, capellano; Einardo, ipsius Bordini proximo; Odone quodam, milite; Yvone, Benedicto.

LIV

S. D.
Vers 1090.

Arnulfus Malviel misit Heinricum, priorem de Longo Ponte, ad racionem de hominibus & feminis quos ecclesia tenebat, qui erant homines ecclesie de capitibus suis, qui jus se in eis habere dicebat, ex parte uxoris sue, ut ei rectitudinem exequeretur. Heinricus autem, prior, nominavit ei diem quo pro eo tantum responderet quantum sibi diceretur pro jure, quod ei respondere deberet secundum tenores ecclesie & secundum hoc quod res ambulaverant. In illo vero die nominato venerunt ad placitum.

Dixit Arnulfus querelam suam, & prior respondit & illi qui pro eo locuti sunt. Postea accordaverunt judicium secundum querelam Arnulfi & secundum responsionem prioris, quod prior ei respondere non deberet nec pro eo placitare, & hoc judicium ei oblatum fuit ad dicendum. Qui autem judicium obtulit fuit Tevinus de Forgiis, & Rainaldus de Braiolet qui judicium obtulit ad dicendum & pro recto adfirmandum. Qui Arnulfus statim inde divertit quia auscultare noluit. Ad hoc vero placitum fuit Odo, filius Holdeberti, qui recognovit quod uxor sua, mater uxoris ipsius Arnulfi, illos homines de quibus querela erat ecclesie sancte Marie de Longo Ponte dederat, & ille concesserat, & hoc obtulit ipse ad jurandum super sanctos. Qui fuerunt concordatores judicii : Tevinus de Forgiis, Puoldus, vicecomes; Hugo de Brueriis, Rainaldus de Braiolet, Balduinus, filius Rainardi; Galterius, dapifer; Arnulfus Frumentum, de Gumetz. Et hoc viderunt & audierunt isti : Hugo Chamilli, Petrus de Donzenvilla, Galterius de Castris, filius Bernerii; Balduinus de Dordigeo, filius Odonis Mincium; Burchardus Ruffus, filius Odonis de Bonella; Gaufredus, major sancte Marie; Ilbertus Calvus; Oylardus, famulus; Georgius de Ferte, Balduinus de Ver : ex parte Arnulfi : Arnulfus Aries, frater ejus; Rogerius de Sancto Yonio, qui vocatur Paganus; item Rogerius de Sancto Yonio, filius Galterii; Guido, filius Holdeberti, & Paganus, filius ejus; Bencelinus, filius Guinemari; Burchardus de Castris, filius Bernerii; Guillelmus Cochivi, Herbertus de Balifi.

LV

Ego Guillelmus (1), Parisiorum episcopus, causam que S. D. de cimiterio faciendo inter monachos de Longo Ponte & Vers 1098.

canonicos de Monte Letherico (2) habita est presentibus & futuris notam fieri volens, has litteras scribi precepi. Canonici, adeuntes nostram presentiam, in parrochia monachorum sibi benedici a nobis cimiterium postulabant. Quod cum sine monachorum assensu fieri injustum esse cognoscerem, utrosque in audientia nostra venire volui. Cumque diu coram nobis, de commutacione loci in quo cimiterium debebat fieri, tractatum esset, & minime propter canonicorum duriciam concordare potuissent, decrevimus firmiterque tenendum statuimus numquam per nos, numquam per aliquem forte, vel in morte vel in vita, vices nostras agentem, locum illum aut alium in parrochia monachorum supradictorum, ut cimiterium ibi fieri debeat, contra eorumdem monachorum voluntatem, benedicendum. Si quis igitur contra hoc decretum, quod absit, aliquid temptare voluerit, a Deo se dampnandum sciat, qui nobis, licet peccatoribus, ligandi solvendique officium non negavit.

(1) Guillaume Ier de Montfort. — 1095 — 27 août 1102.
(2) Les chanoines de la collégiale de Saint-Pierre dans l'enceinte du château.

LVI

S. D.
Vers 1105.

Evesgodus & Guido Pinellus, Galterii filius, boscum sancte Marie monachisque ibi habitantibus, pro salute animarum suarum atque antecessorum, firmiter condonaverunt; scilicet quantum octo asini cotidie portare queunt, ad hoc quod illis est necesse. Sed, si illi supradicti domini unam partem nemoris in forestario mittere volunt, monachis monstretur ut se abstineant ab ipso nemore, si in altero possunt invenire quod illis necessarium est. Et, si in communi nemore non poffunt invenire quod illis eft neceffe, in foreftario accipiant quicquid in communi non poffunt invenire. Et, fi forte monachorum homines in defenfo nemore capti fuerint, femel aut bis condonabitur. Alia parte, fi conductor afinorum aliquid neceffarium in foreftario capit, in forisfacto non deputabitur; nec ideo fupradicti domini foriftarium facient ut longius ire videatur, fed in tali loco ubi fimiliter fit illis prope ficut in foriftario. Hujus rei adfunt teftes : domnus Guido (1), Milo, Galterius Muntenellus, Stephanus, Frogerius, Robertus, Galterius, Aymo, Herchembaldus, Anfirus; Harduinus, presbiter; Tedbaldus.

(1) Ce *domnus Guido* eft très-vraifemblablement Gui-Trouffel, feigneur de Montlhéry.

LVII

Sciendum eft quod Avefgodus, pater, & Evefgodus, filius, & Aymo, filius ejus, pro animabus fuis & parentum fuorum, dederunt Deo & fancte Marie in filva fua ligna ad quatuor afinos. Iftius donationis teftes funt : domnus Guido (1) & Galterius, Aymo, Erchembaldus, Georgius, Bernardus, Hugo. Ex eadem filva, alii datores extiterunt Deo & fancte Marie, & monachis Cluniacenfibus ibi Deo fervientibus; fcilicet, Hefcelinus, & Hungerius & Guido Pinellus, pro anima Galterii, patris fui, in fupradicta filva dederunt quicquid monachis neceffarium effet ad calefaciendum, ad fepes, ad vineas, ad domos conftruendas & ad quecumque neceffaria funt.

S. D.
Vers 1105.

(1) Gui-Trouffel, feigneur de Montlhéry.

LVIII

S. D.
Vers 1110.

Hugo, filius Anfoldi Harpini, dedit Deo & fancte Marie de Longo Ponte, & monachis ejufdem loci, omnes querelas & confuetudines, quas in vineis predictorum monachorum, que funt apud Lunvillam, clamabat fe habere, preter duos folidos de cenfu. Et hoc conceffit frater ejus, Arnaldus, & Odelina, foror amborum, & donum miferunt fuper altare fancte Marie. Quod viderunt & audierunt hii teftes; ex parte ipforum : Sevinus de Ablivis, Bernardus de Lunvilla, Ebrardus Afzo, filius ejus; ex parte fancte Marie : Bernardus, gener Remburgis; Garnerius, filius ejus; Nanterius de Orciaco, Arraldus de Villers, Teodericus de Nugemello, Robertus, famulus; Milo, filius Teulfi; Petrus, piftor; Hugo Admire, Holdierius de Champland, Galterius, gener Teburgis; Symon de Brucia, Holdierius Craffus, Jofcelinus de Perrolio, Rainerius, filius Oylardi, famuli; Hugo de Orengiaco, Holdevinus, cementarius.

LIX

S. D.
Vers 1110.

Commendare memorie volumus quod Anfoldus, cognomento Harpinus, Deo & fancte Marie de Longo Ponte, & monachis ejufdem loci, quatuor folidos cenfuales, quos de vineis fupradictorum monachorum, per unum quemque annum habebat apud Lunvillam, concedente uxore fua & filiis fuis atque Petro, de cujus feodo erant, in finem vite fue donavit. Hujus rei funt teftes : Petrus de Lunvilla, Giroldus de Coldriaco, Bernardus, filius Arroldi; Bernardus, filius Remburgis; Georgius de Atrio; Arnulfus, filius Gaufredi, majoris.

LX

Ingua, mater Petri Reptaldi, de B[r]ueriis, in ultimo vite posita, dedit Deo & sancte Marie de Longo Ponte, & monachis ejusdem loci, uno quoque anno, duos sextarios annoñe in decima sua apud Lunvillam et duos modios vini. Quod donum concessit eisdem monachis predictus Petrus, filius ejus, & super altare sancte Marie posuit, audientibus & videntibus istis : Hugone Cochelino qui est major ipsius Petri de Lunvilla; Garnerio, famulo; Josberto, carpentario; Millone, fullone; Galterio de Stampis; Rainardo, fabro.

S. D.
Vers 1100.

LXI

Sciendum est quod Milo & Drogo Deo & sancte Marie de Longo Ponte, ubi degunt Cluniacenses monachi, dederunt pro animabus suis et parentum suorum VII arpenta vinearum, que sunt in villa que dicitur Lunvilla, & unam domum que est in burgo Castris. Quam donationem concesserunt parentes eorum, scilicet : Ansoldus, qui dicitur Harpinus, & Odo, frater ejus, & Duda, soror eorum, qui donum fecerunt. Istius donationis testes sunt : Joscelinus, domnus Guido & filius ejus, Milo; Aymo Teodericus, Tevinus, Galterius, Stephanus, Rodulphus, Hermerius, Gaubertus, Bernardus, Ilbertus, Oylardus, Seimarus, Ansoldus. Istam convenienciam fecerunt domnus Robertus & domnus Bernardus, monachi, & inde dederunt x solidos Ansoldo & fratri ejus, Odoni.

S. D.
Vers 1100.

LXII

S. D.
Vers 1100.

Quando cimiterium confecratum fuit, quod eft monachorum fancte Marie de Longo Ponte & canonicorum de Monte Letherico (1), de offerenda que ibi facta eft querimonia orta eft. Venientes enim duo ex monachis, Malgerius & Theodericus, ad canonicos, Frogerium videlicet & Anfoldum, partem fuam quefierunt. Qui cum refpondiffent neque partem fuam, neque partem ipforum fe habere, & burgenfes propter fervicium epifcopi accepiffe, venientes idem monachi ad burgenfes partem fuam requifierunt. Burgenfes vero, intelligentes partem monachorum fe non poffe cum jufticia retinere, communi confilio quod habuerant reddiderunt. Redditores autem fuerunt ifti : Fulbertus Pigmentum & Durannus Quoquellus. Teftes vero hoc videntes & audientes funt hii : Guido, filius Frobergis ; Durannus de Gravini, Rogerius Ruffus, Arnulfus Bucherius; Rainardus, filius Rogerii; Arnulfus Burguinellus, Hugo, filius Anfelini ; Tebertus, criator ; ex parte fancte Marie : Gaufredus, major; Lyfiardus, frater Oylardi, famuli; Conftancius de Villabofen, Josbertus, faber; Josbertus.

(1) Les chanoines de la collégiale de Saint-Pierre.

LXIII

S. D.
Vers 1100.

Lebertus, pro remedio anime fue, Deo dedit & fancte Marie de Longo Ponte, & monachis ejufdem loci, omnia que habebat, videlicet domum fuam, frumentum & vinum, vineas & omnia fupellectilia. Quod donum conceffit

Vinbergis, uxor ejus, excepto quod medietatem retinuit in vita sua ; post decessum vero suum, ad ecclesiam totum rediret. De hoc sunt testes hii : Durannus, prepositus ; Robertus, cognomento Paganus, de Porta ; Guido, filius Frobergis ; Hubertus, frater ejus ; Gaufredus, major ; Rannulfus, sartor ; Garnerius, famulus ; Durannus Quoquellus ; Joscelinus cognomento Cochinus ; Rogerius, pistor ; Gaufredus, frater ejus ; Hugo Dominicus, Ascelinus Raganellus, Hugo Tulivis, Holdierius de Orceaco, Girardus, nepos ejus. Die autem qua sepultus est Lebertus, misit Vinbergis, uxor ejus, de hoc donum super altare sancte Marie & Heinricus, prior, illi commendavit partem illam quam retinebat sub nomine sancte obediencie sicuti monacho, ut custodiret et amplificaret in quantum posset. De hoc sunt testes hii : Durannus, prepositus ; Gaufredus, major ; Otrannus de Mesnel ; Landricus, filius Arroldi, majoris ; Rainaldus, frater ejus ; Bertrannus, filius Josberti ; Rohardus Dux, de Calliaco ; Morandus.

LXIV

Teodericus de Lynais, cognomento Panis Calidus, moriens, dedit Deo & sancte Marie de Longo Ponte, & monachis ejusdem loci, unum arpennum terre apud Linais, concedente Mathilde, uxore sua, tali pacto ut, quandiu ipsa adviveret, predictam terram possideret, &, ea obeunte, ad ecclesiam de Longo Ponte reverteretur : quod & factum est. Nam ipsa de vita decedens memoratam terram, sicut pactum fuerat, eidem loco, concedente Laurentio, corviserio, de Monte Letherico, contulit, qui eam post Teodericum duxit uxorem, ac donum super altare ponenti. Quod viderunt &

S. D.

audierunt hii : Hermannus, presbiter ; Anfellus, corviferius ; Herbertus Minnun, Gislebertus Buchet, Rogerius Piper, Lyfiardus Coffard.

LXV

S. D.
Vers 1110.

Helizabeth, uxor Anfoldi Harpin, dedit Deo & fancte Marie de Longo Ponte, [& monachis] ejufdem loci, in fine fuo, duos folidos de cenfu, in vineis de Lunvilla, quos predicti monachi ei per annum foliti erant reddere. Iftud vero donum conceffit ac fuper altare pofuit Raimbaudus, filius ejus. Quod viderunt & audierunt : Galterius, presbiter de Caftris ; Teodericus, clericus ; Hubertus Bofreth, Hugo Burgaldus, Johannes de Coldriaco, Guiboldus Ruffus, Georgius de Atrio, Robertus, famulus ; Teboldus de Roferiis, Hobertus cognomento Paganus ; Paganus, nepos Tebaldi, monachi.

LXVI

S. D.
Vers 1110.

Sciendum eft quod Petrus de Linais fancte Marie de Longo Ponte & monachis ibi Deo fervientibus hoftifiam Guidonis, cognomento Advenantis, poft obitum fuum dedit, ita tamen ut, uno quoque anno, monachi in vita fua, pro veftitura, duodecim denarios haberent, &, poft mortem ejus, totam hoftifiam. Hujus donationis funt teftes : Guido de Villa Muiffun & Tebaldus, frater ejus ; Frogerius de Sancto Mederico, Joflinus, clericus. Et hoc in prefentia domni Heinrici, prioris, factum eft.

LXVII

Yſembertus de Marchociis, & uxor ſua & filii ſui, S. D.
Radulfus & Herbertus, dederunt Deo & ſancte Marie de
Longo Ponte, & monachis ejuſdem loci, unum arpentum
vinee in eadem villa. Quod viderunt & audierunt : Arnulfus,
major (1); Aſcelinus, piſtor; Garnerius & Bernardus, Renerius
atque Balduinus.

(1) Nous avons déjà rencontré parmi les témoins un maire nommé
Arnoul, dans une charte datée de 1146 (Voyez plus haut n° VII). Cet
Arnoul serait-il le même que celui mentionné dans la charte LXVII ? Il
y aurait témérité à l'affirmer, les deux chartes dont il s'agit ne pré-
ſentant d'ailleurs aucune concordance dans les noms des autres témoins qui figurent à côté du maire Arnoul.

LXVIII

Durannus, filius Duranni de Cavanvilla, moriens, dedit S. D.
Deo & ſancte Marie de Longo Ponte, & monachis ejuſdem loci, poſt deceſſum uxoris ſue, unum arpentum
vinee in Luiſant, teſtantibus his : Guidone, presbitero;
Radulfo Pigmento, Garnerio de Cante Merlo, Teoderico,
tincturario.

LXIX

Raimbertus de Cavanvilla, cum pergeret Hieroſolimam, S. D.
dedit Deo & ſancte Marie de Longo Ponte, ac monachis Vers 1095.

ejufdem loci, dimidium arpennum vinee in Luifant. Quod donum poftea Petrus, frater ipfius, concedere nolens, aliquanto tempore in jus proprium retinuit. Tandem, aliquando infpirante Deo, penituit & donum quod frater ejus fecerat conceffit, & fuper altare fancte Marie pofuit, ita duntaxat ut, quia eadem vinea in vadimonio eft pofita, monachi ei decem folidos in adjutorium dabunt, & ex tunc in jus illorum in perpetuum erit ; interea, uno quoque anno, dimidium modium vini ob recordationem doni dabit. Hujus rei teftes funt hii : Petrus, Andreas, Bernardus, de Orceaco, Fredericus de Murcenc, Bernardus, famulus ; Engelrannus de Opere.

LXX

S. D.   Rogerius, filius Duranni de Cavanvilla, dedit Deo & fancte Marie de Longo Ponte, & monachis ejufdem loci, unum arpennum vinee in Luifant. Quod conceffit frater fuus, Vazlinus, atque donum fuper altare pofuit.

LXXI

S. D. Ego Stephanus (1), Dei gracia Parifiorum epifcopus, notum
Vers 1130. volo fieri prefentibus & futuris quod quedam controverfia, que fuerat inter monachos fancte Marie de Longo Ponte & Fulconem de Lers, de vinea quam tenebat Menardus, carnifex, de Caftris, hoc modo coram me fedata eft : Utriufque partis affenfu eft decretum & a me laudatum quod monachi figillatim habebunt tres folidos de cenfu,

sicut solebant habere; communiter autem inter monachos & Fulconem pedagium, & rodagium & cujuscumque modi forefacta, ita ut monachis sine Fulcone, aut Fulconi sine monachis nil per se facere liceat; Fulco autem pressuragium solus habebit. Si autem terra venumdetur, aut de mortua manu in aliam manum transierit, monachi ventas, & relevamenta & revestimenta habebunt. Hoc autem ut perpetuo firmum maneat, nominis mei scripto commendavi testesque subnotavi. Hii autem sunt testes: Bartholomeus, decanus; Adam, cantor; Rodulfus, decanus; Balduinus, nepos Aszonis de Parvo Ponte; Fulco de Lers; Bucardus, consobrinus ejus; Guido Caro Macra; Milo de Mortemer, Soltenus de Viriaco, Aymo Bernerius, Petrus de Chaili, Garnerius, famulus; Ricardus, famulus; Teboldus, filius Reimberti, & Gaufredus, frater ejus (2).

(1) Etienne Ier de Senlis. — 1124 — vers 1142.
(2) Le Cartulaire fournit une seconde copie de cette charte, identique à celle-ci, sous le n° CCCXLVI.

LXXII

Milo de Lynais dedit Deo & sancte Marie de Longo Ponte, & monachis ejusdem loci, quarterium tocius decime Sancti Mederici de Linais. Quod donum concesserunt Adalis, mater ejus, Hescelinus, frater ejus, Havisa, uxor ipsius, Symon de Orceaco, ex cujus feodo erat; &, die qua predictus Milo sepultus est, super altare sancte Marie posuerunt. Quod viderunt & audierunt hii testes: Balduinus, filius Rainardi; Burchardus de Valle Grinosa, Haymo de Machi, Guido Andegavensis, Teodericus de

S. D.
Vers 1100.

Villamoiffun, Gaufredus de Orceaco, Galerannus, cognomento Paganus, Caftellus; Robertus Dude, Gaufredus, major; Arnulfus, filius ejus; Georgius de Fertada, Georgius de Atrio, Holdebertus, filius ejus; Garnerius, famulus; Robertus, famulus; Bernardus, famulus.

LXXIII

S. D.
Vers 1100.

Gaudricus de Cavanvilla dedit Deo & fancte Marie de Longo Ponte, & monachis ejufdem loci, duo arpenta terre reddentia x denarios de cenfu, qui funt pofiti juxta Petram Omefiam; & hos conceffit Raimbertus, filius ejus, & mifit donum in manu Heinrici, prioris, ante ecclefiam fancti Petri de Monte Letherico. Quod viderunt & audierunt hii teftes, ex parte ejus: Milo Baffetus, de cujus feodo erat ipfa terra, qui & illam conceffit Deo & monachis fupradictis; Bencelinus, filius Guinemari; Guido de Lucente, frater ejus; ex parte fancte Marie: Guido de Lynais, Burchardus de Valle Grinofa, Balduinus, filius Rainardi; Guido Andegavenfis, Robertus de Fluriaco, Heinricus, nepos ejus; Aymo de Maci, Hugo Chamilli, Albertus de Ver.

LXXIV

S. D.
Vers 1070.

Avelina, filia Galterii Pinelli, dedit Deo & fancte Marie de Longo Ponte, & monachis ejufdem loci, v hofpites, terram ad dimidiam carrucam; apud Fontenellas, duos hofpites, Oylardum fcilicet & Hunaldum; apud Vadum Petrofum, prata. Hoc beneficium fancte Marie, atque priori Stephano & aliis monachis maxime conceffit ut uno quoque [anno] anniverfaria faciant pro Gauterio, patre fuo, & matre ac fratre fuo, Guidone, &, poft fuum obitum, de illa monachi memoriam habeant. Hujus rei funt teftes hii, ex illius parte : Frogerius, Anfaudus, Robertus, filius Hefcelini; Jofcelinus; ex parte monachorum : Harduinus, presbiter; Ilbertus, Benedictus, Georgius, Reimbaldus, Josbertus, Hilduinus, Bernardus, Radulfus.

LXXV

Tefcelinus, filius Fulconis de Buno, conceffit Deo & fancte Marie de Longo Ponte, & monachis ejufdem loci, duos arpennos pratorum, quos Aymo, vicecomes, patruus fuus, predictis monachis dederat, & in manu Henrici, prioris, donum mifit, apud Montem Lethericum. Quod viderunt & audierunt hii teftes : Burchardus de Maci, Sultanus, filius ejus; Milo de Linais, Guido Pinellus, Hugo Guirredus, Rogerius, cognomento Paganus, de Sancto Yonio; Hugo Chamilli.

S. D.
Vers 1100.

LXXVI

Gaufredus, filius Gaufredi, dedit Deo & fancte Marie de Longo Ponte, pro anniverfario fuo atque patris fui, in caftello quod vocatur Medenta, tres fextarios falis & LX^{ta} anguillarum pifces; atque Guillermus, fuus miles, de Bufcheleio, pro anima fua, fextarium unum, in die follempnitatis fancti Andree, & hoc proficuum omnibus diebus hujus feculi. Hujus rei adfunt teftes : Ermengardis, uxor ejus;

S. D.
Vers 1065.

Symon, filius ejus; Hergodus, decanus Sancte Genovefe; Andreas, miles; Amauricus, filius Gaufredi; Hugo, qui sororem Ermengardis habet; ex parte sancte Marie: Robertus, prior; Bernardus, modo custos ecclesie; Robertus, Ranulfus, Teolus.

LXXVII

S. D.
Vers 1100.

Bertrannus, filius Odonis, filii Alvi, abrenuncians seculo & habitum monachi sumens, dedit Deo & sancte Marie de Longo Ponte, & monachis ibi Deo servientibus, unum hospitem, nomine Androldum, filium Bernoldi, apud Marcocias, in Burco Medio; & unum dimidium apud Balisiacum, nomine Rascicot, qui solvit sex denarios & obolum, ad festivitatem sancti Remigii; & omnem decimam de Lachicinrem. Histi vero sunt testes: Odo, filius Alvi; Landricus, filius ejus; Hugo, filius Alvi; Odo Codive, Morcherius de Balisiaco, Gaufredus, major; Oylardus, famulus; Garnerius, gener ejus; Albertus de Dordigco, Symon de Brucia.

LXXVIII

S. D.
Vers 1100.

Robertus cognomento Paganus, de Porta, cum consensu uxoris sue, Helyzabeth, fratrisque sui, Roberti, necnon filiorum suorum, Anselli videlicet ac Stephani, concessit Deo & sancte Marie de Longo Ponte, fratribusque ibi Deo servientibus, XII denarios quorum debitor est Philippus, gener Gaufredi, majoris, pro quadam vinea. Hujus rei sunt testes: Robertus Fai; Bernardus, famulus; Arnulfus, major; Johannes, bubulcus; Ricardus Anglicus; Durannus, fullo; Otrannus, Radulfus Tarcuet, Garnerius, coquus; Rogerius, cementarius.

LXXIX

Emelina, filia Roberti de Fluriaco, veniens ad mortem, dedit Deo & sancte Marie de Longo Ponte IIII arpentos terre de sua hereditate, apud Balisiacum, concedente viro suo, Hugone, filio Alvei; scilicet arpennum Berardi, & arpennum Alelmi, & duos arpennos ante domum Bernonis, sutoris, qui tunc temporis sine domibus erant. Hii sunt testes sancte Marie : Paganus Castellus; Anseis de Villa Justa; Oylardus, famulus; de sua parte : Hugo, vir ejus, & Galterius de Grini.

S. D.
Vers 1100.

LXXX

Osanna, filia Hungerii de Cavanvilla, dedit Deo & sancte Marie de Longe Ponte, & monachis ejusdem loci, apud Chavanvillam, unum hospitem, Andream nomine, cum omnibus tenoriis suis, & totam terram quam habebat apud Gandramuler. Quod viderunt & audierunt hii testes : Hugo Bacheler, maritus ejus; Thomas de Brueriis, Petrus, filius Hugonis Lisiardi; Petrus, filius Agnetis. Die igitur qua sepulta est, misit de hoc donum Hugo Bacheler, maritus ejus, super altare sancte Marie, ex parte ipsius. Quod viderunt & audierunt hii testes : Andreas, idem hospes; Androldus, Gaufredus, major; Arnulfus, filius ejus. Sed hoc donum noluerunt ita concedere Moreherius & Arnulfus

S. D.
Vers 1100.

Aries, parentes supradicte Osanne. Postea, facta cum monachis concordia, concesserunt Deo & sancte Marie, & monachis sepedictis, Andream, hospitem, cum VI arpennis terre & cum consuetudine nemoris, sicuti habent alii hospites ; & terram de Gandramuler. Hujus rei sunt testes hii : Burchardus de Valle Grinosa, Gislebertus, frater ejus ; Hugo Chamilli, Burchardus de Castris, Aymo de Maci, Robertus de Fluri, Asso de Villa Bona, Hugo Bacheler.

LXXXI

S. D.
Vers 1100

Domnus Paganus de Porta, cognomento Robertus, dedit Deo & sancte Marie de Longo Ponte omnem decimam quam habebat apud Villarem, de omnibus rebus, seu de frugibus, seu de bestiis. Quod donum misit [in manus] Heinrici, prioris, per quendam baculum, quo ipse se sustentabat, concedente matre ejus, Aldeburga, & filio ejus, Roberto, filiaque ipsius Pagani, nomine Cometissa. Testes qui hoc viderunt sunt isti : Durannus, prepositus ; Gaufredus, major, & filius ejus, Josbertus ; Oylardus, famulus, & filius ejus, Ascelinus ; Georgius de Atrio, Galterius, carpentarius ; Garnerius, famulus (1).

(1) Edité par Dubois dans *Historia ecclesiæ Parisienfis*, I, p. 690.

LXXXII

S. D.
Vers 1100.

Aymo Aries, monachicum habitum sumens, dedit Deo & sancte Marie de Longo Ponte, ad adjutorium monasterii faciendi, uno quoque anno, plenam minam frumenti, apud

Buifun, ubi champartum ejus fuerit collectum. Quod si monachus qui habuerit eam obedienciam inde non poterit habere, clamet se fratri ipsius Aymonis, Arnulfo, & faciet reddere. Qui Arnulfus hoc donum concessit, videntibus istis: Balduino, filio Rainardi; Urso, milite; Pagano de Porta, Pagano & Stephano, filiis Guidonis.

LXXXIII

Controversiam, que inter monachos de Longo Ponte & Hugonem de Castro Forti, cognomento Cadaver, exorta est, ob paleam de decima de Munda Villa, fidelibus sancte ecclesie preteritis, presentibus & superventuris, innotescere dignum duximus. Monachi namque de Longo Ponte adversus supradictum Hugonem conquerebantur, dicentes quod medietatem grani atque palearum habere deberent. At Hugo medietatem grani non negabat monachos possidere debere; sed totam paleam se dicebat habere debere. Tamen, post aliqua annorum curricula, monachi memoratum adeunt Hugonem, dicentes ut quod injuste possidebat dimitteret: quod si facere recusaret, pro certo sciret ultricem Domini manum se effugere non posse. Tandem, salubre sapientum reperto consilio, talis est inter monachos & ipsum Hugonem facta concordia ut partem palearum quam monachi calumniabantur Hugoni dimitterent, & omne granum per medium partiretur haberentque monachi medietatem, & Hugo aliam. Sed palea, quam monachi jamdicto Hugoni concesserunt, taliter concesserunt ut suprafatus Hugo granchiam faceret & in uno anno ex suis servis unum in ea mitteret, qui sibi & monachis fiduciam faceret; &, in alio anno, monachi simili modo ex suis unum mitterent, qui etiam & sibi & Hugoni fiduciam faceret.

S. D.

LXXXIV

S. D.
1116 ou
1117.

Notum fieri volumus tam futuris quam presentibus quod Milo, Milonis filius (1), Guidonis Troffelli (2) frater, ab Hugone de Crecio (3) male captus apud Caftellum Forte, Deo & fancte Marie de Longo Ponte, & monachis ejufdem loci, in prefentia domni Heinrici, prioris, dedit quod habebat apud Longum Pontem & medietatem culturarum fuarum, fe ipfum etiam, fi moreretur, ad tumulandum. Hujus rei funt teftes : Teodericus, monachus; Rogerius qui vocatur Paganus, de Sancto Yonio; Hugo, frater ejus; Bartholomeus, filius Hungerii; Galterius, qui tunc temporis eidem Miloni ferviebat. Poft aliquantum vero temporis, idem Milo, tam crudeli tamque inaudita morte apud Caftellum Forte occifus (4) & a priore Heinrico apud Longum Pontem allatus, in prefentia Ludovici (5), regis, & Girberti, Parifienfis epifcopi, & Bernerii, decani, & Stephani, archidiaconi; aliorumque multorum, tam clericorum quam laicorum, honorifice fepultus eft. Quo audito, Rainaldus (6), frater ejus, triftis meftufque a Trecaffina urbe cum nepotibus fuis & Manaffe, vicecomite Senonenfi, venit ad Longum Pontem videre fratris fui fepulturam; ibique fufis lacrimis, ad altare fancti Petri, pro ejus anima, miffam cantare fecit. Eodem die, rediens ad caftrum Montis Letherici, in domum Duranni, prepofiti, donum quod fecerat fupranominatus Milo fancte Marie conceffit, & in manu Heinrici, prioris, dedit, excepto quod inde retinuit; videlicet prata, medietatem culturarum & clientium fuorum tamtummodo corpora, Stephani fcilicet & Duranni. Quod viderunt & audierunt hii : Manaffes de Villamor, Milo, filius ejus;

Symon de Breis; Guido de Dampetra; Hugo de Planci; Clarembaldus de Cappis; Tevinus de Forgiis; Galterius, dapifer; Thomas de Brueriis; Rogerius qui vocatur Paganus, de Sancto Yonio; Hugo, frater ejus; Burchardus de Valle Grinofa; Balduinus, filius Rainardi; Hugo de Brueriis; Petrus, filius ejus; Galterius Rochardus; Ebrardus Chofis; Thomas de Caftro Forti; Godefredus Gruel; Bencelinus; Aymo de Norvilla; Durannus; Robertus qui vocatur Paganus, de Porta; Arroldus, major; Landricus, filius ejus; Tebertus; Gaufredus, major; Bernardus, famulus; Rogerius, famulus.

(1) Milon de Bray, vicomte de Troyes, troisième fils de Milon le Grand, feigneur de Montlhéry.

(2) Gui Trouffel, feigneur de Montlhéry, fils aîné de Milon le Grand.

(3) Hugues de Rochefort, feigneur de Crécy, fils de Gui de Rochefort, frère puiné de Milon le Grand.

(4) Sur le dramatique évènement qui fait le principal fujet de la charte LXXXIV, voyez: Suger, *Vie de Louis le Gros*, VIII, XVII; Lebeuf, *Hift. du Dioc. de Paris*, x, pp. 143 & fuiv. Voyez auffi plus haut l'*Introduction*, pp. 17 & fuiv.

(5) Louis le Gros.

(6) Renaud de Montlhéry, quatrième fils de Milon le Grand, évêque de Troyes en 1121 & 1122.

LXXXV

S. D.
Vers 1100.

Johannes de Maciaco dedit Deo & fancte Marie de Longo Ponte, & monachis ejufdem loci, totam terram quam habebat apud Longum Pontem, juxta Elemofinam fupradictorum monachorum; videlicet vineas reddentes cenfum quinque folidorum & omnes confuetudines que pertinebant ad eandem terram, fine ullo obftaculo. Quod viderunt & audierunt hii testes, ex parte ejus : Guillermus, filius ejus ; Andreas, presbiter, filius Josberti, carnificis, de Palefeolo; ex parte sancte Marie : Heinricus, prior; Petrus, monachus armarius ; Rannulfus, famulus; Teolus, famulus. Hujus vero rei donum & concessionem miserunt in manu Heinrici, prioris, Rohais, uxor ipsius Johannis, & supradictus Guillermus, filius ejus, & Aymo & Johannes, filii ejusdem Johannis; Odelina, filia ejus, & Ebrardus Chosi, vir ejus. Hoc viderunt hii testes, ex parte eorum : Burchardus de Maciaco, Gaufredus, filius ejus, cognomento Soltanus; Robertus, filius ipsius Johannis; Afzo, filius Fromundi; Sevinus; Durannus Crispus; Poncius, presbiter ; ex parte sancte Marie : Heinricus, prior; Johannes, presbiter de Eni; Petrus, major de Calliaco ; Teolus, famulus : Rannulfus, famulus; Hugo de Eni; Fulco, clericus.

LXXXVI

S. D.
Vers 1100.

Ogiva, uxor Stephani, dedit Deo & sancte Marie de Longo Ponte, & monachis ejusdem loci, pro Duranno, filio suo, qui factus est noster monachus, unum hospitem tenentem duo arpenta terre. Quod concesserunt fratres sui Guido, Fulbertus & Gaufredus, & avunculus suus, Paganus de Porta. Quod viderunt & audierunt Georgius de Atrio & Hubertus, pelletarius, & Paganus, sutor.

LXXXVII

S. D.
Vers 1100.

Filii Stephani de Longo Ponte, scilicet Teobaldus, Guido, Fulbertus, Gaufredus, dederunt Deo & sancte Marie de

Longo Ponte terram quam tenebant apud Longum Pontem, ex Pagano, avunculo suo, de cujus feodo erat. Quod donum ipse Paganus & filius ejus, Ansellus, concesserunt & fide sua promiserunt custodire contra omnes qui injustum vellent facere ecclesie. Postea, idem filii quesierunt a priore, qui tunc erat, ipsam terram ad sex solidos census, quem ipsi promiserunt in sua fide infra sex dies festivitatis sancti Remigii reddere. Et hoc audierunt : Burchardus de Valle Grinosa & Burcardus de Castris; Arnulfus, major; Josbertus, quoquus; Gaufredus Turpaudus.

LXXXVIII

Guido Pinellus, in Jerusalem proficisci volens, dedit Deo & sancte Marie de Longo Ponte, & monachis ejusdem loci, duos hospites, si mori eum contingeret in aliena regione, & in potestate matris sue dimisit ut quos vellet daret, si uti predictum est accidisset. Misit itaque de hoc donum super altare sancte Marie. Quod viderunt & audierunt hii testes : Paganus Malus Filiaster; Rainaldus, filius Guidonis de Villa Moissun; Gaufredus, major; Oylardus, famulus. Dei igitur dispositione actum est ut predictus Guido peregrinus obiret, antequam Hierusalem perveniret. Quod audiens mater ejus, nimirum tristis effecta, ut mater de filio, diligenter adimplere curavit quod filius ejus ab ea recedens sibi preceperat. Veniens ergo ante altare sancte Marie dimisit hospites, Osmundum videlicet & Hubertum, pelletarium; & concedens illos jamdictis monachis misit donum super altare. Hujus rei sunt testes hii : Aymo de Machi; Galterius de Castris; Gaufredus, major; Oylardus, famulus; Georgius de Fertada; Garnerius, major; Benedictus; Berengerius;

S. D.
Vers 1100

Milo, filius Teulfi; Rogerius Orphanus; Bernardus, famulus; Rogerius, famulus; Alvinus, pistor; Guimerius, sutor; Holdebertus, asinarius; Arroldus, sartor; Ricardus Anglicus.

LXXXIX

S. D.
Vers 1100.

Teodericus, miles, de Villa Moissun, moriens, dimisit Deo & sancte Marie de Longo Ponte, & monachis ibidem pro salute animarum suarum Christo famulantibus, xx^{ti} III denarios de censu, apud ipsum Longum Pontem, concedente Auxent, uxore sua, necnon & fratribus suis, Galterio, Guidone, Rainaldo, Gaufredo, Aymone, clerico, Galterio, Petro, ac donum super altare ponentibus. Quod viderunt & audierunt, ex parte illorum: Hugo Chamillis & Guido, filius ejus; Stephanus de Saviniaco; Gislebertus de Valle Grinosa; Rainaldus de Athiis; ex parte sancte Marie: Galterius de Boolum; Aymo, frater ejus; Hugo Cuchivi; Hungerius de Castris; Arnulfus, major; Garnerius, Ricardus, Robertus, famuli; Renerius, carnifex.

XC

S. D.
Vers 1100.

Guido de Lynais, in infirmitate jacens, concessit Deo & sancte Marie de Longo Ponte, & monachis ibi Deo servientibus, omnem decimam quam apud Funtenellas habebat atque sex sextarios avene apud Morcencum, quos in nostros hospites habebat. Quam avenam Tebaldus de Saviniaco & Guido, frater ejus, Deo & sancte Marie dederant, que erat de feodo Guidonis; & quoniam eam monachis in vita sua abstulerat, ad mortem veniens, eam Deo & sancte Marie reddidit & concessit, & ex hoc rectum in manu Heinrici, prioris, misit. Quod viderunt & audierunt : Guncelinus, presbiter; Jolcerannus de Urmerio; Godefredus Gruel; Bernerius de Foro; Bernardus, major ; Hugo, serviens. Guidone itaque sepulto, Adalaidis, uxor ejus, et Milo, filius ipsius, suprascriptum donum & omnia que Guido de Lynais Deo & sancte Marie dederat concesserunt, & donum in manu Heinrici, prioris, miserunt. Et ex hoc sunt testes, ex parte ipsorum : Balduinus, filius Rainardi; Burchardus de Valle Grinosa & Gillebertus, frater ejus; Burchardus de Castris & Galterius, frater ejus; Paganus de Porta & Robertus, frater ejus ; ex parte sancte Marie : Gaufredus, major, & Josbertus, filius ejus ; Oylardus, famulus, & Ascelinus, filius ejus ; Garnerius, famulus ; Bernardus, famulus; Rogerius, famulus ; Albertus de Dordonio ; Symon de Brucia.

XCI

Guillermus Agnus, filius Balduini, filii Rainardi, moriens, dedit Deo & sancte Marie de Longo Ponte, & monachis ejusdem loci, tria arpenta terre & tria arpenta prati, concedentibus duobus nepotibus suis, Galterio atque Aymone, qui donum super altare posuerunt. Quod viderunt & audierunt hii : Gaufredus cognomento Paganus, de Alneto; Albertus, miles, de Veris ; Robertus Polinus; Burchardus de Castris & Galterius, frater ejus ; Theodericus de Villa Mussun, & Galterius atque Rainaldus, fratres ejus ; Hermannus, presbiter; Remigius & Gaufredus, canonici; Gaufredus, major, & Arnulfus, filius ejus; Herbertus de Opera ; Beloth, famulus Balduini. Concessit autem idem Guillelmus totam justiciam de IIII^{or} hospitibus, quos pater ejus, seculum derelinquens, eidem ecclesie dederat, testantibus memoratis testibus.

S. D.
Vers 1100.

XCII

S. D.
Vers 1100.

Notum fit omnibus hominibus pactum quod habuerunt inter fe Johannes, cognomine Beroardus, uxorque ejus, Milefendis, cum monachis fancte Marie de Longo Ponte; fcilicet de quadam vinea quam habebant juxta vineam eorum, apud Vadum Petrofum. Hanc igitur vineam cupientes habere Johannes uxorque ejus fueque adjungere, ab illis quefierunt quatenus eam fibi tali pacto concederent ut vineam quam habebant, que fuit Galardonis, ilico acciperent & xii^{im} nummos, pro remedio anime fue, cenfuales, quos fibi reddebant, uno quoque anno, &, poft exceffum cujuflibet eorum, ipfam vineam ecclefia haberet: poft exceffum vero alterius, alteram partem vinee, quam diu poffederant, ecclefia fimili modo haberet, & terram quam habebant de Odone, Huldeberti filio, ad cenfum fex denariorum, & prata que poffidebant ad cenfum de monachis illis, poft exceffum fupradicti Johannis, ecclefia omnino haberet. Illis igitur monachis hanc convencionem concedentibus, pluribus viris audientibus, quofdam eorum defcripfimus : Harduinum, capellanum fancte Marie de Longo Ponte; Olgrinum, presbiterum de Lynais; Gaufredum, majorem fancte Marie; Serannum, fervientem; Umbertum, fratrem Harduini; Petrum, famulum fancte Marie; Araudum, piftorellum fancte Marie.

XCIII

S. D.
Vers 1100.

Anfoldus, canonicus fancti Petri de Monte Letherii, dedit Deo & fancte Marie de Longo Ponte, & monachis ibi Deo servientibus, pro remedio anime fue antecessorumque suorum, terram quam apud Funtenellas habebat; videlicet hospitem in Nativitate Domini reddentem duos panes, duos capones, duos sextarios & sextarium avene, & in marcio duos denarios, & in maio duos denarios; &, de vineis, in festivitate sancti Remigii, xx^{ii}1 denarium &, in festivitate sancti Johannis, tres denarios de arpenno qui junctus est vie que [est] juxta supranominatas vineas; & decimam vini & decimam annone. Nec tacendum est istud quod donum concesserunt Arnulfus, cognomento Malviellus, & uxor ejus, Adalaidis, & filius eorum, Odo, tali tenore quod, in festivitate sancti Remigii aut usque ad octabas, pro censu terre, uno quoque anno, a monachis viii^{to} denarios haberet, excepto arpenno terre qui est apud villam que vocatur Fais. Hujus doni & hujus concessionis sunt isti testes: Guido de Villa Moisson; Garnerius & Robertus, famuli domni Heinrici, prioris; Ascelinus, pistor; Otrannus, filius Ilberti; Georgius de Atrio; Josbertus, sutor; Bertrannus, filius Josberti; Bernardus, Guillelmi filius; Albertus de Durdonio; hii ex parte sancte Marie; ex parte eorum: Rogerius Sturgio & Acardus.

XCIV

Galterius, presbiter, & filius ejus, Hugo, dederunt Deo & sancte Marie, & monachis ibi commorantibus, pro anima sua & pro anima matris filii ejus, que dicitur Aia, quartarium & dimidium vinee, que est in villa que nominatur Villarcel. Hii sunt testes: Harduinus, Gaubertus, Ilbertus, Lambertus.

S. D.

XCV

S. D.
Vers 1100.

Arnulfus Malviel dedit Deo & sancte Marie de Longo Ponte, & monachis ejusdem loci, octo denarios de censu apud Funtenellas, quos ei reddebant, uno quoque anno, ipsi monachi. Et hoc donum laudaverunt & concesserunt prefatis monachis Odo & Adam, filii ejus, & super altare sancte Marie miserunt ipsi & pater eorum, jamdictus Arnulfus. Quod viderunt & audierunt hii testes : Garinus Ruignuns; Holdeerius de Portu; Gaufredus, major; Arnulfus, filius ejus; Georgius de Atrio; Meingodus, talamerarius; Rainoldus, mulnerius; Belotinus, salnerius; Robertus, famulus; Milo, famulus; Ricardus Anglicus.

XCVI

S. D.
Vers 1100.

Adales, uxor Arnulfi Malviel, dedit Deo & sancte Marie de Longo Ponte, & monachis ejusdem loci, post decessum suum, decimam quam habebat ex patrimonio suo apud Fontenellas. Quod donum concessit Arnulfus, maritus ejus, & filii ipsius, Rainaldus & Hugo. Ipsa vero concessit servos & ancillas, quos pater & mater ejus supradictis monachis jamdudum reliquerant, pro quibus maritus ejus apud monachos calumpniam fecerat, & de hac re inter se placitaverant. Quod iterum concesserunt Arnulfus, maritus ejus, & filii, Rainaldus & Hugo. Cujus rei sunt testes, hii ex parte ejus : Arnulfus, maritus ejus; Rainaldus & Hugo, filii ipsius; Robertus Malus Parvulus; ex parte sancte Marie : Gaufredus, major; Oylardus, famulus; Georgius de Fertada; Georgius, filius Josboldi; Raimbaldus, famulus.

XCVII

Radulfus de Sollario, filius Galterii, viatoris (1), dedit Deo & fancte Marie de Longo Ponte, & monachis ejusdem loci, totam decimam quam habebat apud Funtenellas, quam scilicet tenebat de Arnulfo Malviel & Odone, ejus filio; & de hoc misit donum super altare fancte Marie. Quod viderunt & audierunt hii testes : Wlgrinus de Atiis; Stephanus de Britini; Philippus de Castro Forti; Milo, frater ejus; Rainoldus Bigot; Baldricus, serviens regis; Gaufredus, major; Josbertus, filius ejus; Garnerius, major; Gaufredus, filius ejus; Rogerius de Savini; Robertus, famulus; Bernardus, famulus; Hubertus, pelletarius; Fulbertus, filius Stephani, pratarii; Galterius, carpentarius; Petrus, filius ejus; Ingelrannus; Gaufredus, filius Pagani, sutoris; Teodericus de Nogemel; Constancius, filius ejus; Radulfus Tarcue; Ricardus Anglicus; Garnerius, filius Bernardi; Galterius de Perrolio; Georgius de Perrolio; Arnulfus Burgundio; Herbertus de Cavarva; Goncelinus, bubulcus. Hoc autem donum laudavit & concessit predictis monachis Ermengardis, uxor ipsius Radulfi, & Arnulfus Malviel, de cujus feodo erat, atque super altare sancte Marie posuerunt idem ipse Radulfus & Ermengardis, uxor ejus, atque Arnulfus Malviel. Cujus rei sunt testes hii : Stephanus de Britini; Gaufredus, major; Arnulfus, filius ejus; Johannes de Fontenellis; Georgius de Fertada; Renerius, filius Oylardi, famuli; Garnerius, major; Rogerius de Savini; Bernardus, famulus; Milo, famulus; Oylardus Gunhard; Georgius, filiaster ejus; Rembertus, bubulcus; Obertus, bubulcus; Johannes, bubulcus; Girardus, furnerius; Ansquetinus, cementarius; Lambertus, clasularius (2). Item hoc donum lauda-

S. D.
Vers 1100.

verunt & concefferunt Odo & Adam, frater ejus, filii Arnulfi Malviel, & ex Alneolo ubi tunc morabantur, militaribus ftipendiis dediti, per Teodericum, camerarium, fupranominatis monachis miferunt, atque ei preceperunt ut ex parte ipforum, cum quodam ligno quod ei dederunt, fuper altare fancte Marie poneret. De hoc funt teftes hii : Paganus Alpes; Symon; Fulbertus, filius, de Monte Gaio ; Teodericus, monachus ; Durannus, monachus fancti Martini de Campis; Nanterius de Brueriis; Galerannus de Lymois; Gurgans Brito; Bernardus, famulus; Rogerius Huretus.

(1) *Viator*, en français : *voyer*.
(2) *Clafularius*, en français : *éclufier*. — Voyez du Cange, *Gloff.*, V° *Clafura*.

XCVIII

S. D.
Vers 1100.
Domnus Hermannus, presbiter de Monte Leheri, vineam fuam, quam habebat apud Villarcel, dedit monachis, Deo & fancte Marie apud Longum Pontem fervientibus, poft difceffum fuum. Hujus doni extiterunt teftes : Guido, presbiter de Sancto Mederico; Bernerius clericus; Burchardus de Valle Grinofa.

XCIX

S. D.
Vers 1100.
Milo de Lynais, quia de feodo fuo erat, laudavit & conceffit Deo & fancte Marie de Longo Ponte, & monachis ejufdem loci, medietatem decime de Funtenellis, quam Radulfus, filius Galterii, viatoris, eifdem monachis dederat;

& de hoc misit donum super altare sancte Marie. Quod viderunt & audierunt hii testes: Teodericus, miles, de Villamoissun; Gaufredus, major; Teodericus, elemosinarius; Oylardus, pratarius; Bernardus, famulus; Arroldus, sartor. Rursus idem donum prefatis monachis concesserunt & super altare sancte Marie posuerunt Teodericus, Galerannus & Aalis, uxor ejus, mater predicti Milonis. Hujus rei sunt testes isti: Rogerius Huretus; Milo, famulus; Bernerius, frater ejus; Ansellus Guitardus.

C

Hugo Wirredus dedit Deo & sancte Marie de Longo Ponte, & monachis ibi Deo servientibus, unum hostecium quem habebat apud Longum Pontem, in clauso Sancte Marie; & misit donum in manu Heinrici, prioris, & Avelina, filia ejus, pro anima sua & pro anima Ilburgis, uxoris sue, & pro animabus omnium antecessorum suorum. Et hoc donum, quod ipse fecit, concessit Robertus, Walerannus & Emelina, uxor ejus, & Teodericus, eorum filius, ut anime eorum participes fierent tocius beneficii ecclesie. Hujus rei sunt testes hii, ex parte eorum: Tebaldus de Morcenco; Petrus, frater ejus; Garinus Balzannus; Rainaldus Canis; Arraldus de Vilarcel, filius Fulcoidi; Guillelmus, servus; ex parte sancte Marie: Gaufredus, major; Oylardus, famulus; Georgius, filius Josboldi; Raimbaldus, famulus.

S. D.
Vers 1100.

CI

Fulco, dominus de Buno, jacens in infirmitate qua mortuus est, dedit Deo & beate Marie de Longo Ponte duos hospites

S. D.

ad Guadum Petrosum. Hujus doni sunt testes: Rainaldus, filius majoris; Johannes, filius Garnerii.

CII

S. D.
Vers 1100.
Rancia de Perrolio dedit Deo & sancte Marie de Longo Ponte, & monachis ejusdem loci, in ipsa infirmitate qua defuncta est, terram de Perrolio, quam de ipsis monachis tenebat; & Odo, vir ejus, qui jure ipsam terram in vita sua tenere debebat, similiter dedit; & Hugo, frater ejusdem Rancie, posteaquam ipsa defuncta est, jus proprium quod in eadem terra querebat similiter dedit. Et, postquam fecit hoc donum, dederunt sibi monachi medietatem ejusdem terre, tali videlicet pacto ut illud servicium & dominium quod terra debet reddat, &, post mortem ipsius Hugonis, sine querela alicujus heredis, ipsa terra ad ecclesiam in dominio redeat. Hoc ergo donum fecit Hugo, frater Rancie, & Teodericus, filius ejus, qui inde sex denarios habuit. Hoc viderunt testes isti: Harduinus, capellanus, & Hubertus, frater ejus; Gauffredus & Rannulfus, frater ejus, majores sancte Marie; Oylardus, famulus, & Oylardus Barba & Ilbertus Calvus; Obertus de Perolio, qui ex parte Hugonis fuit; Hugo, filius Arraldi, & Hugo, filius Tebaldi, & Josbertus de Villa Romenor, & multi alii.

CIII

S. D.
Vers 1150.
Domina Aales de Valle Grinosa, ad mortem veniens, dedit Deo & beate Marie de Longo Ponte tres solidos de censu, quos Arnulfus, major de Longo Ponte, de ipsa

tenebat, filiis suis, Guidone & Burcardo, concedentibus & donum super altare ponentibus, presente Teobaldo (1), priore, & conventu. Testes hujus doni : Gislebertus de Valle Grinosa, Gaufredus, nepos ejus ; Galterius de Buelun; Ascelinus, presbiter de Sauz ; Garnerius, famulus.

(1) Thibaud Ier, prieur de Longpont en 1150 & 1154.

CIV

Aymo de Agliis & Letvisa, uxor ejus, & Guido, filius amborum, concesserunt Deo & sancte Marie de Longo Ponte, & monachis ejusdem loci, donum quod eis fecerat Radulfus, filius Galterii, viatoris, frater Letvise, videlicet medietatem decime de Funtenellis; & de hoc miserunt donum super altare sancte Marie. Quod viderunt & audierunt hii testes : Radulfus, qui ipsum donum fecerat ; Galterius, presbiter; Garinus, clericus, de Castris ; Garnerius, major; Robertus, famulus; Galterius, faber; Rogerius Huretus ; Galterius, mulnerius; Hubertus, cognatus prioris.

S. D. Vers 1110.

CV

Hescelinus & filius ejus, Milo, propriam donationem fecerunt de uno semihospite Deo & sancte Marie, & monachis ibi habitantibus; qui hospes manet ibi prope juxta monasterium, in loco qui dicitur Longus Pons. Et de ista donatione, que facta fuit nominatim pro anima uxoris Hescelini, que nomen habuit Ermengarda, testes sunt :

S. D. Vers 1100.

Robertus, Lyfiardus, Erchembaldus, Tebaldus, Stephanus, Helduinus, Galterius, Ilbertus, Josbertus, Rannulfus, Teobaudus, Warinus.

CVI

S. D.
Vers 1080.

Commendare memorie debemus quod Gaufredus Turpis & Doda, uxor ejus, dederunt Deo & fancte Marie de Longo Ponte terram quam habebant apud Longum Pontem Lyfui, & donum fecerunt fuper altare fancte Marie ipfe Gaufredus & uxor ejus, ex cujus patrimonio erat eadem terra; ita tamen ut medietatem in vita fua retinerent, &, poft eorum deceffum, ecclefia totam haberet. Hujus autem doni teftes funt hii, ex parte domine : ipfe Gaufredus; Hungerius, hofpes ejufdem terre; ex parte fancte Marie : Odo (1), prior ejufdem loci; Henricus, monachus; Hugo, monachus, frater Tebaldi de Valle Grinofa; Gaufredus, major; Rannulfus, frater ejus; Oylardus, famulus; Ilbertus Calvus.

(1) Eudes I *de Péronne*, prieur de Longpont en 1076 & 1078.

CVII

S. D.
Vers 1090.

Domnus Hugo de Campiniaco, fecularem habitum relinquens, dedit Deo & fancte Marie de Longo Ponte, & monachis ibi Deo fervientibus, apud Longum Pontem de Lyfui, tantum terre que reddit duos folidos de cenfu; &, apud Forgias, unum hofpitem qui tenet duos arpennos terre; unus arpennus folvit jus & alter campart. Hujus donationis testes sunt hii; ex parte ipsius: Robertus de Fluriaco; Hugo, filius Alvi; Milo Bassettus; Ansellus de Stampis, filius Teoderici; Girardus Captivus; ex parte sancte Marie: Guillermus Cochivit; Herbertus de Balisi; Dodo de Villa Nova; Raimbaldus, famulus.

CVIII

Domnus Balduinus, filius Rainardi, & filii ipsius, Gaufredus & Guillermus, concesserunt Deo & sancte Marie de Longo Ponte, & monachis ejusdem loci, terram & omnes consuetudines ejusdem terre, quam terram domnus Hugo de Campiniaco apud Longum Pontem de Lysui eisdem monachis dederat. Quod viderunt & audierunt hii testes, ex parte ipsorum: Guido de Lynais; Guido, filius Holdeberti; Albertus, filius Ysembardi; Robertus de Fluriaco; Rainaldus Malviel; Stephanus de Britiniaco; Garinus de Salciaco; ex parte sancte Marie: Arnulfus Malviel; Gaufredus, major; Oylardus, famulus; Hubertus, pelletarius; Rannulfus, famulus; Teulfus, famulus; Guido, carpentarius; Mengodus, talamerarius; Josbertus ad Dentes; Josbertus, sutor, qui vocatur Paganus.

S. D.
Vers 1090.

CIX

Amalricus, Petrus, Godefredus cognomento Morcherus, filii Tebaldi de Muro, concesserunt Deo & sancte Marie de Longo Ponte, & monachis ejusdem loci, terram de Longo Ponte de Lysui, quam Gaufredus Turpis & Doda, uxor ejus, ex cujus patrimonio erat, dederunt

S. D.
Vers 1090.

Deo & monachis fupradictis. Quod viderunt & audierunt hii teftes, ex parte ipforum : Marcus, filius Rofcelini ; Anfellus de Alvers ; Arnulfus Baffeth ; ex parte fancte Marie : Urfus Dives, de Stampis ; Aymo, frater ejus ; Johannes, filius Anfelli cognomento Pagani ; Gaufredus de Moreto ; Wlgrinus, filius Gunhardi ; Reinardus, filius Hermeri ; Gaufredus, monetarius ; Willelmus, marefcaudus ; Raimbaldus, famulus ; Teulfus, famulus.

CX

S. D.
Vers 1090.

Robertus Boninus, de Lynais, & Petrus, frater ejus, dederunt Deo & fancte Marie de Longo Ponte, & monachis ejufdem loci, dimidium arpennum vinee, apud Montatum, & donum fuper altare fancte Marie pofuerunt. Quod viderunt & audierunt hii teftes : Goncelinus, presbiter ; Teodericus, clericus ; Gaufredus, major ; Giroldus Ferlis ; Oylardus, pratarius ; Hermerus, filius Bertranni ; Hugo, filius Benedicti ; Radulfus, famulus Harduini, monachi.

CXI

S. D.
Vers 1090.

Herfendis, uxor Wlgrini, in extrema parte pofita, omnia que habebat in ecclefia fancti Michaelis fancte Marie de Longo Ponte donavit, fcilicet duas partes de decimaria ipfius ecclefie, hoc eft, de annona, de vino, de lino, de cambe, de ovis, de porcis, de vitulis & de omnibus omnino rebus. Poft obitum vero ejus, antequam ipfa ad tumulum deferretur, Wlgrinus, vir ejus, & Guido, frater ejus, de Lynais, iftam donacionem per fciffum fancti Macharii fuper altare sancte Marie posuerunt. Hujus rei sunt testes : Harduinus, presbiter ; Frotgerius, decanus ; Wlgrinus, Gaufridus Bernoala, Guido de la Novilla ; Guido, filius Aldeberti ; Balduinus, filius Rainardi ; Nanterius de Donionio ; Aymo Angivinus ; Guillermus Cuchivi ; Hungerius de Cavanvilla ; Hungerius de Limos ; Johannes Beroardus ; Hermannus, filius ejus ; Teboldus, Guido, Hugo de Ver.

CXII

Domnus Heinricus, prior de Longo Ponte, & monachi ipsius loci dederunt in dominio duobus fratribus, Rainbaldo & Johanni, de Fontenellis, propter amorem domni Guidonis de Lynais, unum arpennum prati quod est sub Longo Ponte de Lysui, de quo redderent, uno quoque anno, eisdem monachis quatuor denarios de censu, tali videlicet pacto quod, quando morerentur, pars unius cujusque de eodem prato, sine ulla calumpnia, ad supradictos monachos reverteretur. Quod viderunt & audierunt hii testes, ex parte ipsorum : Guido de Lynais ; Balduinus, filius Rainardi ; Aymo de Maci, Guillelmus Cochivi, Azo de Villa Bona, Arnulfus Aries, Radulfus, filius Galterii ; Rogerius, pistor ; Holdricus, filius Arnulfi, carnificis ; Gaufredus Cossardus ; Teodericus Ruffus ; Albericus, pistor ; Rainardus de Fontenellis, ex parte sancte Marie : Hugo de Brueriis, Robertus de Repenti, Milo de Dordigeo, Arnulfus Malviel, Landricus, prepositus ; Ascelinus, major ; Durannus, prepositus ; Dodo de Villa Nova ; Stephanus, filius Ansoldi ; Gaufredus, major ; Oylardus, famulus ; Georgius de Fertada ; Ilbertus Calvus ; Goncelinus, pratarius ; Georgius, filius Josboldi ; Hubertus, pelletarius : Raimbaldus, famulus ; Teulfus, famulus.

S. D.
Vers 1100.

CXIII

S. D.
Vers 1100.

Domnus Hugo de Campiniaco dedit Deo & sancte Marie de Longo Ponte, pro anima sua, suique patris & matris ac fratris, apud Longum Pontem de Lysui, IIII^{or} arpennos terre sub Clauso, & ad Rogum tantum terre que reddit II^{os} solidos de censu; videlicet duos arpennos & dimidium vinearum. Hoc concessit & laudavit domnus Balduinus de Claciaco, ex cujus feodo erat, et misit donum super altare sancte Marie, per scyphum sancti Macharii. Testes vero qui hoc viderunt & audierunt sunt hii, ex parte ejus: idem ipse; Garnerius, armiger ejus; Symon de Orceaco; ex parte sancte Marie: Gaufredus, major; Oylardus, famulus; Teolus, famulus; Rannulfus, famulus.

CXIV

S. D.
Vers 1100.

Amauricus, filius Tedbaldi de Muro, concessit Deo & sancte Marie de Longo Ponte, & monachis ejusdem loci, terram de Longo Ponte de Lysii, quam Gaufredus Turpis & Doda, ejus uxor, ex cujus patrimonio erat, dederant Deo eo & monachis supradictis. Hujus rei sunt testes, ex parte ejus: Petrus, frater ejus; Rainoldus de Braiolet; Petrus de Docenvilla; Arnulfus de Alvers; Hugo, frater ejus; Guido de Alvers; ex parte sancte Marie: Guido de Lynais; Galterius, dapifer; Hugo de Brueriis; Buchardus Ruffus.

CXV

S. D.
Vers 1100.

Notificari omnibus volumus quoniam omne illud beneficium, quod Emelina apud Longum Pontem Lysii habuit, in finem vite fue fancte Marie de Longo Ponte, pro fua anima & ejus antecefforum, marito fuo & filia fua annuente, tradidit. Hujus fupradicti beneficii donum Aymo, maritus ejus, & filia fua, in die depofitionis fue, per textum evangelii, fuper altare fancte Marie pofuerunt. Hujus rei funt teftes : Henricus, prior ; Advinus, monachus ; Otardus, monachus ; Harduinus, capellanus ; Reimbertus, presbiter ; Rainaldus, presbiter ; Anfcherius, clericus ; Rainaldus, miles ; Ebrardus. Paulo autem poft, venit Rogerius cognomento Burdinus, filius Emeline, & pofuit fuper altare donum ipfius fupradicte rei, per textum evangelii, videntibus iftis : Heinrico, priore ; Otardo, monacho ; Harduino, capellano ; Giroldo de Salicibus, Aymone Angevino, privigno ejus ; Petro, Ofeline filio ; Gaufredo, majore fancte Marie.

CXVI

Rogerius cognomento Paganus, de Moreffart, dedit Deo & fancte Marie de Longo Ponte, & monachis ejufdem loci, apud Villarcel, unum hofpitem, nomine Hugonem de Ruellis, cum omnibus que fibi reddi videbantur. Quod donum concefferunt uxor ipfius Rogerii, nomine Ermengardis, cognomento Papefola, & Philippus, eorum filius, & fuper altare fancte Marie pofuerunt. Hujus rei funt teftes : Hugo, filius Lyfiardi ; Guido Bored & Petrus, filii ejus ; Petrus, filius Agnetis ; Hugo de Rubro Monte ; Gaufredus, major ; Oylardus, famulus (1).

S. D, Vers 1100.

(1) Cf. plus bas la charte CXLIX.

CXVII

S. D.
Vers 1100.

Guido de Villa Moiffun dedit Deo & fancte Marie de Longo Ponte, & monachis ejufdem loci, decimam de tribus quarteriis terre quam tenet helemofinarius ipfius loci, & decimam vini de vinea Duranni de Campo Raforii. Quod donum concefferunt filii ipfius Guidonis, Teodericus, Rainaldus; Guido, nepos ejus, & fuper altare fancte Marie pofuerunt. De hoc funt teftes hii : Robertus, filius Stephani, prepofiti; Gaufredus, major; Arnulfus, filius ejus; Georgius de Fertada; Conftancius, gener Remburgis; Benedictus, filius Tedboldi; Garnerius, famulus.

CXVIII

S. D.
Vers 1100.

Petrus de Lunvilla & fratres ejus, Morinus, cognomento Paganus, & Guido de Luifant, pro anima matris fue Rencie, cognomento Comitiffe, dederunt Deo & fancte Marie de Longo Ponte, & monachis ejufdem loci, unum arpennum terre apud Villam Romenor, &, in die qua fepulta eft, donum miferunt in manu Heinrici, prioris. Hujus rei funt teftes : Robertus cognomento Paganus, de Porta; Garnerius, major; Oylardus, filius Harpini; Milo, filius Teulfi; Robertus de Villers.

CXIX

S. D.
Vers 1100.

Robertus Groffus Vaftallus & uxor fua, Eva, dederunt Deo & fancte Marie de Longo Ponte, & monachis ejufdem loci, pro falute animarum fuarum, dimidium arpennum terre, & unum de prato & unum arpennum terre quem Oylardus tenebat. Hujus rei adfunt teftes : Hermerius, Engelbertus, Conftancius, faber; Jofcelinus, coquus; Harduinus, presbiter; Bertrannus, clericus.

CXX

Oonoldis, filia Petri, mulnerii, dedit Deo & fancte Marie de Longo Ponte, & monachis ejufdem loci, arpennum & dimidium terre & quarterium & dimidium prati, quem tenebat ad cenfum ab eifdem monachis. Quod donum Robertus cognomento Paganus, de Porta, quia calumpniabatur predictam feminam propter ancillam fuam, conceffit predictis monachis, & fuper altare fancte Marie pofuit. Unde funt teftes ifti, videntes & audientes: Tebaldus, nepos ipfius Roberti; Gaufredus, major; Garnerius, famulus; Robertus, famulus; Bernardus, famulus; Ingelbertus, infirmarius; Guarinus de Valle.

S. D.
Vers 1100.

CXXI

Milo Baffetus dedit Deo & fancte Marie de Longo Ponte, & monachis ejufdem loci, apud Fontenellas, unum arpennum terre, reddentem XII^{clm} denarios de cenfu, quem tenet Herbertus de Opere. Quod donum concefferunt predictis monachis Aales, uxor ipfius Milonis, & Philippus, ejus filius.

S. D.
Vers 1090.

CXXII

S. D.
Vers 1100?

Giroldus Gaſtinellus & filius ejus, Anſeredus, cognomento Sultanus, donaverunt Deo & ſancte Marie de Longo Ponte, & monachis ejuſdem loci, hominem quendam, Herbertum nomine, quem ſecundum ſeculi conſuetudinem habebant ſervum, & donum ſuper altare ſancte Marie poſuerunt. Hujus rei ſunt teſtes iſti : Garnerius, famulus; Meingodus, talamerarius; Durannus de Vilers; Osbertus, frater ejus; Rainardus Huretus. Hoc ipſum donum fecit Avelina, uxor ipſius Giroldi, apud Viriacum ; quod conceſſerunt filii amborum, Odo atque Hugo, & filia eorum, nomine Emelina. Cujus rei ſunt teſtes iſti : Guido de Saviniaco, Rogerius de Saviniaco, Galterius de Bucvria, Johannes, filius Rogerii.

CXXIII

S. D.
Vers 1100.

Robertus Dudez dedit Deo & ſancte Marie de Longo Ponte, & monachis ejuſdem loci, tres minutas de cenſu de duodecim denariis quos ei debebat Galterius, mulnerius, cui precepit ut ipſas tres minutas in feſtivitate ſancti Johannis, uno quoque anno, ſupradictis monachis daret. Quod viderunt & audierunt : Gaufredus, major; Georgius de Atrio, Teboldus de Rua, Rannulfus de Carrugio, Robertus cognomento Paganus, de Porta; Guido & Gaufredus, filii Stephani, pratarii.

CXXIV

Teboldus, noster monachus, & Galterius, frater ejus, de-   S. D.
derunt Deo & sancte Marie de Longo Ponte, & monachis
ejusdem loci, dimidium arpennum vinee in Roseriis. Quod
concesserunt uxor predicti Galterii & filii ejus, Menardus,
Norbertus & Engelbertus, teste Guidone, Fulberto, & Gaufredo atque Balduino.

CXXV

Avelina, mater Guidonis Pinelli, dedit Deo & sancte   S. D.
Marie de Longo Ponte, & monachis ejusdem loci, omnem Vers 1100.
tenaturam terre sue, quam Girardus, furnerius, & Garnerius, frater ejus, tenebant; & hoc donum laudavit & concessit Guido Pinellus, filius ejus. Quod viderunt & audierunt
hii testes: Symon de Brucia, Albertus de Dordigco, Gaufredus, major; Fulco, forestarius.

CXXVI

Milo, filius Guidonis de Lynais, concessit Deo & sancte   S. D.
Marie de Longo Ponte, & monachis ejusdem loci, illam Vers 1100.
partem decime de Fontenellis, quam Aales, uxor Arnulfi
Malviel, predictis monachis donaverat, quia ex feodo suo
erat, videlicet jamdicti Milonis. Miserunt itaque donum super
altare sancte Marie predictus Milo & Adaleidis, mater ejus.
Quod viderunt & audierunt hii testes: Teodericus, miles,

de Parifius, gener Aveline; Benedictus, nepos Oylardi, famuli; Hugo Admire; Bernardus, famulus; Rainaldus, filius Holdierii Hureti.

CXXVII

S. D.
Vers 1100.

Doda, uxor Hugonis de Buviler, dedit Deo & fancte Marie de Longo Ponte, & monachis ejufdem loci, pro remedio anime fue, IIII^{or} hofpites, duos apud Mefnil & duos apud Berlenviler. ic igitur qua fepulta eft, Dveniens Hugo, maritus ejus, ante altare fancte Marie, pofuit donum de hoc fuper illud. Quod viderunt & audierunt hii teftes: Guido Guafconius, Paganus Baulevres, frater ejus; Holduinus Temperius; Oylardus, famulus; Rogerius, filius ejus; Garnerius, major; Robertus, famulus; Bernardus, famulus.

CXXVIII

S. D.
Vers 1100.

Ego Guido de Lynais dono Deo & fancte Marie fepulturam hofpitum terre mee de Fontenella, pro anima mea & pro anima videlicet patris mei, & matris mee & fratris mei, Lancelini, qui in hoc loco monachus effectus eft atque defunctus, ita fcilicet ut trium folidorum fit carior fepultura. Sed fi fua fponte plus dare aliquis voluerit, libentiffime concedo. Dono adhuc etiam duos hofpites apud Pruneium, & ex hoc facio donum fuper altare fancte Marie, videntibus teftibus iftis: Arnulfo, Multone, Rogerio Poftello, fratre meo; Hilduino de Campiniaco, Johanne Beroardo, Anfaldo, canonico; Wlgrino, canonico; Herberto, presbitero.

CXXIX

Domnus Balduinus de Corboilo, qui etiam de Belvaco dicitur, concessit ecclesie de Longo Ponte donum, quod Giroldus Gastinellus antea fecerat de quodam homine, scilicet Herberto nomine, quem secundum seculi consuetudinem servum habebant. Hujus rei sunt testes isti : Paganus de Stampis, Ingenulfus de Firmitate, Heinricus, filius Fulcoidi ; Uvvanus, Nanterius, Lysiardus, filius Godefredi ; Paganus Bisol, Paganus, filius Garini; Paganus, filius Fillonis; Teobaldus de Guicha, Oylardus, filius Oylardi ; Teboldus de Genueriis.

S. D. Vers 1110?

CXXX

Domnus Gislebertus de Balisiaco dedit Deo & sancte Marie de Longo Ponte, & monachis ibidem Deo famulantibus, duos arpennos terre, secus viam Buxiarie, domni Galterii de Castris. Hujus rei testes sunt hii : Petrus, Andreas, Bernardus de Orceaco, Fredericus de Morseng, Bernardus, famulus ; Engelrannus de Opere.

S. D. Vers 1100.

CXXXI

De masura sua debet Stephanus, pratarius, II^{os} solidos de censu ; de terra Fontis, II^{os} solidos ; de terra juxta Fossam, XII^{im} denarios ; de arpento terre Goncelini, VI denarios ; de vinea Roberti de Buisun, IX^{em} denarios ; de vinea Falineschun, IX^{em} denarios.

S. D.

CXXXII

S. D.

Oylardus, presbiter, qui factus est noster monachus, dedit Deo & sancte Marie de Longo Ponte, & monachis ejusdem loci, unum arpentum terre & alterum prati in Perrolio; testante Pagano Gascheth, Johanne de Castris, Marcino & Engelberto.

CXXXIII

S. D.
Vers 1100.

Domnus Giroldus Gastinellus & uxor ejus, Avelina, dederunt Deo & sancte Marie de Longo Ponte, & monachis ejusdem loci, quendam hominem, Gunterium nomine, qui Paganus vocatur, & donum miserunt super altare sancte Marie. Quod viderunt hii testes, ex parte ipsorum : Albertus de Vizeorio, Anseredus, nepos Rainaldi Guarini ; ex parte sancte Marie : Georgius, filius Josboldi ; Rogerius Orphanus ; Wido, carpentarius, & multi alii. Et hoc donum concessit & firmavit, apud Viriacum, Anseredus, eorum filius, cognomento Sultanus, qui propter infirmitatem quam habuerat cum patre & matre ad ecclesiam venire non potuit. Et de hoc sunt testes hii, ex parte ejus : Albertus de Vizeorio ; Anseredus, nepos Rainaldi Guarini ; Guillelmus de Maciaco ; ex parte sancte Marie : Landricus de Attiis, Albertus, frater ejus ; Bernardus, nepos Godurrici ; Restaldus de Saviniaco, Ascelinus de Saviniaco.

CXXXIV

S. D.
Vers 1136.

Petrus de Lugvilla, habitum monachi assumens, dedit Deo & beate Marie de Longo Ponte, & monachis ibidem Christo

famulantibus, uno quoque anno, unum modium vini, quod
apud eandem villam, Lugvillam scilicet, de proprio vasculo
quod dolium vocatur, [habet], & partem suam de pressoratu
vinearum, quas apud memoratam villam ipsi monachi
habent. Concessit etiam ut, quando vinee ipsius vendemia-
rentur, haberent & illi licentiam vindemiandi suas. Dimisit
eis & duodecim nummos de censu, apud villam que Estrichiacus vocatur. Hec autem omnia benigne concesserunt
universi filii ejus, Erchenbaldus videlicet, Benzelinus, Amalricus. Hujus vero donationis & concessionis hii testes existunt:
Gaufredus Turpaud, Josbertus, cocus; Poin, filius ejus;
Gaufredus Anglicus, Guido de pistrino.

CXXXV

Noticie fidelium, tam presentium quam futurorum, com-   S. D.
mendare dignum duximus quod Helena, uxor Arnulfi de Vers 1146.
Boolum, per pelagus hujus fluctuosi seculi incolumis navi-
gando deambulans, medicinam anime qua salvari posset
sagaci mente invenire desiderans, tacta illius spiritu qui vult
omnes salvare & ad agnitionem sue veritatis venire, devitare
cupiens mala perpetua & adipisci bona celestia, consilio viri
sui jamdicti, Arnulfi, necnon & aliorum amicorum suorum,
dedit Deo & ecclesie beate Marie de Longo Ponte, & monachis ibidem Christo famulantibus, de proprio matrimonio
duos solidos censuales apud Villam Novam Regiam, concedentibus filiabus suis, Rencia atque Odelina, atque donum
super altare ponentibus, tali videlicet pacto ut, quamdiu viveret, pro ea anniversarius ejus, singulis annis, ac si mortua
esset, ageretur. Quod viderunt & audierunt hii: Arnulfus
de Boolum; Johannes, famulus, filius Garnerii, famuli; Gal-

terius, filius Roberti, famuli; Oylardus de Moncello; Hugo de piftrino, nepos Josberti, coci; Petrus de coquina.

CXXXVI

S. D.
Vers 1100.

Sevinus, filius Milonis Caftelli, dedit Deo & fancte Marie de Longo Ponte, monachifque ibi habitantibus, omnem decimam quam habebat in valle Orciaci, & fimul conceffit omne donum quod pater ejus antea fecerat. Quod donum viderunt & audierunt ifti : Symon de Orceaco ; Petrus Caftellus; Paganus, frater ejus ; Gaufredus de Orceaco, Hilduinus Temperies, Orbertus, pifcator; Rainerius Turcus.

CXXXVII

S. D.
Vers 1145.

Prefentibus & futuris notum fieri volumus quod Petrus, cognomento Bulloe, dedit ecclefie beate Marie de Longo Ponte quamdam...... &, poft fuum deceffum, conftituit ecclefiam omnium que habebat heredem..... & poffidere conceffit, fi tamen filiam abfque heredis fucceffione ex hac luce migrare contigiffet. Quod viderunt & audierunt qui prefentes aftuerunt : Johannes, camerarius; Rainaldus, prefbiter; Arnulfus, major; Afzo, futor (1).

(1) Cette charte a été d'abord légèrement grattée, puis barrée, fauf la première ligne, & ce n'eft pas fans peine que l'on peut à peu près parvenir à en déchiffrer le texte.

CXXXVIII

Domnus Fredericus de Duifun, pro fue anime falute, dedit ecclefie beate Marie de Longo Ponte & monachis ibi famulantibus fex folidos cenfuales apud Bunduflum, Helifabeht, uxore fua, & Frederico, filio, & Johanna, filia amborum, hoc donum benigne concedentibus : quod videlicet donum fuper altare beate Marie pofuerunt, aftantibus etiam & hoc atteftantibus quorum nomina fubfcripta funt : Frederico, filio ejus; Rozlino, capellano ejufdem ville; Bernoale de Saviniaco, Aymone de . . . . , Johanne, famulo ; Gaufredo Torpaut, Gaufrido Anglico ; Symone, filio ejus (1).

S. D.
Vers 1145.

(1) Cette charte a été barrée comme la précédente, mais non grattée.

CXXXIX

Rainaldus Mifebele, de Villa Moiffun, quando Petrum, filium fuum, in ecclefia beate Marie de Longo Ponte fieri petiit monachum, dedit eidem ecclefie medietatem decime de Fulchodiis. Cujus donationis teftes fuerunt hii, quorum nomina fubfcripta funt : Leudo de Malleis, Hungerius de Villarat, Hungerius de Vilers & alii multi.

S. D.

CXL

Sciendum eft quod Radulfus, cognomento Baudus, monachis fancte Marie de Longo Ponte illam decimacionis partem, quam in grangia eorum & in angulo illius terre, & in

S. D.
Vers 1108.

terra quam habebant ad censum xii^{cim} nummorum a Roberto de Dravello, & in alia terra quam pro anima Fulconis de Beuria apud Carcoicum habebant, dedit, & exinde equum habuit. Sed longe deinceps post hoc factum, suadente cum mala concupiscentia, partem se dedisse atque concessisse negavit & partem recognovit; atque pro hac negacione monachi & ille venientes ad placitum ante Milonem, vicecomitem (1), xii^{cim} solidos iterum pro concordia sibi dederunt, ut omnia deinde, que illi sua esse debere clamabant, absque ulla calumpnia securi possiderent. Hujus autem placiti & concordie testes subscribuntur, videlicet: Milo, vicecomes; Aymo de Donjone, Gaufredus Bernoala, Balduinus, filius Rainardi; Godefredus Gruel, Guido de Lynais, Guido, filius Alberti; Radulfus, qui hoc placitum fecit; Rannulfus & Gaufredus, majores sancte Marie. Et, si quis hoc calumpniari presumpserit, irrevocabili divine ultionis judicio, nisi ad satisfactionem congruam venerit, cum Dathan & Abiron, & Juda, traditore, eterno gehenne incendio senciat se esse dampnandum.

(1) Milon de Bray, vicomte de Troyes, fils de Milon le Grand, seigneur de Montlhéry.

CXLI

S. D.
Vers 1108.

Sciant omnes quod miles quidam, nomine Herveus, & uxor ejus, Emelina, per ammonicionem Wlgrini, monachi, dederunt Deo & sancte Marie de Longo Ponte, pro redemptione animarum suarum & parentum suorum, unum campum qui est prope grangiam sancte Marie. Propter hanc enim donationem acceperunt Herveus & Emelina, uxor ejus, a monachis sancte Marie societatem eorum & promissionem sepeliendi honorifice, cum mortui fuerint; &, ut res ista melius cognita habeatur, accepit ipse Herveus a monachis sancte Marie unum sextarium frumenti. Hec donatio facta est publice, per scissum sancti Macharii, videntibus istis : Araudo, monacho; Otardo, monacho; Wlgrino, monacho; Harduino, capellano. De laicis sunt isti : Hubertus, frater Harduini; Ildigerius, pistor; Humbaudus, famulus; Rogerius, cocus. Istam ergo donationem Aymo de Donjone, de cujus feodo hec res erat, jam in extrema infirmitate positus, sancte Marie concessit, videntibus istis : Wlgrino, monacho, fratre suo; Frogerio, decano; Aymone Angevino; Guidone de Linais, Galterio Meschino, Hugone Chamilli & multis aliis.

CXLII

Herveus de Donjone, jacens in infirmitate de qua mortuus est, dedit Deo & sancte Marie de Longo Ponte, pro anima sua, IIII^{or} hospites apud Britiniacum, in loco qui dicitur ad Summum ville; &, eo defuncto, uxor ejus, Helyzabeth, rei hujus donum posuit super altare sancte Marie, audientibus & videntibus his : Burchardo de Maciaco, Tevino, fratre ejus; Balduino de Nugemello & Bernerio, nepote ejus, & Hermerio de Britiniaco, ex parte Helyzabeth; ex parte sancte Marie : Hugo de Brueriis, frater Hervei; Guido de Lynais, Godefredus Gruel, Balduinus, filius Rainardi; Hugo de Campiniaco, Gaufredus, major; Oylardus, famulus; Rannulfus, famulus; Raimbaudus, famulus; Hugo, pistor.

S. D.
Vers 1108.

CXLIII

Fulco de Bevre, moriens, dedit Deo & sancte Marie de Longo Ponte, & monachis ejusdem loci, septem arpenta

S. D.
Vers 1100.

terre, apud Charcosium, testantibus his : Frogerio, decano ; Ermenaldo, presbitero ; Roberto, filio ejus, qui hoc donum concessit ; Gila, uxore sua ; Emelina, sorore ejusdem Gile ; Arnulfo Ariete, patre Aymonis Arietis ; Avelina, uxore Gaufredi Bernoala. Postea, predictus Robertus, filius ejus, mensuravit eandem terram supradictis monachis, videntibus simul & audientibus : Hugone, filio Alvi ; Nanterio Escharbot ; Rainerio Borno ; isti in parte ipsius Roberti ; ex parte autem monachorum : Heinrico, priore ; Georgio, subpriore ; Ranulfo, S. Marie majore ; Oylardo, famulo ; Johanne, famulo, cognomento Barba.

CXLIV

S. D.
Ve. 3 1100.

Galterius cognomento Paganus, ad mortem veniens, concedente Hersende, matre sua, dedit Deo & sancte Marie de Longo Ponte, & monachis ejusdem loci, omnem terram quam habebat in dominio, a calle qui venit de Castris ad Lers & a calle qui vadit de Corboylo ad Montem Letericum usque ad boscum qui erat inter Gauterium, cognomento Paganum, & Hugonem Chamilli, & catenam bosci que erat inter duos angulos terre, & illam suam partem quam habebat in hospitibus, apud Britiniacum. Quod viderunt et audierunt : Gaufredus, armiger supradicti Gauterii ; Johannes Barba ; Rannulfus, famulus ; Raimbaudus, famulus. Hoc autem concessit Hugo Chamilli & Leteldis, uxor ejus. Sepulto itaque Galterio, qui fuit nepos domni Heinrici, prioris, in habitu monastico, suadente diabolo qui bonis semper invidet, supradictus Hugo donum quod antea cum uxore concesserat grave tulit & cum priore litigare cepit. Prior vero improbitatem jurgiumque ejus nolens diucius ferre, suadentibus quibusdam sapientibus, illam terram diviferunt metafque pofuerunt; ita ut Hugo Chamilli illam partem que eft verfus callem qui vadit de Lers ad Caftras, monachique eam partem que erat verfus bofcum haberent; & catenam bofci, ficuti foffatus qui adhuc prefens eft dividit. Ex hoc autem funt hii teftes : Balduinus, filius Renardi; Johannes Barba, Gaufredus, major; Oylardus, famulus; Guido, carpentarius; Rannulfus, famulus.

CXLV

Odo, filius Arvi, dedit Deo & fancte Marie de Longo Ponte, & monachis ejufdem loci, duos arpennos terre apud Britini & unum quarterium apud Berlenviler. Et hoc donum laudaverunt & concefferunt, & fuper altare fancte Marie miferunt Helvifa, uxor ejus; filii & filie ipfius Odonis, Landricus videlicet, Guido, Balduinus, Hugo, fratres ejus; Ofanna, Helizabeth, forores eorum. De hoc funt teftes ifti: Odo de Spinolio, Berardus de Cochet, Androldus Fortis, Gumbertus de Burco Medio, Bernardus.

S. D. Vers 1090.

CXLVI

Domnus Hugo Chamilli & Leteldis, uxor ejus, & Thomas, eorum filius, concefferunt Deo & fancte Marie de Longo Ponte, & monachis ejufdem loci, terram quandam que eft apud Plefeiz ipforum monachorum, de qua folvunt, uno quoque anno, XII denarios de cenfu Bernardo de Atiis; quos denarios dat monachis fupradictis Sericus; qui ipfam terram tenet de eis : & iterum concefferunt ipfos denarios, fi jam-

S. D. Vers 1100.

dictus Bernardus vellet eis dimittere. De hoc funt teftes hii, ex parte eorum : Radulfus Baudus, Thomas, ipforum filius; Giroldus, porcherius; Herbertus Raficot, Teboldus, filius Aymonis; ex parte fancte Marie : Gaufredus, major; Guido, carpentarius; Rainerius de Orceaco ; Rannulfus, helemofinarius; Raimbaudus, famulus.

CXLVII

S. D.
Vers 1100.

Guido de Linais, pro redemptione anime fue & patris & matris, & fratris fui, Milonis, & fororis fue, Herfendis, & omnium anteceflorum fuorum, per ammonitionem Wlgrini, militis, qui fororem ejus uxorem habuit, dedit Deo & fancte Marie de Longo Ponte, & monachis ibidem manentibus, duas partes decime de ecclefia fancti Petri de Britiniaco. Ad cumulum ergo fue pie devotionis adjunxit idem miles nobiliffimus ut, in quacumque hora ecclefiam Sancti Mederici fancte Marie donaverit, ipfi fratres de fupradicto loco monachis Sancti Mederici, confratribus fuis, hec omnia conceffiffent. Hec autem donatio facta eft fub Heinrico, priore, & Andreas & Hugo viderunt & alii teftes exiftunt : Harduinus, presbiter; Malgerius, miles, filius Hilduini ; Gaufredus, major, & Rannulfus, ejus frater; Oylardus, famulus. Ex parte autem Guidonis fuerunt hii : Anfoldus, canonicus ; Olgrinus, presbiter; Hungerius, miles, de Chavanvilla; Arnulfus, miles, qui fororem ejus habebat.

CXLVIII

S. D.
Vers 1100.

Gaufredus Baudus dedit Deo & fancte Marie de Longo Ponte, & monachis ejufdem loci, quandam partem decime de cultura que est ante grangiam ipsorum, apud Plesseiz, & hoc donum laudavit & concessit prefatis monachis Radulfus Baudus, filius ipsius Gaufredi. Quod viderunt & audierunt hii testes: Ermenoldus, presbiter; Reimbertus, presbiter; Joscelinus Gruel, Guido de Linais, Balduinus, filius Rainardi; Hugo, filius Alvi; Ilbertus Calvus, Oylardus Barba.

CXLIX

Ermengardis, cognomento Papasola, & Philippus, filius ejus, dederunt Deo & sancte Marie de Longo Ponte, & monachis ejusdem loci, apud Savigni, unum arpennum terre & dimidium, reddentem tres minas avene, panes, & capones & XII nummos de censu, in commutacionem hunius hospitis, quem Rogerius cognomento Paganus, de Moressart, maritus prefate Ermengardis & pater jamdicti Philippi, eisdem monachis apud Villarcel, pro remedio anime sue, donaverat; & de hoc miserunt donum super altare sancte Marie Ermengardis & Philippus, filius ejus. Quod viderunt & audierunt hii testes: Garnerius, major; Hubertus, pelletarius; Hugo de Lupini; Ebrardus, hortolanus; Milo, famulus; Hugo, famulus Teulfi, monachi (1).

S. D.
Vers 1070.

(1) Cf. plus haut la charte CXVI.

CL

Guillelmus, miles, qui Cuchivith cognominatur, dedit Deo & sancte Marie de Longo Ponte, & monachis ibidem Deo famulantibus, pro sue anime necnon & animarum pa-

S. D.
Vers 1100.

rentum suorum salute, decimam de cultura de Plesseio, perpetim possidendam. Quod viderunt & audierunt hii: Heinricus, prior; Guillelmus Cuchivith; Ansoldus, presbiter; Vitalis, presbiter; Ascelinus Pilus Ursi; Teodericus.

CLI

S. D.
Vers 1150.

Guido Chamilli, moriens, dedit Deo & sancte Marie de Longo Ponte, & monachis ejusdem loci, unum hospitem apud Plesseium, Paganum nomine, & duo arpenta terre. Reddidit etiam duo alia arpenta terre, que mater ipsius, Letaldis nomine, eidem ecclesie contulerat, que ipse calumpniabat, attestante Christiano, eo tempore presbitero de Britiniaco. Quod donum concessit uxor illius ac donum super altare sancte Marie cum libro posuit, videntibus & audientibus istis: Gisleberto de Valle Grinosa, Garino de Masci, Guidone de Alneto, Guillelmo Cuchivi, Galterio de Boolun, Hungerio de Castris, Johanne, famulo; Holdeberto, asinario.

CLII

S. D.
Vers 1100.

Galterius, cognomento Paganus, & mater sua, Hersendis, & soror sua, Leteldis, cum marito suo, Hugone Chamilli, donaverunt & optulerunt Deo & sancte Marie de Longo Ponte totam terram in integro, sicut Galterius de Castris habere in vadimonio visus est; scilicet, alodium de Fontanis & de Cotiniaco, & hospitem de Fertada qui de ipso vadimonio est. Hujus doni sunt testes: Oylardus Barba; Gaufredus, major; Oylardus, famulus; Hugo, filius Araudi; Georgius, filius Josboldi; Rannulfus, famulus; Humbertus, famulus.

CLIII

Roscelina, uxor Tebaldi de Saviniaco, infirma jacens & mori timens, Tebaldo, marito suo, fratribusque suis, Wlgrino atque Rainaldo, concedentibus, dedit Deo & sancte Marie de Longo Ponte, & monachis ejusdem loci, medietatem ecclesie de Savigniaco, & medietatem decime & medietatem atrii, post decessum suum. Si autem, Deo tribuente, ab ipsa egritudine evaderet, quacumque hora sibi placeret dare, aut in vita, aut post mortem, hoc ipsi concesserunt. Quod viderunt & audierunt hii testes : Robertus de Fluri, Burchardus de Castris, Aymo de Maciaco, Azo, miles; Rainerius, major; Rogerius, frater ejus; Christianus, filius Constancii.

S. D. Vers 1110.

CLIV

Fulco de Lers, pergens Jherusalem, dedit Deo & sancte Marie de Longo Ponte duos hospites apud Lers, cum omni tenatura sua. Testes doni sunt : Willelmus Cochivi; Hugo, frater ejus; Philippus de Luisant.

S. D. Vers 1136.

CLV

Hugo Basset, veniens ad mortem, dedit Deo & sancte Marie de Longo Ponte, & monachis ejusdem loci, duos hospites apud Groetellum & terram de Mesnil apud Britiniacum. Quod viderunt & audierunt hii testes, ex parte

S. D. Vers 1110.

ipfius : Hugo, monachus, de Palefeolo; Willelmus de Maciaco; Johannes, frater ejus; Fromundus, miles; ex parte fancte Marie: Teodericus, monachus; Gaufredus, major; Oylardus, famulus. Hoc autem donum calumpniavit Burchardus de Caftris, propter Odelinam, uxorem ejus ex cujus hereditate erat. Aliquanto tempore, in fua retinuit poteftate. Poft hec vero, recogitans fe male agere, conceffit fupradictum donum ipfe & uxor ejus, Odelina, & Burcardus, ipforum filius, Deo & fancte Marie, & predictis monachis, audientibus & videntibus iftis, ex parte ipforum: Aymone de Maci, Johanne de Coldriaco, Godefredo Gruello; ex parte fancte Marie : Bernerio, famulo; Roberto, famulo; Huberto, pelletario. Hoc conceffit Milo Baffet, avunculus ejus, & Philippus, filius Milonis, cognatus ejus.

CLVI

S. D.
Vers 1130.

Domnus Stephanus, miles, de Savigniaco, dedit, pro remedio anime fue, monachis fancte Marie de Longo Ponte vineam fuam, quam habebat apud Savigniacum, & grangiam fuam & totum claufum fuum cum triella (1), ficut fuerat preparatum. Hoc conceffit Rofza, uxor ejus; Wlgrinus Dives, frater ipfius Rofze; Rainaldus, frater ejus; Bertrannus, frater ejus. Hujus doni fuerunt teftes : Bernardus, famulus; Garnerius, famulus; Ricardus, famulus; Robertus, famulus; Josbertus, cocus.

(1) *Triella* pour *treilla*.

CLVII

Ansellus de Chatenvilla conceffit Deo & fancte Marie de Longo Ponte, & monachis ejufdem loci, quicquid eis datum fuerit apud Savigniacum & Berlenviler de feodo fuo, falvo tamen fervicio fuo. De qua re teftes funt ifti : Burchardus de Valle Grinofa, Giflebertus, frater ejus, avunculi ipfius; Radulfus, decanus; Hermannus, presbiter; Thomas de Brueriis, Galterius de Caftris, Radulfus de Atiis.

S. D. Vers 1110.

CLVIII

Domna Heldeburgis Deo & fancte Marie de Longo Ponte, pro remedio anime fue, donavit terram quam habebat apud Savigniacum, totam illam que erat extra partem aliorum dominorum; de alia vero terra que erat communis terciam partem ex fua parte; & de hoc fecit donum in manu Heinrici, prioris, audientibus & videntibus iftis, ex parte ipfius : Arroldo de Bunduflo, Mainfredo, ejus cliente; ex parte fancte Marie : Gaufredo, majore; Oylardo, famulo; Raimbaudo, famulo; Rainerio de Savigniaco.

S. D. Vers 1100.

CLIX

Sciendum eft quod Hugo Chamilli & Letholdis, uxor ejus, & Thomas, ipforum filius, affirmaverunt & conceffe- runt Deo & fancte Marie de Longo Ponte, & monachis ejufdem loci, quicquid Heinricus, Milo, Herfendis & Gau-

S. D. Vers 1100.

terius, cognomento Paganus, supradicte ecclesie & monachis ejusdem loci dederant; videlicet, terram de Fontanis, sicuti Galterius, dapifer, illam habuerat in vadimonio & monachi tunc temporis eandem tenebant; hospites de Britiniaco; terram de Terciaco; terram de Villa Nova ad unam carrucam, sicut fratres in illo die habebant; terram de Plesseiz, ad hospitandum in illam hospites ubicumque vellent; & catenam nemoris, sicuti fossatum dividit; & tres arpentos terre; & xvi^{cim} denarios & obolum de censu, quos Hersendis, uxor Landrici, filia Tebaldi de Atiis, pro anima sua, Deo & sancte Marie de Longo Ponte dedit. Ex his omnibus que suprascripta sunt testes sunt hii, ex parte Hugonis : Arnulfus Malviel; Burchardus de Valle Grinosa; Willermus de Maciaco; Durannus, prepositus; Balduinus, filius Rainardi; ex parte [sancte] Marie : Petrus, miles, de Maciaco; Durannus, prepositus; Arroldus, major; Stephanus de Longo Ponte; Tebaldus, filius ejus; Ansellus, corveserius; Gaufredus, major; Arnulfus & Josbertus, filii ejus; Oylardus, famulus; Ascelinus & Johannes, filii ejus.

CLX

S. D.
Vers 1108.

Sciendum est quod in die qua Galterius, dapifer, seculum relinquens, sancte religionis habitum suscepit, dedit Deo & sancte Marie de Longo Ponte, & monachis ejusdem loci, medietatem terre patrimonii sui, que est apud Britiniacum, ad locum qui dicitur Ad Vicinum, cum omnibus que ad illam terram pertinent consuetudinibus. Eadem die, Guillelmus & Bartholomeus, filii ejus, hoc donum concesserunt supradictis monachis & posuerunt super altare. Hujus rei sunt testes : Hugo de Brueriis, qui & ipsum donum laudavit & concessit;

Rogerius, cognomento Paganus; Hugo, frater ejus; Thomas Taxellus; Gaufredus de Cochet; Odo, frater ejus; hii ex parte ipforum; ex parte fancte Marie: Rainaldus, faber; Oylardus, famulus; Garnerius, gener ejus; Rogerius Hurctus; Guitardus, frater ejus; Symon de Brucia; Alo, coquus; Rainerius, clericus.

CLXI

Ebrardus de Lers, laudante & concedente Remburge, uxore fua, pro anima matris fue, Ivvanne, dedit Deo & fancte Marie de Longo Ponte, & monachis ejufdem loci, decimam terre que vocatur Campus Garnodi; & de hoc mifit donum fuper altare fancte Marie, videntibus & audientibus iftis: Burchardo de Valle Grinofa & Gaufredo, filio ejus; Guillermo de Caftris & Johanne, cognato ejus.

S. D.
Vers 1140.

CLXII

Burchardus de Valle Grinofa conceffit donum quod fecit Gaufredus, cognomento Baudus, & Radulfus, filius ejus; videlicet, feodum de terra eorum, quam dimiferunt ecclefie de Longo Ponte & monachis ejufdem loci. Hujus conceffionis hii teftes exiftunt: Burchardus, & Gaufredus, filii ejus; Giflebertus, frater ejus; Aymo de Maciaco; Johannes, prior de Longo Ponte; Bego, monachus, frater Frederici de Caftellonio; Hugo Brito & Herveus, frater ejus; Hugo de Campiniaco, helemofinarius.

S. D.
Vers 1140.

CLXIII

S. D.
Vers 1100.

De alodio terre de Morcenco, quem Odo de Ouriaco Deo & monachis sancte Marie de Longo Ponte dederat, inter Landricum de Ouriaco, qui Eremburgem, filiam supradicti Odonis, uxorem habebat, & ideo illam terram calumpniabatur, & monachos jamdictos, qui ipsam terram multo tempore quietam tenuerant, concordia ita facta est : Monachi enim ipsi Landrico & Eremburgi, ejus uxori, & Odoni, amborum filio, orationum suarum & omnium beneficiorum ecclesie participationem concesserunt. Ipsi vero, Landricus videlicet & Eremburgis atque Odo, eorum filius, de illa terra donum fecerunt, quod in manu domni Heinrici, prioris, miserunt. Hujus rei suns testes hii, ex parte eorum : Hugo & Galterius, fratres ipsius Landrici ; Robertus de Prato; Leodegarius, filius Herberti de Rivo ; Erardus, filius Oberti ; Aszo, presbiter ; ex parte sancte Marie : Gaufredus, major ; Oylardus, famulus ; Rannulfus, famulus ; Raimbaudus, famulus ; Bernardus de Cabrosia.

CLXIV

S. D.
Vers 1100.

Sciant omnes quod Milo Brito, filius Heinrici, pro anima sua & anima Guidonis, fratris sui, dedit Deo & sancte Marie de Longo Ponte, per scyphum sancti Macharii, hoc nepote suo Pagano concedente, apud Terciacum terram dimidie carruce ; & apud Britiniacum duos hospites, scilicet Richerium & Dodonem, & angulum terre que est ad grangiam sancte Marie. Hujus rei sunt testes : Heinricus, prior, frater ejus; Hadvinus, monachus; Otardus, monachus; Andreas, monachus; Georgius, monachus; Harduinus, capellanus; Guido de Lynais, Aymo Angevinus, Rannulfus & Gaufredus, frater ejus, majores fanctę Marie; Ilbertus, Oylardus.

CLXV

De terra de Terciaco, quam Milo pro anima Guidonis, fratris sui, fanctę Marie de Longo Ponte habendam concesserat & Hugo Chamilli calumpniabatur, coram domno Guidone Troffello & aliis pluribus, inter monachos & supradictum Hugonem, ita res concordata est; ut scilicet monachi in terra, quam pro anima defuncti, dimidie videlicet carruce, requirebant, modios v^{que} annone seminarent & ibi, fixis terminis, terram fuam, fine aliqua perturbatione, deinceps possiderent. Hujus rei testes sunt isti: Guido Troffellus; Galterius, dapifer; Arnulfus Malviel; Arnulfus, frater ejus; Godefredus Gruel, Stephanus & Guncelinus de Longo Ponte; Gaufredus, major; Oylardus, famulus, & Georgius; Guido, carpentarius.

S. D.
Vers 1105

CLXVI

Factum est concambium inter monachos de Longo Ponte & Guidonem, puerum, filium Burchardi junioris, de Valle Grinosa, mediantibus Tebaldo, priore (1), & Gaufredo, avunculo ipsius Guidonis. Debebat enim ipse Guido nobis, unoquoque anno, xv^{cim} fextarios avene & tres frumenti, de alio concambio de terra de Agliis & de Buffiaco. Quę quia vix reddebat, ficut est mos militibus, condonavit ei & Gaufredo;

S. D.
Vers 1150

avunculo suo, ipse prior Tebaldus sex modios annone, quos ei reddere debebat pro matre sua. Mater enim ejus, ad mortem veniens, cognovit se graviter peccasse, in hoc quod predictos xv^cim sextarios & tres frumenti diu reddere distulerit, veniam inde humiliter petens. Dedit igitur nobis predictus puer Guido decimam de Britiniaco, quam habuit de tenatura Ebrardi de Lers, & medietatem minute decime de viii^to hospitibus, videlicet ejusdem tenure; que concesserunt Burchardus, frater ejusdem Guidonis, & Gaufredus, avunculus amborum puerorum. Testes hujus donationis sunt isti, ex parte Guidonis : Milo de Lynais; Tebertus, prepositus; Gislebertus de Valle Grinosa, Robertus Bocut, Gaufredus Enveisiez & Hubertus, filius ejus; ex parte monachorum: Josbertus, cocus; Garnerius, clericus, filius ejus; Yvo, filius Garnerii; Girardus, faber; Guido, pistor; Beroldus, pistor; Hungerius Chadois.

(1) Thibaud Ier, prieur de Longpont, en 1150 & 1154.

CLXVII

S. D.
Vers 1100.

Gauterius de Britonaria dedit Deo & sancte Marie de Longo Ponte, & monachis ibidem manentibus, pro anima sua parentumque suorum, medietatem terre patrimonii sui, que est apud Britiniacum, ad locum qui dicitur Ad Vicinum, que de patre suo & matre sua sibi remansit : cujus terre donum posuit super altare sancte Marie, videntibus istis : Rodulfo de Brueriis; Aymone, filio Rogerii ; Frogerio, clerico, ex parte sua ; ex parte sancte Marie : Heinricus, prior; Yrsus, prior sancti Martini de Campis; Rainerius de Savigniaco; Herbertus, clericus; Hugo, forestarius; Theudo, famulus; Ermenerius, Robertus, Fulco.

CLXVIII

Odo, filius Roberti & Godeve, dedit Deo & sancte Marie de Longo Ponte, atque monachis ejusdem loci, xii^{cim} arpenta terre in plesseio Hugonis Chamilli, concedentibus filiis suis; testante Pipun de Fluri, & Oylardo, & Garnerio atque Bernardo.

S. D.
Vers 1100.

CLXIX

Guillelmus, qui Cuchivit (1) cognominatur, dedit Deo & sancte Marie de Longo Ponte, & monachis ejusdem loci, pro sue anime parentumque suorum salute, quicquid habebat decime in terra eorum, ut de toto agrario opere quod ex ea boum eorum exercicio excolitur, absque ullo calumpniatoris impedimento, fixe firmiterque deinceps, jure perpetuo, possideant. Unde sunt testes isti : Henricus, prior; Guillelmus Cuchevit; Ansoldus, presbiter; Vitalis, presbiter; Ascelinus Pilus Ursinus; Teodericus, Goncelinus, Oylardus Barba; Oylardus, famulus.

S. D.
Vers 1100.

(1) Nous rencontrons dans les chartes de notre Cartulaire deux personnages du nom de Guillaume *Cuchivis* ou *Cuchivit*; l'un qui vivait vers 1100 environ, au temps du prieur Henri, l'autre qui figure comme témoin dans les actes, en 1146 & 1150.

CLXX

Domna Hersendis, soror videlicet domni Heinrici, prioris, in die qua Milo, cognomento Brito, frater eorum, sepultus

S. D.
Vers 1100.

est, dedit Deo & sancte Marie de Longo Ponte, & monachis ejusdem loci, omnem terram de Fontanis, sicut ea die Gauterius, dapifer, supradictam terram in vadimonio habebat, videlicet terram de Fontanis, terram de Cotiniaco, terram de Marchescue (1), & hospitem de Fertada; & hoc donum supradicta Hersendis, presente Heinrico, priore, misit super altare, quod erat ante crucifixum, quia conventus monachorum cantabat Deo laudes ante majus altare, & ideo prefata domina ad illud tunc accedere non poterat. Hoc viderunt & audierunt isti testes : Guido de Lynais ; Gaufredus, major ; Rannulfus, frater ejus ; Johannes Barba ; Oylardus, famulus (2).

(1) Dans Dubois (*Hist. eccles. Paris.*) : *terram de Manchelino*.
(2) Edité dans le livre de Dubois : *Historia ecclesiæ Parisiensis*, I, p. 690.

CLXXI

S. D.
Vers 1080.

Quidam miles, Heinricus nomine, cognomento Paganus, dedit Deo & sancte Marie de Longo Ponte, & monachis ibidem Deo servientibus, apud Villam Novam, omnem masuram Arnulfi, fratris Fulcardi de Britiniaco ; & tantum de alia terra quantum carruca monachorum per omnes seisones arare posset ; & quendam angulum bosci, ubi monachi facerent grangiam suam & alias domos, ubi monachus & famuli ejus necnon & peccora habitarent. Quod viderunt & audierunt hii testes : Odo, prior Cluniacensis, qui presens erat ; Bernardus, monachus ; Advinus, monachus ; Otardus, monachus ; Guido, senior, de Monte Leterico, qui tunc monachus erat (1) ; Erchembaudus de Valarum, monachus ; Ilbertus Calvus ; Rannulfus, filius Georgii ; Renardus, miles, de Britiniaco, qui erat in familia supradicti

Heinrici; Milo, frater prefati Heinrici; Renardus, filius Renardi, qui fororem eorum habebat. Et ifti duo, Milo videlicet & Renardus, hoc donum viderunt, & audierunt & concefferunt, necnon & duos arpentos & dimidium de pratis apud Buifon.

(1) Gui de Montlhéry, fils de Thibaut File-Etoupes & fondateur du Prieuré de Longpont. Il prit le froc à Longpont après la mort de fa femme Hodierne, co-fondatrice, & fut inhumé dans le collatéral droit de l'églife. (Voyez Lebeuf, *Hiftoire du Diocèfe de Paris*, t. x, pp. 143 & fuiv. Voyez auffi plus haut l'*Introduction*, p. 22.)

CLXXII

Radulfus Baudus dedit Deo & fancte Marie de Forgiis (1) decimam de duobus arpennis & de uno hofpite. Quod viderunt & audierunt hii teftes, de parte ejus: Guido, nepos prioris; Albertus de Dordengco; de parte fancte Marie: Gaufredus major; Radulfus, famulus; Teulfus, famulus; Odo, Rigaudus; Garnerius, famulus.

S. D.
Vers 1100.

(1) Il eft impoffible de voir dans cette inexplicable défignation de *fancte Marie de Forgiis* autre chofe qu'une inadvertance du fcribe du Cartulaire. C'eft fans nul doute *fancte Marie de Longo Ponte* qu'il faut lire.

CLXXIII

Symon de Brucia dedit Deo & fancte Marie de Longo Ponte, & monachis ejufdem loci, totam terram fuam, quam habebat in Pleffeio; necnon & bofcum quod ibi habebat: teftante Garnerio, coco; Roberto, Bernardo, Ricardo atque Beloth, famulis.

S. D.
Vers 1100.

CLXXIV

S. D.
Vers 1105.

Ante domnum Guidonem Troffellum (1), ita definitum est de terra Holdeburgis, que est apud Saviniacum, inter monachos de Longo Ponte & Galterium de Castris; scilicet ut monachi prius de dominio haberent unum hospitem, Afzonem nomine, & unum arpennum terre, ubi melius vellent; reliquum autem dominii inter utrosque divideretur. Hujus rei sunt testes : Stephanus, archidiaconus; Petrus, frater uxoris Galterii; Ansoldus, filius Lysiardi; Godefredus Gruel, Robertus de Floriaco; hii ex parte Galterii; ex parte sancte Marie : Balduinus, filius Rainardi; Guido de Linais; Galterius, dapifer; Dodo de Villa Nova; Landricus, prepositus; Ascelinus, major; Gaufredus, major; Rannulfus, famulus; Raimbaudus, famulus.

(1) Gui-Trouffel, seigneur de Montlhéry.

CLXXV

S. D.
Vers 1100.

Sciendum est quod Archimbaudus beneficium quod tenebat de Goflino, Balduini filio, apud Saviniacum, sancte Marie de Longo Ponte dedit; videlicet, terram arabilem, prata, vineas, & de ipso beneficio a Murceng colibertos IIII^{or} & duas colibertas, Guibertum & sororem ejus, Amauricum & sororem ejus, & duos fratres, Robertum & Ricardum; Hujus rei supradicte misit Archembaldus donum super altare sancte Marie per sciphum sancti Macharii, & Gofcelinus, de cujus beneficio est, similiter; audientibus & videntibus istis: Heinrico, priore; Balduino, Rodulfo, Rannulfo, Gaufredo, Oylardo, Teboldo, Lysiardo, Oylardo.

CLXXVI

Herbertus de Ablum & Holdeardis, uxor ejus, dimiserunt Deo & sancte Marie de Longo Ponte, ad opus ecclesie faciende, omnibus annis, unum quostereth vini de vinea sua de Turnella, que est in terra sancti Nicholai de Givisiaco, ac donum super altare posuerunt. Hujus doni sunt testes: Guillelmus, pistor; Symon, figulus. Postea istud donum concesserunt filii ejus apud Ateias, Heinricus & Hugo. Quod viderunt & audierunt: Rogerius de Atiis, Ansquitinus, Rainaldus de Athiis & Erchemboldus.

S. D.

CLXXVII

Galterius Tyrellus, quando Hierosolimam perrexit, dedit Deo & sancte Marie de Longo Ponte, ac monachis ibidem Deo famulantibus, partem suam de decima de Ivri, quam habebat in vadimonium Teodericus de Parisius. Sed Gaufredus de Edera, frater ipsius Galterii, postea eam redimens, aliquanto tempore manu propria tenuit. Sed sepe ammonitus ut ecclesie de Longo Ponte, redemptione accepta, jus proprium redderet, ne, si contempneret, perpetue deputaretur dampnationi, tandem ad se reversus, accepto salubre consilio a domno Stephano (1), Parisiensi episcopo, rogantibus etiam domno Johanne (2), priore, domno Hugone

S. D.
Vers 1140.

de Creciaco, domno Odone, subpriore sancti Martini de Campis, domno Teulfo, monacho, domno Fulcherio, decano, memoratam decimam, redemptione accepta, reddidit, ac donum super altare sancte Marie ipse & Ada, uxor sua, cognomento Machaina, & filius eorum, Galterius Tyrellus, posuerunt ac perpetuo possidendam eidem loco dimiserunt. Quod viderunt & audierunt hii : Radulfus, decanus; Hermannus, presbiter; Herbertus, miles ipsius Gaufredi; Rogerius Pipuns; Garnerius, famulus, & Johannes, filius ejus; Richardus, famulus; Josbertus, cocus; Gaufredus Turpaut.

(1) Etienne Ier de Senlis, évêque de Paris. —1124 — vers 1142.
(2) Jean Ier, prieur de Longpont.

CLXXVIII

S. D.
Vers 1140.

Domnus Johannes, filius Pagani de Stampis, & Eustachia, uxor ejus, ac Fredericus, filius Eustachie, concesserunt donum & decimam de Ivri, quam Galterius Tyrellus, quando Hierosolimam perrexit, ecclesie de Longo Ponte dimisit; quam etiam ipsi calumpniabant. Hujus concessionis hii testes existunt : Thomas, abbas Mauriniacensis (1); Teodericus, monachus, capellanus ejus; Johannes, prior de Longo Ponte; Symon, monachus, camerarius; Galterius, capellanus; Ansellus, filius Archembaldi de Catena; Heinricus, frater Balduini de Corboylo; Adam de Miliduno, de Ponte; Galterius de Stampis; Bernardus, famulus prioris de Longo Ponte.

(1) L'abbaye de Morigny, de l'ordre de Saint-Benoît, au diocèse de Sens. — *Morigny*, Seine-&-Oise, arrond. & cant. d'Etampes.

CLXXIX

Quod oblivione deleri nolumus nulli melius quam litteris commendare curamus, sicque futuris & presentibus notum facere volumus quod Evrardus, miles, de Plessiaco, infirmitate, sic Deo disponente, corporea tactus, monachos sancte Marie de Longo Ponte humili prece pulsans, ut ad se visitandum venirent devote per fideles amicos requisivit; quod ab ipsis devotius impetravit. Quibus sibi astantibus, divini timoris acculeo corde tenus terebratus, lacrimabiliter se injustum, se reum clamare cepit quod XII denarios, quos mater ipsius, jampridem viam universe carnis ingrediens, monachis in ecclesia sancte Marie de Longo Ponte Deo famulantibus annuatim donaverat, non assederat : quin immo quod ipsa pie concesserat multociens ut cupidus impie abnegaverat. Sic inde se culpabilem reddens, rectum in manu Teobaldi, prioris, Deo quem irritaverat fecit; insuper addens quod, si presenti incommodo acrius tactus duceretur ad mortem, alios XII denarios monachis predicte ecclesie, jure hereditario, pro anima ipsius & antecessorum suorum apud Saviniacum concederet : quod & factum est. Nam, ingravescente ipsa infirmitate, dum ad extrema duceretur, convocavit amicos quos cariores habebat, fratrem suum scilicet Aubertum, servientem, & uxorem propriam cum filio suo, ut quod ipse Deo & ecclesie de Longo Ponte benigne dederat & ipsi concederent : quod ipsi devote fecerunt. Nam, eo defuncto atque apud Longum Pontem VI kalendas aprilis sepulto, predictus Aubertus & uxor defuncti cum filio suo, apud Longum Pontem, dominica VI post Pentecosten, convenientes, predictum donum, quod adhuc domino Evrardo vivente concesserant,

S. D.
Vers 1150.

domno Teobaldo, priore, astante & toto conventu, super altare immaculate virginis Marie, perlecto evangelio majoris misse, posuerunt. Quod viderunt & audierunt hii testes, ex parte ipsorum : prefatus Aubertus, & uxor predicti jam defuncti Evrardi & filius ejus ; ex parte vero monachorum : Josbertus, cocus; Johannes, famulus; Gaufredus Anglicus; Guido, pistor; Petrus de coquina; Hyvo, frater Johannis, famuli, & alii multi, quos longum est enumerare.

CLXXX

S. D.
Vers 1130.

Commendare memorie nos oportet quod Fredericus, Gaudrici filius, & Isembardus, cognomento Paganus, filius Anselli de Stampis, pro animarum suarum & pro animarum parentum suorum salute, donant Deo & sancte Marie sanctisque apostolis, Petro & Paulo, & ecclesie de Longo Ponte, & fratribus ibidem degentibus, ecclesiam videlicet sancti Dyonisii de Bunduflo, & atrium & sepulturam, & totam decimam, scilicet & de Fluriaco, & de omnibus locis, sicut pertinet ad ecclesiam ipsam Bundufli, excepto fisco suorum militum, quem hoc die tenent de illis quo hec dona faciunt. Set si aliquando idem milites divinitus inspirati, pro remedio animarum suarum, supradicte Dei genitricis ecclesie & monachis dare voluerint de ipsa decima quam in fisco, ut diximus, tenent, vel ipsi monachi ab eis aliquo modo habere potuerint, supradicti benefactores, id est domnus Fredericus & domnus Paganus, qui & Isembardus, libentissime hoc esse concedunt. Set inter hec sciendum est quod illud donum, quod supradictus Isembardus ex sua parte donat, domnus Fredericus, ex cujus patrimonio movetur, concessit. Hec igitur dona, que isti duo, ut predictum est, faciunt, concedunt parentes isti : Aremburgis, mater ejusdem Frederici, & fratres ejusdem Frederici, videlicet isti, Gaufredus & Bego similiter, & Gauterius Tyrellus & Mathildis, soror eorum, similiter. Hoc igitur beneficium factum est in Corboylo castro, cujus testes subscribuntur isti : Fredericus, filius Gaudrici, & Isembardus, cognomento Paganus, filius Anselli de Stampis, qui, ut sepe dictum est, hoc donum faciunt; Gaufredus, frater ejusdem Frederici; Gauterius Tyrellus, frater similiter Frederici; Bego, clericus, similiter frater ejus; Arenburgis, mater eorum; Mathildis, filia ejus, soror eorum; Arraudus de Milleio; Gauterius Trosardus; Hugo de Sesiaco; Ricardus, filius Herberti Pinelli; Yvvannus, filius Richerii de Tigeriaco; Teunsus de Liciis; Hugo Brito; Hugo de Monte Oberti. Isti omnes quos prescripsimus sunt milites. Dehinc clientes : Rodulfus de Reiis; Wlgrinus de Viriaco; Augrinus de Vallibus; Christoforus de Villa Abbatis; Johannes de Bunduflo & Rainaldus, frater ejus; Hugo de Dravello; Oylardus, venator; Rainardus, cantor sancte Marie. — Post hec, die ipsa qua factum est donum istud, venit isdem Fredericus ad Longum Pontem & posuit donum beneficii hujus super altare sancte Marie, cum duobus phylacteriis ejusdem sancte Dei genitricis ecclesie. Quod viderunt testes isti : Symon, miles, de Marciliaco, & Arnulfus, miles, frater ejus; Burchardus, miles, de Arione; Girardus, miles, filius Girardi de Stampis; Raginaldus de Bundoflo, serviens ejus, & Johannes, frater ejus; Pinoldus, vicecomes; Aymo, miles, Angevinus; Balduinus, miles, filius Rainardi; Martinus, pelletarius, & multi alii quos enumerare tediosum est. Ilico autem ut hoc donum Fredericus super altare, ut dictum est, posuit, societatem quoque fratrum partemque cunctorum beneficiorum ejusdem loci, ex auctoritate Dei sanctissimeque ejus genitricis Marie, & sanctorum apostolorum, Petri & Pauli, omniumque sanctorum Dei, cum quodam textu argenteo accepit, &, quando presentis seculi hujus vitam finiret, ut in loco eodem, scilicet Longo Ponte, sepeliretur, devotissime concessit. Postea etiam fratrem unumquemque fidelis amicitie ac fraternitatis osculo osculatus est ipse. Item Aaliz, soror ejusdem sepedicti Frederici, uxor videlicer supradicti Isembardi, hoc donum de Bunduflo in manu Heinrici, prioris, cum quodam parvulo ligno dedit, & quod Fredericus, frater ejus, dederat, concessit. Cujus etiam doni testes designantur isti : Benedictus, presbiter; Raginaldus, dispensator ejus; Hugo de Ingenvilla; Hugo de Valentun; Godefredus de Corberosa. Set & hoc preterea non est omittendum ut huic cartule non inseratur quod Odo, comes Corboilensis, ex cujus fisco est, prescripti beneficii donum Deo & sancte Marie ejusque ecclesie cum quodam frusto berilli concessit, atque illud prior Heinricus ex ejus manu accepit. Ad cujus equidem concessionis testimonium testes denotantur isti : Fredericus, filius Gaudrici, & Isembardus de Stampis, qui Paganus dicitur, qui hoc donum fecerunt; Guido Lisiardus; Galterius Lisiardus; Yvo de Merlo, filius Gisleberti; Odo, miles jamdicti Yvonis; Hugo de Valentun; Arraudus de Miliaco; Galterius Trosardus; Uvvanus de Tegeriaco; Mainardus, filius Aldonis, & alii multi quos cartule tedium est inserere, tam milites quam clientes.

CLXXXI

1092.

Ego Gaufredus, Dei gracia Parisiorum episcopus, & Joscelinus, archidiaconus, monachis Cluniacensibus, in ecclesia beate Marie de Longo Ponte Domino servientibus, quoddam altare, quod situm est in villa que dicitur Bunduflum, cum his que ad altare pertinent, in honore quidem beati Dionisii, martiris, consecratum, perpetuo jure tenendum concedimus: synodum vero & circadas, cum debita subjectione, & curam animarum, parrochiano presbitero a nobis commissam, & ecclesie reconciliacionem, immo debite subjectionis & justicie obedientiam in eo retinemus. Ut autem hoc firmum permaneat, cartulam istam propriis manibus firmavimus nostrisque archidiaconibus & canonicis firmandam tradidimus. Actum publice Parisius, in capitulo Sancte Marie, anno incarnationis Dominice M^{mo} XC^{mo} II^{do}, regnante Philippo rege anno XXX^{mo} IIII^{to}, Gaufredo vero Parisiensi episcopo XXX^{mo} III°.

✝ S. Gaufredi, Parisiorum episcopi. S. Fulconis, decani. S. Galeranni, precenroris. S. Drogonis, archidiaconi. S. Joscelini, archidiaconi. S. Rainaldi, archidiaconi. S. Galterii, Meldensis episcopi. S. Roberti, sacerdotis. S. Goderanni, sacerdotis. S. Arnulfi, levite. S. Aymonis, levite. S. Poncii, levite. S. Tevini, subdiaconi. S. Ollandi, subdiaconi. S. Isembardi, subdiaconi. S. Rainaldi, pueri. S. Galterii, pueri. S. Hugonis, pueri (1).

(1) Edité par Dubois: *Historia ecclesiæ Parisiensis*, 1, 691.

CLXXXII

Fredericus de Castellonio, dum esset in via Hierusalem, mandavit Comitisse, uxori sue, quod pro anima sua Deo & sancte Marie de Longo Ponte de terra sua daret: quod ipsa libentissime implevit. Deditque Deo & sancte Marie de Longo Ponte, & monachis ibi Deo servientibus, omnem censum quem eo tempore habebat apud Bunduflum & quod ibi amplius cresceret, & boscum mortuum, quantum opus fuerit mona-

S. D.
Vers 1120.

chis qui ibi habitabant. Quod viderunt & audierunt, ex parte domine : Robertus, medicus; Philippus, filius Gaufredi; Henricus de Coifelez;. Gauterius, filius Gilonis; Rodulfus de Caftris; Gauterius, capellanus; ex parte fancte Marie : Oylardus, famulus; Garnerius, gener ejus; Rogerius, famulus, & frater ejus, Rogerius; Milo, filius Teulfi, & Bernerius, frater ejus; Teodericus, clericus. Et hoc donum fecit & conceffit Euftachia, filia Frederici, que fuit uxor Balduini de Belvaco. Et hoc viderunt & audierunt : Anfoldus, miles; Girardus Barbetz; Rohardus, ferviens; ex parte fancte Marie : Arnulfus, filius Gaufredi, majoris; Oylardus, filius Harpini; Rogerius Hurez.

CLXXXIII

S. D.
Vers 1130.

Euftachia, Frederici filia, de Caftellonio, uxor autem Johannis de Stampis, conceffit Deo & fancte Marie de Longo Ponte, & monachis ejufdem loci, donum quod predictis monachis fecerat mater fua, mandatione patris fui, fupradicti Frederici, ex via Hierufalem; videlicet partem fuam de cenfu hofpitum, quos habebat apud Bunduflum, & quicquid inde amplius crefceret, & bofcum mortuum in filva fua, ad quicquid neceffe fuerit monachis habitantibus in jamdicto loco, fcilicet Bunduflo; & de hoc mifit donum fuper altare fancte Marie eadem Euftachia cum filio fuo, Frederico nomine, quem habuerat ex anteriori marito fuo, Balduino fcilicet de Belvaco; qui Fredericus hoc idem libenter conceffit. Quod viderunt & audierunt hii teftes : Galterius Tirellus; Anfellus, nepos ejus; Guillelmus, miles, de Hierra; Galterius, presbiter; Teodericus, clericus; Hubertus, pelletarius; Josbertus, cognomento Paganus, futor; Josbertus, frater ejus; Herveus Brito.

CLXXXIV

Fromundus de Trofolio divifit terram de Braitello mona-   S. D.
chis fanéte Marie de Longo Ponte & metas mifit. Ad hanc   Vers 1095.
vero divifionem funt teftes hii, ex parte ejus : Odo de Riis;
Wlgrinus de Pleffeiz; Rainaldus Albus; ex parte fanéte
Marie : Heinricus, prior, & alii fratres qui fuerunt fecum;
Gaufredus, major; Georgius de Fertada; Oylardus, famu-
lus; Ilbertus Calvus; Rannulfus, famulus; Georgius, filius
Josboldi.

CLXXXV

Domnus Holdricus de Trofolio dedit Deo & fanéte Marie   S. D.
de Longo Ponte, & monachis ibi Deo fervientibus, terram de   Vers 1095.
Bractello, ficut Fromundus, frater ejus, diviferat & metas
miferat; & mifit donum fuper altare fanéte Marie, per fcy-
phum fancti Macharii. Ex parte ejus hii fuerunt teftes : Tebaldus de Orengiaco; Odo de Riis; Wlgrinus de Pleffeiz;
Hungerius de Roferiis; ex parte fanéte Marie : Jofcelinus
Gruel; Gaufredus, major; Oylardus, famulus; Afcelinus,
filius ejus; Georgius, filius Josboldi; Rannulfus, famulus.

CLXXXVI

Albertus & Fredericus, filii Holdrici de Trofolio, concef-   S. D.
ferunt Deo & fanéte Marie de Longo Ponte, & monachis   Vers 1100.
ejufdem loci, terram de Braitello, quam Fromundus, eorum

patruus, predictis monachis donaverat, & de hoc miserunt donum super altare sancte Marie. Quod viderunt & audierunt hii testes : Burchardus de Valle Grinosa ; Asso de Villa Bona ; Arnulfus Malviel ; Giroldus Gastinellus ; Guido de Villamoissun ; Rainaldus, filius ejus.

CLXXXVII

S. D.
Vers 1100.

Domnus Holdricus de Trosolio & Tesza, ejus uxor, & Fredericus, amborum filius, dederunt & concesserunt sancte Marie de Longo Ponte, & monachis ibi Deo servientibus, terram de Braitello, sicut Fromundus, frater ipsius Holdrici, diviserat & metas miserat, quatinus eorum anime participes fierent beneficii ipsius ecclesie, & de hoc miserunt donum in [manus] Malgerii, monachi, per quoddam lignum ; & ad hoc donum faciendum fuit Fromundus, frater ejus. Ex parte autem Holdrici & Tesce, uxoris ejus, & Frederici, eorum filii, testes sunt hii, qui hoc viderunt & audierunt : Odo de Riis ; Albertus, filius ejus ; Rainoldus Albus ; Ebrardus, filius ejus ; Johannes ; Ivo, frater ejus ; ex parte sancte Marie : Gaufredus, major ; Georgius de Fertada ; Oylardus, famulus ; Georgius de Atrio ; Raimboldus, famulus ; Arroldus de Bunduflo.

CLXXXVIII

S. D.
Vers 1090.

Fromundus & Holdricus, frater ejus, filii Rainaldi de Trosolio, dederunt Deo & sancte Marie de Longo Ponte, & monachis ibi manentibus, pro anima patris sui & matris sue & pro animabus suis, terram de Braetello, videlicet alodium suum quod eis de patre suo & antecessoribus suis remansit; & hoc donum ambo fratres, Fromundus & Holdricus, posuerunt super altare sancte Marie cum scisso sancti Macarii. Et, ad hoc donum faciendum, fuerunt de sua parte: Hugo de Campiniaco; Hungerius de Cavanvilla, Dodo de Balisiaco. Ex parte monachorum fuerunt isti: Arnulfus de Gomez; Nanterius Scrabo; Teolus, famulus; Rannulfus, famulus; Oylardus, famulus; Rogerius, pistor. Et, propter hoc donum quod Fromundus & Holdricus, frater ejus, fecerunt, dederunt eis monachi pro caritate xx^{ti} solidos. Hoc autem donum factum est tempore prioris Heinrici.

CLXXXIX

Sciendum autem quod hoc donum hujus terre & hujus allodii de Braetello, quod Fromundus & Holdricus, frater ejus, fecerunt, postea laudavit & concessit Guntho, frater eorum, apud Trosolium, & misit donum inde apud Longum Pontem, unum truncum baculi, per manum Hugonis, monachi. Unde fuerunt testes ex sua parte: Fromundus & Holdricus, fratres ejus. Ex parte monachorum fuerunt: Gaufredus, major; Oylardus, famulus.

S. D.
Vers 1100.

CXC

Adam Lisiardus dedit Deo & sancte Marie de Longo Ponte, & monachis ejusdem loci, decimam quam calumpniabat, que est apud Bunduflum, quam Eustacia, filia Guidonis Lisiardi, de Monte Leterico, moriens, eidem loco dimiserat. Quod viderunt & audierunt hii: Rainaldus Cor-

S. D.
Vers 1100.

net; Gaufredus, filius Burchardi de Valle Grinofa; Nicholaus, filius Burchardi de Caftris; Gaufredus, major; Beloth, famulus; Garnerius, famulus; Johannes, filius ejus; Holdebertus de Atrio; Holdebertus, afinarius.

CXCI

S. D.
Vers 1100.

Fredericus, filius Anfelli, conceffit Deo & fancte Marie de Longo Ponte, & monachis ejufdem loci, decimam de Bunduflo, quam Euftacia, filia Guidonis Lifiardi, de Monte Letherico, eidem loco moriens contulerat, ac poftea Philippus & Adam Lifiardus, qui eam calumpniabant, conceffcrant; infuper & decimam minutam fupradicte ville. Conceffit autem fupradictis monachis memoratus Fredericus ut, fi quis res aliquas ad feodum fuum pertinentes eidem loco dimittere vellet, eas fine impedimento acciperent. Iterum autem conceffit eis decimam de Ivri, quantum ad eum pertinebat. De qua re hii teftes exiftunt: Gaufredus de Edera, avunculus ipfius; Robertus, famulus; Ofmundus, foreftarius; Bernerius, major ipfius, de Bunduflo; Afzo de Fontenellis; Garnerius, famulus; Oylardus, famulus.

CCII

S. D.
Vers 1120.

Fredericus, filius Pagani de Stampis, qui fuit comes, dedit Deo & fancte Marie de Longo Ponte tres hofpites quos habebat proprios apud Bunduflum, cum tenatura quam tenebant ex terra partis fue, & unum modium annone hyemalis in communi granchia Bundufli. Hoc donum ante mortem fuam fecit concedere Frederico, filio Balduini, de cujus feodo erat, & promittere sua fide tenere, & Gaufredo Piperi. Die vero sepulture ejus, de hoc, sicut-supradictum est, Eustachia, mater Frederici, & ipse miserunt hoc donum super altare sancte Marie. Quod viderunt isti: Balduinus de Corboilo; Burchardus de Monte Leterico; Gaufredus, frater ejus; Guido Angivinus; Galterius de Castris; Aymo de Maciaco; Hecelinus de Linais; Johannes, filius Garnerii.

CXCIII

Gualerannus, filius Viviani, dedit Deo & sancte Marie de Longo Ponte, & monachis ejusdem loci, totam terram quam habebat in Bunduflo & apud Montem Oberti in circuitu. Quod concesserunt atque donum super altare miserunt Fania, uxor ejus, & domnus Briardus atque Odo, filius ejus. Quod viderunt & audierunt: domnus Gaufredus de Edera, & domnus Ansoldus de Manu Firma & Guido, filius ejus; Engenulfus, pancrius; Drogo Bordeth.

S. D.
Vers 1100.

CXCIV

Domnus Gaufredus de Edera & Ada, uxor ejus, cognomento Machan, concesserunt Deo & sancte Marie de Longo Ponte, & monachis ejusdem loci, in domo Leonis Judei terram quam Gualerannus, filius Viviani, eisdem monachis moriens dederat. Quod viderunt & audierunt hii: Joscelinus de Castellonio; Guillelmus Normannus. Rursus de eadem re sunt testes, in domo ipsius Gaufredi: Hugo Briardus; Robertus de Dravello; Sultanus, filius Giroldi Gastinelli; Robertus de Calvo Monte.

S. D.
Vers 1100.

CXCV

S. D.
Vers 1100

Sciendum est quod Albertus de Ver fecit donationem & concessionem super altare sancte Marie de dono de Orengiaco, quod fecerant mater ejus, Emelina, & frater ejus, Odo. Hujus rei sunt testes : ipse Odo de Ver, Hugo Gentilis : hii ex parte Alberti; ex parte sancte Marie : Gaufredus, major; Oylardus, famulus; Georgius de Atrio; Hubertus, pelletarius; Garnerius, furnerius. Item sciendum est quod Symon, filius Odonis de Ver, posuit super altare sancte Marie donum de Orengiaco, videlicet ecclesiam, atrium, decimam, nemoris medietatem, furni medietatem, in vita patris sui, &, post mortem ejus, totum. Hujus doni sunt testes, ex parte ejus : ipse Odo, pater ejus, & Albertus, armiger ejus; ex parte sancte Marie : Garnerius, famulus; Robertus, famulus; Bernardus, famulus; Herbertus de Opere; Herveus Brito (1).

(1) Voyez plus haut la charte xxxix.

CXCVI

S. D.
Vers 1110.

Notum fieri volumus omnibus quod quedam matrona, Cara Vicina nomine (1), concedente & volente filio suo, Philippo, Trecacensi episcopo (2), terram de Ver monachis sancte Marie de Longo Ponte dedit. Hoc autem donum fecit suprascripta domina in castello quod vocatur Pons (3); & per Hertaudum, monachum (4), loco testimonii, frustulum ligni sambucis super altare sancte Marie transmisit. Hujus rei sunt testes : Hugo de Mauriaco; Hugo de Venelaco; Garnerius Malus Filiaster; Burdinus, filius Vinonis; Rainaldus Russus;

Durannus, major de ipsa villa; Hugo, cocus; Ansellus, pistor; Heinricus; Ingenoldus, monachus; Yvo, coquus; Normandus (5).

(1) Mélisende la Jeune, surnommée *Chère Voisine*, fille de Gui de Montlhéry & d'Hodierne, fondateurs du Prieuré de Longpont, & femme de N., seigneur de Pont-sur-Seine. (Voyez: *Hist. généal. du P. Anselme*, 111, 664; l'*Art de vérifier les dates*, 11, 658; Lebeuf, *Hist. du dioc. de Paris*, x1, 53.

(2) Philippe ou Milon II, *de Pont*, évêque de Troyes. — 1083 — 1121.

(3) Le château de Pont-sur-Seine.

(4) Dans Dubois (*Hist. eccles. Paris*): *Hersendum, monachum.*

(5) Voyez plus bas les chartes cci, ccii & ccviii. — Edité par Dubois, dans *Historia ecclesiæ Parisiensis*, 11, p. 690.

CXCVII

In primo anno quo Philippus, filius Philippi, regis Francorum (1), accepit uxorem Helizabeth, filiam Guidonis Trosselli, petentibus Heinrico, priore de Longo Ponte, & monachis, residens apud Montem Lethericum inter proceres suos, firmavit quecumque ecclesia de Longo Ponte tenuerat usque ad diem illum; videlicet, villam que dicitur Ver, ab omni exactione liberam; consuetudinem militum de fisco Montis Letherici dandi ecclesie, excepto quod dominus servicium non perdat, potestatem habentium. Hec autem nominatim duo idcirco posuimus quia tunc, quibusdam exigentibus causis, super his duobus sermo proprie habebatur. Factum est hoc in domo Aveline, matris Guidonis Pinelli, audientibus & videntibus istis: Stephano, cancellario; Ricardo, magistro ipsius Philippi; Herfredo; Fulcone de Vitri; ex parte sancte Marie: Mabilia; Radulfo, capellano ejus; Symone de Or-

S. D.
1106-1107.

ceaco; Guidone de Linais; Balduino, filio Rainardi; Gaufredo, filio ejus; Anfoldo, filio Lyfiardi. Subfequenti vero die, veniens ad ecclefiam fancte Marie, conceffionis fupradicte manu fua donum pofuit fuper altare. Quod viderunt hii teftes, ex parte ejus: Bencelinus, filius Guine; Gaufredus, filius Balduini; Albertus de Ver; ex parte fancte Marie: Mabilia; Radulfus, capellanus ejus; Gaufredus, major.

(1) Philippe, comte de Mantes, fils du roi Philippe Ier & de Bertrade de Montfort, mis en poffeffion du château de Montlhéry à la fuite de fon mariage avec Elifabeth, fille unique & héritière de Gui-Trouffel. — Voyez plus haut la charte n° IV, note 2. Voyez auffi l'*Introduction*, p. 10.

CXCVIII

S. D.
Vers 1105.

Sciendum eft quod Garnerius, filius Poncii de Triagnello, terram de Ver monachis fancte Marie de Longo Ponte dedit; & pro hujus doni confirmatione fregit veru, & porciunculam de ipfo veru bene exterfam dedit Heinrico, priori, dicens ut afferret & ex fua parte fuper altare fancte Marie poneret, audientibus & videntibus iftis: Josberto de Breneriis; Pagano, filio Mainardi; Guarino, dapifero; Guillelmo, prepofito.

CXCIX

S. D.
Vers 1105.

Sciant omnes quod domnus Guido Troffellus Deo & fancte Marie de Longo Ponte, & monachis ibi Deo fervientibus, terram & villam que dicitur Ver, cum omnibus que ad eam pertinent, perpetuo firmavit habendam, preter carretum

& foffatum, & hoc tantum retinuit in vita patris fui & fua; & hoc firmavit ut, poft mortem ipforum duorum, nulli heredum fuorum requirere liceat (1). Huic autem conceffioni interfuit Milo (2), frater ejus, & hoc dedit & laudavit. Hii funt teftes, ex parte fancte Marie: Balduinus, filius Rainardi; Godefredus Gruel; Georgius de Porta; Angifus, medicus; Hermerius Rufticum Perfequens; Gaufredus, major; ex parte Guidonis: Hugo Malus Vicinus; Durannus, prepofitus; Dodo de Villa Nova.

(1) Voyez plus bas les chartes cc, ccii, & ccviii.
(2) Milon de Montlhéry, feigneur de Bray & vicomte de Troyes.

CC

Domnus Guido Troffellus, dum adhuc viveret, laudante Mabilia, uxore fua, dedit Deo & fancte Marie de Longo Ponte confuetudinarium carretum & foffatum de Ver, que pater fuus (1) & idem ipfe in eadem villa habuerant; quin etiam affirmavit ut, poft ipfius deceffum, nullus heredum nec parentum fuorum requirere audeat. De hoc itaque miferunt donum fuper altare fancte Marie ipfe & Mabilia, uxor ejus, in prefentia domni Heinrici, prioris, & omnium fratrum. Hujus autem conceffionis teftes fubfcribuntur hii, ex parte eorum: Hugo de Brueriis; Arnulfus Frumentum; Landricus, prepofitus; Dodo de Villa Nova; ex parte fancte Marie: Tomas de Brueriis; Rainaldus de Braiolet (2).

S. D.
Vers 1110.

(1) Milon le Grand, feigneur de Montlhéry.
(2) Voyez la charte précédente cxcix.

CCI

S. D.
Vers 10.5.

Domnus Milo (1), dum esset in via Jherosolimitana, penitens reatus sui, terram de Ver, quam Milesendis, cognomento Caravicina, Deo & sancte Marie de Longo Ponte dederat (2), quantum ad ipsum pertinuit reddidit, & per legatos suos filio suo, Guidoni Trossello, mandavit ut pecuniam redderet, si ei pro hac terra data fuisset : si autem data non fuisset, nullam omnino acciperet. Hujus rei sunt testes : Galterius, dapifer ; Stephanus Panel; Hilduinus, clericus ; Stephanus, coquus.

(1) Milon le Grand, seigneur de Montlhéry.
(2) Voyez plus haut la charte cxcvi & les chartes qui suivent, nos ccii & ccviii.

CCII

S. D.
Vers 1095.

Presentibus & futuris notificare volentes quomodo ville medietatem que dicitur Ver, cum terra que ad eam pertinet, recuperavimus, quid super ea fecerint domnus Milo (1) & uxor sua, Litvisa, Guido Trossellus & Milo (2), utriusque filius, literis commendare curavimus. Supradictus domnus Milo, cum Jherosolimam petere cupiens, in capitulo apud Longum Pontem petens pro se orari resideret, coram priore & fratribus, & quibusdam de suis militibus, super hac villa & terra inter cetera sic exorsus est : De terra & villa que dicitur Ver hoc firmo, laudo & corroboro quod filius meus, Guido, & uxor mea fecerint & laudaverint (3). Recedente itaque domno

Milone & Jerofolimam, ficut dictum eft, petente, domnus Guido Troffellus & mater fua, Letvifa, cum omni libertate ecclefie & monachis ibi prefentibus & fucceffuris confirmaverunt, nichil omnino deinceps fibi neque fervientibus fuis retinentes, nullam cujufcumque rei exactionem, preter confuetudinarium carretum & foffatum, hoc tamen tantum in vita fua, retinentes, ut, poft mortem ipforum trium, nulli liceat heredum fuorum requirere (4).

(1) Milon le Grand.
(2) Milon de Montlhéry, feigneur de Bray & vicomte de Troyes.
(3) Voyez plus haut les chartes cxcvi & cci & plus bas la charte ccviii.
(4) Voyez plus haut la charte cxcix.

CCIII

Domna Emelina de Ver cum filiis fuis, Odone & Alberto, dedit fancte Marie de Longo Ponte IIII^{or} arpentos terre ad Magnum Ver, juxta terram noftram, & corveam quam clamabat fe habere apud Parvum Ver in hominibus fancte Marie, pro anima fua & filiorum fuorum; & hii funt teftes ejus: Stephanus, clericus; Gaufredus Coffart; Johannes Pichorans; ex parte fancte Marie : Aymo de Maciaco; Balduinus de Campiniaco; Gaufredus, major; Arnulfus, filius ejus; Oylardus, famulus; Johannes, filius ejus; Georgius de Atrio; Ilbertus de Vilers; Garnerius, piftor.

S. D.
Vers 1105.

CCIV

Gaufredus Bernoale, in finem vite fue, pro remedio anime fue, dedit Deo & fancte Marie de Longo Ponte, & monachis

S. D.
Vers 1110.

ejufdem loci, medietatem ecclefie de Mundavilla cum redditibus & terciam partem decime; & hoc donum conceffit
Avelina, uxor ejus, atque Guido Pinellus, amborum filius,
& fuper altare fancte Marie uterque pofuerunt, Avelina fcilicet atque Guido. Quod viderunt hii teftes: Vitalis, presbiter; Robertus de Fluri; Landricus Pilus de Suria; Hugo de
Campiniaco; Adam de Salciaco; Hugo, frater ejus.

CCV

S. D.
Vers 1110.

Aymo, filius Hervei de Donjone, in extremo vite pofitus,
dimifit Deo & fancte Marie de Longo Ponte, & monachis
ejufdem loci, v hofpites apud Britini. Quod audierunt hii
teftes : Heinricus, prior; Hermannus, presbiter; Buchardus
de Valle Grinofa; Ebrardus, miles, de Britini; Bernardus,
famulus; Fromundus, ferviens; Paganus de Donjone. Die
vero qua fepultus eft predictus Aymo, veniens Helizabeth,
mater ejus, ante Heinricum, priorem, conceffit hoc donum,
& ex parte defuncti mifit in manu Heinrici ipfius. Hujus rei
funt teftes hii : Buchardus de Maci; Sultanus, filius ejus;
Buchardus de Valle Grinofa; Buchardus & Gaufredus, fratres ipfius Aymonis; Hugo Chamilli; Thomas, filius ejus.

CCVI

S. D.
Vers 1110.

Sciendum eft quod Hugo Chamillis & uxor ejus, Lethel-
dis, & filius ejus, Thomas, terram que eft juxta bruciam
Guidonis, de feodo Bernardi de Athiis, quem in manu fua
habebat, conceffit monachis fancte Marie de Longo Ponte ad

censum xii^{cim} denariorum per unum quemque annum. Hujus rei sunt testes : Balduinus, filius Rainardi ; Buchardus de Castris ; Galterius, frater ejus ; Guido Andegavensis ; Rogerius de Saviniaco.

CCVII

Domnus Adam, filius Tevini de Forgiis, dedit Deo & sancte Marie de Longo Ponte, & monachis ejusdem loci, quicquid habebat apud Ver Parvum, videlicet, medietatem ecclesie, atrii & decime atque undecim hospitum. Quod donum ita factum noluit concedere Milo, frater ejus, sed aliquandiu in sua potestate retinuit. Tandem vero hujus facti penitens & se male egisse recognoscens, facta concordia cum supradictis monachis, concessit illis quandam partem ipsius doni, scilicet unum arpennum terre, medietatem candelarum & sepulture, terciam partem medietatis turtellorum atque offerende & omnis decime, preter cannabe & lini atque lane; & hoc laudavit & concessit frater ejus, Philippus, sororesque eorum, Adaleidis atque Agnes ; & de hoc miserunt donum super altare sancte Marie predictus Milo atque Philippus sororesque eorum, Adaleidis atque Agnes. Quod viderunt & audierunt hii testes : Rogerius cognomento Paganus, de Sancto Yonio ; Hugo & Aymo, fratres ejus ; Bartholomeus de Castro Forti ; Ledemaldus, filius ejus ; Symon, filius Galeranni ; Johannes, nepos ejus ; Radulfus Rusticus ; Rainaldus de Vicino ; Balduinus, filius Rainardi ; Galterius de Castris ; Hungerius, filius ejus ; Buchardus Cocherellus.

S. D.
Vers 1115.

CCVIII

<small>Dimanche de l'octave de la Pentecôte. Mai ou Juin. Vers 1112.</small>

Hoc est donum quod fecit Guido, filius Milonis (1), de terra que est apud Ver, videlicet concedens ut, si supravixerit patrem suum & ejus hereditas in potestate sua venerit, illud totum quod domna Caravicina habebat apud Ver, quod ecclesie sancte Marie & ejusdem ecclesie monachis pro anima sua dimisit & pater ejus abstulit, post obitum patris sui, liber & absque ulla conditione habeant monachi. Hoc autem fecit Guido, filius Milonis, vicecomitis, super altare sancte Marie cum textu evangelii, die dominica in octabis Pentechostes, videntibus istis : Guidone de Lynais; Teoderico, prefecto; Gaufredo, majore sancte Marie; Oylardo, famulo; Hugone de Perrolio; Oberto de Perrolio (2).

(1) Milon de Montlhéry, seigneur de Bray, vicomte de Troyes.
(2) Voyez plus haut les chartes CXCVI, CXCIX, CCI & CCII.

CCIX

<small>S. D. Vers 1140.</small>

Adam Lysiardus, quando in Hierusalem perrexit, dedit Deo & sancte Marie de Longo Ponte, & monachis ejusdem loci, per manum domni Johannis, prioris supradicti loci, partem decime sue quam habebat apud Villam Abbatis, post decessum videlicet suum. Quod viderunt & audierunt hii : Emelina, filia ipsius, que etiam ipsum donum concessit; Emelina de Athilli & Roscelina, uxor Pagani de Servum, sorores illius; Adam, cognatus ejus; Adam, cantor de sancto Exuperio; Milo de Braii; Garinus Cochet; Landricus, filius magistri Guarini; Adam, frater ejus; Drogo de sancto Wenaylo.

CCX

Landricus, prepositus, dedit Deo & sancte Marie de Longo Ponte, & monachis ejusdem loci, medietatem portus de Palvello, quem ipse optinebat, & hoc donum concesserunt Adales, uxor ejus, & filii ipsius, Wlgrinus & Radulfus. Quod viderunt & audierunt hii testes : Radulfus de Sollario; Tebertus Speculator; Gislebertus, clyens ipsius Landrici; Hugo Bocellus.

S. D.
Vers 1105.

CCXI

Armannus, pro anime sue salute & uxoris sue, Odeline, dedit Deo & sancte Marie de Longo Ponte tres arpentos terre apud villam que dicitur Ver; illius autem terre persolvet ipse censum in vita sua. Hujus rei sunt testes : Advinus, monachus; Otardus, monachus; Boso, monachus; Arduinus, presbiter; Raimbertus, presbiter; Johannes, pater ejus; Ascelinus Ruffus; Frodo, sutor; Rannulfus; Gaufredus; Oylardus; Ilbertus.

S. D.
Vers 1090.

CCXII

Notum fieri volumus quod Odo de Ver dedit in vadimonio Deo & sancte Marie de Longo Ponte, & Hugoni, monacho, de Campiniaco, qui tunc temporis apud Ver manebat, terram que erat de Petroro usque Autnatet, propter LX^{ta} solidos, ita ut, quamdiu eam non redimeret, omne illud quod

S. D.
Vers 1100.

ex ea terra exiret totum pro anima matris & pro sua Deo & sancte Marie de Longo Ponte in eternum remaneret; & hoc concessit Symon, filius ejus, & Albertus, frater ejus. Quod viderunt & audierunt, ex parte Odonis : Balduinus, filius Rainardi; Guillelmus, filius ejus; ex parte sancte Marie: Gaufredus, major; Oylardus, famulus; Garnerius, gener ejus; Rogerius, famulus. Postea, quadam die, dum Odo esset apud Ver, suadente Hugone, monacho, supradictum donum Eremburgi, uxori sue, concedere fecit. Quod ipse Odo vidit & Symon, filius ejus; Stephanus, clericus; Hubertus de Bosco; Paganus Costet. Ex parte sancte Marie : Hugo, monachus; Galterius, presbiter; Hugo de Spina; Odo, filius Reinonis; Martinus, frater ejus. Cum autem in Jerusalem ire vellet, donum quod supra fecerat renovavit, quatinus, si in via Jerusalem moreretur, totum pro anima matris & sua ecclesie de Longo Ponte in eternum remaneret. Istiusque confirmationis sunt hii testes : Garinus, filius Lisiardi; Godefredus Gruel; Balduinus, filius Renardi; ex parte sancte Marie : Philippus de Corboilo; Johannes de Maci; Albertus de Ver; Garnerius, famulus; Josbertur, sutor; Odo, cursor.

CCXIII

S. D.
Vers 1100.

Gaufredus de Cochet dedit Deo & sancte Marie de Longo Ponte, & monachis ejusdem loci, unum hospitem ad Ver tenentem duo arpenta terre & ad Blecemviler circa quinque arpenta terre; concedente Theudone, filio suo, & Odelina, uxore sua; testante Gaufredo, majore, & Arnulfo, filio ejus, & Berardo de Cochet, & Theoderico, helemosinario, & Ascelino, pistore, & Holdeberto, filio Georgii de Atrio.

CCXIV

Godefredus, filius Teudonis de Stampis, dedit Deo &   S. D.
sancte Marie de Longo Ponte, & monachis ejusdem loci, Vers 1110.
medietatem portus de Palvello; & per Moreherium, militem,
de Balisi, misit donum apud Longum Pontem, quod ex sua
parte super altare sancte Marie poneret. Et hoc donum concesserunt uxor ipsius Godefredi & Teudo, filius amborum.
Hujus rei sunt testes : Ansellus, monachus; Mainerius, filius
Alberti; Guido, frater ejus ; Arnulfus Ruffus, de Alvers;
Moreherius, miles ; Paganus, filius Anseis.

CCXV

Theudo, filius Ursi de Stampis, concessit Deo & sancte   S. D.
Marie de Longo Ponte, & monachis ejusdem [loci], portum Vers 1110.
de Palvel, quem Godefredus predictis monachis dederat, qui
eundem portum ab ipso Teudone in feodo tenebat. Hujus
autem concessionis sunt testes isti : Symon Castellus; Radulfus de Ivrini; Thomas de Brueriis ; Rogerius de sancto
Yonio; Galterius, filius Rogerii de sancto Yonio; Arnulfus,
major; Robertus, famulus ; Rogerius Huret.

CCXVI

Thomas, miles, filius Hugonis, filii Alvi, seculum relin-   S. D.
quens & ordinem monachicum expetens, dimisit Deo & Vers 1140.
sancte Marie de Longo Ponte, & monachis ibidem Filio &

Matri feruientibus, pro remedio anime fue, apud Bellemviler, tres folidos cenfuales, quos Nicholaus, nepos ipfius, perfolvet de tribus arpentis terre, & medietatem terre de Bufferia quam Hubertus de Bellemviler exercet; de qua terra antea medietas erat fancte Marie & predictis monachis, alia vero medietas ipfius Thome. Dimifit etiam apud Champlant xvi^{cim} nummos cenfuales, quos Odelina debet; (de xvi^{cim} nummis cenfualibus v^{que} perfolventur in annuntiatione fancte Marie; ceteri vero omnes in feftivitate fancti Remigii); & medietatem unius mafure perfolventem iii^{es} obolos & totam campi partem ipfius terre que ad ipfam mafuram pertinet, cum tota jufticia illius terre; necnon & unas plenarias recturas. Hoc donum conceffit Odelina, uxor, & Nicolaus, nepos memorati Thome, ac donum fuper altare fancte Marie uterque pofuerunt. Hoc vero donum ipfa mulier, quamdiu vixerit, defenfabit; poft mortem autem illius, jamdictus Nicholaus, nepos memorati Thome. Ifti funt vero qui huic dono interfuerunt : Balduinus Coomerius ; Hungerius de Vova ; Joannes Difnez ; Rotbertus de Chavanvilla ; Gaufredus Turpaut ; Gaufredus Anglicus ; Rotbertus, coccus.

CCXVII

Dimanche de la mi-carême ou quatrième dimanche de carême. Mars. Vers 1136.

Bucchardus de Vallegrinofa dedit Deo & fancte Marie de Longo Ponte, pro anima uxoris fue, Marie, partem fuam de x^{ma} quadam apud Britiniacum, cujus refidua pars noftra erat. De hoc mifit donum fuper altare dominica die xle mediante (1); quo videlicet die, ipfa uxor ejus apud Longum Pontem eft tumulata. Quam utique donacionem viderunt & audierunt ifti qui teftes exiftunt : Tebertus, pater defuncte; Guido de Vallegrinofa ; Hugo itidem de Vallegrinofa &

Teobaldus, frater ejus; Johannes, famulus, & Yvo, frater ejus, & plures alii.

(1) Par cette expression *dominica die XLe mediante* (le dimanche au milieu du carême), nous pensons qu'il faut entendre le quatrième dimanche, qui est le plus rapproché du jour de la mi-carême.

CCXVIII

Johannes Cornet, in extremis positus, dedit in elemosinam Deo & sancte Marie de Longo Ponte XII denarios censuales, solvendos singulis annis in festivitate sancti Andree, apostoli, a femina Stephani Lisiardi, cum omni justicia. Hoc donum misit uxor predicti Johannis super altare sancte Marie in die sancti Ambrosii, assistentibus: Buchardo de Vallegrinosa; Tiberto & Girberto, filio ejus; Teobaldo Rufo; Teobaldo Cocherel; Hugone de Cochet; Guillelmo de Guillervilla; Teoderico, majore; Roberto, ortolano, & aliis multis.

7 décembre Vers 1140.

CCXIX

Johannes Escharat, apud nos habitum monachi bona devotione suscipiens, dedit nobis in elemosinam II hospites & dimidium, apud Escherecun, cum omni justicia, pro quibus debebamus XII denarios censuales ad festum sancti Remigii : scilicet, Stephano de Balisiaco VI denarios; Buchardo de Paleisol VI denarios. Hoc concessit Renaudus, frater predicti Johannis, qui misit donum super altare sancte Marie, die obitus sepedicti Johannis, in presentia domni Geroldi, prioris, & monachorum, promittens etiam se super hoc nobis

S. D.
Vers 1185
ou 1190.

laturum garandiam & defensationem pro posse suo. Hoc viderunt & audierunt : Hugo de Lers; Guido de Boolun; Ebroinus, Parisiensis nummularius; Johannes, filius ejus; Guido, filius Galterii Heremite; Terricus, major; Guido Blundus; Gaufridus Torpaut; Robertus, hortolanus, Guido, pelletarius, & alii multi.

Ecrit en marge : « Nota. — Prior Geroldus (1) de beneficio domus nostre dedit militibus, Stephano & Buchardo, pro relaxatione illorum xii denariorum censualium, xl, id est unicuique xx solidos. »

(1) Géraud ou Giroud était prieur de Longpont en 1190.

CCXX

S. D.
Vers 1140.

Guido, filius Walterii de Boolum, languoris tactus incommodo quo illum mori contigit, pro sue anime salute, dedit & assignavit ecclesie nostre v solidos censuales annuatim reddendos, quorum quatuor Radulfus Gualopins reddere jussus est de terra quam tenet, que quondam fuerit Anselli de Porta; reliquos xii denarios Johannes Sancelina reddet de prato quodam, cum omni justicia. Hoc igitur donum Mathildis, uxor ejus, approbavit, confirmavit, concessit & super altare beate Marie posuit, astantibus plurimis ad hoc videndum convocatis, de quibus quosdam testes annotavimus : Guido de Vallegrinosa; Bucchardus, frater ejus; Hugo de Lers; Theobaldus Rufus, frater ejus; Theobaldus Chocherel; Petrus de Alneto; Johannes, famulus; Galterez; Guido Blundus; Albericus, filius ejus.

CCXXI

Sciant omnes quod Guido Troffellus, pro remedio anime sue, dedit Deo & sancte Marie de Longo Ponte, & monachis ejusdem loci, partem suam de clausis vinearum, que habebat apud villam Champlant, & v arpennos vinearum reddentes v modios vini censuales, ad luminare altaris emendum. Quos arpennos hominibus suis dividere precepit & predictis monachis tradere, ubi sine dubio uno quoque anno illi modii vini caperentur. Que divisio ita facta est ut videlicet in vineis Odeline, matris Belotini, sumerentur tres modii, & in vinea Bernardi, fabri, unus modius; in vinea autem Nanterii de Maltraval, unus. Cujus divisionis testes sunt hii : Landricus, prepositus; Reinfredus de Cabrosia; Fulcherius Falineschun; Aimbertus, cubicularius; Girardus, armiger; Mascelinus, cubicularius.

S. D.
Vers 1105.

CCXXII

Adam de Milliaco dedit Deo & sancte Marie de Longo Ponte, & monachis ejusdem loci, hoc quod habebat apud villam Champlant, in ecclesia, in atrio, in decima, in sepultura, & totam terram censualem quam possidebat apud eandem villam : & concessit terram de Campo Garnodi, quam Ricoldis, uxor Wimberti Presbiteri, eisdem monachis dederat, & item aliam terram de qua supradicti monachi censum xiiii^{cim} nummorum ipsi Adam solvebant. De hoc itaque miserunt donum super altare sancte Marie ipse Adam & Helizabeth, uxor ejus, Fulco & Daimbertus, filii amborum.

S. D.
Vers 1095.

Quod viderunt & audierunt hii testes, ex parte ipsorum : Gaufredus, major de Britiniaco; Odo de Riis; Fromundus de Trossolio; & ex parte sancte Marie : Gaufredus, major; Oylardus, famulus; Georgius de Fertada; Hugo de Perrolio. Item hoc donum firmavit apud Milliacum, coram filiis & filiabus suis, quorum hec sunt nomina : in primis ipse Adam; Helizabeth, uxor ejus; Fulco, filius; Daimbertus, filius; Bernoale, filius; Teodericus, filius; Galterius, filius; Adales, filia; Gibelina, filia. Hii itaque omnes donum miserunt in manu Gilonis, monachi. Testes autem qui hoc viderunt & audierunt sunt hii, ex parte ipsorum : Josbertus, miles; Rainaldus Aculeus; Odo, nepos Gilonis, monachi; ex parte sancte Marie : Galterius, Bernardus, nepotes Gilonis, monachi.

CCXXIII

30 septembre.
Vers 1100.

Galerannus, filius Hugonis de Puteolo, ecclesie sancte Marie de Longo Ponte & monachis ibidem Deo servientibus concessit habendum quicquid mater ejus, Adaleidis, habebat in villa Champlant, quod ipsa supradicte ecclesie dederat, scilicet servos & ancillas, terram cultam & incultam, prata & vineas, atque torcularia, & totum quod de patrimonio suo ibi habebat. Hujus autem concessionis fecit donum in manu Henrici, prioris, per quoddam lignum, apud Villam Peror, II. Kal. octobris. Cujus rei sunt testes hii, ex parte sua : Symon, filius Galcherii; Philippus, filius Nivardi; Odo de Aveneres; Symon de Arsiz; Amalricus Neelfide; Oddo Fraisnel, Matheus; Paganus, frater ejus.

CCXXIV

Ebrardus Choifis, pro remedio anime fue, dedit Deo &   S. D.
fancte Marie de Longo Ponte, & monachis ejufdem loci, Vers 1110.
quicquid habebat de matrimonio fuo apud Champlant,
videlicet terciam partem altaris & atrii, & medietatem decime, & omnem decimam vini, & terram arabilem & terram
reddentem v folidos de cenfu; & apud Villers unum hofpitem reddentem 11os folidos de cenfu. Hujus rei funt hii teftes, ex parte ejus: Symon Choifi; Odelina, uxor Ebrardi;
Eremburgis, foror Ebrardi; Radulfus de Valle; ex parte
fancte Marie: Heinricus, prior; Teodericus, camerarius;
Paganus Popizo; Symon de Brucia. Sepulto autem Ebrardo,
Odelina, uxor ejus, & Eremburgis, foror illius, hoc quod
Ebrardus Deo & fancte Marie dederat concefferunt, & ex
hoc donum fuper altare pofuerunt. Quod viderunt & audie-
runt ifti, ex parte ipfarum: Symon Choifis; Guillelmus de
Maciaco; Aymo, frater ejus; Johannes, frater ejus; Petrus
de Brueriis; ex parte fancte Marie: Robertus, cognomento
Paganus, de Porta; Sultanus, filius Burchardi de Maciaco;
Gaufredus, major; Oylardus, famulus.

CCXXV

Guillelmus, filius Guillelmi Cochivi, mutuavit & dedit   S. D.
in tuicione contra omnes calumpniantes, pro animabus pa- Vers 1110.
tris & matris fue, Deo & fancte Marie de Longo Ponte, &
monachis ejufdem loci, quicquid pater fuus apud Champlant habuerat & ipfe poft eum habuit, videlicet in hofpite,

in terris, in vineis, in paagio, in roagio, excepto feodo molendini quem Radulfus Baudus tenebat de eo; & pro hoc dederunt ei prior Heinricus & monachi, similiter in tuicione, IIII^{or} hospites censuales apud Britiniacum, Tescelinum & fratrem ejus, Helinvisam & Holdeburgem, quos habebant de Aymone, filio Hervei de Donjone, & unum equum in precio L^{ta} solidorum. Hoc autem concessit Hugo, frater ipsius Guillelmi, Aymo de Norvilla, avunculus ejus, Guido & Thomas, filii ipsius Aymonis, Ursus, filius Normanni de Stampis, nepos jamdicti Guillelmi. Hii itaque omnes de hoc miserunt donum super altare sancte Marie. Quod viderunt & audierunt hii testes : Thomas Taxellus; Fromundus, filius Goncelini; Ebrardus, frater ejus; Hugo, filius Bernoardi; Robertus de Larzi; Guido, nepos prioris; Robertus, famulus. Postea autem, Hugone Chamilli calumpniante duos hospites, Tescelinum & fratrem ejus, quia servi illius erant, noluit concedere ut Guillelmus eos haberet. Quamobrem, prefati monachi iterum dederunt ipsi Guillelmo xx^{ti} solidos, & pro eisdem hospitibus quos sibi retinuerunt duos alios hospites, Hermerium de Sancto Philiberto & Fredericum, clientem, qui de duobus arpennis terre solvebant monachis unusquisque eorum xii^{cim} nummos de censu, quos amodo reddent Guillelmo, & de ipsis arpennis hospites ejus erunt: reliquam vero terram, quam de monachis tenent, semper tenebunt ipsi & successorum eorum & jus debitum eis solvent. Si autem hosticium suum dimittere voluerint, monachi eos alicubi ad hospitandum nullo modo recipient. Hujus rei sunt testes hii : Hugo, frater supradicti Guillelmi; Aymo de Norvilla, Fromundus, filius Guncelini; Burchardus de Valle Grinosa; Gaufredus, cognomento Paganus, de Alneto; Afzo de Villa Bona; Johannes, filius Giroldi de Coldriaco; Georgius de Atrio.

CCXXVI

Sciant omnes quod uxor Hermanni de Bainous, Helizabeth nomine, orta fuit de Champlant originemque duxit ex illis hominibus qui erant inter monachos sancte Marie de Longo Ponte & Willelmum, dapiferum; habuitque predicta mulier duos filios & duas filias, quarum unam Joslenus de Bainnos accepit genuitque ex ea filium, & postea mortua est. Ex quibus pueris prefatus Willelmus concessit Deo & sancte Marie de Longo Ponte duos, videlicet Philippum & Avelinam, retinuitque sibi alios duos, Odonem scilicet, filium Hermanni, cognatumque suum, filium Josleni. Hujusque rei sunt testes isti, id est: Gislebertus de Garlanda; Petrus, filius Willelmi Marmerel; Hugo de Caliaco; Thomas, filius Hugonis Chamilli; Teodericus, miles, de Parisius, & Grimoldus, dapifer ipsius Guillelmi, & Tostinus, serviens ejus; Aymo de Champlant; Gaufredus, major, & Arnulfus, filius ejus, & alii multi quos enumerare ac describere longum est. Post hec, Philippus, filius Hermanni de Bainnos, accepit filiam Gaufredi, majoris, de Longo Ponte, que erat ex familia monachorum, & Arnulfus, filius Gaufredi, assumpsit Avelinam, filiam Hermanni: sicque conjuncti, effecti sunt omnes ex familia sancte Marie semper virginis.

S. D. Vers 1110.

CCXXVII

Notum sit omnibus quod Guillelmus Cochevi, pro anima uxoris sue, Milesendis, dedit Deo & sancte Marie de Longo Ponte unum hospitem, qui hospes est de vinea que est non

S. D. Vers 1110.

longe a monasterio de Champlant, & pro seipso, in fine vite sue, illam partem decime quam habebat apud Fontanas. Hoc totum concesserunt filii ejus, Guillelmus & Hugo, & fecerunt donum in manu Heinrici, prioris, per capellum Guidonis, filii Froberge, in foro Castrensi. Ex parte ipsorum sunt testes isti : Hugo, filius Lisiardi; Aymo de la Nulvilla; ex parte sancte Marie : Guido, filius Froburge; Ansellus, viator; Amauricus de Atrio; Gaubertus de Larziaco; Odo de Ledevilla; Garnerius, famulus.

CCXXVIII

S. D. Godurricus & uxor ejus, Eremburgis, pro animabus suis, dederunt Deo & sancte Marie de Longo Ponte, & monachis ibi degentibus, unum arpennum vinee in villa que dicitur Ateias, post obitum suum, & in vita sua, pro vestitura, uno quoque anno, medietatem modii vini. Testes sunt hii : Galo, Rainerius, Engeraldus, Garmundus, Gaubertus, Robertus, eques; Heinricus.

CCXXIX

S. D. Notum sit omnibus quod Ludovicus, rex (1), concessit Deo
Vers 1110. & sancte Marie de Longo Ponte, pro anima patris & matris sue, censum de vineis quas monachi ejusdem loci apud Calliacum possidebant, cum omnibus consuetudinibus. Hujus rei sunt testes hii : Paganus de Monte Gaio; Stephanus, archidiaconus; Ansellus, dapifer (2); Herluinus, magister ejus; Fredericus, cubicularius.

(1) Louis le Gros.
(2) Anseau de Garlande.

CCXXX

Arnulfus de Nugemello & Durannus, filius ejus, dederunt Deo & fancte Marie de Longo Ponte, & monachis ejufdem loci, dimidium arpennum vinee apud Champlant. Quod donum concefferunt prefatis monachis Ebrardus de Stampis, avunculus jamdicti Duranni, & filii ipfius Ebrardi, Afzo & Grimoldus, itemque Afzo, nepos ejus, & fuper altare fancte Marie pofuerunt. Cujus rei funt teftes hii : Durannus, filius Giroldi de Coldreio; Gaufredus, major; Hubertus, pelletarius; Garnerius, famulus; Josbertus, futor; Ebrardus, ortholanus.

S. D.
Vers 1100.

CCXXXI

Milo Partitus, de Brueriis, & Ricoldis, uxor ejus, Deo & fancte Marie de Longo Ponte, & monachis ibi Deo fervientibus, terram quam Petrus de Calliaco, major, tenebat, que reddit duos folidos de cenfu, dedit. Quod viderunt & audierunt hii teftes, ex parte ipfius : Arnulfus Malviel; Gaufredus, frater Ricoldis, uxoris ejus; Girelinus, prepofitus; ex parte fancte Marie : Thomas de Brueriis; Hugo, filius Lifiardi; Petrus, filius Agnes, & Rogerius, frater ejus.

S. D.
Vers 1100.

CCXXXII

Helizabeth, uxor Milonis de Cabrofia, moriens, dimifit Deo & fancte Marie de Longo Ponte, & monachis ejufdem.

S. D.
Vers 1140.

loci, omne quicquid habebat in preſſorio Nogemelii, concedente eodem Milone, viro ſuo, ac donum ſuper altare ſancte Marie ponente. Hujus rei ſunt teſtes hii : Galterius de Caſtris; Galterius Sine Cenſu; Galterius Flamancus; Odo Malviel; Galterius Tirellus; Amauricus de Algar; Yvo, presbiter; Garnerius Comes.

CCXXXIII

S. D.
Vers 1140.

Sultanus de Maciaco, pro anima patris ſui, Burchardi, & omnium anteceſſorum ſuorum, dedit Deo & ſancte Marie de Longo Ponte, & monachis ejuſdem loci, uno quoque anno, in grangia ſua, dimidium modium frumenti, & tres ſextarios ordei & tres ſextarios fabarum aut piſorum ; quod ſi utrumque defuerit, dabit pro eis prefatis monachis tres ſextarios frumenti. Et hoc donum conceſſit Adelina, uxor ejus, & Aymo, filius eorum, & ſuper altare ſancte Marie poſuerunt, Sultanus videlicet & Avelina, uxor ejus, atque Aymo, filius amborum. Quod viderunt & audierunt hii teſtes : Burchardus de Valle Grinoſa; Hugo, filius Joſleni; Paganus de Bevria; Petrus & Iſembardus, fratres ejus; Aſzo de Villa Bona; Guillelmus, filius ejus; Guido, nepos Heinrici, prioris.

CCXXXIV

S. D.
Vers 1110.

Arnulfus Chalmont, noſter monachus, dedit Deo & ſancte Marie de Longo Ponte, & monachis ejuſdem loci, totam terram de Gozon; quam etiam redimimus a Burchardo, filio Frumenti, qui eam habebat in vademonio propter IIII^{or} libras & IIIes solidos. Quod concesserunt omnes filii sui, testante Hugone Bibente & Ysaac, capellano de Forgiis, & Burchardo Frumento & Adelulfo.

CCXXXV

Hugo, filius Galterii de Villa Bona, jacens in infirmitate de qua mortuus est, dedit Deo & sancte Marie de Longo Ponte, & monachis ejusdem loci, apud Villam Bonam, unum arpennum prati & unum hospitem, cum omnibus que tenere videbatur ad hostisiam pertinentibus, preter unam vineam quam pater ejus, Galterius, fructuario usu in vita sua retinuit, & post mortem suam concessit. Donavit etiam, post mortem patris sui, totam decimam & sepulturam ejusdem ville, que in dominio habere videbatur, & in castenaria sua, uno quoque anno, unum sextarium castanearum, si plus uno sextario ibi inventum fuerit. Hoc autem concesserunt Walterius, pater ejus, sororque ejus, uxor Viviani de Corboilo, & ipse Vivianus, & Milesendis, uxor ipsius Hugonis, & hii omnes donum miserunt super altare sancte Marie. Quod viderunt & audierunt hii testes, ex parte ipsorum : Guido de Linais; Balduinus, filius Rainardi; Anseius, miles; Morcherius, miles; ex parte sancte Marie : Garnerius, furnerius; Garnerius, filius ejus; Rogerius Orphanus; Herbertus, serviens; Alo, cocus.

S. D.
Vers 1105.

CCXXXVI

Odelina dedit Deo & sancte Marie de Longo Ponte, & monachis ejusdem loci, ubi corpus ejus sepultum jacet,

S. D.
Vers 1100.

totum hoc quod habebat apud Villam Juft, videlicet terram & nemus ; & hoc conces [s] it Eremburgis, filia ejus, & mifit donum in manu Heinrici, prioris. Quod viderunt & audierunt hii teftes, ex parte ejus : Guido de Linais; Guido, filius Holdeberti; Albertus, filius Ifembardi; Robertus de Fluri; ex parte fancte Marie : Arnulfus Malviel; Gaufredus, major; Oylardus, famulus; Hubertus, pelletarius; Rannulfus, famulus; Teulfus, famulus.

CCXXXVII

S. D.
Vers 1090.

Algardis, filia Hervei Baffet, dedit Deo & fancte Marie de Longo Ponte, & monachis ibidem Deo fervientibus, unam ofcham terre apud Ledevillam, concedentibus filiis & filiabus fuis, Pagano videlicet & Gaufredo, Chriftiana atque Maria, ac donum fuper altare ponentibus. Hujus rei funt teftes : Baldricus, Hugo, Lifiardus de Efchercun, Helencus, Yvo, presbiter, Teodericus, helemofinarius.

CCXXXVIII

S. D.
Vers 1100.

Oylardus de Ver Magno, pro remedio anime fue, dedit Deo & fancte Marie de Longo Ponte, & monachis ejufdem loci, totam terram alodii fui, quem habebat apud Ledevillam. Quod donum concefferunt Holdeardis, uxor ejus, & Leodegarius, amborum filius. Hujus rei funt teftes : Hubertus Turuns; Arroldus; Josbertus Ruffus; Herluinus, filius Orri; Rainoldus, filius Riburgis; Rainoldus, fororius Oylardi; Heinricus, frater ejus; Thomas, filius Berte; Bernardus, famulus.

CCXXXIX

Burchardus de Castris, moriens, dimisit Deo & sancte Marie de Longo Ponte, & monachis ejusdem loci, totum quod habebat apud Ludevillam de alodio suo. Quod concesserunt uxor sua & filii sui, videntibus & audientibus: Widone, clerico, & Gualterio, fratribus ejus; Burchardo de Valle Grinosa & Gisleberto, fratre suo; Aymone de Maciaco; Afzone de Villa Bona & Guillelmo, filio suo.

S. D. Vers 1130.

CCXL

Ego Gila, consentiente viro meo, Arnulfo, tradidi monachis sancte Marie de Longo Ponte possidendum omnia quecumque in Ledevilla possideo. Sed & nunc jam mortuo viro meo, propter peccatum illius & meum, ut servi Dei Deum deprecentur imploro, &, ut hoc faciant, libenti animo primam donationem cognosco & affirmo : insuper & totam partem meam dono Deo & sancte Marie de Longo Ponte, quam in Ledevilla possideo, post mortem meam ; & ut, post mortem meam, sine omni calumpnia possideant totum quod in supradicta villa habeo, ob memoriam illius, inibi in vita mea unum hospitem dono, &, post transitum meum, possideant jure perpetuo. S. Odonis, prepositi. S. Advini. S. Andree & Anfredi, necnon & Hugonis & presbiteri Arduini.

S. D. Vers 1090.

CCXLI

S. D.
Vers 1090.

Algarda, femina, facit donationem Deo & sancte Marie de terra, que est in fine & villa que vocatur Ledevilla, terram arabilem IIII^{or} arpennos in vita sua, &, post obitum suum, alios sex, pro remedio anime sue & filii sui. Hii sunt testes : Algarda, que hanc facit donationem. S. Girardi. S. Ilberti. S. Bernardi, monachi. S. Eginari. S. Josberti.

CCXLII

S. D.
Vers 1100.

Petrus, filius Agnetis de Brueriis, dedit Deo & sancte Marie de Longo Ponte, & monachis ejusdem loci, omnem decimam quam habebat in alodio predictorum monachorum, quod est apud Merrolas. Quod donum laudavit simul & concessit Rainaldus, filius ejus, & super altare sancte Marie posuerunt pater videlicet & filius. Hujus rei sunt testes : Rainaldus, faber; Galterius, faber; Hubertus, pelletarius; Garnerius, major; Ebrardus, hortolanus; Obertus, portarius.

CCXLIII

S. D.

Ermengardis, uxor Anselli filii Naalendis, dedit Deo & sancte Marie de Longo Ponte & monachis ejusdem loci, duos arpennos terre apud Catenvillam; unum arpennum juxta arpennum quem predicti monachi in eadem villa habebant; alius arpennus vocatur arpennus de Pirerio. De hoc sunt testes hii : Isembardus, cognomento Paganus, filius Anselli; Amauricus, filius Tebaldi; Paganus, filius Hermerii; Laurentius, filius Arnaldi; Galterius de Sancto Yonio; Leodegarius de Jorria; Robertus Bomet; Rogerius, famulus.

CCXLIV

Petrus, filius Agnetis, concessit Deo & sancte Marie de Longo Ponte, & monachis ejusdem loci, terram quam mater ejus in vita sua eisdem monachis apud alodium de Merrolis dederat, videlicet unum arpennum, vel, si plus habetur, totum concessit. Quod viderunt & audierunt hii testes: Heinricus, prior; Malbertus, monachus; Teodericus, monachus; Rainaldus de Braiolet; Hugo de Brueriis; Rogerius de Sancto Yonio, qui vocatur Paganus.

S. D. Vers 1108.

CCXLV

Hugo Bisol, monachus effectus, dedit Deo & sancte Marie de Longo Ponte, & monachis ejusdem loci, xii^{cim} solidos de censu apud Vizoor & unum hospitem apud Eschercum, reddentem integram consuetudinem, concedente Roscelina, uxore sua, ac fratribus suis, Adam, cantore de Corboylo, & Odone, cognomento Pagano, Bisol, ac donum super altare ponentibus. Hujus rei sunt testes hii : Fulco de Lers; Aymo Bernerius; Hugo de Athiis; Burchardus de Palesiaco; Fulco, major; Garnerius, famulus; Arnulfus, major.

S. D. Vers 1145.

CCXLVI

S. D.
Vers 1100.

Domnus Ansellus de Vitri dedit Deo & sancte Marie de Longo Ponte, & monachis ejusdem loci, tres arpennos terre in Tesheriis & unum hospitem, nomine Belot, apud Vitrium, & vii^{tem} solidos de censu, quos solvunt homines isti : Josbertus, ix^{vem} nummos de pascuis; Fredericus, iiii^{or} nummos & obolum; Yvo, iiii^{or} nummos & obolum; Oylardus, v nummos; Radulfus, xii nummos; Albertus, xii nummos; Junianus, xii nummos; Maria, viii nummos; Teherius, viiii nummos & obolum; uxor Ingardi, viiii nummos. Et hoc donum dedit & concessit Tirrea, mater ipsius Anselli, & Fulco, frater ejus, & Fredericus, frater ejus, & Isembardus, frater ejus; Alburgis & Helizabeth, sorores ejus; Hugo, nepos ejus; Dulceia, soror ipsius Hugonis. Hujus doni sunt isti testes, ex parte ipsorum : Rainaldus de Plesseiz; Stephanus, filius ejus; Galterius, filius Holdredi; Belot, hospes; Stephanus, filius Frederici; ex parte sancte Marie : Gaufredus, major; Georgius de Atrio; Guido, nepos Heinrici, prioris; Rainerius, major de Saviniaco; Gaufredus, nepos ejus; Albertus, frater Rainerii.

CCXLVII

S. D.
Vers 1120.

Adalcidis, uxor Manasse, dedit Deo & sancte Marie de Longo Ponte, & monachis ejusdem loci, unum arpennum vinee in suo clausulo apud Cellas; & hoc concesserunt Guarinus, pater Manasse, & Milo atque Ansellus, filii ejus, testantibus : Petro, presbitero de Marcociis; Gaufredo, cognomento Pagano, de Alneto; Stephano, fratre Pagani; Galterio de Castris; Henrico Escharat; Aymone de Maciaco; Evroldo, cliente Ansoldi; Herberto, serviente Guarini; Herveo, famulo.

CCXLVIII

Arroldus & filii sui dederunt Deo & sancte Marie de Longo Ponte, & monachis ejusdem loci, totam terram quam habebant in Vallibus, ad capud pontis : testante Garnerio, & Bernardo, atque Oylardo & Pipum de Fluri.

S. D.

CCXLIX

Sciendum est quia Willelmus, filius Ebrardi Zonsi, dedit Deo & sancte Marie de Longo Ponte, pro remedio anime sue, terram quam habebat apud Fretnes, simul cum terris monachorum. Deinde monachis de Longo Ponte duos solidos dedit in parte sua, quam habebat in foro Nogemelli. Hoc donum annuit mater ejus, Odelina, & uxor ejus. Hujus donationis fuerunt testes : Aymo Tirebois, socer ejus; Rainaldus, filius Arroldi; Ricardus, famulus prioris. Postea vero domnus Ansoldus de Chailli, in cujus feodo erant predicti solidi, concessit ut idem solidi a monachis recipiantur IIII^{ta} feria ante festivitatem sancti Johannis Baptiste (1). Hujus concessionis fuerunt testes : Lisiardus, ejus nepos; Aymo de Maciaco; Gualterius de Castris; Paganus de Alneto.

S. D.
Vers 1120.

(1) 20 juin.

CCL

S. D.
Vers 1125.

Domnus Guillermus, filius Ebrardi Chofi, dedit Deo & sancte Marie de Longo Ponte, & monachis ejufdem loci, pro remedio anime fue, terram quam habebat apud Fretnes & duos folidos in foro Nogemelli. Hujus donationis extiterunt teftes confentientes ifti : fcilicet, mater ejufdem Guillelmi ; Aymo de Maciaco & Afzo, filius ejus; Aymo Tiribois & uxor ejus; Symon Galeranni & uxor ejus; Milo, filius ejus ; Nanterius de Orceaco. Si quis autem hoc donum defraudare temptaverit, fit pars ejus cum Juda, traditore Domini, nifi ad emendationem congruam venerit. Amen.

CCLI

S. D.
Vers 1100.

Durannus, major, filius Berardi de Champlant, dedit Deo & sancte Marie de Longo Ponte, & monachis ejufdem loci, quoddam hofpicium, quod tenet Rogerius, apud Champlant, ac XII^{cim} denarios, quorum debitores funt Durannus, filius Ooldi, & Nanterius ; necnon & dimidium arpentum prati, poft obitum fuum. De ipfo autem hofpicio VIII° denarios conceffit ad prefens de reveftitu. Quod viderunt & audierunt hii : Teodericus de Villa Moiffun ; Gaufredus, major ; Georgius de Atrio ; Alvinus, piftor ; Heinricus, piftor ; Rainerius, piftor ; Hubertus, filius Froberti.

CCLII

Aymo Crocibulum, veniens ad mortem & sanctum habitum de manibus Ramnulfi, monachi, suscipiens, ad titulum sancte Marie de Longo Ponte, dimisit Deo & sancte Marie de Longo Ponte, & monachis ibi Deo servientibus, alodium quem habebat apud Ledevillam. Quod viderunt & audierunt hii testes : Rannulfus ; Firmedus, presbiter ; Hubertus Coster ; Garinus, filius ejus ; Odo Filiolus.

S. D.

CCLIII

Hugo, filius Galeranni cognomento Pagani Castelli, de Orceaco, accedens ad monachicum habitum, dimisit Deo & sancte Marie de Longo Ponte, ubi factus est monachus, & monachis ejusdem loci, medietatem omnium que habebat apud villam que vocatur Eschercun, videlicet duos hospites & dimidium & champartem terre quam ipsi hospites possident, concedente Obelina, matre sua, ac donum super altare utrisque ponentibus. Quod viderunt & audierunt hii : Bernardus, filius Turgis ; Durannus de Guillerarvilla (*sic*) ; Symon, frater Teoderici, monachi ; Gaufredus, major de Saviniaco ; Johannes de Plesseio ; Josbertus, cocus ; Josbertus, pistor ; Teodericus, filius Arnulfi, majoris, & Gaufredus, frater ejus. Postea vero venientes fratres supradicti Hugonis, Robertus scilicet atque Gaucherius, concesserunt donum quod frater eorum fecerat ac donum super altare sancte Marie uterque posuerunt, videntibus simul & audientibus his : Guidone, presbitero de Linais ; Johanne, carpentario ; Letardo, carpentario ; Meingodo, bubulco ; Josberto, coco ; Roberto, coco.

S. D. Vers 1145.

CCLIV

S. D.
Vers 1120.

Universitati fidelium notum sit quod Guillelmus de Castris, filius Galterii, dapiferi & canonici de Sancto Victore, Parisii, terciam partem tocius decime de Atiis habuerint, ita ut ipsius tercie partis due partes Guillermi essent & tercia canonicorum. Illas duas partes, que sue erant, divisit Guillermus in tres equales partes : unam dedit ecclesie de Longo Ponte; secundam ecclesie de Castris; terciam ecclesie de Tivillone. Preterea, in eadem villa habebat idem Guillermus quandam decimam solus, sine parte alterius, quam tenent isti : Hugo, filius Alberti, v ancenges; Herlebodus, vi ancenges; Gumboldus, faber, ii ancenges; Gaufredus, filius Girardi, ii ancenges; Alveredus, unum arpentum & unum quarterium; Albertus, filius Herleboldi, medietatem unius arpenti; Girardus Berta, iii quarterios; Durannus, medietatem unius arpenti; Hugo, filius Seiberti, i ancengis; Robertus, frater ejus, i ancengis; Milesendis, soror sua, i ancengis. Hanc ergo decimam, que propria Guillermi erat, dedit idem Guillermus jamdictis tribus ecclesiis, equa lance dividendam in tres partes. Dedit etiam idem Guillermus minutam decimam, que sua propria erat, ecclesie de Longo Ponte duas partes, & canonicis de Sancto Victore terciam; videlicet de agnis, & vitulis, & ovis & aliis rebus minutis. Hec ita se habere novit Deus; noverint & homines.

CCLV

S. D.
Vers 1108.

Robertus Paganus, filius Holdeburgis, calumpniavit monachis sancte Marie de Longo Ponte unum arpentum terre, quem Lifiardus, patruus ejus, dederat eis apud Champlant. Quapropter, monachi concordiam fecerunt cum eodem Roberto ante domnum Milonem, tali pacto ut in vita sua predictum arpentum poffideret; poft deceffum vero fuum, arpennus ad ecclefiam rediret, cum decima quam monachi antea non habuerant. Hujus rei funt teftes ifti : Milo de Braico; Guido de Linais; Burchardus de Valle Grinofa; Balduinus, filius Rainardi; Guillermus, filius ejus; Godefredus Gruel; Gaufredus, major; Oylardus, famulus; Garnerius, famulus.

CCLVI

Bernardus de Cabrofa, pro anima fua, dedit Deo & fancte Marie de Longo Ponte totam terram cum redditibus fuis, quam ipfe apud Soliniacum poffidebat, Ivifia, uxore fua, Bernardo, amborum filio, Helizabeth & Cecilia, filiabus, concedentibus; Arroldo, majore, Garino Britone, Johanne, carpentario, Reinaldo, fabro, audientibus & teftificantibus. Maria poftea, Reinaldi de Braiolo filia, hoc donum quod Bernardus fecerat Rainaldo, patri fuo, ad velle fuum faciendum cum filiis fuis conceffit. Ipfe vero Deo & fancte Marie de Longo Ponte & fe monacum & terram dedit, ipfa Maria, Aymone & Nanterio, filiis fuis, annuentibus. Hoc factum eft apud Dordingtum, in camera regis, audientibus Florentia, uxore Rainaldi; Godefredo de Braiolo; Pagano de Sancto Ionio; Aymone & Hugone, ejus fratribus, & aliis quam pluribus. Donum iftud Guido, Guidonis filius, de Rupe Forti (1), de cujus feodo erat, pro animabus anteceflorum fuorum, fine ulla retentatione fervicii, conceffit & in manu Henrici (2), prioris, per ligni porciunculam, hujus rei donum

S. D.
Vers 1115 ou 1118.

posuit, Seguino, filio Helizabeht, Arnulfo Frument, Herlando de Valle, Fulcherio de Buelun, Hermuino, prepofito de Bertolcurt, Hoduino, prepofito de Gumecio, atteftantibus. Deinde Aymo, Tevini filius, miles factus, iftam terram calumpnians, pro conceffione accepit L folidos, & condonavimus ei XI folidos, quos rufticis ejufdem ville abftulerat, & dimidium modium frumenti & unum modium avene; & mifit donum fuper altare ipfe & avunculi ejus, Godefredus & Odo, & concefferunt ita liberam ut inde nullum fervitium haberent, nifi orationes, Sultano, Guidone Andegavenfe, Burchardo de Vallegrinofa, Roberto de Fluriaco, teftificantibus.

Vers 1145. Poft longum tempus, ipfe Aymo Symoni (3), comiti de Munforti, (tempore cujus bene ufque ad xv^{cim} annos, omni tempore quo advixerat pater ejus, Amalricus (4) fcilicet, comes de Munforti, predictam terram liberam & quietam poffederamus), fuggeffit quod nos monachi unum menfem fervicii reddere deberemus, ficut medietatem ville noftram effe dicimus. Quod ille ita effe credens terram noftram cum redditibus in fua manu cepit. Nos vero hec audientes predictum comitem ad Rupem Fortem requifivimus, cartulas noftras oftendentes; fed nichil proficere potuimus. Clamorem inde ad regem Lodovicum (5) fecimus. Tunc predictus comes fubmonitus & in curia regis veniens, Parifius, lectis cartulis noftris coram regiis baronibus, ipfo Lodovico rege inter nos judicante, fepedictus comes Symon terram noftram de Soliniaco, ficut anteceflorum fuorum temporibus, quin etiam ipfius, quietam & omni fervicio liberam poffederamus, amodo in perpetuum conceffit ut teneremus. Hujus rei teftes : Rotroldus, Ebroarum epifcopus (6); comes Mellendis Galerannus (7); Hugo de Campo Florido, regis cancelarius (8); Teodericus; Galerannus; Ferricus Parifius; Guido Cabrofe; Tibertus Parifius, & alii multi (9).

(1) Gui II de Rochefort, deuxième fils de Gui *le Rouge*, comte de Rochefort en Yveline & sénéchal de France. Voyez plus haut la charte xi, *note* 1. Voyez aussi l'*Introduction*, p. 13.

(2) Henri, prieur de Longpont.

(3) Simon de Montfort, dit *le Chauve*, comte d'Evreux, second fils d'Amaury Ier, qui succéda à son frère aîné, Amaury II, en 1140.

(4) Amaury Ier de Montfort, comte d'Evreux de 1118 à 1137.

(5) Louis VII *le Jeune*.

(6) Rotrou de Beaumont-le-Roger ou de Warwich, évêque d'Evreux de 1139 à 1165.

(7) Galeran ou Waleran II, comte de Meulan, 1118 — 1166.

(8) Le ms. porte par erreur : *cancelario*.

(9) Voyez ci-dessous les chartes CCLXXII & CCLXXIV, & la charte CCLXXXII, qui est le résumé de celle ci.

CCLVII

Ego Gaufredus (1), Pariliorum episcopus, & Joscelinus, archidiaconus, utile & honestum esse intelligentes monachorum Cluniacensium in ecclesia beate Marie Longi Pontis Domino servientium, immo domni Guidonis (2), amicissimi nostri, ex laico dudum effecti monachi, precibus, aurem misericordie aperire, damus eis altare & quod ad altare pertinet ville, que dicitur Orceacus, quod sacratum est in honore sancti Martini, ita ut nunquam a nobis vel ab aliquo successorum nostrorum, alicujus infestationis calumpnia, moveatur ; salva tamen in omnibus ecclesiastice subjectionis nobis debita reverentia. Synodum vero & circadam nobis retinemus, ne res ecclesiastica omnino a manu nostra removeri videatur. Ut autem hoc donum firmum & stabile permaneat, archidiaconorum nostrorumque canonicorum manibus kartulam istam roborandam obtulimus. S. Gaufredi, episcopi. S. Joscelini, archidiaconi. S. Drogonis, archidiaconi. S. Ivonis, archidiaconi. S. Johannis, decani. S. Ga-

S. D.
Vers 1080.

leranni, cantoris. S. Oylardi, facerdotis. S. Odonis, facerdotis. S. Galterii, facerdotis. S. Roberti, facerdotis. S. Girardi, levite. S. Josberti, levite. S. Fulchoii, levite. S. Aymonis, levite. S. Heinrici, levite. S. Odonis, fubdiaconi. S. Garini, fubdiaconi. S. Tedvini, fubdiaconi. S. Stephani, acoliti. S. Landonis, acoliti (3).

(1) Geoffroi Ier de Boulogne. — 1061 — 1er mai 1095.
(2) Gui de Montlhéry, fondateur du Prieuré — Voyez plus haut la charte LI.
(3) Edité par Dubois dans: *Hiftoria ecclefiæ Parifienfis*, 1, p. 691.

CCLVIII

S. D.
Vers 1105.

Noverint omnes fideles quod, quando Gaufredus, Urrici filius, monachis de Longo Ponte donum de ecclefia de Orceaco & omnibus que in dominio habebat fecit, Symon, filius Galcherii, qui terciam partem nemoris & aque habebat, confuetudinem illam, quam Gaufredus dederat, in fua parte calumpniavit. Deinde, in prefencia Guidonis Trofelli qui eo tempore dominus de Monte Leterico erat, quid ex hoc acturum effet, judicio ejus & eorum qui prefentes erant, adfenfit. Judicatum eft igitur à Guidone Rubeo, de Rupe Forti domino (1), quod propter fuam partem monachi nullatenus confuetudines illas, quas Gaufredus dederat, non amitterent. Ipfe tandem Symon, precibus ejufdem Guidonis & aliorum devictus, & Milo, prior natus ejus, confuetudines illas fibi datas monachi abfque calumpnia firmiter poffiderent, ficut Gaufredus dederat, concefferunt. Quod viderunt Guido Trofellus; Burchardus de Valle Grinofa; Guido Rubeus; Guido de Lynais; Aymo de Maciaco; Petrus de Lunvilla; Guido de Luifant; Hugo Baffet; Stephanus, pratarius; Tebaldus, filius ejus.

(1) Gui Ier dit *le Rouge*, comte de Rochefort, fils de Gui de Montlhéry, fondateur du Prieuré de Longpont, & oncle de Gui-Trouffel, nommé plus haut. — Voyez plus haut la charte XI, note 1, & l'*Introduction*. p. 13.

CCLIX

Gaufredus, filius Urrici, ecclefie beate Marie de Longo Ponte & ecclefie de Orceaco capellam de Viveriis cum omnibus apendiciis fuis dedit, atrium videlicet & omnem decimam de Monte & Valle ad ipfam ecclefiam pertinentem; partes etiam illas quas milites de feodo ejus tenebant, fi pro falute anime fue dimittere vellent; terram uni carruce fufficientem; medietatem virgulti; nemus in cunctis neceffitatibus, tam ignis quam operis; duos collectores in caftinaria; aquas ad pifcandum; (omnibus annis anniverfarium ejus agitur inclufa fuccidetur); in molendino de Prato, poft primum molere; Ifembardum infuper, fervum fuum, cum manfione fua. Et, ut hoc firmum atque ftabile perfifteret, in prefencia Milonis, veteris, actum eft & conceffum. Hujus rei funt teftes: Ipfe Milo, fenior; Tevinus de Forgiis; Guido de Linais; Aymo de Donjone; Balduinus, filius Rainardi; Robertus de Floriaco; Stephanus, prepofitus; Gaufredus, major; Bernardus de Orceaco; Reinerius Riche Pance; Georgius de Fertada.

S D.
Vers 1105.

CCLX

S. D.
Vers 1090.

Milo Castellus, monachicum habitum assumens, dimisit Deo & ecclesie beati Martini de Orceaco, & monachis ibidem Deo famulantibus, omnem decimam de tota terra sua, quam habebat in valle de Orceaco, concedentibus filiis suis, Seguino atque Nanterio. Sed postea ipse Nanterius donum quod prius concesserat, cupiditate victus, calumpniavit & monachis violenter abstulit. Qui postmodum facti penitens, non juste a se possessa supradictis monachis ea ex parte reddidit & ex parte retinuit, tantummodo in vita sua, tali pacto ut ipsa pars ab eo retenta post mortem illius ad ipsam ecclesiam & ad monachos reverteretur. Hec sunt autem que ad presens prefatis monachis perpetim possidenda reddidit: decimam de arpento Roberti Imperatoris; de arpenno Hermerii; de arpento Holduini, clerici; de tribus quarteriis Popini & de tota terra de Pireriis; & de his omnibus que dicta sunt ipse Nanterius & Odelina, uxor sua, donum super altare sancti Martini posuerunt. Quod viderunt & audierunt isti: Gaufredus, filius Symonis, de cujus feodo erat, & Gila, uxor ejus, qui hoc benigne concesserunt; Galterius, prepositus; Petrus Turcus; Popinus de Corbevilla; Fromundus; Arnulfus, filiaster ejus; Holduinus, filius Popini; Hermerus & alii multi.

CCLXI

S. D.
Vers 1100.

Commendare memorie debemus quod Symon de Orceaco, post excessum suum, atrium sancti Martini de Orceaco ecclesie sancte Marie de Longo Ponte dedit, ita tamen quod a priore Heinrico & ab aliis fratribus loricam pro L^ra solidis accepit, sed tali tenore ut, si usque ad octabas sancti Remigii denarios solveret, supradictum atrium in vita sua, quamdiu vellet, haberet: quod si non faceret, supradictus prior & alii fratres omnino & in vita & in morte haberent. Hujus rei sunt isti testes: Seguinus de Curbehart; Hildeerius Rica Pancia; Teodericus de Calliaco; Johannes, filius Beroardi; Ricardus; Gumboldus; Constancius; Gaufredus, major; Hildeerius, pistor; Gaufredus, puer. Et si quis hoc calumpniare presumpserit, nisi satisfecerit, eterno anathemate dampnetur.

CCLXII

Symon de Orceaco concessit Deo & sancte Marie de Longo Ponte quodcunque datum est atque dabitur de feodo suo, salvo suo servicio. Hujus concessionis sunt testes isti: Galterius de Villa Bona; Aszo de Villa Bona; Heldigerius filius Milonis; Gaufredus, major; Oylardus, famulus; Maingodus, talamerarius.

S. D. Vers 1100.

CCLXIII

Richardus Pela Rusticum dedit Deo & sancto Martino de Orceaco, & monachis ejusdem loci, omnem decimam de masura Alberici de Villa Leheria, quam tenebat de Symone Infante, & duos arpennos terre apud molendinum de Prato. Quod donum idem Symon concessit & super altare sancti Martini posuit, ipse pariter & uxor ejus, Odelina. Et hoc iterum

S. D. Vers 1090.

concesserunt uxor ipsius Richardi Pela Rusticum, Osbergia, & filii amborum, Lethardus & Lethardus, Heldeardis. Quod viderunt & audierunt hii testes : Petrus Castellus; Walerannus, frater ejus; Girardus de Porta; Teodericus, filiaster ejus; Scimarus; Orricus; Girardus; Drogo.

CCLXIV

S. D.
Vers 1100.

Simon de Orceaco & uxor ejus, Odelina, dederunt Deo & sancte Marie de Longo Ponte, fratribusque ibidem Deo servientibus, decimam de duobus arpentis terre in valle Valbuini, que in manus eorum venerat de morte cujusdam militis eorum. De quo dono sunt isti testes : Petrus Castellus; Obertus, piscator; Girardus, famulus; Rainerius Turcus.

CCLXV

S. D.
Vers 1100.

Sevinus, filius Milonis Castelli, pro anima sua & pro animabus antecessorum suorum, dedit Deo, & sancte Marie & sancto Martino de Orceaco, monachisque ibi habitantibus, omnem decimam quam habebat apud Bosseriam & duos arpentos terre quos habebat apud Viverios. Hujus doni sunt testes : Johannes, presbiter, & Raimboldus, filius ejus; Petrus Castellus & Guido, filius ejus; Paganus Castellus & Hilduinus, filius ejus; Gerardus.

CCLXVI

S. D.
Vers 1140.

Omne donum quod dedit Siguinus, filius Milonis Castelli, Deo & sancte Marie de Longo Ponte, & monachis ibidem

Deo famulantibus, hoc concessit Nanterius, frater ejus, in presentia domni Johannis, prioris. De hac re hii testes existunt : Guido Andegavensis, Aymo de Maciaco, Galterius de Castris, Arnulfus, major; Bernardus & Richardus, famuli (1).

(1) Cf. la charte précédente CCLXV.

CCLXVII

Petrus Castellus & Guido, filius ejus, dederunt Deo & sancte Marie de Longo Ponte, & monachis ejusdem loci, quinque hospites apud Orceacum, duos reddentes integras consuetudines, tres vero alios censuales. Nomina autem hospitum hec sunt : Isemburgis, uxor Bernerii, & Heinricus : isti reddunt consuetudines. Isti vero sunt censarii : Grossinus, Garinus & mater Teboldi. Dedit iterum idem Petrus & filius ejus supradictis monachis plateam, que est in curia monachorum in supradicta villa consistencium, & arpennum prati, & ortum quendam & alnetum qui est prope molendinum, videntibus & audientibus his : Guidone Andegavense; Wlgrino Parvo, de Atiis; Roberto, fratre Pagani de Porta; Hugone de Orli; Benedicto, filiastro ejus; Gaufredo de Britiniaco & filio ejus.

S. D.
Vers 1100.

CCLXVIII

Teulfus, noster monachus, dedit Deo & sancte Marie de Longo Ponte, & monachis ejusdem loci, medietatem decime de Monte Clen; de qua decima presbiter de Joi vi^{tam} partem habet. De bosco autem, & plana & de omnibus de

S. D.
Vers 1090.

quibus decima debet exire omnia dimifit predictus Teulfus eidem loco. De toto autem territorio de Valle Baen duas partes decime contulit idem Teulfus eidem loco, videlicet de omnibus de quibus decima debet exire, excepto, ficut jam dictum eft, quod presbiter de Joi vi^{tam} partem retinet; teftante Garnerio de Bevria & Rogerio, majore de Saviniaco; Garnerio, Roberto atque Bernardo, famulis.

CCLXIX

S. D.
Vers 1100.

Sciendum eft quod Robertus, cognomento Galerannus, conceffit Deo & fancte Marie de Longo Ponte, & monachis ejufdem loci, illam decime partem que de feodo fuo erat, quam dederat Holdierius Rica Pancia fupradictis monachis apud Curbevillam, quam turpi nomine homines laici vocant; & de hoc mifit donum in manu Garnerii, monachi, cujus filiam habebat, & precepit ei ut fuper altare fancte Marie poneret. Hujus rei funt teftes : Balduinus de Belvaco; Heinricus, clericus, filius Garnerii, monachi; Rainaldus Carbonellus; Hubertus, frater ejus; Gaufredus, filius Teoderici; Giroldus, gener ejus; Stephanus de Berlencurt; Robertus, famulus. Veniens igitur Garnerius, monachus, apud Longum Pontem donum iftud fuper altare fancte Marie pofuit. Quod viderunt ifti : Guillermus de Duno; Robertus, famulus; Garnerius, famulus; Rogerius Hurctus; Albertus de Dordingco; Simon de Brucia; Rainerius, piftor.

CCLXX

S. D.
Vers 1080.

Aia, uxor Balduini, filii Rainardi, dedit Deo & fancte Marie de Longo Ponte, & monachis ejufdem loci, quicquid habebat in nemore de Salciaco, videlicet decem solidos de censu & alias consuetudines omnes; et hoc donum concesserunt Balduinus, maritus ejus, Guillermus, filius ejus, Milesendis & Alburgis, filie ipsius, & die sepulture ejus super altare sancte Marie posuerunt. Quod viderunt & audierunt hii testes: Hescelinus de Linais; Arnulfus de Alvers; Gaufredus, cognomento Paganus, de Alneto; Guido, filius ejus; Stephanus, frater ipsius Gaufredi; Hugo Gentilis; Fulbertus de Chatenvilla; Gaufredus, major.

CCLXXI

Giroldus de Coldriaco dedit Deo & sancte Marie de Longo Ponte, & monachis ejusdem loci, apud Salciacum, unum arpennum terre reddentem x^{cem} denarios de censu, quem tenebat Dodo Voverius. Hoc donum concessit Holdeburgis, uxor ejus. Similiter Johannes & Arroldus, filii amborum, &, die sepulture ipsius Giroldi, super altare sancte Marie posuerunt. Quod viderunt & audierunt hii testes: Petrus de Lunvilla; Garinus de Salciaco; Fulbertus, frater ejus; Girardus Captivellus; Gaufredus, major; Oylardus, filius Harpini.

S. D.
Vers 1090.

CCLXXII

Commendare memorie volumus quod Guido (1), Guidonis filius, de Rupe Forti, medietatem terre de Soliniaco, quam Bernardus de Cabrosia pro remedio anime sue ecclesie sancte Marie de Longo Ponte & monachis ejusdem loci dederat, precibus domni Heinrici, prioris, familiariumque suorum,

S. D.
Vers 1105.

Deo & sancte Marie de Longo Ponte, quia de feodo suo erat, pro animabus antecessorum suorum, sine ulla retentacione, concessit, donumque hujus rei in manu supradicti prioris per ligni portiunculam posuit. Quod viderunt & audierunt hii testes : Johannes, monachus, qui cum priore erat; Seguinus, filius Helyzabeth; Arnulfus Frumentum; Herlandus de Valle; Fulcherius de Boolun; Ermenardus; Almandus; Helinuinus, prepositus de Bertocurt; Holduinus, prepositus de Comecio (2).

(1) Gui II, comte de Rochefort, deuxième fils de Gui Ier, *le Rouge*.
(2) Cf. les chartes CCLVI, CCLXXIV & CCLXXXII.

CCLXXIII

S. D.
Vers 1100.

Guido, filius Petri Castelli, concessit Deo & sancte Marie de Longo Ponte, & monachis ejusdem loci, donum quod Symon, avunculus suus, fecerat de decima Garnnulvisin *(sic)*. Quod viderunt & audierunt : Yvo, presbiter; Briccius, clericus; Bernardus, famulus; Richardus, famulus; Martinus, bubulcus; Robertus, pistor; Josbertus, cocus; Josbertus, pistor.

CCLXXIV

S. D.

Maria, filia Rainaldi de Brayolo, medietatem terre de Soliniaco, quam Bernardus de Cabrosia sancte Marie de Longo Ponte pro remedio anime sue dederat, patri suo supranominato ad velle suum faciendum cum filiis suis concessit. Pater vero ejus Deo & sancte Marie de Longo Ponte & se monachum & terram dedit, ipsa eadem Maria annuente cum filiis suis, Aymone & Nanterio. Nec illud silendum est quod apud Dordingcum, in camera regis, hoc factum fuit, audientibus istis : Florencia, uxore Rainaldi; Maria, filia ejus, & filiis ejus, Aymone & Nanterio; Godefredo de Braiolo; Pagano de Sancto Yonio; Aymone & Hugone, fratribus ejus; Hugone de Cavanvilla. Postera autem die, concessit hoc idem Rainaldus, filius ejusdem Rainaldi. De hoc sunt testes : Paganus de Sancto Yonio; Aymo & Hugo, fratres ejus; Moreherius de Stampis; Petrus Bernardus; Gaufredus, major; Oylardus, famulus; Garnerius, famulus (1).

(1) Cf. les chartes CCLVI, CCLXXII & CCLXXXII.

CCLXXV

Tegerius qui a multis apellatus est Tescelinus, de Palesolio, jacens in infirmitate de qua mortuus est, dedit Deo & monachis sancte Marie de Longo Ponte omnem partem decime sue, quam habebat ex omnibus rebus in villa que Villa Bona dicitur. Die igitur qua sepultus est idem Tegerius, soror ejus, Adaleidis, uxor Galterii de Orengiaco, & filii, Aymo & Aszo, & alia soror Helyzabeth, uxor Petri de Linais, fecerunt donum super altare sancte Marie de Longo Ponte per sciphum sancti Macharii. Hujus rei sunt testes : Aymo & Aszo, fratres; Petrus de Linais; Aymo de Palesiolo; Wlgrinus de Orengiaco; Odo de Riis. Ex parte sancte Marie sunt isti : Georgius, major; Hugo, pistor; Raimbaldus, serviens; Ricardus, arator.

S. D.
Vers 1110.

CCLXXVI

Fête de la Pentecôte. Mai ou Juin. Vers 1110.

Maria, uxor Aymonis de Maciaco, dedit Deo & sancte Marie de Longo Ponte, & monachis ejusdem loci, partem illam decime de Villa Bona quam habebat, quam ipse Aymo predictis monachis injuste auferebat, quia Tescelinus jam dudum illis eam donaverat. Die igitur Pentecosthes qua sepulta est jamdicta Maria, veniens Aymo, maritus ejus, ante altare sancte Marie, concessit hoc donum monachis & super altare posuit. Quod viderunt & audierunt hii testes: Guillelmus de Maciaco, frater ipsius Aymonis; Petrus, major de Calliaco; Petrus de Bevria; Bernardus, frater Alzonis de Villa Bona; Stephanus, pratarius; Oylardus, famulus; Georgius de Fertada; Georgius de Atrio; Hubertus, pelletarius.

CCLXXVII

S. D. Vers 1100.

Galterius Arbalaster dedit Deo & sancte Marie de Longo Ponte, & monachis ejusdem loci, xx^{ti} arpenta terre in Buxeria, juxta Orceacum, concedente uxore sua & duobus filiis suis, Petro atque Drogone; testantibus: Teoderico, helemosinario; Bernardo, famulo, Guitardo de Miliduno; Odone, precursore.

CCLXXVIII

S. D. Vers 1100.

Crispinus, miles, filius Petri, panetarii, de Vizoor, concessit Deo & sancte Marie de Longo Ponte, & monachis ejusdem loci, decimam de Corbevilla quam calumpniabat, atque donum super altare posuit; quam avus ipsius, Holdierius, eidem loco moriens dimiserat ac postea pater supradicti Crispini postmodum concesserat, videntibus simul & audientibus his : Yvone, presbitero; Petro, patre ipsius; Burchardo de Scala; Gaufredo, majore; Georgio de Fertada; Roberto & Garnerio, famulis.

CCLXXIX

Guillermus de Galardone, filius Gaufredi Borgni, cepit Naalendem, uxorem Guarini, majoris de Soliniaco, dicens illam ancillam suam esse. Postea autem reddidit illam Deo & sancte Marie de Longo Ponte per Teodericum, monachum, atque illam dimittens liberam & omnes infantes ejus recognovit se injuriam fecisse, & de hoc fecit rectum Deo & sancte Marie & in manu Teoderici, monachi, misit. Quod viderunt & audierunt hii testes : Guillermus, monachus, prior de Gomez; Arnulfus Frumentum; Hugo Bibens; Stephanus Barba; Paganus Alpes; Grossinus de Genveriis; Hugo Malviel; Stephanus, frater predicte Naalendis; Garinus, maritus ipsius.

S. D.
Vers 1100.

CCLXXX

Hugo Champlant, ex parte Garini Grassi, generi sui, dedit Deo & sancte Marie de Longo Ponte, & monachis ejusdem loci, medietatem decime de Arroviler & medietatem decime de Fai, & donum super altare posuit. Quod viderunt & audierunt hii testes : Galterius Blundellus; Ran-

S. D.
Vers 1100.

nulfus, fartor; Galterius Grierius; Arnulfus, filius Gaufredi; Garnerius, famulus; Robertus, famulus; Bernardus, famulus; Milo, filius Teulfi; Bernerius, frater ejus.

CCLXXXI

S. D.
Vers 1100.
  Odelina dedit Deo & fancte Marie de Longo Ponte, & monachis ejufdem loci, ubi corpus ejus jacet fepultum, totum hoc quod habebat apud Villam Juft, videlicet terram & nemus. Et hoc conceffit Balduinus, pater ejus, & Aya, mater ejus, & Gaufredus & Guillermus, fratres ipfius, excepto quodam feodo unius militis, Anfvini nomine, filii Afcelini, quod retinuit Balduinus quantum ei placeret donec monachis redderet, monachis, dico, expectantibus ejus mifericordiam. Quod viderunt & audierunt hii teftes, ex parte ipforum : Guido de Linais; Guido, filius Holdeberti; Albertus, filius Ifembardi; Robertus de Fluri; ex parte fancte Marie : Arnulfus Malviel; Gaufredus, major; Oylardus, famulus; Hubertus, pelletarius; Rannulfus, famulus; Teulfus, famulus.

CCLXXXII

S. D.
Vers 1105.
  Bernardus de Cabrofia, pro anima fua, dedit Deo & fancte Marie de Longo Ponte, & monachis ejufdem loci, totam terram cum redditibus fuis, quam ipfe apud Soliniacum poffidebat. Quod donum concefferunt Ivifia, uxor ejus, & Bernardus, filius amborum, Helyzabeth & Cecilia, filie ipforum. De hoc funt teftes hii, ex parte ipforum : Arroldus, major; Garinus Brito, nepos Hugonis Bifol; Johannes,

carpentarius; Rainaldus, faber, de Curnomio. Ex parte fancte Marie sunt hii : Thomas, filius Drogonis de Braia; Hugo de Atrio; Petrus, salnerius; Lebertus, forestarius; Fulco, major; Hermerius. Iterum hoc donum concesserunt Balduinus, clericus, & Robertus, filii ipsius Bernardi & Ivisie, uxoris ejus. Quod viderunt & audierunt hii testes, ex parte illorum : Fredericus, major; Garinus Brito; Arroldus, major; Johannes, carpentarius; Rainaldus, faber, de Curnomio. Ex parte fancte Marie sunt hii : Girbertus, presbiter de Bosco; Symon, filius Drogonis de Braia; Thomas, frater ejus; Josbertus, major; Garnerius, famulus.

Deinde Aymo, filius Tevini, factus miles, istam terram calumpnians, pro concessione accepit quinquaginta solidos. Insuper & condonavimus ei xi^{cim} solidos, quos a rusticis ejusdem ville abstulerat, & dimidium modium frumenti & unum modium avene. Et miserunt donum super altare ipse & avunculi sui, Godefredus & Odo, & concesserunt ita liberam *(sic)* ut inde nullum servicium haberent nisi helemosinam, testante Sultano, & Guidone Andegavense, & Burchardo de Valle Grinosa & Roberto de Fluriaco (1).

(1) Cf. la charte CCLVI ci-dessus, dont celle-ci n'est que l'abrégé, & aussi les chartes CCLXXII & CCLXXIV.

CCLXXXIII

Milo de Atilliaco concessit Deo & sancte Marie de Longo Ponte, & monachis ibi habitantibus, partem terre de Saviniaco, quam ejus amita, Heldebergis, pro anima sua, eisdem monachis reliquerat; videlicet, unum hospitem, Aszonem nomine, & unum arpennum terre, sicuti concordiam fece-

S. D.
Vers 1100.

rant inter se & Galterium de Castris. Item concessit medietatem dominice terre, quam ipsa Heldebergis habebat apud ipsam villam, extra partem duorum. Hujus rei sunt testes hii, ex parte ejus : Hugo, frater ejus, qui & hoc donum concessit; Petrus de Pratis; Guido Lisiardus; Simon de Sparniaco; Hugo Bassetus; ex parte sancte Marie : Odo, consul de Corboylo; Isembardus, filius Anselli de Stampis, qui vocatur Paganus; Bernardus de Cabrosia; Arroldus de Bunduflo; Oylardus, famulus.

CCLXXXIV

S. D.
Vers 1100.

Ansoldus de Valarrone, qui, succurrente illi divina miseracione, in extremo vite sue positus, monachus effectus est, dedit Deo & sancte Marie de Longo Ponte totam terram cum messibus, quam apud Mesniliacum Ansberti habebat, & omnia que terra illa reddebat. Hujus rei sunt testes : Rogerius, Otardus, Andreas, Arduinus, capellanus; Rainardus, frater Ansoldi; Hugo, nepos ejus; Gaufredus Bernoala; Oylardus, Rannulfus.

CCLXXXV

S. D.
Vers 1100

Constancia, uxor Heinrici Escharat, moriens, dedit Deo & sancte Marie de Longo Ponte, & monachis ibidem manentibus, duos solidos de censu apud Villam Novam Regiam. Quod concessit ac donum super altare posuit Heinricus, vir ejus, concedentibus etiam Sancelina, matre illius, & fratribus ipsius, Bartholomeo atque Petro, & Rosza, sorore sua.

De qua re hii testes existunt : Radulfus de Solario ; Albertus de Ver ; Teodericus, elemosinarius ; Gaufredus, major ; Garnerius, famulus.

CCLXXXVI

Notum sit omnibus quod domnus Petrus defunctus, de Monstrellis, in fine suo, dimisit, pro remedio anime sue, totam minutam decimam suam de Curtebuf, scilicet de agnis, de lino, de canva & sic de ceteris. Hoc donum fecit Elizabe [t] h, uxor ejus, & ipso pro illo *(sic)*, & Amauricus & Guillermus, filii ejus. Hujus doni testes fuerunt Guillermus de Linteis & Anselmus, filius ejus.

S. D.

CCLXXXVII

Hec sunt que propria habemus apud Champlant :
Hermentrudis, II solidos pro duobus arpentis de vinea. Fromundus, IX^{rem} denarios. Balduinus, III denarios pro uno arpento de vinea. Hildeburgis, VIII denarios pro uno arpento de terra. Herlandus, IIII denarios pro dimidio arpento de terra. Odo Parvus, duodecim denarios pro uno arpento de terra. Albericus, corduanerius, VI denarios pro uno arpento de terra. Girardus, molendinarius, VI denarios de terra. Aymo de Fonte, VIII denarios de vinea. Hugo, filius Froberti, II solidos de duobus arpentis. Rainoldus, filius Hermenfredi, II solidos de vinea. Raimboldus de Salce, VI denarios. Odo Panes, III denarios. Roardus Rufus, III denarios de arpento vince. Aymo Breto, XII denarios

S. D.
XIIe siècle.

de arpento vinee. Johannes de Maci, xii denarios de arpento vinee. Stephanus, filius Belotini, xii denarios de arpento vinee. Seguinus de Maci, vi denarios de vinea. Berardus de Saviniaco, vi denarios de vinea. Evrardus de Montiniaco, vi denarios de vinea. Rainoldus Lupus, xv denarios de vinea. Lambertus de Villa Bona, iii denarios de vinea. Arbertus, filius Balduini, xii denarios de terra. Bolotinus, ii solidos de vinea. Lambertus de Villa Bona, xii denarios de terra. Josbertus, filius Constancii, vi denarios de vinea. Rainoldus, clericus, xii denarios de vinea. Cochinus, xii denarios de vinea. Balduinus Breto, vi denarios de vinea. Aymo, filius Nanterii, vi denarios de vinea. Arbertus, filius Holdeerii, viii denarios de terra. Durannus, major, ii solidos. Roscelina, viii denarios de terra. Robertus, filius Holdeerii, xii denarios de terra. Holdeerius, filius Hengelifrerii *(sic)*, xii denarios de terra. Teodericus, iii denarios de terra. Hospites sunt Hugo, filius Froberti, & Cochinus. De terra Teoderici decima & champartum, & de arpenno Hugonis, filii Froberti, decima ejusdem Hugonis. De arpenno qui est juxta terram Teoderici decima & champartum. De tribus arpentis Odonis Parentis decima & champart. De tribus arpentis Rainoldi, filii Garini, decima & champart. De dimidio arpenno Herlandi decima. De dimidio arpento Arberti, filii Balduini, decima & campart. De uno quarterio Teoderici decima. De uno arpento Holdeburgis decima. De uno arpento Duranni, majoris, decima & campart. De uno arpento Bernardi de Forgiis decima & campart. De uno arpento Roberti, filii Holdeerii, decima. De uno arpento Holdeerii decima. De tribus quarteriis Arberti, filii Holdeerii, decima. De uno arpento Lamberti de Villa Bona, decima. De uno arpento Arberti, filii Balduini, decima. De tota altera decima de annona tercia pars, & in parte Simonis Galeranni dimidium modium. Omnis decima tocius vini torcular[is] de Nogemello & medietas torcularis de Champlant, & in molendino domni Frederici dimidium modium annone.

CCLXXXVIII

Apicibus scripturarum attestantibus, ea que a longis temporibus facta sunt, quasi cotidie nova fiant, legendo cognoscimus. Que quantum tedium removeant vel quale commodum prestent patet omnibus. Idcirco tam futuris quam presentibus ego frater Teobaldus (.1), fratrum de Longo Ponte servus, notum facere satago qualiter meo tempore empta sit medietas decime de Nooreio. Burchardus de Calliaco, filius Hugonis, ad me veniens, eam venalem mihi optulit. Unde, consilium habens cum domno Teobaldo, Parisiensi episcopo, & cum Ansoldo Divite, de Calliaco, & cum aliis amicis nostris, hoc tandem responsum ab eis habui ut eam emerem. Concessione igitur predicti episcopi, ab ipso Burchardo & ab uxore ejus ipsam decimam emi, & pro ipsa xx^{ti} & unam libram parisiensium eis dedi & vi libras & dimidium pruvinensium, quas monachis nostris de Sancto Juliano super ipsam debebant, condonavi. Quod concessit Milo de Marcolciis, de cujus feodo movebat, & alii, quorum nomina inferius subscribuntur: Ansoldus Dives, de Calliaco; Gila, neptis ejus; Ansoldus & Gislebertus, filii ipsius Gile; Eremburgis, soror eorum. Hujus actionis testes sunt: ego Teobaldus, fratrum de Longo Ponte servus; Osbertus, camerarius; Osbertus de Thoca; Guido Andegavensis; Albericus, presbiter; Bernardus, famulus; Johannes, filius Garnerii; Teodericus, filius majoris: hii ex parte sancte Marie; ex parte autem eorum: Durannus, miles; Balduinus

S. D.
Vers 1150.

Ruffus; Boldunus; Symon, filius Josberti; Hugo, filius Odonis; Popinus; Robertus Anglicus; Garinus de Balefy; Gerardus; Teodericus.

(1) Thibaud Ier, prieur de Longpont.

CCLXXXIX

S. D.
Vers 1100.

Anfoldus, filius Lifiardi, dedit Deo & fancte Marie de Longo Ponte, & monachis ejufdem loci, pro anima Guarini, filii fui, apud Vilers juxta Noorcium, totam terram quam emerat a Roberto, cognomento Pagano, de Porta, folventem xii denarios de cenfu eidem Roberto, & quandam plateam juxta ecclefiam de Nooreio ad domum faciendam, propter decimam reponendam; & de hoc mifit donum fuper altare fancte Marie. Quod viderunt & audierunt hii teftes : Ivo, presbiter; Gaufredus Randolinus; Galterius, carpentarius; Bernardus, famulus; Rainoldus de Forgiis; Galterius de Stampis; Ifembardus, famulus; Josbertus, cocus.

CCXC

S. D.
Vers 1100.

Sciant omnes chriftiani quod Anfoldus, filius Lifiardi, de Parifius, dedit Deo & fancte Marie de Longo Ponte quicquid habebat in decima que eft apud Noorium. Hoc viderunt & audierunt ifti, ex fua parte : Bernardus, miles, [filius] Afzonis de Villa Bona; Hugo, armiger ejus, filius Huberti; Arnulfus de Nogemello; ex parte fancte Marie: Gaufredus, major; Georgius de Fertada; Georgius de Atrio; Conftancius de Miliduno; Teodericus, elemofinarius; Symon de Brucia.

CCXCI

Adam de Milliaco, pro anima sua, dedit Deo & sancte Marie de Longo Ponte, & monachis ejusdem loci, totam terram & silvam quam habebat apud Villerium, & unum hospitem, Giroldum nomine, apud Milliacum, cum omnibus suis. Quod donum concesserunt Helyzabet, uxor ejus; Fulco, filius ejus; Daimbertus, filius ejus; Bernoala, filius ejus; Teodericus, filius ejus; Galterius, filius ejus; Adales, filia ejus; Gibelina, filia ejus. Hujus rei sunt testes, ex parte ipsorum: Jeremias, presbiter; Hugo Bordellus; Galterius Meschinus; Robertus, filius Normanni; Robertus Galerannus; ex parte sancte Marie: Gaufredus, major; Arnulfus, filius ejus; Oylardus, famulus; Ascelinus, filius ejus; Georgius de Atrio; Bernardus, nepos Gilonis, monachi.

S. D.
Vers 1100.

CCXCII

Luciana, soror Hugonis de Creciaco, dedit Deo & sancte Marie de Longo Ponte, & monachis ejusdem loci, totam partem terre sue quam habebat apud Agglias & Buxiacum, cum redditibus suis. Quod donum Ludovicus (1), rex Francorum, quia ex ejus feodo erat, laudavit, & concessit eisdem monachis & perpetuo confirmavit possidendum, videntibus & audientibus istis: Stephano, Parisiensi episcopo (2); Odone, suppriore sancti Martini de Campis; Hugone de Creciaco; Arnulfo, monacho; Radulfo, comite; Manasse de Turnomio, qui hoc idem ibidem concessit. Item, idem Manasses & Beatrix, uxor ejus, apud Creciacum prefatum donum laudave-

S. D.
Vers 1140.

runt, & sepedictis monachis concesserunt atque in manu Johannis, prioris, per quandam portiunculam ligni miserunt, ut ex parte eorum super altare sancte Marie poneret. Quod viderunt & audierunt hii testes : Georgius, monachus; Gislebertus de Turnomio; Galterius Saracenus; Radulfus, filius ejus; Galterius de Curteyrolt; Paganus, frater ejus; Gibuinus, armiger; Bernardus, famulus; Ricardus, famulus.

(1) Louis VII.
(2) Etienne de Senlis.

CCXCIII

S. D.
Vers 1105.

Gila, uxor Fulconis de Bevria, dedit Deo & sancte Marie de Longo Ponte, & monachis ibi Deo servientibus, terram quam Menardus, carnifex, de Castris, tenebat, que reddit tres solidos ad Natalem Domini; & hoc concessit Robertus de Fluriaco, filius ejus, & Fulco, filius Roberti, & ambo, videlicet pater & filius, ex hoc donum super altare miserunt. Quod viderunt & audierunt hii testes : Gaufredus, major; Oylardus, famulus; Hugo de Cormerio; Teboldus & Gaufredus, filii Remberti; Benedictus de Puteo; Alberrus de Dordingeo; Girardus de Rivo & Garnerius, frater ejus.

CCXCIV

S. D.
Vers 1118.

Monachorum de Longo Ponte & monachorum de Gyvisi talis est controversia & querela et taliter in judicio posita: Monachi enim de Longo Ponte conquesti sunt apud archidiaconum de supradictis monachis, qui ecclesiam de Orengi, sibi legitime concessam, eis injuste auferebant, & in illa injuria adhuc perfiftebant. Emelina enim, mater Odonis de Ver, ad quam illa pertinebat ecclefia hereditario jure, pro remedio anime fue & pro falute anteceſſorum fuorum, monachis de Longo Ponte, tranfactis jam decem annis, illam ecclefiam poft obitum fuum conceffit habendam. Poftea vero, elemofinam fuam volens amplificare, etiam in vita fua eis eandem ecclefiam conceffit habendam. Pofuit etiam donum inde fuper altare fancte Marie. Receperunt autem monachi donum conceffione epifcopi & archidiaconi : monachi vero de Givifi eis eam violenter auferebant & ab ifta violentia nondum defiftebant. Talis eft querela monachorum de Longo Ponte.

Monachi autem de Givifi refponderunt hoc modo : ecclefiam de Orengi habemus ex dono Odonis de Ver, filii Emeline, qui ecclefiam illam die donationis fue tenebat & VII annis ante donationem illam tenuerat. Fecit autem predictus Odo donum iftud affenfu Alberti, fratris fui, affenfu etiam Emeline, matris fue, que fcilicet Emelina in illo affenfu dixit fe nullam conceffionem inde feciffe monachis de Longo Ponte; et hoc per legitimos teftes probare parati fumus. Talis eft refponfio monachorum de Givifi.

Ad hec refpondit Emelina hoc modo : donum illud quod filius meus fecit nec laudavi nec laudo ; conceffionem etiam quam feceram de predicta ecclefia monachis de Longo Ponte & nunquam negavi & adhuc non nego, fed in illa conceffione adhuc perfevero nullique alii eam concedo. Quod autem dictum eft quod filius meus, die donationis fue, ecclefiam tenebat & per VII annos prius tenuerat, dico quia non tenuit ex dono meo, ex cujus hereditate defcendebat; fed, tam in his quam in aliis rebus meis, neceffitatibus filii mei condefcendebam. Talis eft refponfio utriufque partis & fecundum hec verba perferenda eft fentencia judicialis.

His refponfionibus auditis, Remenfis archiepifcopus ceterique episcopi, Parisius congregati, fecerunt judicium inter monachos de Longo Ponte & monachos de Givisi, dicentes una voce : justum est ut monachi de Longo Ponte secundum verba suprascripta & secundum judicium nostrum ecclesiam habeant de Orengi. Et, ne oblivioni tradantur illi qui ad hoc judicium fuerunt, quosdam ex multis, scripture testimonio, rememorari curavimus : In primis, Hugo, Remensis archiepiscopus (1), qui judicium fecit, aliis concedentibus; Daimbertus, Senonum archiepiscopus (2); Laudunensis episcopus; Suessionum episcopus; Silvanectensium episcopus; Trecacensis episcopus; Aurelianensis episcopus; Gaufredus, Carnotensis episcopus (3), tunc vero prepositus; Stephanus, archidiaconus; Girbertus, archidiaconus; Fulco, Ambianensis archidiaconus; Rainaldus, frater Milonis de Brayo (4); Guarinus de Arenis; Tebaldus, notarius; Garnerius, decanus; Petrus, dapifer episcopi; Arnulfus Malviel; Johannes de Maciaco; Durannus, prepositus; Gaufredus, major; Oylardus, famulus; Garnerius, famulus; Rogerius de Savigni; Rogerius Huretii.

(1) Ce nom de *Hugues*, donné à l'archevêque de Reims, est une erreur évidente. Deux prélats seulement, du nom de *Hugues*, ont occupé le siége de Reims, Hugues Ier de Vermandois, au milieu du xe siècle, & Hugues II d'Arcy, au milieu du xive siècle; & ni l'un ni l'autre ne sauraient concorder avec l'époque possible de notre charte. En comparant entr'elles les dates certaines, que nous fournissent les noms des témoins cités plus bas, Daimbert, archevêque de Sens, Geoffroi, évêque de Chartres, & Rainaud, frère de Milon de Bray, qui devint évêque de Troyes en 1121, l'on arrive à cette conclusion que l'acte a été rédigé entre les années 1116 & 1121. L'archevêque de Reims était alors non pas *Hugues*, mais *Raoul le Verd*, qui occupa le siége métropolitain du 2 août 1108 au 23 juillet 1124.

(2) Daimbert, archevêque de Sens, de mars 1098 à décembre 1122.

(3) Geoffroi II de Lèves, évêque de Chartres, de 1116 au 24 janvier 1149.

(4) Renaud II de Montlhéry, quatrième fils de Milon le Grand, seigneur de Montlhéry, & frère de Milon de Bray, vicomte de Troyes, fut lui-même évêque de Troyes en 1121 & 1122.

CCXCV

In presencia domni Guidonis Trosselli (1), de cujus feodo tunc habebat Simon Castellus ecclesiam de Piscofis, concessu fratrum suorum, Petri Castelli atque Galeranni Castelli, dedit Deo & sancte Marie de Longo Ponte, & monachis ejusdem loci, eandem ecclesiam cum parrochia sua, decimis, & offerendis, & sepulturis suis & omnibus ad jus ecclesie pertinentibus, confirmante hoc idem Galone, tunc Parisiensi episcopo. Donavit etiam in eodem loco, qui tunc desertus erat, IIII^{or} arpennos terre pro atrio; terram ad unam carrucam, omnibus temporum oportunitatibus, dimidiam infra aggeres, dimidiam extra; exitus quoque ab atrio usque ad utramque partem terre, sicut terminati sunt, a solis ortu per ibi tunc existentem rubum, ab occasu usque ad tunc apparentem fraxinum. Boscum in eodem territorio situm concessit monachis ad quicquid necesse habuerint in proprietate sua faciendum. De feodo etiam suo, si quis aliquid ecclesie conferre voluerit, hoc confirmavit. De furno autem ita constitutum est ut, quamdiu monachi vellent habere supradictum boscum ad calefaciendum furnum, Symon medietatem haberet; si vero hoc monachis quandoque displiceret, boscum ubi vellent, quererent & furnum suum, nullo contradicente, possiderent. Hujus autem concessionis, donationis & confirmationis testes fuerunt hii, doni facti ante domnum Guidonem : Guido de Linais ; Godefredus Gruel ;

S. D.
Vers 1105.

Arnulfus Frumentum; Aimbertus, cubicularius; Hugo Bocel; doni facti ad altare, isti : Bernerius de Nogemello; Radulfus Bellus; Gaufredus major; Oylardus, famulus; Georgius de Atrio; Raimbaldus, famulus (2).

(1) Gui-Troussel, seigneur de Montlhéry.
(2) Cf. avec la charte suivante ccxcvi.

CCXCVI

S. D.
Vers 1105.

Symon Castellus, concessu fratrum suorum, Petri Castelli atque Galeranni, cognomento Pagani Castelli, dedit Deo & sancte Marie de Longo Ponte, & monachis ejusdem loci, ecclesiam de Piscosis cum parrochia sua, decimis, offerendis, & sepulturis suis & omnibus ad jus ecclesie pertinentibus. Donavit etiam in eodem loco, qui tunc desertus erat, quatuor arpennos terre pro atrio; terram ad unam carrucam omnibus temporum oportunitatibus sufficientem, dimidiam infra aggeres, dimidiam extra; exitus quoque ab atrio usque ad utramque partem terre, dimidium arpentum in latitudine, in longitudine autem usque ad predictam terram. Terra quippe infra aggeres ita divisa est a furno usque ad radicem quercus, que est in valle super prata, & sic tendit versus Limoas, quantum sufficit dimidie carruce, omnibus temporum oportunitatibus; alia pars dimidie carruce extra aggeres est, secus haiam que tendit versus Cabrosiam. Boscum vero in eodem territorio situm concessit monachis ad quicquid necesse habuerint in proprietate sua faciendum & bubulco eorum, si arpennum tenuerit de Simone. De feodo etiam suo, si quis ecclesie aliquid conferre voluerit, hoc confirmavit. De furno autem ita constitutum est ut, de redditu quem furnus monachis reddiderit, Symon medietatem pro bofco fuo, unde furnus calefiet, habebit. Hofpites vero monachorum, fi hofpitari voluerint, de bofco Simonis dabunt ei duos folidos ad bordam faciendam. Petrus quoque Caftellus, frater iftius Symonis, tenebat de eo apud predictas Pefcofas fex arpennos terre & terram ad unam carrucam, omnibus temporum oportunitatibus fufficientem, ita divifam : Sex arpenni funt juxta atrium & tendunt ab exitu ville ufque ad terram que vocatur terra Hermeri; terra ad carrucam, media pars infra aggeres, a falice marchefii ufque ad furnum Pipini; alia pars extra aggeres eft juxta terram monachorum, quam jamdictus Symon eis dederat. Hofpites autem, qui in his arpentis hofpitabuntur, xii^{cim} nummos Symoni de bofco fuo dabunt ad hofpitandum, & deinceps talem confuetudinem in bofco habebunt qualem hofpites Simonis. Hos itaque arpennos & hanc terram fic divifam, atque (1) ante milites Montis Letherici (2) idem Petrus erga Symonem, fratrem fuum, probatam jam dederat, Deo & fancte Marie & predictis monachis & iterum dedit, laudante & concedente eodem Symone. Hec igitur pretitulata, & ut prefenti carta fcriptum eft determinata, fepedictus Symon, dimiffis cunctis retro calumpniis atque caufationibus, dedit & laudando conceffit fupramemoratis monachis in pace poffidenda, & ita omnibus diebus vite fue tenenda fide firmavit, in manu Burchardi de Valle Grinofa, & poft eum frater fuus, Galerannus, cognomento Paganus Caftellus. Quod viderunt & audierunt hii teftes : Milo de Linais; Balduinus, filius Rainardi; Robertus de Fluriaco; Hugo Chamilli; Guido Andegavenfis; Guido de Luifant; Giflebertus de Valle Grinofa; Guillermus Cuchivis; Afzo de Villa Bona; Giroldus de Coldriaco; Gaufredus, major; Arnulfus, filius ejus; Oylardus, famulus (3).

---

(1) *Sic.* Lifez *quam* au lieu de *atque.*

(2) Sur les *milites Montis Letherici* voyez plus haut la charte IV, note 2.

(3) Cf. avec la charte précédente CCXCV.

CCXCVII

S. D.
Vers 1136.

Notum sit omnibus quod domnus Landricus, prior de Longo Ponte, permutavit domno Roberto Castello duos arpennos terre apud Piscosas, juxta granchiam monachorum, pro aliis duobus terre arpennis, tali videlicet condicione ut, post decessum suum, ipsi duo arpenni cum omni quod superedificaverit ad ecclesiam beate Marie de Longo Ponte revertantur. Preterea concessit idem Robertus unam plateam, quam apud Orceacum habebat, ecclesie beate Marie de Longo Ponte. Hec viderunt & audierunt : Robertus, ipsius Roberti privignus; domnus Landricus, prior ipsius loci; Tecelinus, subprior (1). . . . .

(1) Cette charte, dont l'écriture paraît appartenir à la deuxième moitié du XIIIe siècle, a été transcrite sur la marge inférieure du f° 47 v°. Les rognures que les marges ont subies lorsque le manuscrit a été relié ont enlevé les dernières lignes de l'acte, contenant la suite des noms des témoins.

CCXCVIII

S. D.
Vers 1112.

Odo de Ver dimisit monachis sancte Marie de Longo Ponte exercicium carruce quod inter se & illos operabantur (1) apud Orengi, propter terram de Nateio, quam ipsi monachi habebant de eo in vademonium propter sexaginta solidos, tali scilicet condicione ut, si quando Odoni ad exer-

citacionem redire placuerit, reddat prius sexaginta solidos;
deinde, in inicio marciane sive alterius temporanee exercita‑
cionis, partem mediam mittat partemque mediam accipiat.
Hujus autem pactionis testes sunt hii: Thomas de Brueriis;
Balduinus, filius Rainaldi; Burchardus de Valle Grinosa;
Aymo de Maci; Guido de Luisant; Robertus de Fluri;
Girelinus Chananeus. Et hoc concessit filius ipsius Odonis,
Symon & Papasola, uxer ejus, & Albertus, frater ejus, au‑
dientibus & videntibus suprascriptis testibus.

(1) Lisez : *operabatur.*

CCXCIX

Teobaldus de Orengi dedit Deo & sancte Marie de Longo S. D.
Ponte, & monachis ejusdem loci, totam suam masuram, Vers 1100.
cum domo & virgulto, in qua manebat ipse, juxta monaste‑
rium de Orengiaco, & duos arpennos terre juxta illos quos
mater sua predictis monachis dederat; & pro hoc centum
solidos ab eisdem monachis idem Teobaldus accepit. Item,
dedit unum hospitem, nomine Robertum Brunellum, qui
tenebat unum arpennum terre & dimidium; pro quo arpenno
idem hospes solvit jura, videlicet panes, & capones, &
sextarium avene & censum. Pro quarterio dimidii arpenni
solvit Burchardus quinque denarios de censu, manens in eo:
aliud quarterium possident monachi proprium. Sic autem
dedit Tebaldus istum hospitem ut, quamdiu viveret, mo‑
nachi pro ejus anima & antecessorum suorum redditus ejus‑
dem hospitis possiderent; post decessum vero suum, omnino
absque calumpnia haberent : si quando autem ei facultas
daretur ut ipsum redimere vellet, monachis pro eodem sexa‑

ginta folidos prefatus Tebaldus redderet & dehinc fuum hofpitem poffidendi haberet licenciam : fi vero vivens non redimeret, fepedicti monachi ipfum hofpitem cum ceteris rebus predictis omnibus diebus ufque in finem feculi obtinerent. Hoc igitur donum concefferunt Odo de Ver, ex cujus feodo erat, & Eremburgis, uxor fupradicti Tebaldi, & Giflebertus, ipforum filius, & fuper altare fancte Marie pofuerunt. Quod viderunt hii teftes & audierunt : Durannus, prepofitus; Gaufredus, major; Georgius de Atrio; Oylardus, famulus; Rogerius, filius ejus; Belotinus, falnerius; Alo, cocus; Josbertus, futor.

CCC

S. D.
Vers 1100.

Petrus Caftellus donavit Deo & fancte Marie de Longo Ponte, & monachis ejufdem loci, apud locum qui dicitur Pifcofas, terram ad unam carrucam omnibus temporibus fufficientem; & hoc concefferunt Guido, filius ejus; Symon, frater ejus; Paganus, frater ejus; Gaufredus de Bofco, qui habebat filiam ejus. Hujus donationis funt teftes ifti : Girardus Captivellus; Guido Cotella; Georgius de Atrio; Garnerius, famulus (1).

(1) Voyez ci-deffous la charte ccciv.

CCCI

S. D.
Vers 1100.

Petrus Caftellus dedit Deo & fancte Marie de Longo Ponte, & monachis ejufdem loci, pro anima uxoris fue, Tebeline, & omnium antecefforum fuorum, apud Orceacum,

cum domo sua & arpento, hospitem unum, Girardum, cognomento Se Septimum *(sic)*; particulam terre, a muro monachorum usque ad viam publicam; arpentum etiam prati : apud Piscofas vero, tres arpennos terre ad ecclesie atrium conjunctos : ad quos mensurandos ipse Petrus interfuit, &, manibus suis palpando, terminos ibi ubi nunc sunt poni precepit. Hujus doni sunt testes : Stephanus, pratarius; Gaufredus, major; Oylardus, famulus; Ascelinus, filius ejus; Georgius de Atrio; Holdebertus, filius ejus; Garnerius, pistor.

CCCII

Adaleidis, uxor Galterii de Orengiaco, x^{mo} viii^{vo} Kalendas Octobris, quando colitur Exaltacio sancte Crucis, donavit Deo & sancte Marie de Longo Ponte, & monachis ibidem Deo servientibus, tempore Heinrici, prioris, omnem decimam & sepulturam quam habebat in Orengiaco. Hanc donationem fecit Adalaidis & Aymo, filius ejus, sancte Marie de Longo Ponte, ut supradiximus, per scifum sancti Macharii. De hac re sunt isti testes, ex parte monachorum : Gaufredus, major; Arnulfus, filius ejus; Hungerius, famulus ejus; Oylardus, famulus; Hubertus, pelletarius; Martinus Rufus. Ex parte autem Adalaidis sunt hii : Tescelinus de Palesol; Odo de Riis, & Wlgrinus & uxor ejus, Girburgis.

14 septembre.

Vers 1100.

CCCIII [1]

Sed & hoc notum fieri omnibus volumus quod Odo de Riis, & Wlgrinus & Girburgis, uxor illius, donaverunt

S. D.

Vers 1100.

sancte Marie de Longo Ponte, pro animarum suarum &
omnium antecessorum suorum salute, omnem partem decime
sue & sepulture, quam in ecclesia de Orengi habere videbantur. Promiserunt autem monachi ut, cum Adalcidis mortua fuerit, si filii ejus aut parentes ad tantam devenerint
inopiam ut non prevaleant eam adferre ad Longum Pontem,
monachi aportare eam faciant & sepeliant honorifice. Hec
omnia viderunt & audierunt supra scripti testes.

(1) Suite & complément de la charte précédente.

CCCIV

S. D.
Vers 1112.
  Doni quod Petrus Castellus fecerat & super altare beate
Marie de Longo Ponte posuerat, videlicet de terra ad unam
carrucam omnibus temporibus sufficientem & sex arpenta,
apud Piscosas (1), fecit donationem & concessionem apud
Montem Lethericum, in presencia domni Milonis junioris (2)
baronumque suorum, manum suam in manu illius mittens
& in fide sua pollicens nunquam se quesiturum, neque per
se neque per alium, quomodo beata Maria de Longo Ponte
neque monachi ejusdem loci perdant terram supradictam.
Hujus rei sunt testes hii : supradictus domnus Milo; Guido
de Linais; Burchardus de Valle Grinosa; Rogerius de Sancto
Yonio; Aymo, frater ejus; Aymo de Maci; Wlgrinus de
Atiis; Radulfus, filius Galterii; Durannus, prepositus; Garnerius, famulus; de parte sua : Symon de Orceaco.

(1) Voyez ci-dessus la charte ccc.
(2) Milon, seigneur de Bray, vicomte de Troyes, troisième fils de
Milon le Grand, seigneur de Montlhéry.

CCCV

Noverint universi, tam presentes quam futuri, quod Rainaldus, cognomento Cornutus, monachicum habitum suscipiens, dedit Deo & sancte Marie de Longo Ponte decimam vallis que subjacet vie que venit a Nooreio usque ad boscum Guidonis Andegavensis. Dedit etiam tres solidos de censu, quos reddunt Georgius Saccus & Radulfus, pelles conficiens. Hoc donum factum est presente Teobaldo, priore, & conventu, & ab uxore ejus, Odelina nomine, super altare positum & a filio ejus, Johanne, & uxore sua concessum & confirmatum. Huic donationi interfuerunt : Milo de Mortuo Mari, Hungerius de Castris, Burchardus Cocherel & duo fratres domine *(sic)* ; Petrus Bulo ; Gerardus ; Galterius, filius Roberti, famuli.

S. D.
Vers 1150.

CCCVI

Domnus Herveus de Claciaco, cognomento Bardulfus, dedit Deo & sancte Marie de Longo Ponte, & monachis ejusdem loci, quicquid habebat apud Papunvillam, videlicet medietatem illius ville & medietatem omnium reddituum, excepto feodo Holdvise ; & hoc concessit Serlo, nepos ejus, qui vocatur Paganus, & fecit ipse donum. Hujus rei sunt testes isti : Garinus de Grunlupo ; Constancius de Ostrunvilla ; Herbertus Cospel ; David, major ; Gontardus, clericus ; Guido, nepos Heinrici (1), prioris ; Robertus, famulus. Item hoc donum concessit Eremburgis, soror supradicti Serlonis de Dordenco, & Balduinus, maritus ejus. Quod vide-

S. D.
Vers 1125.

runt & audierunt hii : Robertus, presbiter; fupradictus Serlo ; Arraldus Grierius ; Odo Ruffus; Raimundus , major; Robertus, famulus. Rurfum hoc conceffit dominus nofter Ludovicus (2), Francorum rex, pro anima Philippi regis (3), patris videlicet fui ; & de hoc funt teftes ifti : Heinricus, prior de Longo Ponte; Gaufredus, pater domni abbatis de Virzeliaco; Petrus, prior de Ponte Ulfentia; Anfellus, dapifer ; Bartholomeus de Fulcoias.

(1) Henri, prieur de Longpont.
(2) Louis le Gros.
(3) Philippe Ier.

CCCVII

S. D.
Vers 1140.

Garfilius, filius Pagani Serlonis, de Dordenco, ad mortem veniens & monachicum habitum fufcipiens, dedit Deo & fancte Marie de Longo Ponte terram que vocatur terra de majoria, & totum dominium terre & quartam partem ville que vocatur Papunvilla. Dedit etiam nobis quicquid habebat apud Lufarchias. Hoc conceffit mater ejus, de cujus dotalicio erat. Teftes funt doni : Fulco de Lers ; Guido Caro Macra ; Guillelmus Cuchevis & Hugo, frater ejus; Yvo, presbiter; Arnulfus, major; Bernardus, famulus ; Gaufredus Turpauz.

CCCVIII

S. D.
Vers 1140.

Rogerius Efturvins conceffit Deo & fancte Marie de Longo Ponte, & monachis ejufdem loci, unum arpentum vinee, poft obitum Eremburgis, uxoris fue. Quod donum ipfa

Eremburgis posuit super altare, presentibus his : Roberto, cognomento Pagano, fratre suo, cum tribus filiis Stephani, pratarii, nepotibus suis, id est Teobaldo, Guidone atque Gaufredo; Arroldo, majore, & Rainaldo, filio ejus; Odone Mulerio.

CCCIX

Litteris tradere volumus omnibus nostris successoribus quod Tevinus de Forgiis ecclesiam que apud Forgias habetur, cum omnibus appendiciis suis, atrio, sepultura, decima & terra ecclesie pertinenti, sancte Marie de Longo Ponte tradidit : insuper, terram que uni aratro sufficeret, & domum & pratorum suorum mediam partem, donec reddatur pro his commutacio congrua; quinimmo molendinum & stagnum dimidium facere & mediam partem recipere; silvamque habitatoribus predicti loci necessariam & fructum illius, quantum sex viri cotidie colligere possent; decimamque apium & suorum victum porcorum; & quicquid de fisco suo cum supradicta ecclesia a suis donabitur. Hoc autem factum est in presentia Odonis, qui tunc preerat fratribus istius monasterii, palam testibus, Gaufredo Bernoala, Balduino de Nogemello, Hungerio, Gaufrido, Rannulfo, Oylardo, item Oylardo, Harpino, Rainardo.

S. D.
Vers 1110.

CCCX

Notum facimus omnibus quod Herlanus, miles, omnem decimam quam habebat apud Forgias, pro anima sua, & antecessorum suorum & uxoris sue, Berte, sancte Marie de

S. D.
Vers 1090.

Longo Ponte & monachis ibidem ad ferviendum Deo congregatis dedit. Pro hoc tamen facto accepit Herlanus focietatem a monachis fancte Marie de Longo Ponte, & Berte, uxori ejus anniverfarium facient, omni anno. Hujus rei teftes funt hii : Herlanus ipfe &, ex parte ejus, Archembaldus & Orricus. Ex parte fancte Marie funt hii : Otardus, monachus; Advinus, monachus; Harduinus, capellanus; Ilbertus, ferviens; Hubertus, frater Harduini; Ildigerius, piftor; Galterius, carpentarius.

CCCXI

S. D.
Vers 1100.

Stephanus, miles, de Vitri, filius Rainaldi de Plefleiz, rediens de Hierufalem, cum per mare navigaret ibique cum tanta infirmitas invaderet ut nulla fpes vite in eo remaneret, Dei nutu admonitus, dedit ecclefie fancte Marie de Longo Ponte medietatem ecclefie fancti Juliani, martyris, que Parifius apud Parvum Pontem fita eft. Hujus rei teftis & legatus eft Stephanus Adrachepel, qui tunc erat focius ejus. Dei autem mifericordia, maris, atque infirmitatis tociufque itineris evadens pericula, donum iftud, ficut fupradiximus, fe feciffe recognovit atque etiam libenti animo iteravit, ponens illud in manu Teoderici, monachi, qui ejus precepto illud ceteris fratribus apud Longum Pontem converfantibus detulit. Hujus rei funt teftes : Robertus, famulus, atque Philippus de Baignos.

CCCXII

S. D.
Vers 1100.

Hugo de Munteler dedit Deo & fancte Marie de Longo Ponte, & monachis ejufdem loci, ecclefiam quandam apud

Parifius, que conftructa eft in honore fanctorum Juliani, martyris Brivatenfis, atque Juliani, confefforis, Cenomannenfis epifcopi, cum terra quam prefati monachi jam poffidebant juxta eandem ecclefiam, retento fibi cenfu fuo de ipfa terra, quandiu placuerit. Hoc donum conceffit Helvifa, uxor ejus, atque Petrus, filius amborum, & fimul cum predicto Hugone fuper altare fancte Marie pofuerunt. Quod viderunt & audierunt hii teftes : Robertus, cognomento Syrot; Guido, frater Thome de Caftro Forti; Gaufredus Mala Terra; Landricus, frater Bertranni; Guillelmus, filius Fulconis de Palefeolo; Albericus de Palefeolo; Garnerius, famulus; Oylardus, filius Harpini; Holdebertus, filius Georgii.

CCCXIII

Gualterius Caftellus & Sancelina, uxor ejus, ex cujus patrimonio erat, dederunt Deo & fancte Marie de Longo Ponte, & monachis ejufdem loci, hoc quod habebant apud Stampas, in alodio Urfi Divitis, patris Theudonis, videlicet octavam partem tocius terre, culte & inculte, nemoris, hofpitum, cenfus, paagii, roagii, molendini de Crocheto. Hujus autem doni ita facti audientes & videntes teftes funt hii : idem Galterius & eadem Sancelina, qui donum fecerunt; Robertus (1), prior; Anfoldus; Mainerius; Lucianus; Arembertus; Joflenus; Balduinus; Salomon; Heinricus; Bernardus; Joflenus.

S D.
Vers 1064

(1) Robert, premier prieur de Longpont.

CCCXIV

S. D.
Vers 1100.

Arnulfus de Rupibus & uxor ejus, Aletrudis, dederunt Deo & sancte Marie de Longo Ponte, & monachis ejusdem loci, unum arpennum vinee, post decessum suum, ita scilicet ut, quandiu vixerint, uno quoque anno dabunt monachis dimidium modium vini de eadem vinea, &, cum primus eorum morietur, prefati monachi medietatem vinee habebunt; qui vero superstes reliquam partem possederit dabit jamdictis monachis uno quoque anno, usquequo moriatur, unum costeredum vini; deinceps autem sepedicti monachi totum possidebunt; & hoc donum, quia de feodo suo erat, laudavit & concessit eisdem monachis Godefredus, filius Galonis. De hoc itaque miserunt donum super altare sancte Marie predictus Arnulfus, & uxor ejus & suprascriptus Godefredus. Quod viderunt & audierunt hii testes : Ansellus de Alvers; Gaufredus, major; Oylardus, famulus; Garnerius, major; Paganus Opizo; Bernardus, famulus.

CCCXV

S. D.
Vers 1100.

Ursus, filius Herberti, concessit Deo & sancte Marie de Longo Ponte, & monachis ejusdem loci, terram & vineam quam Sevinus & Aia tenebant de eo, & omnes consuetudines ejusdem terre dimisit, excepto censu qui ei ab eisdem, Sevino videlicet & Aia, in festivitate sancti Remigii solvebatur. De hoc sunt testes : Paganus de Monte Jai ; Paganus, filius Hadonis; Arbertus, frater ejus; Radulfus de Virini; Durannus, filius Guillermi. Et hoc concessit Aspasia, uxor

Pagani, filii Hadonis, & hii sunt testes ex parte sua : Gunterius & Durannus, filius ejus. Ex parte sancte Marie : Lucianus, serviens; Rannulfus, famulus; Gislebertus, famulus. Item hoc concessit Beliardis, uxor ejusdem Ursi, & Joslenus, & Gaufredus & Guido, filii amborum, & Ascelina, filia eorum; & de hoc sunt testes hii, ex parte eorum : Gaufredus de Moreto; Arnulfus, filius Arraldi; ex parte sancte Marie : Gerardus, filius Gerardi; Radulfus de Virini; Tebaldus; Josbertus, gener Luciani.

CCCXVI

Notum sit omnibus quod domnus Johannes, tunc temporis sancte Marie de Longo Ponte prior, & Guido Rufus transmutaverunt ad invicem, prior dimidium modium annone quod habebat in molendino de Crochet & unum hospitem, nomine Garinum Calvellum; Guido vero duos hospites apud Sanctum Petrum, Stampis, Bernardum videlicet & Teobaldum, ita ut in perpetuum maneat & ex toto in potestate prioris sit quod Guido in hospitibus habebat, in Guidonis vero dominio quicquid prior in molendino & in hospite tenebat. Hujus rei sunt testes : Thomas, abbas Mauriniacensis; Ansellus, prepositus; Paganus Malus Filiaster; Leodegarius de Foro; Urso de Dusione; Hugo Viator; Araudus de Firmitate; Gilbertus & Godefredus, fratres, de Mauriniaco; Guido Rufus; Symon, filius Ursonis; Richardus & Gaufredus, famuli prioris.

S. D.
Vers 1140.

CCCXVII

Osticium terre quod situm est inter osticium Frambaldi & Gerardi, tunc temporis prepositi, Urso, filius Herberti,

S. D.
Vers 1105.

veniens ad mortem, presente Pagano, filio Hadonis, de cujus feodo erat, & Aspasia, uxore ejus, concedentibus, donavit Deo & sancte Marie de Longo Ponte, & monachis ibidem Deo famulantibus, ex integro, nullum posteris suis neque alicui hominum aditum calumpniandi relinquens. Hujus rei sunt testes isti : Godefredus, filius Galonis; Tebaldus, filius Guillermi; Radulfus de Virini; Durannus, filius Guillermi. Et hoc concessit Ascelina, filia supradicti Ursonis, audientibus & videntibus his : Hugone, monacho, qui Langobardus dicebatur; Teoderico, monacho, de Marcociis; Teobaldo, filio Guillermi; Radulfo de Viriniaco; Garnerio, famulo; Rogerio Hureto.

CCCXVIII

S. D.
Vers 1100.

Arnulfus, Adraldi filius, de Stampis, ipso Adraldo, videlicet patre suo, concedente & donum cum ipso super altare sancte Marie ponente, dedit Deo & ecclesie sancte Marie de Longo Ponte, pro anima sua, & pro anima patris sui quandoque morituri & pro anima fratris sui defuncti Ursonis, terram scilicet apud Faverias, ad duos boves arabilem, & tres hospites apud eandem villam, duos ad presens & tercium quem Gaufredus, presbiter ipsius ecclesie Faveriarum, in vita sua tenet, post mortem ipsius presbiteri concedit, & adhuc etiam donat in eadem villa Faveriarum duo arpenta pratorum. Hujus autem doni sunt testes isti : Arnulfus, qui hoc donum fecit; Adraldus, pater ejus; Bernardus; Gaufredus, major; Oylardus, famulus; Teolus, famulus; Rannulfus, famulus; Robertus; Adraldus.

CCCXIX

Godefredus, filius Galonis, & Havifa, uxor ejus, conceſ- ferunt Deo & ſanctæ Marie de Longo Ponte, ac monachis ibidem Deo famulantibus, duodecim denarios de cenſu, quos Arnulfus de Rupibus reddit de quadam vinea : quam vineam ipſe Arnulfus concedit eidem eccleſie de Longo Ponte, poſt deceſſum ſuum : donum vero ſupradictum poſtea Godefredus, filius Godefredi, poſuit in manu Johannis, prioris, cum inveniſſet eum Stampis. Hujus rei ſunt teſtes hii: Giſlebertus de Petroſo; Symon, filius Urſini Divitis; Paganus Bardinus; Bernardus, famulus; Arnulfus de Rupibus.

S. D.
Vers 1140.

CCCXX

Hermerius de Stampis & Havilis, uxor ejus, dederunt Deo & ſanctæ Marie de Longo Ponte, & monachis ejuſdem loci, alodium de Beervilla quod Giroldus Minciun ab eis tenebat, reddens unoquoque anno cenſum quinque ſolidorum in feſtivitate ſancti Remigii. Quod donum conceſſerunt filii & filie amborum eorum, Rainardus, Durannus, clericus, qui vocatur Paganus, Eriſus, Herſendis, Haviſis. De hoc ſunt teſtes ipſi, ex parte ipſorum : Johannes Anderlinus; Paganus de Perre; Archembaldus de Cathena; Arnulfus de Alvers; Giroldus Minciun, qui ipſum alodium tenebat; Gaufredus, monetarius; Girardus, frater ejus; ex parte ſanctæ Marie : Oylardus, famulus; Rannulfus, famulus; Raimbaldus, famulus; Heldigerius, clericus.

S. D.
Vers 1100.

CCCXXI

S. D.
Vers 1076.

Galterius, filius Nivardi, dedit & concessit Deo & sanctæ Mariæ de Longo Ponte, & monachis ejusdem loci, de bosco qui vocatur Sancti Dionisii, de communi, ad omnia eis necessaria; & de hoc misit donum in manu domni Anquetini, prioris claustri Cluniacensis, qui tunc temporis ad hanc patriam directus fuerat, & in manu domni Odonis de Perona, qui in illo tempore erat prior de Longo Ponte (1). Hujus rei sunt testes : Robertus, filius Guillelmi, regis Anglorum (2); Symon, dominus de Monte Forti (3); Herveus, filius Arnaldi; Gualerannus, filius Roberti Coyfant; Johannes Barba; Hubertus, famulus; Girardus, carpentarius, de Campis Remeriis; Johannes, frater ejus; Tebertus, frater ejus. Hoc autem donum fuit factum apud Montem Fortem, coram istis: domno Anquetino, monacho; domno Odone, priore; domno Georgio, monacho.

(1) Eude de Péronne était prieur de Longpont en 1076.
(2) Robert *Courte-heuse*, fils aîné de Guillaume le Conquérant, duc de Normandie en septembre 1087, après la mort de son père.
(3) Simon Ier, seigneur de Montfort-l'Amaury; vers 1058 — 1087.

CCCXXII

S. D.

In medio mense Augusti persolvit Lucianus VI nummos de censu pro hospitacione sua. Fulco persolvit III nummos de censu; Garnerius VI nummos & Arnulfus VI de censu, pro sua hospitacione; Arnulfus de Bono Villari VII pro sua hospitacione. Iterumque de nemore, quod nominatur

Rofxillun, accipitur cenfus communis; fed, quia in uno anno minoratur cenfus, in alio vero augetur, ne fallerentur fupradicti cohabitatores loci, pretermifimus. In feftivitate fancti Andree, Fulco Calvus perfolvit VII nummos de cenfu pro fua hofpitacione. In Nativitate Domini, perfolvit Garnerius de fua hofpitacione duos fextarios avene, duos panes, II nummos & duos capones.

CCCXXIII

Guarinus Ruignuns terram quam monachi de Longo Ponte amplius quam per XL^{ta} annos tenuerant, fcilicet dimidium portum de Bofrei, aquam, prata, buxeriam, terram, & terram de Butnis calumpniabatur. Sciens igitur injufte calumpniam illam fe feciffe penituit &, in prefencia domni Milonis de Monte Letherii (1), hoc quod male egerat, in pratello Sancti Clementis Caftrenfis, Heinrico, priori, faciendo rectum emendavit, & quod calumpniabatur omnino dimifit, concedens ecclefie fancte Marie de Longo Ponte & monachis ejufdem loci quicquid anteceffores fui donaverant. Hujus rei funt teftes hii, ex parte ejus: Hugo de Brueriis; Galterius, frater Oliverii de Fertada; ex parte fancte Marie: Fredericus de Belvaco; Thomas de Brueriis; Rogerius, cognomento Paganus; Potinus de Fertada; Guido de Lynais; Godefredus Gruel; Robertus, famulus.

S. D.
Vers 1108.

(1) Milon de Montlhéry, feigneur de Bray & vicomte de Troyes, fils de Milon le Grand, feigneur de Montlhéry.

CCCXXIV

S. D.
Vers 1108.

Sciendum est quod Galterius & Arraldus donum quod fecerat frater eorum, Godefredus, cognomento Oliverius, de Fertada, Deo & sancte Marie de Longo Ponte, & monachis ejusdem loci, coucesserunt & super altare sancte Marie manibus suis posuerunt, videlicet apud Larziacum terram ad duos boves, ad Cupcellum, & tres arpentos pratorum ibidem, & in clauso Emeline, matris Heinrici, prioris, unum arpennum terre, & terram quam tenet Gila ad sexdecim denarios. Hujus rei sunt testes hii : Galterius de Alpec; Georgius de Atrio; Rogerius Huretus; Bernardus, famulus; Rainerius, pistor; Otrannus, pistor.

CCCXXV

S. D.
Vers 1090.

Paganus de Petrorio & Alpes, uxor ejus, post mortem suam, concesserunt Deo & sancte Marie de Longo Ponte, & monachis ibi Deo servientibus, domum Girardi, clerici, apud Stampas, que reddit decem denarios. Quod viderunt & audierunt : Garnerius, famulus; Bernardus, famulus; Symon de Brucia; Albertus de Dordinco; Oylardus, filius Harpini; Rainerius, clericus; Belotinus, mulnerius; Radulfus Carruez.

CCCXXVI

S. D.

Bernoardus de Estrichio, & uxor sua filiusque ejus, Hugo, dederunt Deo & ecclesie sancte Marie de Longo Ponte, pro animabus suis, & pro anima filii sui, Tebaldi, & pro anima parentum suorum, apud Butnas unum hosticium de alodio suo, quod reddit per singulos annos panes duos, & duos capones, & xx^{ti} ii^{os} denarios & unum obolum, & duos sextarios avene ad mensuram de Stampis. Hujus autem doni testes describuntur hii: Arnulfus, filius Arraldi de Stampis; Rannulfus, famulus prioris; Paganus, filius Armerii.

CCCXXVII

Sciendum est quod Serlo, cognomento Paganus, nepos domni Heinrici, prioris, in fine vite sue, sancte Marie de Longo Ponte & monachis ibi Deo servientibus, pro remedio anime sue, apud Larziacum, terram ad duos boves dedit, & in territorio Silvanectensi, ad Capellam in Sorvalle, terram similiter ad duos boves. Hoc viderunt & audierunt: Raimundus, major ejus; Galterius de Bendevilla, avunculus ejus; Morcherius, Marchoardi filius. Nec tacendum est istud quod uxor ejus, Marcha nomine, in die sepulture sue, confirmavit hoc donum supranominatum & posuit super altare sancte Marie per librum collectaneum. Hujus rei sunt testes: Galterius de Bendevilla, avunculus ejus; Rainmundus, major ejus; Gaufredus, major sancte Marie, & filius ejus, Arnulfus; Oylardus, famulus, & filius ejus, Ascelinus; Garnerius, famulus; Robertus, famulus.

S. D.
Vers 1100.

CCCXXVIII

Adales, mater Tebaldi de Orengi, dedit Deo & sancte Marie de Longo Ponte, & monachis ejusdem loci, tres

S. D.
Vers 1090.

arpennos terre & unam masuram apud Orengi. Quod donum concessit jamdictus Teobaldus, & Eremburgis, uxor ejus, atque Galterius, ipsorum filius, & super altare sancte Marie posuerunt. De hoc sunt testes hii : Amauricus, miles, de Castro Forti; Constancius, gener Reimburgis; Bertrannus, corveserius; Symon de Brucia; Aszo, filius Uberti; Radulfus Carevedus; Ebrardus, ortholanus; Lambertus de Orceaco; Drogo.

CCCXXIX

S. D.   Obiit Judeta, uxor Helye de Baillolio; pro qua habet ecclesia Sancti Arnulfi de Toca & monachi ibi Deo servientes campum de Esclusa cum hospite de proprio dominio, & dimidiam acram terre ante ecclesiam Sancti Arnulfi de Tocha, & aliam acram juxta Fulcas, & terciam acram desuper Lupi Fossam & quartam acram ubi ipse dominus & amici providerint; & hoc ad proficuum ipsius ecclesie; & duas longas perticas prati in Glagileio, & unam summam salis per annum, quam reddit uxor Radulfi Cabochie, & post ipsam sui heredes. Et hec omnia data sunt in perpetuam elemosinam, & exinde sunt testes : domnus Robertus de Gislevilla; Robertus Espec & Bernardus Espec, ejus frater; Hugo de Hubraca; Hunfredus de Moncello; Herveus, diaconus.

CCCXXX

S. D.   Domnus Helyas & domnus Robertus de Gislevilla dederunt in Alneto terram ad faciendum ibi sufficientem hortum, & de hoc super altare Sancti Arnulfi donum per librum miserunt, Hugone de Hubraca, & Stephano & Ansgoto testantibus.

CCCXXXI

Robertus, nepos domni Aſzonis, presbiteri de Tocha, & domnus Obertus (1) dederunt ſe ipſos Deo & ſancte Marie de Longo Ponte, ad monachicum habitum ſuſcipiendum in capitulo, preſente domno Roberto, priore (2). Conceſſerunt etiam eidem loco quicquid poſſidebant jure hereditario in eccleſia Sancti Arnulfi de Tocha, ac per quendam cultellum, hujus rei teſtimonium perhibentem, poſuerunt donum ſuper altare ſancte Marie (3).

S. D.
Vers 1061.

(1) Alias: *Robertus*. *Voyez* Dubois (*Hiſt. eccleſiæ Paris*).
(2) Robert, premier prieur de Longpont.
(3) Edité par Dubois dans: *Hiſtoria eccleſiæ Pariſienſis*, I, p, 688.

CCCXXXII

Jordanus de Ivis dimiſit Deo & ſancte Marie de Longo Ponte, & eccleſie Sancti Arnulfi de Tocha & monachis inibi Deo famulantibus, de ſua cenſura Caniſci, videlicet Montis, omnibus annis reddendum unum quarterium frumenti & unum ſextarium avene. Conceſſit autem hoc donum Philippus, frater ejus, & Berta, uxor illius, & Guillelmus, filius ejus. Quod viderunt & audierunt: Rogerius, decanus; Radulfus de Holando; Robertus, presbiter, qui hec ſcripſit; Guillelmus, presbiter; Anfridus. Hoc autem factum eſt in preſentia Roberti, prioris, & Anſerg, filii ſui.

S. D.
Vers 1061.

CCCXXXIII

S. D.
Vers 1100.

In die qua Rogerius de Sancto Ionio, qui vocatur Paganus, desponsavit sibi uxorem nomine Adalaidem, filiam Tevini de Forgiis, ante sponsalia divisit Tevinus elemosinam suam, quam dudum fecerat Deo & sancte Marie de Longo Ponte, & monachis ejusdem loci, videlicet ecclesiam de Forgiis & atrium, sepulturam & decimam; terram quoque ad unum aratrum, & nemus ad quicquid eis necesse est & hominibus ipsorum, & fructum illius nemoris ad colligendum ipsis & iterum hominibus eorum; furnum quoque, & stagnum & molendinum. Hanc autem divisionem multi homines qui interfuerunt audierunt; de quibus paucos huic cartule nostre inserere in testimonium contra calumpniantes curavimus. De quibus sunt isti: supradictus Rogerius de Sancto Ionio, qui vocatur Paganus; Haymo & Hugo, fratres ejus; Stephanus, clericus; Teodericus de Soisi; Galterius, dapifer: Rainaldus de Braiolet; Herlannus de Valle; Rogerius de Sancto Ionio, filius Galterii, & alii multi quos enumerare longum est videntes & audientes.

CCCXXXIV

S. D.
Vers 1150.

Luciana, filia Ogrini Divitis, de Agliis, dedit Deo & sancte Marie de Longo Ponte duo arpenta vinearum juxta closum sacriste apud Vilers, & fecit inde donum super altare sancte Marie, presente Teobaldo, priore, & toto conventu. Habuit autem de caritate a sacrista Tescelino xxx.^{ta} & v.^{que} solidos. Concessit hoc filia ejus, que pro testimonio ab eodem facrifta XII denarios habuit. Conceffit hoc fimiliter & Fulcherius, monachus Sancti Germani, prior de Brollio, cui cenfus duorum arpentorum redditur. Poftea vero Johannes Ruffus, de Athiis, frater ejufdem Luciane, de cujus feodo ipfa duo arpenta movent, hoc conceffit, & pro teftimonio a predicto facrifta II folidos habuit. Hujus doni funt teftes: Galterius de Orengi & Giflebertus, frater ejus; Radulfus Pigmentum & Stephanus, filius ejus; Yvo, filius Garnerii, famuli; Rogerius Goiot; Robertus, nepos ejus; Hubertus, armiger Milonis de Forgiis. Quod autem prenominatus Johannes donum quod predicta Luciana fecerat conceflerit, teftes funt ifti: fcilicet ipfe Johannes de Athiis; Gaudricus, miles, de Saviniaco; Gaufredus, miles, de Sauz; Galterius de Orengi et Giflebertus, frater ejus; Clarembaldus de Plaorio (1).

(1) Cf. la charte ci-après n° CCCXLI.

CCCXXXV

Notum fieri volumus tam prefentibus quam futuris quod Helvifa, uxor Widonis de Alneto, dimifit Deo & beate Marie, ejufque fervitoribus monachis, videlicet de Longo Ponte, tres quarterios vinee apud Lunvillam. Hujus rei funt teftes: ipfe Wido, vir predicte Helvife, & frater ejus, Guarinus; Milo de Lynais; Amauricus, miles; Josbertus, quocus; Poin, filius ejus; Gaufredus Anglus; Johannes, famulus.

S. D.
Vers 1150.

CCCXXXVI

S. D.
Vers 1150.

Willermus de Castris, Jherosolimam iens, convocavit ad se monachos nostros, Lambertum scilicet, camerarium, & Godefredum de Brailleio, & sic, multis presentibus & matre sua & uxore laudantibus & concedentibus, in manu eorum, ecclesie de Longo Ponte & monachis ibidem Deo & matri misericordie servientibus dimidium clausum suum, quem in proastio ville de Castris habebat, ita liberum sicut ipse & antecessores sui possederant, si in peregrinatione illa moreretur, concessit. Morte illius audita, donum quod ipse fecerat a Bartholomeo de Cabrosia qui successor ejus erat requisivimus. Sed ipse, cupiditate victus, donum prefatum nec reddere nec concedere voluit. Quod nos audientes & duriciam illius cui quam plurimum remanebat admirantes clamorem ad episcopum Parisiensem, Teobaldum nomine, & magistrum Petrum, archidiaconem *(sic)*, fecimus. Qui submonitus & ad diem terminatum in curia prefati archidiachoni veniens, quampluribus convictus rationibus & a magistro Petro, archidiacono, & a multis personis ibidem astantibus rogatus & ammonitus, dixit se libenter de prefato dono ad voluntatem domni Teobaldi, qui tunc prior erat, concordaturum. Qui, apud Longum Pontem veniens & secum filium suum & Hugonem Quarterium, cognatum suum germanum, adducens, donum prefatum, clausum scilicet dimidium, sicut Willermus, nepos ejus, donaverat, ipse, & filius ejus & Hugo Quarter concesserunt & super altare posuerunt : nosque illorum benivolentiam intuentes caritative donavimus Bartholomeo IIII libras, & filio suo ibidem ante altare v^e solidos, & Hugoni Quarterio xx^{ti} solidos. Hujus rei testes funt: Radulfus, presbiter de Sancto Philiberto; Hugo Quartus; Johannes, famulus; Galfredus Anglicus; Guido, piftor, & plures alii.

CCCXXXVII

Notum fit tam prefentibus quam futuris quod Johannes Andegavenfis, in extremo vite fue, pro remedio anime fue, dedit Deo & fancte Marie de Longo Ponte, monachifque ibidem Deo fervientibus, medietatem decime fue quam habebat juxta viam que ducit ad Noereium. Quod concefferunt & donum fuper altare pofuerunt Lancia, uxor ejus; Balduinus, filius ejus, & due filie ejus. Quod viderunt & audierunt hii teftes: Galterius de Morefart; Rogerius, gener ipfius Johannis; Manafes, frater uxoris ipfius Johannis; Giflebertus de Valle Grinofa; Garnerius de Maciaco; Galterius de Buelun; Aymo, frater ejus; Arnulfus, frater illorum; Johannes, famulus; Ivo, frater ejus; Guido, piftor; Robertus, frater ejus; Gaufredus Anglicus; Bernardus, famulus; Herbertus de Opere.

S. D.
Vers 1140.

CCCXXXVIII

Sciant tam prefentes quam futuri quod Ermengardis de Sancto Veriano, cognomento Papafola, a prefenti feculo tranfiens, dedit Deo & fancte Marie de Longo Ponte, monachifque ibidem Deo fervientibus, totam decimam quam habebat in Parvo Luifant, concedente Galterio, filio fuo, & donum fuper altare beate Marie ponente. Hoc audierunt & viderunt hii teftes: Johannes Andegavenfis; Guido de

S. D.
Vers 1140.

Coldreio, nepos ipsius Galterii; Galterius de Buelun; Aymo, frater ejus; Bernardus, famulus; Johannes, famulus; Guido, pistor; Gaufredus Anglicus.

CCCXXXIX

S. D.
Vers 1140.

Lisiardus de Coldreio, in extremo vite sue positus, dimisit Deo & sancte Marie de Longo Ponte, monachisque ibidem Deo famulantibus, unum modium vini ad pressorium de Lebren in perpetuum possidendum. Quam donationem concesserunt Helvisa, uxor sua, & Burchardus, filius ejus, & super altare beate Marie coram astantibus posuerunt. Hujus donationis testes sunt : Gaufredus de Valle Grinosa, avunculus ipsius Burchardi; Gislebertus de Valle Grinosa; Hecelinus de Linais; Galterius de Buelun; Aymo, frater ejus; Johannes, famulus; Ivo, frater ejus, & multi alii.

CCCXL

S. D.
Vers 1140.

Presentibus & futuris notificare volumus quod Avelina, uxor Warini de Maciaco, moriens, dimisit Deo & beate Marie de Longo Ponte duos sextarios annone in decima sua, apud Oringiacum, unum scilicet de frumento & alium de ordeo, laudante & concedente Andrea de Ulineto, fratre suo; & de hoc, die sepulture predicte Aveline, donum super altare beate Marie follempniter posuerunt. Hujus rei sunt testes : ipse Warinus & prefatus Andreas; Tebertus, prepositus; Philippus de Luysant; Walterius de Boolun; Bernardus, famulus; Guido, pistor; Gaufredus Anglicus; Radulfus Puber; Josbertus, coquus, & alii multi.

CCCXLI

Scripti monimento presenti evo ejusque posteritati notificetur quod Luciana, uxor Walterii de Orengiaco, dedit Deo & beate virgini Marie de Longo Ponte duo arpenta vinee, que sibi ex antecessorum suorum beneficio in hereditatem provenerant, que sunt juxta clausum sacriste apud Vilers, prefato W., viro suo, laudante & concedente. Habuit autem ex caritate a sacrista Tecelino xxx. v. solidos. Concessit hoc filia ejus, Odelina, que pro testimonio xii denarios a predicto sacrista T. habuit. Hoc idem fecit & Johannes Ruffus, de Athiis, frater predicte Luciane, qui & ipse iii solidos pro testimonio habuit. De his omnibus plures testes habemus.

S. D.
Vers 1150.

Processu vero temporis, Matheus, dictus nepos domni Teberti, prepositi, Odelinam, filiam prescripte Luciane, duxit uxorem. Qui, avaricie veneno imbutus, donum, quod uxor sua cum matre jamdudum fecerat, calumpniare & calumpniando irritum facere conatus est. Demum, post multas conflictationes placitantium & controversias hinc & istinc habitas, sacrista, saniori prioris sui, domni Symonis (1), & aliorum fratrum suorum accepto consilio, convenerunt uterque apud Montem Leterici, in communi foro, & mediantibus sapientibus viris atque laudantibus, decano scilicet de Antogniaco & domno Ascelino, presbitero de Salciaco, Teberto quoque, preposito, & Hugone Magno, de Calliaco, Johanne Ruffo, de Atheiis, de cujus feodo ipsa vinea movebat, Walterio de Boolun cum fratre ejus, Aymone, taliter cum eo concordiam fecerunt ut concessione sua ac beni-

Vers 1170.

volentia donum roboraret, accipiens inde caritative xxx solidos, conditione tamen certa ut contra omnes calumpniatores partem monachorum de cetero tueretur & manù sua inde oblationem super altere faceret : quod & fecit. Convocatis namque iterum Walterio cum uxore sua, Luciana, Gislebertoque, fratre ejus, ipse Matheus cum uxore sua, Odelina, sabbato precedente diem dominicam illam qua iter arripuit Jerosolimitanum, ut spoponderat, accessit cum uxore sua & matre ejus, & donum super altare sancte Marie apud Longum Pontem sollempniter posuit. Testantur hoc omnes qui ibidem convenerant, scilicet predictus Walterius & uxor ejus, Luciana; Gislebertus, frater ejus; ipse Matheus & uxor ejus, Odelina; hii ex parte Mathei : ex parte autem monachorum : domnus Symon, eorum prior; Tecelinus, sacrista, cujus tempore res gesta est, & omnis conventus; de famulis vero : Josbertus, quocus; Poin, filius ejus; Johannes, famulus prioris, & Yvo, frater ejus; Wido, pistor, & Robertus, frater ejus; Petrus de quoquina; Gaufredus Anglicus; Robertus Anglicus (2).

(1) Simon Ier, prieur de Longpont, vers 1160 & 1180.

(2) Cf. la charte ci-dessus, n° CCCXXXIV. — Cette charte CCCXLI, dans le deuxième paragraphe de laquelle figure le prieur Simon, qui gouvernait encore le monastère de Longpont en 1180, & la charte ci-dessous CCCXLVIII, qui donne lieu à la même observation, peuvent être considérées comme les deux actes les plus modernes de notre Cartulaire.

CCCXLII

S. D.   Rannulfus de Perrolio, antequam moreretur, dedit Deo & sancte Marie de Longo Ponte, assensu Alburgis, uxoris sue, duos nummos censuales in terra que apud Vilers est, quos sacrista habet ad luminare ante crucifixum coemendum. Hugo vero & Robertus, filii ejus, avaricie stimulis instigati, predictam patris sui donationem irritam facere conati sunt, negantes se huic dono interfuisse. Hinc inde altercationes exorte sunt, istinc eos debere habere dicendo, illinc vero calumpniantes contradicendo. Sed a sapientibus ita diffinitum est ut ecclesia predictos nummos perhenni jure possideat, ita tamen ut sacrista VII solidos in testimonium eis tribueret, & sic, cessante calumpnia, ecclesia donum illud firmiter teneret. Quod videlicet Hugo & Robertus, fratres, confirmaverunt. Hujus rei sunt testes : Garinus de Rupe Forti, filius Roberti; Rogerius Nigrarius; Gaufredus, qui donum super altare posuit.

CCCXLIII

Burchardus Cocherel, a presenti seculo transiens, dedit Deo & sancte Marie de Longo Ponte, monachisque ibidem Deo servientibus, unum hospitem apud Maciacum, nomine Robertum Menuel, concedentibus filiis suis, Tebaldo atque Burchardo, & donum super altare ponentibus. Hujus donationis testes sunt : Teobaldus, frater ipsius Burchardi; Gislebertus de Vallegrinosa; Gaufredus de Vallegrinosa; Galterius de Buelun; Arnulfus & Aymo, fratres ejus; Reinaldus Escharez; Johannes, famulus, & Ivo, frater ejus.

S. D.
Vers 1140.

CCCXLIV

Notum sit tam presentibus quam futuris quod Holdeardis, uxor Burchardi Cocherel, a presenti seculo migrans, pro

S. D.
Vers 1136.

remedio anime fue, dimifit Deo & fancte Marie de Longo Ponte, monachifque ibidem Deo fervientibus, XII denarios cenfus & jufticiam terre, quos reddit Galterius de Buelun. Dimifit etiam facrifte ejufdem ecclefie, ad fervitium miffarum, dimidium modium vini, in claufo fuo apud Vilebofein unoquoque anno accipiendum & in perpetuum poffidendum. Hanc donationem conceffcrunt ipfe Burchardus & Teobaldus, filius amborum, & fuper altare beate Marie, cunctis videntibus qui aderant, diligenter pofuerunt. Hujus rei teftes funt : Tebaldus, frater ipfius Burchardi; Giflebertus de Valle Grinofa; Galterius de Buelun; Johannes, famulus; Ivo, frater ejus; Guido, piftor; Galfredus Anglicus; Herbertus de Opere.

CCCXLV

S. D.
Vers 1140.

Sciant tam prefentes quam futuri quod Eremburgis, uxor Hingerii de Caftris, in extremo vite fue pofita, pro remedio anime fue, dimifit Deo & beate Marie de Longo Ponte, monachifque ibidem commorantibus, VI denarios cenfuales apud Cufufum, concedentibus & donum fuper altare ponentibus ipfo Hingerio, viro fuo, Reinaldo, patre fuo, de Lai, & matre fua, Herfendis *(fic)*. Quod viderunt & audierunt ifti teftes : Galterius de Buelun; Aymo, frater ejus; Burchardus Cocherel; Arnulfus, major; Galfredus Turpalt; Johannes, famulus.

CCCXLVI

S. D.

Cette charte eft la copie littérale de celle que nous avons éditée plus haut fous le n° LXXI.

CCCXLVII

Notum sit omnibus, tam presentibus quam futuris, sancte Dei ecclesie fidelibus, quod Roza, uxor Teberti, filii Afzonis, de Firmitate, ad mortem veniens, pro salute anime sue, dimisit Deo & sancte Marie de Longo Ponte, & monachis ibi Deo famulantibus, unum hospitem apud Vilers, Euvrardum nomine : quod donum concesserunt filii & filie ejus. Postea vero Tebertus, vir ejus, qui tunc apud Sanctum Jacobum peregre profectus fuerat, ab ipsa peregrinatione reversus, donum illud, quod uxor sua fecerat, laudavit ac benigne concessit, & super altare sancte Marie posuit, ipse, & filii ac filie illius, quorum ista sunt nomina : Petrus, Girbertus, Maria; adtestantibus his : Hezelino de Linais, Guidone de Valle Grinosa, Gaufredo Pooldo, Ansoldo de Balisi, Galterio de Boolun, Aymo[ne] de Boolun; Josberto, coco; Johanne, famulo; Gaufredo, famulo; Euvrardo, famulo; Ivone, famulo.

S. D.
Vers 1140.

CCCXLVIII

Universitati fidelium notificamus Rainaldum de Braiolo, apud Longum Pontem monachum effectum, dedisse, pro salute anime sue, eidem ecclesie medietatem ville que Soliniacus vocatur & medietatem nemoris, laudante & concedente filio suo, Godefredo, necnon & Amalrico, tunc comite Eboracensi (1), de cujus feodo erat, adtestantibus plurimis, quorum nomina alibi annotata habentur. Sed quia eam quidam miles, Aymo nomine, nepos memorati Godefredi, qui aliam medietatem ex parte matris sue possidebat,

S. D.
Vers 1170.

valde injuriabat, ferre amplius non valentes monachi ejufdem ecclefie, conqueftus eft pro eis apud domnum regem, Ludovicum (2), domnus Symon (3), jam fati loci prior. Unde rex equanimiter non ferens, fed paci ecclefie confulens, tranfmifit litteras, proprio figillo munitas, Symoni, comiti Eboracenfi (4), filio fupradicti Amalrici, mandans atque precipiens quatinus, caufa pacis, terram illam partiri faceret, ut quiete, ac pacifice vel fecure monachis eam poffidere liceret. Vifis igitur comes litteris, precepit ut fecundum preceptum regis, terra partiretur. Die igitur ftatuto, convenerunt utreque partes; ex parte comitis : Thomas de Rupe Forti, tunc vero prepofitus de Gumez, & ipfe Aymo; Galterius Rozardus; Robertus Caftellus & alii plurimi; ex parte fancte Marie : memoratus Symon, prior; Jofzo, camerarius; Germanus. Partita igitur terra & nemus *(fic)*, interfuerunt enim huic partitioni, ex parte beate Marie, ifti quorum fubfcripta funt nomina : Theodericus major; Guido Blundus; Ivo, frater Johannis, famuli; Martinus de Atrio & alii multi. Hanc vero particionem benigne concefferunt ipfe Aymo, & uxor fua, & filii eorum.

(1) Amaury Ier de Montfort, qui détint le comté d'Evreux de 1118 à 1137.
(2) Louis VII, *le Jeune.*
(3) Simon Ier, onzième prieur de Longpont.
(4) Simon de Montfort, dit *le Chauve,* fecond fils d'Amaury Ier, qui fuccéda à fon frère, Amaury II, en 1140.

CCCXLIX

S. D.
Vers 1140.
Haymo de Boolun dedit Deo & fancte Marie de Longo Ponte, & monachis ibi Deo fervientibus, unum hofpitem,

Georgium nomine, apud Sanctum Michaelem, reddentem recturas & xx denarios census, liberum tamen ab omni tallia, pro anima Rainaldi, filii sui. Quod donum concessit Comitissa, uxor ejus, attestantibus his, quorum ista sunt nomina: Galterius de Boolun; Guido, filius ejus; Tomas, nepos ejus; Tebaldus Cocherel; Johannes, famulus; Gaufredus Torpauz.

CCCL

Galterius de Boolum, in infirmitate constitutus de qua mortuus est, dimisit Deo & sancte Marie de Longo Ponte duos arpennos terre, xii^{cim} denarios census reddentes, & omnem ipsius terre justiciam, Petronilla, uxore sua, & Guidone & Teobaldo, filiis suis, benigne concedentibus. Postmodum vero, Guido, filius ejus, terre sue dominium jure sortitus, pro anima fratris sui, Teobaldi, & Petronilla, mater illius, concesserunt ecclesie beate Marie de Longo Ponte alios duos arpennos terre, xii denarios census solventes, & plenariam ejusdem terre justiciam, hoc tamen excepto quod hii quatuor arpenni uni hostisie, que juris eorum est, semper adherebunt: ecclesia vero beate Marie censum & justiciam libere ac quiete habebit Hujus, donationis sive concessionis testes existunt: Haymo de Boolum; Landricus, prior; Tecelinus, subprior; Johannes, famulus; Gaufredus Torpauz; Guido Blundus; Gaufredus Anglicus.

S. D.
Vers 1140.

CCCLI

Presentibus & futuris notum fieri volumus quod Petrus de Masseria & Avelina, uxor ejus, concesserunt ecclesie beate

S. D.
Vers 1136.

Marie de Longo Ponte tres nummos cenſus cum omni juſticia ; quos videlicet nummos quedam elemoſinarii vinea ipſis annuatim reddebat; quibus domnus Landricus, tunc ipſius prior eccleſie, in monimentum hujus conceſſionis xxv ſolidos, ſub karitatis ſpecie, largitus eſt. Confirmaverunt autem ambo, Petrus ſcilicet & Avelina, donum ſuper altare beate Marie ponentes, preſentibus & hujus doni teſtibus : Teoderico, majore; Johanne, famulo ; Anſello, ſalinario ; Gaufredo Anglico.

CCCLII

S. D.
Vers 1140.

Cunctorum noticie commendetur quod Hubertus de Saviniaco, ſeculo renuntians & religioſam expetens vitam, dedit eccleſie beate Marie de Longo Ponte & monachis ibi Deo ſervientibus quinque ſolidos cenſuales & omne dominium tocius terre que illos v ſolidos reddit, ſicut ante tenuerat, omnibus filiis & filiabus ſuis hoc donum laudantibus ac benigne concedentibus, in preſentia multorum, qui ad hoc vocati fuerunt ut hujus donationis teſtes exiſterent, quorum nomina ſubſcripta ſunt : Tebertus, prepoſitus ; Haymo de Boelum ; Gaufredus de Saviniaco ; Johannes, famulus ; Gaufredus Torpauz.

CCCLIII

S. D.
Vers 1140.

Notum fiat omnibus quod quedam controverſia fuit inter monachos de Longo Ponte & domnum Fredericum de Grinni, pro vinea quadam quam ipſe tenebat, de qua monachi dimidium vini modium cenſualem & octo denarios cenſus ſe debere habere dicebant; cumque frequenter eumdem Fredericum requififfent ut que debebat redderet, & ille negans ea reddere nollet, orta eft inter eos difcordia, que hoc modo fuit pacificata : memoratus enim Fredericus, injurie penitens & fe deliquiffe reprehendens, tale cum monachis compofuit pactum quod dimidium vini modium in prefforio fuo de Grinni, non autem de fuarum, fed aliarum vinearum preffuragio, prefatis monachis, annis fingulis, quafi pro cenfu daret. Hoc autem pactum tenendum predictus Fredericus & Hermefendis, mater ejus, & uxor illius & fratres laudaverunt, confirmaverunt, concefferunt, prefente domno Landrico, priore, totoque conventu; his quoque prefentibus: Haymone de Boolum; Johanne de Verfaliis; Johanne, famulo; Gaufredo Torpaut, qui etiam hujus pacti teftes exiftunt. Sed neque hoc taceri debetur de pacto quod ipforum famulus monachorum, ad fupradictum vinum requirendum directus, quando vel qualiter voluerit, vinum, fine dilatione nulloque prohibente, recipiat.

CCCLIV

Hec funt que in ecclefia de Ophergiis ex redditu habemus : medietatem omnium videlicet decimarum que in villa funt; medietatem quoque oblationum Nativitatis, Refurrectionis, Omnium Sanctorum; dimidium etiam candelarum in Purificatione. In fefto quoque fancti Andree, in cujus ecclefia prefata honore confecratur, quotquot clerici ad diem feftum convenerint, de oblatione illius diei pro..... fi de oblatione fuperfuerit, mediam partem habebimus : fi vero non fus...... presbiter, quod defuerit in commune fupplebimus.

S. D.

CCCLV

S. D. Hic est census quem habemus apud eandem villam : de masura Roberti, III solidos; Guarinus..... VIII denarios; Susanna, IIII denarios; Willelmus Normannus, V denarios; Rohes, I denarium; Rainaldus, VIII denarios; Balduinus, II denarios; Rosellus, VI denarios; Garinus, bubulcus, IIII solidos; Drogo, II solidos........, II solidos; ...., XIII denarios & I stillam avene; Robertus, XIII denarios & I stillam avene; Gaufredus defunctus, XIII denarios & I stillam avene. Hec est summa census de Ophergiis quem habemus. Foragium terre nostre.....

Archives de Versailles

Registre in-folio relié

INVENTAIRE

DE

TITRES DU PRIEURÉ

DE N-D. DE LONGPONT

Section I. — Boîte A (1)

TABLE DU CARTULAIRE N° I. (2)

1151. — Privilége du pape Eugène III, moine Bernardin, pour les dîmes & autres droits sur les églises de Longpont, Montlhéry, Saint-Jullien-le-Pauvre à Paris, Orsay, Pecueuse, Champlant, Bondoufle, Orangis, Nozay, Viry, Monceaux, Soliny, Saint-Médéric, le Plessy, Savigny, Ver, Villejuif, Fresne, &c., p. 1.

(1) La table, dont nous avons imprimé un court spécimen dans l'*Introduction*, p. 51, n'est pas autre chose qu'un abrégé très-sommaire de celle dont nous donnons ici le texte complet. Quelques articles sont rangés dans un ordre un peu différent, quelques dates sont discordantes; mais la matière des deux tables est identiquement la même.

(2) Lorsque fut rédigé l'Inventaire de 1713, notre Cartulaire, qui eût dû, par droit d'ancienneté, porter le numéro 1, avait, comme nous l'avons déjà dit, disparu de la bibliothèque des moines de Longpont. Il est donc tout naturel que le rédacteur ait donné ce numéro 1 au Cartulaire suivant, qui était le plus ancien qu'il eût alors sous les yeux.

1154 (1). — Privilége du pape Anaftafe IV, moine Bénédictin, pour les dixmes & autres droits, fur les églifes cy-deffus détaillées.

1164. — Privilége du pape Alexandre III, des fufdits, p. 3.

1164 (2). — Lettres de conceffion de Louis VII, le Jeune, roy de France, de l'églife de Saint-Pierre du château de Monthléry, & de celle de Sainte-Marie, du même château, à celle de Sainte-Marie-de-Longpont, du confentement de Jean (*de Chatenai*), cy-devant abbé de Saint-Pierre, & de celui de tous les chanoines, avec toutes les dépendances, p. 6.

1164. — Lettres du pape Alexandre III, confirmatif de la fentence rendue par Eftienne, évefque de Meaux, & Odo, abbé de Saint-Denis, au fujet de la conteftation qui étoit entre les religieux de Longpont & les prêtres de Linois, au fujet du cimetière des Lépreux, p. 5.

1150 (3). — Confirmation du pape Anaftafe touchant le chapitre de Monthléry, transféré par Louis le Jeune, VIIe du nom, p. 8.

(1) La table fommaire de l'*Introduction* donne à cette pièce la date fautive de 1158. Le pape Anaftafe IV était mort dès le mois de décembre 1154.

(2) La date de 1164, attribuée à cette pièce, eft évidemment fauffe, puifque les lettres de Louis le Jeune, dont il s'agit, furent ratifiées & confirmées par le pape Anaftafe IV, lequel, comme nous le rappelons dans la note précédente, était mort en décembre 1154. La date de 1154, donnée à la même pièce par la table fommaire, mentionnée plus haut, eft fans aucun doute la date vraie.

(3) Date fauffe. Il faut lire 1154. Cf. les deux notes précédentes. En 1150, le pape régnant était Eugène III.

11[50]. — Ratification par Thibaud, évêque de Paris, des priviléges ci-deffus, p. 9.

1142. — Conceffion par Louis VII, le Jeune, d'une foire de huit jours à Longpont, pendant laquelle le marché de Montlhéry ceffant à Montlhéry eft transféré à Longpont, p. 7 (1).

1221. — Donation aux moines de Forges de trente arpents de bois dans la forêt de Corbière, trente autres arpents dans la vallée de *Guineberg*, vingt arpents contigus & dix autres arpents, &c., le tout pour leurs ufage & chauffage du four banal, aux obligations aux habitans d'y venir cuire, p. 11.

1203. — Echange entre le chapitre de Paris & les religieux de Longpont, par lequel ledit chapitre cède auxdits religieux de Longpont la dixme de Marolles, & en contre-échange lefdits religieux cèdent ce qu'ils poffèdent à Viry & payent en outre une fomme de feptante livres de retour, p. 12.

1245. — Vifite d'un évêque de Paris à Longpont, p. 13.

1239. — Accord entre les religieux de Longpont & les adminiftrateurs de l'Hôtel-Dieu de Paris, touchant une maifon & demi-arpent de vigne, fitués à Champlant, p. 13.

1245. — Touchant un preffoir aux Luizants, p. 15.

(1) Cf. les chartes III & IV de notre Cartulaire.

1244. — Touchant un pré à Essone, au lieu dit les Fontaines, appartenant au couvent de Longpont, p. 16.

1246. — Dixme de Bretigny & du Plessis : lieux désignés où les religieux ont lesdites dixmes esdittes paroisses, p. 17.

1246. — Ratification par Simon, S^{gr} de Rochefort, d'un échange fait par le nommé Michel, son vassal, avec les religieux de Longpont, à Pecqueuse & Bretonville, p. 19.

1206. — Donation d'une portion de dixme à Villebouzin, faite aux religieux de Longpont.
Exemption de taille par Etienne, abbé de Cluny, aux habitans de Longpont qui sont entre les trois croix, p. 20.

1203. — Touchant les dixmes de Marolles & Viry.

1181. — Ordonnance du roy Philippe-Auguste, IIe du nom, portant défense au commandant du château de Montlhéry de laisser couper les herbes dans la prairie d'Orge, p. 20.

1204. — Confirmation par le même roy de la donation de la dixme de Marolle au couvent de Longpont, p. 21.

1204. — Confirmation par le comte d'Evreux de la donation faite par Robert Castel à l'église de Longpont de tout ce qu'il possede à Pecqueuse, tant terres labourables, forêts, prés, four à ban, que cencives, p. 22.

1204. — Sentence entre les religieux & les chanoines de Linois, touchant la sépulture des lépreux de Linois, p. 23.

1230. — Confirmation par l'abbé de Saint-Vincent, ayant commiſſion du légat, qui adjuge aux prieur & religieux de Longpont la dixme de Bondoufle, p. 23.

1226. — Echange entre les religieux de Longpont & ceux de Saint-Jean-de-Jéruſalem dans l'île près Corbeil de quelques droits, tant à Saint-Michel-ſur-Orge qu'à Villemonde, p. 24.

1193. — Partage confirmé touchant les religieux de Longpont & ceux de Leudeville, p. 25.

1193. — Ratification du partage de la cenſive de Bonneuil qui étoit en commun avec les religieux de Saint-Maur & ceux de Longpont, p. 25.

1241. — Terres à Pecqueuſe en roture, en la cenſive de Longpont, p. 25.

1221. — Donation par Foulque de Lert, d'une vigne à l'égliſe de Longpont, p. 26.

1221. — Permiſſion de l'abbé de Saint-Germain-des-Prez, accordée au Sgr de Maſſal *(ſic)* de donner à quelques égliſes ou religieux quelques pièces de vignes près Monceau, qui étoient dans la cenſive de ladite abbaye de Saint-Germain, p. 26.

(Il ne paroît pas que cette donation ait été faite à Longpont.)

1206. — Commiſſion du pape Innocent III, la douzième année de ſon pontificat, adreſſant à l'official de Paris, pour terminer le différend, &c., touchant le patronage de Fargis, p. 27 (1).

1206. — Touchant les lépreux de Linois, p. 28.

1206. — Confirmation de la donation des égliſes d'Orſay, les Fargis, Forges, Bondoufle, Pecqueuſe, Orangis, Champlant & Saint-Julien-le-Pauvre, p. 29.

1206. — Donation vague, p. 30.

1204 — Touchant la donation des dixmes du Pleſſy, p. 31.

1205. — Règlement entre les religieux de Longpont & le curé de Jouy, touchant la dixme & la conſtruction d'une grange, p. 31.

1205. — Prébende dans l'égliſe de Saint-Pierre de Montlhéry, appartenant à l'abbaye de Saint-Victor, donnée au Prieuré de Longpont, & en échange leſdits religieux ont donné les terres & vignes qu'ils poſſédoient près le village d'Athis, p. 32.

1205. — Donation au Prieuré de *Vovea*, (on croit que c'eſt Vanves, près l'abbaye du Lys, vers Melun), p. 33.

1244. — Touchant la viſite de l'éveſque de Paris, relative à la page 13, p. 33.

(1) La douzième année du pontificat d'Innocent III tombe en 1209 & non en 1206 (du 8 janvier 1209 au 8 janvier 1210).

1241. — Donation par Aalez du Chaftel au couvent de Longpont de tous fes biens & acquets & moitié de fes propres, avec les prés de Fontaines, &c., p. 34.

1206. — Concernant l'églife du château de Montlhéry pour la fépulture, p. 35.

1261. — Conceffion par Alexandre IV aux religieux de Longpont d'enterrer dans leurs églifes.

1183. — Ratification par le roy Philippe-Augufte de la donation faite au Prieuré de Longpont par Béatrix de Pierrefond d'une partie de la forêt de Montfaucon & de *Vioveta (fic)* près Cernay, p. 35.

1209. — Echange entre les prieur & religieux de Longpont & l'abbé de Cernay de quelques héritages près Vivert & la Buxière près la Grange-Montfaucon, p. 36.

1269. — Relief d'appel pour les religieux de Longpont, pour une dixme conteftée par l'abbaye de Saint-Germain-des-Prés, p. 37.

1243. — Donation d'un quartier de vigne au terroir de Champlant, lieu dit les Fontaines, p. 39.

1271. — Echange entre les prieur & religieux de Longpont, d'une part, & le couvent de Saint-Eloy, d'autre part, de quelques droitures & cens fur un pré dit Joffelin & Jouez, &c., à Villiers, p. 40.

1176. — Confirmation d'une donation faite par Robert Chaltiax, p. 41.

1240. — Eaux vives & mortes cédées par les religieux de Longpont, à eux appartenant, à Savigny, moyennant 50 sols parisis de rente, la vie durante de Gazon Buimélé & de sa femme, p. 40.

1240. — Touchant le cimetière des lépreux de Linois, p. 42.

1227. — Donation par Raoul Bailal aux églises de Longpont, de Saint-Arnoult, de toute sa terre de Champkevrol, à la charge d'un annuel, p. 42.

1247. — Quittance générale par Simon de Marines aux religieux de Longpont, p. 42.

1247. — Règlement entre le prieur & les religieux de Longpont & les habitans de Ver, touchant le champart.

1220. — Reconnoissance passée par Martin l'Hostiaire de quarante sols parisis de rente envers Saint-Julien-le-Pauvre, sur une maison à luy appartenant du côté de Saint-Cosme & Saint-Damien, tenant au cimetière des juifs; ladite reconnoissance passée devant l'official de Paris, p. 45.

1266. — Donation par Simon, seigneur de Rochefort, aux religieux de Longpont d'un fief, bois, terres labourables à Garivinnesin *(Garnevesin)*, p. 45.

1172. — Cession faite au seigneur de Villejust par le prieur de Longpont, du consentement des religieux, de terres & bois, moyennant six écus & cinq sols de cens par an, lesdites terres & bois proche Villejust, p. 46.

1202. — Donation faite aux religieux de Longpont par Acho

du Coudray, du consentement de ses frères & sœurs, de la dixme de Marolle, p. 46.

1185. — Commission du pape Lucius III, adressante aux doyens de Paris, de Saint-Germain & d'Authun, pour régler le partage de quelques biens & revenus, entre les religieux de Longpont & les seigneurs de Leudeville, p. 47.

1170. — Reconnoissance faite par Jean *de Maciaco* aux religieux de Longpont de la redevance annuelle d'un muid, moitié froment & moitié fèves, p. 47.

1211. — Sentence rendue pour les religieux & prieur de Saint-Julien-le-Pauvre dépendant du Prieuré de Longpont, d'une part, & l'archiprêtre curé de Saint-Séverin, touchant les différends entre eux pour l'entretien de la chapelle Saint-Blaise du côté de la rue Galande, pour les annuels & legs faits par les paroissiens de Saint-Séverin au prieur de Saint-Julien, p. 48.

1246. — Reconnoissance par Ferry de Bours de la redevance envers le Prieuré de Longpont d'un muid de blé payable par tiers, à prendre dans la grange dudit Ferry à Bondoufle, p. 49.

1246. — Touchant les lépreux de Linois, p. 50.

1216. — Règlement touchant quelques églises dans le diocèse de Sens, dépendantes de l'ordre de Cluny, par Honorius III, *sous le règne de Louis VIII, père de saint Louis (sic)*, p. 50.

1225. — Reconnoissance par Renaud de Bretigny, sa femme & son fils, de huit deniers de cens sur une maison, sise à Bretigny, près la Fontaine, p. 51.

1216. — Donation par Winnes *de Vallegursa (Valle Grinosa)* de cinq sols de cens à l'église de Longpont, sur une portion de terre située proche le pressoir.... avec le droit de certaine justice, &c., &, en échange, les religieux de Longpont cèdent quatre sols de cens qu'ils percevoient sur Jean Crouleurs, proche Villebouzin, p. 52.

1254. — Reconnoissance par André Cherconville, Pierre de Baronville, Ansel, fils de Henry le Meunier, que le droit de pêche depuis la chaussée de Bretigny jusqu'au dessous de la chaussée de Longpont appartient spécialement & incommutablement au monastère de Longpont, & ont aussy lesdits reconnu qu'ils ont fait bâtir un moulin à tan au lieu dit Basset, auprès d'un autre moulin à bled qui leur appartient, que ledit moulin à tan ne pourra être converti en un autre usage, que les deux ne moudront à la fois ; & arrivant le cas contraire ils payeront audit couvent & religieux de Longpont cinq sols de chefcens, n'auront en outre aucun instrument pour pêcher.

1246. Donation par Pierre Gragnac de Ris, après sa mort & de sa femme, au Prieuré de Longpont, d'un demi-arpent de vigne proche Ris, chantier du Sautemal, tenant & aboutissant, &c., p. 53.

1246. — Reconnoissance pardevant l'official par Guillaume de la Champagère & Nicolas, chanoine de Saint-Spire de Corbeil, de trente deniers de chefcens sur la moitié d'une maison sise à Savigny, au haut du village, sur le chemin de Villemoisson, & la moitié d'un arpent de vigne contiguë à ladite maison, p. 54.

1247. — Compromis entre les religieux de Longpont & le curé de Savigny, pardevant le prieur de Saint-Faron de Meaux en Brie, juge souverain en cette partie, nommé par le pape Innocent IV, touchant la dixme de Savigny, p. 54.

1234. — Règlement entre le prieur & le curé d'Orsay, d'une part, & le prieur de Chateaufort, touchant la dixme, p. 55.

1257. — Reconnoissance faite par Guillaume de Morsang & ses sœurs, touchant leurs biens aliénés au Prieuré de Longpont, p. 56.

1200. — Accommodement entre Salomon & son neveu, d'une part, & les prieur & religieux de Longpont, d'autre part, touchant plusieurs différends entr'eux.

1200. — Reconnoissance par Simon de Ver de la redevance de deux muids & cinq septiers de bled pour une certaine terre que son ayeulle avoit donnée par aumône à l'église de Longpont, à condition que la dite terre retourneroit à Longpont après sa mort, p. 57.

1229. — Reconnoissance par Simon, dit l'Apostolique, d'une maison, située à Paris, au haut de Charonne, tenant & aboutissant, &c., chargée de quatre deniers de chef-cens envers l'église de Saint-Julien-le-Pauvre, p. 58.

1225. — Reconnoiſſance par Philippe d'Aurinville d'un morceau de terre envers le Prieuré de Longpont, chargé de ſeize deniers de cens, p. 58.

1248. — Reconnoiſſance par Simon de Bolon & Mathilde, ſa femme, de ſeize arpents de terre labourable près de Bretonville, en la cenſive de Longpont, p. 59.

1246. — Reconnoiſſance par ledit de Bolon d'une mazure & toutes les terres en dépendant audit lieu de Bretonville, chargée envers les prieur & religieux de Longpont de deux droitures, fixées & abonnées à deux ſeptiers d'avoine & huit deniers de cens, pour la mazure & un arpent de terre ſeulement, & dix ſols de cens pour les autres terres labourables, avec le droit de haute & baſſe juſtice en ladite mazure, de même qu'à Pecqueuſe, p. 59.

1207. — Règlement entre Guillaume de Morſan & ſes ſœurs, d'une part, & le prieur & couvent de Longpont, touchant leurs biens, rachetés par le couvent de Longpont moyennant vingt-quatre livres pariſis, p. 60.

1232. — Compromis entres les curés d'Orangis, de Bretigny & le prieur de Longpont de s'en rapporter au doyen de Saint-Médéric de Linois pour terminer leur différend, p. 60.

1232. — Règlement entre le prieur de Longpont & les religieux & Jean *de Broglio*, touchant neuf arpents proche ledit *Broglio* (qu'on croit être *Le Breuil*), chargé envers ledit couvent de Longpont de neuf ſols pariſis de cens, p. 61.

DE LONGPONT 289

1232. — Commission d'Alexandre, pape (1), à l'archevefque de Sens, pour régler les religieux du grand couvent & ceux de Longpont, fur les eaux détournées de leur ancien lit, à caufe du nouveau moulin, p. 61.

1230. — Marguerite *de Maciaco* fait exécuteur de fon teftament Guy, fon fils, religieux à Longpont, & le fait maître de difpofer à fon gré de tous fes biens tant meubles que immeubles, p. 62.

1240. — Terres données à moitié par le couvent de Longpont à Laurent de Paponville, p. 62.

1242. — Concernant le four à ban, p. 63.

1206. — Bref du pape Alexandre (2) adreffant au chantre de Saint-Wulfran d'Abbeville pour réunir au couvent de Longpont les biens qu'il en avoit aliénés, p. 63.

1266. — Maifon fife à Loancy, proche les prés dudit Loancy, avec fes dépendances, chargée envers le Prieuré de Longpont de fix fols parifis, p. 65.

1225. — Ratification par le prieur de Saint-Martin-des-Champs de la donation faite par Jean *de Maciaco* & Marguerite, fa femme, de terres, prés, vignes & autres héritages, au couvent de Longpont, à caufe de Guy, leur fils, qui y avoit pris l'habit de religieux, p. 64.

(1) En 1232 le pape régnant était Grégoire IX.
(2) Ou la date eft fauffe ou le nom du pape eft faux. En 1206 le pape était Innocent III.

1242. — Sentence qui adjuge au prieur de Longpont la dixme fur un arpent & demy de terre, &c., & condamme le prieur *de Broglio*, p. 66.

1268. — Donation par Gazon de Buymelé & fa femme au prieur & couvent de Longpont, de fix arpents de prés proche Savigny-fur-Orge; fçavoir, le pré de la Pierre, le pré de la Giroude & le pré fous le pont de Savigny, p. 67.

1268. — Donation par ledit Gazon de Buymelé au couvent des eaux qu'il avoit achetées à Savigny defdits religieux, & des fix arpents fufdits; au moyen de quoy ledit couvent s'eft engagé de donner tous les mois, le 5 ou le 7 du mois, cinquante miches du pain du couvent & fept livres par an, p. 67.

1232. — Compromis entre les religieux de Longpont & les chanoines de Linois, touchant les vignes poffédées par lefdits chanoines à Lardy, chargées envers ledit couvent de trente-deux fols de cens.

1249. — Ratification de la donation par Gazon de Buymelé & Marguerite, fa femme, de fix arpents de pré à Savigny, p. 69.

1249. — Une verge de terre vers Bonneville, donnée à cens par le prieur de Longpont, moyennant deux fols de cens, monnoye d'Anjou, p. 70.

FIN DU CARTULAIRE

TABLE GÉNÉRALE DU CARTULAIRE

CONTENANT

les noms de perſonnes, de lieux, de profeſſions & de dignités, des principales inſtitutions & des coutumes particulières.

N. B. — Les perſonnes ſont claſſées dans l'ordre des prénoms & non dans celui des ſurnoms.

A

Aales, uxor Arnulfi Malviel. Voyez : Adalaidis, Adales.

Aales, uxor Milonis Baſſeti. 121.

Aales de Valle Grinoſa. 103.

Aales. Voyez : Aalis, Aaliz, Adalaidis, Adaleidis, Adales, Adalis.

Aalicia, uxor Johannis, hoſpitis. 17.

Aalis, uxor Galeranni. 99.

Aaliz, uxor Iſembardi Pagani. 180.

Aalis, Aaliz. Voyez : Aales, Adalaidis, Adaleidis, Adales, Adalis.

Abbatis Villa. Voyez : Villa Abbatis.

Ablivis (Sevinus de). Voyez : Sevinus.

Ablum (Herbertus de). Voyez Herbertus.

Acardus (c. 1100). 93.

Achardus, coqus. 35.

Aculeus (Rainaldus). Voyez Rainaldus.

Ada Machaina, uxor Galterii Tyrelli. 177.

Ada Machan, uxor domni Gaufredi de Edera. 194.

Adalaidis, Adales, Aales, uxor Arnulfi Malviel. 93, 96, 126.

Adalaidis, uxor Guidonis de Lynois. 90. Le même perſonnage que le ſuivant :

Adalaidis, uxor Rogerii Pagani de Sancto Yonio. 333.

Adalaidis. Voyez : Aales, Aalis, Adaleidis, Adales, Adalis.

Adaleidis, mater Galeranni. 223.

Adaleidis, ſoror Adami de Forgiis. 207.

Adaleidis, uxor Galterii de Orengiaco. 275, 302, 303.

Adaleidis, uxor Manaſſe. 247.

Adaleidis, Adales, Adalis. Voyez : Aales, Aalis, Aaliz, Adalaidis.

Adales, filia Adami de Milliaco. 222, 291.

Adales, mater Tebaldi de Orengi. 328.
Adales, uxor Landrici, præpositi. 210.
Adalis, Adaleidis, mater Milonis de Lynais. 72, 126.
Adam, cantor Corboyli. Voyez : Adam, cantor S. Exuperii.
Adam, cantor Paris. 71.
Adam, cantor S. Exuperii. 209, 245.
Adam, cognatus Adami Lysiardi. 209.
Adam, filius Arnulfi Malviel. 95, 97.
Adam, filius magistri Guarini. 209.
Adam, filius Tevini de Forgiis. 207.
Adam Lisiardus, vel Lysiardus. 190, 191, 209.
Adam de Miliduno de Ponte. 178.
Adam de Milliaco. 222, 291.
Adam de Salciaco. 204.
Adam Tadet. 37.
Adam, vicecomes. 41.
Adam (terra de), apud Licas. 2.
Ad Dentes (Josbertus). Voyez : Josbertus.
Adelina, uxor Sultani de Maciaco. 233.
Adelulfus (c. 1110). 234.
Admire (Hugo). Voyez : Hugo.
Admovinus, sacerdos. 48.
Adrachepel (Stephanus) Voyez : Stephanus.
Adraldus. 318.
Adraldus. Voyez : Arraldus.
Advenans (Guido). Voyez : Guido.
Ad Vicinum (locus dictus), apud Britiniacum. 160, 166.
Advinus, Hadvinus, monachus. 115, 164, 171, 211, 240, 310.
Agliæ, Aggliæ. Voyez : Egleiæ.
Agliis (Aymo de). Voyez : Aymo.
Agliis & Buffiaco (terra de). 166, 292. Voyez : Egleiæ.
Agnes de Brueriis. 242.
Agnes, soror Adami de Forgiis. 207.
Agnus (Guillermus). Voyez : Guillermus.
Aia, mater Hugonis. 94.

Aia, Aya, uxor Balduini, filii Rainardi. 270, 281.
Aia, uxor Sevini. 315.
Aia. Voyez : Aya.
Aibertus de Ver. 285.
Aimbertus, cubicularius. 221, 295.
Alba Spina (cultura de), prope Longum Pontem. 5.
Albericus, corduanerius. 287.
Albericus, filius Guidonis Blundi. 29, 30, 31, 32, 220.
Albericus de Palefeolo. 312.
Albericus, pistor. 45, 112.
Albericus, presbiter. 288.
Albericus de Villa Leheria. 263.
Albertus (1100). 246.
Albertus, armiger Odonis de Ver. 195.
Albertus de Avo. 9.
Albertus de Dordigeo, Dordingeo, Dordonio, Durdonio. 77, 90, 93, 125, 172, 269, 293, 325.
Albertus, filius Herleboldi. 254.
Albertus, filius Holdrici de Trosolio. 186.
Albertus, filius Isembardi. Voyez : Albertus, filius Ysembardi.
Albertus, filius Odonis de Riis. 187.
Albertus, filius Odonis de Ver. 298.
Albertus, filius Ysembardi vel Isembardi. 108, 236, 281.
Albertus, frater Landrici de Attiis. 133.
Albertus, frater Rainerii. 246.
Albertus de Ver, vel Veris, miles. 73, 91, 195, 197, 203, 212, 294.
Albertus de Vizeorio. 133.
Alboldus, furnerius. 52.
Alburgis, filia Balduini. 270.
Alburgis, soror Ansfelli de Vitri. 246.
Alburgis, uxor Rannulfi de Perrolio. 342.
Albus (Rainaldus). Voyez : Rainaldus.
Aldeburga, mater Pagani de Porta. 81.
Aletrudis, uxor Arnulfi de Rupibus. 314.

Algar (Amauricus de). Voyez Amauricus.
Algarda, femina. 241.
Algardis, filia Hervei Baffet. 237.
Almandus. 272.
Alneolum. 97.
Alnetum. 330.
Alneto : (Gaufredus, Guido, Milo, Paganus, Petrus de). Voyez : Gaufredus, Guido, Milo, Paganus, Petrus.
Alo, coquus. 160, 235, 299.
Alodium. 152, 163, 238, 244, 313, 320, 326.
Alpec (Galterius de). Voyez : Galterius.
Alpes, uxor Pagani de Petrorio. 325.
Alpes (Paganus). Voyez : Paganus.
Alraudus vel Auraudus de Pleffeiz. 40.
Alveredus, 254.
Alvers. 214.
Alvers, (Anfellus, Arnulfus, Guido, Hugo de). Voyez : Anfellus, Arnulfus, Guido, Hugo.
Alvinus, piftor. 88, 251.
Amalricus I, comes de Munforti & comes Eboracenfis. 256, 348.
Amalricus, filius Petri de Lugvilla. 134.
Amalricus, Amauricus, filius Tebaldi de Muro. 109, 114, 243.
Amalricus Neelfide. 223.
Amalricus. Voyez : Amauricus.
Amauricus de Algar. 232.
Amauricus de Atrio. 227.
Amauricus, colibertus. 175.
Amauricus, filius Gaufredi. 76.
Amauricus, filius Petri de Monftrellis. 286.
Amauricus, miles, de Caftro Forti. 328, 335.
Amauricus. Voyez ; Amalricus.
Amicus de Salcio. 50.
Ancenge (menfura). 254.
Andegavenfis (Guido). Voyez : Guido.
Andegavenfis. (Jhaonnes). Voyez : Johannes.

Anderinus vel Anderlinus (Johannes). Voyez : Johannes.
Andræas, presbyter Bundufli. 40.
Andreas, frater Avelinœ de Maciaco. 20.
Andreas, hofpes. 80.
Andreas, miles. 76.
Andreas, monachus. 53, 164, 240.
Andreas, presbiter, filius Josberti, carnificis. 85.
Andreas de Ulmeto. 340.
Androldus (c. 1080). 49, 80.
Androldus, filius Bernoldi. 77.
Androldus Fortis. 145.
Anfredus, monachus. 240.
Anfridus. 332.
Angevinus, Angivinus (Aymo), miles. Voyez : Aymo.
Angifus, medicus. 199.
Anglicus, Anglus (Gaufredus. Voyez : Gaufredus.
Anglicus (Ricardus). Voyez : Ricardus.
Anglicus (Robertus). Voyez : Robertus.
Annona. 10, 20, 316.
Annona hyemalis. 192.
Anquetinus, prior clauftri Cluniacenfis. 321.
Anfaldus, canonicus. Voyez : Anfoldus.
Anfcherius, clericus. 115.
Anfeis de Villa Jufta. 79.
Anfeifus. 50.
Anfeius, miles 235.
Anfeldus, filius tinctoris. 40.
Anfellus de Alvers. 109, 314.
Anfellus de Chatenvilla. 157.
Anfellus, corviferius. 64, 159.
Anfellus (de Garlandia), dapifer regis Ludovici VI. 42, 229, 306.
Anfellus, filius Archembaldi de Catena. 178.
Anfellus, filius Manaffe. 247.
Anfellus, filius Naalendis. 243.
Anfellus, filius Roberti Pagani de Porta. 78, 87.

Anfellus, frater Johannis, hofpitis. 17.
Anfellus Guitardus. 99.
Anfellus, monachus, 214.
Anfellus, nepos Galterii Tyrelli. 183.
Anfellus, piftor. 196.
Anfellus de Porta. 220.
Anfellus, prepofitus. 316.
Anfellus, falinarius. 351.
Anfellus de Stampis, filius Teoderici. 107, 180, 283.
Anfellus, viator. 227.
Anfellus de Vitri. 246.
Anfelmus, filius Guillermi de Linteis. 286.
Anferedus, nepos Rainaldi Guarini. 133.
Anferedus Sultanus. 122, 133.
Anfgotus. 330.
Anfirus. 56.
Anfoldus. (c. 1060). 313.
Anfoldus de Balifi. 347.
Anfoldus, Anfaldus, canonicus S. Petri de Monte Letherico. 62, 93, 128, 147. (Probablement le même que *Anfoldus, presbiter*, qui fuit).
Anfoldus de Chailli. 249. (Très-probablement le même que le fuivant.)
Anfoldus Dives, de Calliaco. 288. (Très-probablement le même que *Anfoldus de Chailli*).
Anfoldus, filius Gilæ. 288.
Anfoldus, filius Lifiardi, *vel* Lyfiardi. 42, 174, 197, 289, 290.
Anfoldus Harpinus. 58, 59, 61, 65.
Anfoldus de Manu Firma. 193.
Anfoldus, miles. 182.
Anfoldus, presbiter. 150, 169. (Probablement le même que *Anfoldus, canonicus S. Petri de Monte Letherico*, qui précède.)
Anfoldus de Valarrone. 284.
Anfquetinus, cementarius. 97.
Anfquitinus. 176.
Anfvinus, miles, filius Afcelini. 281.

Antogniacum. 341.
Arator. 275.
Araudus de Firmitate. 316.
Araudus, monachus. 141.
Araudus, piftorellus S. Mariæ. 92.
Abalafter. 277.
Arbertus, filius Balduini. 287.
Arbertus, filius Hadonis. 315.
Arbertus, filius Holdecrii. 287.
Archembaldus, Archembaudus, Archimbaudus, Erchembaldus, Herchembaldus. 56, 57, 105, 175, 310.
Archembaldus de Catena, *vel* Cathena. 178, 320.
Arduinus. Voyez : Harduinus.
Arembertus (c. 1060). 313.
Aremburgis, mater Frederici. 180.
Arenis (Guarinus de). Voyez : Guarinus.
Areftannus, monachus. 41.
Aries (Arnulfus). Voyez : Arnulfus.
Aries (Aymo). Voyez : Aymo.
Arione (Burchardus de). Voyez : Burchardus.
Armannus (c. 1090). 211.
Armarius. 85.
Armiger. 113, 144, 292, 334.
Arnaldus, filius Anfoldi Harpini. 58.
Arnaldus de Rubernun. 52.
Arnulfus. 240.
Arnulfus de Alvers. 114, 270, 320.
Arnulfus Aries. 52, 54, 80, 82, 112, 143.
Arnulfus Baffeth. 109.
Arnulfus de Bono Villari. 322.
Arnulfus de Boolum. 135, 337, 343.
Arnulfus Bucherius. 62.
Arnulfus Burguinellus. 62.
Arnulfus Burgundio. 97.
Arnulfus, carnifex. 112.
Arnulfus Chalmont, monachus. 234.
Arnulfus, filiafter Fromundi. 260.
Arnulfus, filius Arraldi, *vel* Adraldi de Stampis. 315, 318, 326.

Arnulfus, filius Gaufredi, majoris. 59, 72, 80, 91, 95, 117, 159, 182, 203, 213, 226, 280, 291, 296, 302, 327.

Arnulfus, frater Arnulfi Malviel. 165.

Arnulfus, frater Aymonis & Galterii de Buelun. Voyez : Arnulfus de Boolum.

Arnulfus, frater Fulcardi de Britiniaco. 171.

Arnulfus Frumentum. 54, 200, 256, 272, 279, 295.

Arnulfus de Gomez. 188.

Arnulfus, levita. 181.

Arnulfus, Arnulphus, major. 7, 38, 67, 78, 87, 89, 103, 137, 215, 245, 253, 266, 307, 345.

Arnulfus Malviel. 54, 93, 95, 96, 97, 108, 112, 159, 165, 186, 231, 236, 281, 294.

Arnulfus, miles. 147.

Arnulfus, miles, frater Symonis de Marciliaco. 180.

Arnulfus, monachus. 292.

Arnulfus Multo. 128.

Arnulfus de Nugemello, *vel* Nogemello. 230, 290.

Arnulfus Ruffus. 214.

Arnulfus de Rupibus. 314, 319.

Arraldus, frater Oliverii de Fertada. 324.

Arraldus Grierius. 306.

Arraldus *vel* Adraldus de Stampis, 315, 318, 326.

Arraldus de Vilarcel, filius Fulcoidi. 100.

Arraldus de Villers. 58.

Arraudus de Milleio *vel* Miliaco. 180.

Arroldus. 248.

Arroldus (c. 1100). 238.

Arroldus de Bunduflo. 158, 187, 283.

Arroldus, filius Giroldi de Coldriaco. 271.

Arroldus, major. 63, 84, 159, 256, 282, 308.

Arroldus, molendinarius. 52.

Arroldus, fartor. 88, 99.

Arroviler. 280.

Arfiz (Symon de). Voyez : Symon.

Afcelina, filia Urfi, *vel* Urfonis. 315, 317.

Afcelinus, filius Oylardi, famuli. 81, 90, 159, 185, 291, 301, 327.

Afcelinus, major. 112, 174.

Afcelinus Pel Urfi, *vel* Pilus Urfi, 45, 150, 169.

Afcelinus, piftor. 67, 93, 213.

Afcelinus, presbiter de Sauz *vel* Salciaco. 103, 341.

Afcelinus Raganellus. 63.

Afcelinus Ruffus. 211.

Afcelinus de Saviniaco. 133.

Afinarius. 88, 151.

Afpafia, uxor Pagani, filii Hadonis. 315, 317.

Afto, clericus. 36.

Afto, frater Guarini. 28.

Afto de Viri, hofpes. 20.

Afzo, filius Aymonis de Maciaco. 250.

Afzo, filius Ebrardi de Stampis. 230.

Afzo, filius Fromundi. 85.

Afzo, filius Uberti. 328.

Afzo, filius Tegerii de Palefolio. 275.

Afzo de Firmitate. 347.

Afzo de Fontenellis. 191.

Afzo, hofpes. 174, 283.

Afzo, nepos Ebrardi de Stampis. 230.

Afzo de Parvo Ponte. 71.

Afzo, presbiter. 163.

Afzo, presbiter de Tocha. 331.

Afzo, futor. 137.

Afzo de Villa Bona. 80, 112, 186, 225, 233, 239, 262, 276, 290, 296.

Afzo. Voyez : Azo.

Afzo (Ebrardus). Voyez : Ebrardus.

Ateiæ, Athiæ, Atiæ. Voyez : Attiæ.

Athiæ, Ateiæ, Atiæ, Attiæ. 2, 176, 228, 254, 267, 334.

Athilli (Emelina de). Voyez : Emelina.

Atiis, Athiis, Attiis, (Bernardus, Hugo,

Rainaldus, Rogerius, Tebaldus, Wlgrinus de). Voyez : Bernardus, Hugo, Rainaldus, Rogerius, Tebaldus, Wlgrinus.

Atilliaco (Milo de). Voyez : Milo.

Atrium. 1, 2, 39, 153, 180, 195, 207, 222, 224, 259, 261, 295, 296, 301, 333.

Atrio (Amauricus de). Voyez : Amauricus.

Atrio (Georgius de). Voyez : Georgius.

Atrio (Holdebertus de). Voyez : Holdebertus, filius Georgii de Atrio.

Atrio (Hugo de). Voyez : Hugo.

Atrio (Martinus de). Voyez : Martinus.

Attiis (Landricus de). Voyez : Landricus.

Attiæ. Voyez : Ateiæ, Athiæ, Atiæ.

Aubertus, famulus. 27.

Aubertus, serviens, frater Evrardi, militis. 179.

Augrinus de Vallibus. 180.

Auxent, uxor Teoderici de Villa Moisson. 89.

Avelina, filia Galterii Pinelli. 74.

Avelina, filia Hermanni de bainnos & Helizabeth. 226.

Avelina, filia Hugonis Wirredi. 100.

Avelina, mater Guidonis Pinelli. 125, 197.

Avelina, uxor Gaufredi Bernoala, 143, 204.

Avelina, uxor Giroldi Gastinelli, 122, 133.

Avelina, uxor Petri de Masseria. 351.

Avelina, uxor Warini de Maciaco. 20, 340.

Aveneres (Odo de). Voyez : Odo.

Avesgodus, pater Evesgodi. 57.

Avo (Albertus de). Voyez : Albertus.

Aya. Voyez : Aia.

Aymbertus, cellarius. 45.

Aymbertus, cubicularius. 42.

Aymo de Agliis. 104.

Aymo Angevinus vel Angivinus, miles. 49, 111, 115, 141, 164, 180.

Aymo Aries. 82, 143.

Aymo Bernerius. 71, 245.

Aymo vel Haymo de Boolun, vel Aymo, frater Galterii de Boolun. 13, 14, 16, 17, 19, 20, 29, 38, 89, 337, 338, 339, 341, 343, 345, 347, 349, 350, 352, 353.

Aymo Breto, 287.

Aymo de Champlant. 226.

Aymo, clericus, frater Teodorici de Villa Moisson. 89.

Aymo Crocibulum. 252.

Aymo de Donjone. 48, 140, 259.

Aymo, filius Adalcidis de Orengiaco. 302.

Aymo, filius Evesgodi. 57.

Aymo, filius Hervei de Donjone. 205, 225.

Aymo, filius Johannis de Maciaco. 85.

Aymo, filius Mariæ de Braiolo. 256, 274.

Aymo, filius Nanterii, 287.

Aymo, filius Rogerii. 167.

Aymo, filius Sultani de Maciaco. 233.

Aymo, filius Tegerii de Palefolio. 275.

Aymo, filius Tevini, miles. 256, 282.

Aymo de Fonte. 287.

Aymo, frater Galterii de Boolun. Voyez : Aymo de Boolun.

Aymo, frater Guillelmi de Maciaco. 224.

Aymo, frater Rogerii Pagani de Sancto Yonio. 207, 256, 274.

Aymo, frater Ursi Divitis. 109.

Aymo, levita. 181, 257.

Aymo vel Haymo de Maci, Machi, Maciaco. 7, 72, 73, 80, 88, 112, 153, 155, 162, 193, 203, 239, 247, 249, 250, 258, 266, 276, 298, 304.

Aymo, nepos Balduini. 91.

Aymo, nepos Godefredi de Braiolo, miles. 348.

Aymo de Norvilla, la Novilla vel la Nulvilla. 84, 225, 227.

Aymo de Palefiolo. 275.
Aymo, Haymo, de Sancto Yonio, frater Rogerii. 43, 304, 333.
Aymo Tirebois. 249, 250.
Aymo, vicecomes. 48. 75.
Aymo. Voyez : Haymo.
Azo, miles. 153.
Azo. Voyez : Afzo.

B

Bacheler (Hugo). Voyez : Hugo.
Baignos (Philippus de) Voyez : Philippus.
Baillolio (Helyas de). Voyez : Helyas.
Bainnos, Bainous (Hermannus de). Voyez : Hermannus.
Bainnos (Joflenus de). Voyez : Joflenus.
Baldevinus, Balduinus, filius Rainardi. 44, 47, 52, 72, 73, 90, 91.
Baldevinus. Voyez : Balduinus.
Baldoinus de Orengi. 40.
Baldovinus de Dunguno. 40.
Baldovinus. Voyez : Balduinus.
Baldricus (c. 1090), 237.
Baldricus, ferviens regis. 97.
Baldrici (porta), in burgo Montis Letherici. 44.
Balduinus. 15, 16, 281, 313.
Balduinus de Belvaco. Voyez : Balduinus de Corboilo *seu* Belvaco.
Balduinus Breto. 287.
Balduinus de Campiniaco. 203.
Balduinus de Claciaco. 113.
Balduinus, clericus. 282.
Balduinus Coomerius. 216.
Balduinus de Corboilo *seu* Belvaco. 129, 178, 182, 183, 192, 269.
Balduinus Cuungerius. 11.
Balduinus de Dordigco *vel* Dordingeo. 54.
Balduinus, famulus. 175.

Balduinus, filius Johannis Andegavenfis. 337.
Balduinus, filius Odonis Arvi. 145.
Balduinus, filius Rainaldi, miles. 54, 82, 84, 91, 108, 111, 112, 140, 142, 144, 148, 159, 174, 180, 197, 199, 206, 207, 212, 235, 255, 259, 270, 296, 298.
Balduinus, frater Guillelmi de Milliaco. 18.
Balduinus, maritus Eremburgis. 306.
Balduinus, nepos Afzonis de Parvo Ponte. 71.
Balduinus de Nugemello *vel* Nogemello. 142, 309.
Balduinus de Ver. 54.
Balduinus. Voyez : Baldevinus, Baldovinus.
Balefy. Voyez : Balifi, Balifiacum.
Balgenciaco (Rodulfus de). Voyez : Rodulfus.
Balifi, Balifiacum. 77, 79.
Balifi, Balifiaco, (Anfoldus, Dodo, Garinus, Giflebertus, Herbertus, Moreherius, Stephanus, Theobaldus de). Voyez : Anfoldus, Dodo, Garinus, Giflebertus, Herbertus, Morcherius, Stephanus, Theobaldus.
Balzannus (Garinus). Voyez : Garinus.
Pannum. 45.
Barba, (Johannes, Oylardus, Stephanus). Voyez : Johannes, Oylardus, Stephanus.
Barbetz (Girardus). Voyez : Girardus.
Bardinus Lifiardus. 50.
Bardinus (Paganus). Voyez : Paganus.
Bardul (Hugo). Voyez : Hugo.
Bartholomeus de Cabrofia. 336.
Bartholomeus de Caftro Forti. 207.
Bartholomeus, decanus Paris. 71.
Bartholomeus, filius Galterii, dapiferi. 160.
Bartholomeus, filius Hungerii. 84.
Bartholomeus, frater Heinrici Efcharat. 285.

Bartholomeus de Fulcoias. 306.
Basset (Herveus). Voyez : Herveus.
Basseth (Arnulfus). Voyez : Arnulfus.
Bassetus (Hugo). Voyez : Hugo.
Bassetus (Milo). Voyez : Milo.
Batuns (Hugo de). Voyez : Hugo.
Baudus (Gaufredus). Voyez : Gaufredus.
Baudus (Radulfus). Voyez : Radulfus.
Baulevres (Paganus). Voyez : Paganus.
Beatrix, uxor Manassei de Turnomio. 292.
Beervilla (alodium de). 320.
Bego, frater Frederici. 180.
Bego, monachus. 162.
Beliardis, uxor Ursi. 315.
Bellemviler. Voyez : Berlenviler.
Bellus (Radulfus). Voyez : Radulfus.
Beloardus (Johannes). Voyez : Johannes.
Belot, hospes. 246.
Beloth, famulus Balduini. 91, 173, 190.
Belotinus, mulnerius. 325.
Belotinus, falnerius. 95, 299.
Belvaco (Balduinus de). Voyez : Balduinus de Corboilo *seu* Belvaco.
Belvaco (Fredericus de). Voyez : Fredericus.
Bencelinus (c. 1116). 84.
Bencelinus, filius Guinæ. Voyez : Bencelinus, filius Guinemari.
Bencelinus, filius Guinemari. 54, 73, 197.
Bendevilla (Galterius de). Voyez : Galterius.
Benedictus (c. 1100). 88.
Benedictus, filiaster Hugonis de Orli. 267.
Benedictus, filius Goburgis. 46.
Benedictus, filius Tedboldi. 117.
Benedictus, nepos Oylardi, famuli. 126.
Benedictus, presbiter. 180.
Benedictus de Puteo. 293.
Benzelinus, filius Petri de Lugvilla. 134.
Berardus de Champlant. 251.
Berardus de Cochet. 145, 213.

Berardus de Saviniaco. 287.
Berengerius (c. 1100). 88.
Berlencurt (Stephanus de). Voyez : Stephanus.
Berlenviler. 127, 145, 157, 216.
Berlenviller, Berlenviler, Bellemviler, (Guichardus, Hubertus, Lambertus, Petrus de). Voyez : Guichardus, Hubertus, Lambertus, Petrus.
Bernardus de Atiis *vel* Athiis. 146, 206.
Bernardus de Cabrosia. 42, 163, 256, 272, 274, 282, 283.
Bernardus, custos ecclesiæ Longi Pontis. 76.
Bernardus Espec. 329.
Bernardus, faber. 221.
Bernardus, famulus. 7, 69, 72, 78, 84, 88, 90, 97, 99, 120, 126, 127, 130, 156, 168, 173, 178, 195, 205, 238, 266, 268, 273, 277, 280, 288, 289, 292, 307, 314, 318, 319, 324, 325, 337, 338, 340.
Bernardus, filius Arroldi. 59.
Bernardus, filius Bernardi de Cabrosa. 256, 282.
Bernardus, filius Guillelmi. 93.
Bernardus, filius Remburgis. 59.
Bernardus, filius Turgis. 253.
Bernardus de Forgiis. 287.
Bernardus Francigena. 44.
Bernardus, frater Afzonis de Villa Bona. 276.
Bernardus, gener Remburgis. 58.
Bernardus, hospes. 316.
Bernardus de Lunvilla. 58.
Bernardus, major. 90.
Bernardus, miles, filius Afzonis de Villa Bona. 290.
Bernardus, monachus. 41, 61, 171, 241.
Bernardus, nepos Gilonis, monachi. 222, 291.
Bernardus, nepos Godurrici. 133.

Bernardus de Orceaco. 50, 69, 130, 259.

Bernardus, presbyter cardinalis tit. S. Clementis. 1.

Bernardus, sacerdos. 48.

Bernardus (Petrus). Voyez : Petrus.

Bernerius, clericus. 98.

Bernerius, decanus Paris. 84.

Bernerius, famulus. 155.

Bernerius, filius Ermengardis de Cochet. 19.

Bernerius de Foro. 90.

Bernerius, frater Milonis, famuli. 99, 182, 280.

Bernerius, major Bundufli. 191.

Bernerius, miles. 42.

Bernerius, nepos Balduini de Nugemello. 142.

Bernerius de Nogemello. 295.

Bernerius (Aymo). Voyez : Aymo.

Berno, futor. 79.

Bernoal de Saviniaco. 138.

Bernoala (Gaufridus). Voyez : Gaufridus.

Bernoale, filius Adami de Milliaco. 222, 291.

Bernoardus de Estrichio. 326.

Beroardus (Johannes). Voyez : Johannes.

Beroldus, pistor. 166.

Berta, uxor Herlani. 310.

Berta, uxor Jordani de Ivis. 332.

Berta (Girardus). Voyez : Girardus.

Bertolcurt, Bertocurt. 256, 272.

Bertrannus, clericus. 119.

Bertrannus, corveserius. 328.

Bertrannus, filius Josberti. 63, 93.

Bertrannus, filius Odonis, filii Alvi. 77.

Bertrannus, frater Roszæ de Saviniaco. 156.

Bevria, Bevre (Fulco de). Voyez Fulco.

Bevria (Garnerius de). Voyez : Garnerius.

Bevria (Paganus de). Voyez : Paganus.

Bevria (Petrus de). Voyez : Petrus.

Bevria. Voyez : Buevria.

Bibens (Hugo). Voyez : Hugo.

Bibens (Thomas). Voyez : Thomas.

Bigot (Rainoldus). Voyez : Rainoldus.

Bigoz (Rainaldus). Voyez : Rainaldus.

Bisol (Hugo). Voyez : Hugo.

Bisol (Odo). Voyez : Odo.

Bisol (Paganus). Voyez : Paganus.

Blecemviler. 213.

Blundellus (Galterius). Voyez : Galterius.

Blundus (Guido). Voyez : Guido.

Bocellus (Hugo). Voyez : Hugo.

Bocut (Robertus). Voyez : Robertus.

Boldunus. 288.

Bomet (Robertus). Voyez : Robertus.

Bonella (Guillermus de). Voyez : Guillermus.

Bonella (Odo de). Voyez : Odo.

Boninus (Robertus), de Lynais. Voyez : Robertus.

Bono Villari (Arnulfus de). Voyez : Arnulfus.

Boolum. Voyez : Buelun.

Boolum, Boolun, Buelun (Arnulfus, Aymo vel Haymo, Fulcherius, Galterius, Guido de). Voyez : Arnulfus, Aymo vel Haymo, Fulcherius, Galterius, Guido.

Bordellus (Hugo). Voyez : Hugo.

Bordeth (Drogo). Voyez : Drogo.

Bored (Guido). Voyez : Guido.

Borgnus (Gaufredus). Voyez : Gaufredus.

Bornus (Rainerius). Voyez : Rainerius.

Boscus. 282.

Bosco (Gaufredus de). Voyez : Gaufredus.

Bosco (Hubertus de). Voyez : Hubertus.

Boso, monachus. 211.

Boso, sacerdos. 48.

Boso, S. R. E. scriptor. 1.

Bos Rei (portus de). 323.

Bosreth (Hubertus). Voyez : Hubertus.

Boſſeria. Voyez : Buſſeria, Buxeria, Buxiaria.
Bovet (Gaufredus). Voyez : Gaufredus.
Braetellum. Voyez : Braitellum.
Brai (Milo de). Voyez : Milo.
Braia (Drogo de). Voyez : Drogo.
Brailleio (Godefredus de). 336.
Braiolet (Rainaldus de). Voyez : Rainaldus.
Braiolo (Godefredus de). Voyez : Godefredus.
Braitellum, Braetellum. 184, 185, 186, 187, 188, 189.
Breis (Symon de). Voyez : Symon.
Breneriis (Josbertus de). Voyez Josbertus.
Breto (Aymo). Voyez : Aymo.
Breto (Balduinus). Voyez : Balduinus.
Briardus (domnus). 193.
Briardus (Hugo). Voyez : Hugo.
Briccius, clericus. 273.
Britini, Britiniacum, Brittiniacum. 1, 2, 7, 50, 53, 142, 144, 145, 151, 155, 159, 160, 164, 166, 167, 205, 217, 222, 225.
Britiniaco (Ebrardus, Fulcardus, Gaufredus, Hermerius, Renardus, Stephanus de). Voyez : Ebrardus, Fulcardus, Gaufredus, Hermerius, Renardus, Stephanus.
Brito (Garinus). Voyez : Garinus.
Brito (Gurgans). Voyez : Gurgans.
Brito (Herveus). Voyez : Herveus.
Brito (Hugo). Voyez : Hugo.
Brito (Milo). Voyez : Milo.
Britonaria (Gauterius de). Voyez : Gauterius.
Brolium, Brollium, prioratus. 16, 20, 334.
Brucia (Symon de). Voyez : Symon.
Brucia Guidonis. 206.
Bruerice. 60, 231.
Brueriis (Agnes, Hugo, Nanterius, Petrus, Rodulfus, Thomas, de). Voyez Agnes, Hugo, Nanterius, Petrus, Rodulfus, Thomas.
Crunellus (Robertus), hofpes. Voyez : Robertus.
Bubulcus. 78, 97, 253, 273, 355.
Bucardus, confobrinus Fulconis de Lers. 71.
Bucardus, Bucchardus. Voyez : Buchardus, Burcardus, Burchardus.
Buchardus, Burchardus Cocherel vel Cocherellus. 38, 207, 305, 343, 344, 345.
Buchardus de Codreio. 22.
Buchardus, frater Aymonis de Donjone. 205.
Buchardus, frater Gaufredi Peoz. 26, 27.
Buchardus, monachus, filius Fulconis de Lers. 32.
Buchardus de Paleifol, vel Palefiaco. 219, 245.
Buchardus Poodus vel Poot. 22, 24, 36.
Buchardus, Bucchardus de Valle Grinoſa, junior, frater Guidonis. 15, 22, 24, 26, 27, 28, 31, 32, 103, 161, 162, 166, 205, 217, 218, 220, 233, 239, 256, 282.
Buchardus, Burchardus de Valle Grinoſa, ſenior, avus Buchardi & Guidonis de Valle Grinoſa. 27, 43, 44, 45, 47, 72, 73, 80, 84, 87, 90, 96, 157, 159, 162, 186, 225, 255, 258, 296, 298, 304.
Buchardus. Voyez : Bucardus, Bucchardus, Burchardus.
Bucherius (Arnulfus). Voyez : Arnulfus.
Buchet (Gisebertus). Voyez : Gisebertus.
Buelun (Fulcherius de). Voyez : Fulcherius.
Buelun. Voyez : Boolum.
Buevria (Galterius de). Voyez : Galterius.
Buevria. Voyez : Bevria.

Buisien (Hermannus de). Voyez : Hermannus.
Buisun-Buison. 82, 171.
Buisun (Robertus de). Voyez : Robertus.
Bulloe (Petrus). Voyez : Petrus.
Bulo (Petrus). Voyez : Petrus.
Bunduflum, Bundulflum. 40, 50, 138, 181, 182, 183, 190, 191, 192, 193.
Bunduflo (ecclesia de). 1, 2, 180, 181.
Bundusli (granchia communis). 192.
Bunduflo (Arroldus de). Voyez Arroldus.
Bunduflo (Johannes de). Voyez : Johannes.
Bunduflo vel Bundoflo (Raginaldus de). Voyez : Raginaldus.
Buno (Fulco, dominus de). Voyez : Fulco.
Burcardus, Burchardus de Castris. 87, 90, 91, 153, 155, 190, 206, 239.
Burcardus, Burchardus, filius Burchardi de Castris. 155.
Burcardus. Voyez : Bucardus, Bucchardus, Buchardus, Burchardus.
Burchardus de Arione, miles. 180.
Burchardus de Calliaco. 288.
Burchardus de Castris, filius Bernerii. 54, 80.
Burchardus, filius Burchardi Cocherel. 343.
Burchardus, filius Burchardi *junioris*, de Valle Grinofa. 166.
Burchardus, filius Frumenti. 234.
Burchardus, filius Lisiardi de Coldreio. 339.
Burchardus, frater Guillelmi de Orceaco. 11
Burchardus, hospes. 299.
Burchardus, *vel* Buchardus de Maci, *vel* Maciaco. 75, 85, 142, 205, 233.
Burchardus, miles. 17.
Burchardus de Monte Leterico. 192.
Burchardus Ruffus. 54, 114.
Burchardus de Saviniaco. 17.
Burchardus de Scala. 278.

Burchardus. Voyez : Bucardus, Bucchardus, Buchardus.
Furcus Medius Marcociarum. 77.
Burco Medio (Gumbertus de). Voyez : Gumbertus.
Burdinus, filius Vinonis. 196.
Burdinus (Gaufredus). Voyez : Gaufredus.
Burdinus (Rogerius). Voyez : Rogerius.
Burgaldus (Hugo). Voyez : Hugo.
Burguinellus (Arnulfus). Voyez : Arnulfus.
Burgundio (Arnulfus). Voyez : Arnulfus.
Buscheleio (Guillermus de) miles. Voyez : Guillermus.
Busseria, Bosseria (terra de). 216, 265, 277. Voyez : Buxeria, Buxiaria, Bosseria.
Bussiacum. Voyez : Buxiacum, Buxeium.
Buticularius. 3, 6, 9.
Butnæ, Butnis (terra de). 323, 326.
Buviler (Hugo de). Voyez : Hugo.
Buxeium, Buxiacum. 27. Voyez : Buxiacum.
Buxeria. Voyez : Bosseria, Busseria, Buxiaria.
Buxiacum, Buxeium, Bussiacum. 23, 27, 292. Voyez : Buxeium, Bussiacum.
Buxiaria, Buxeria. 130, 216, 265, 277. Voyez : Bosseria, Busseria, Buxeria.

C

Cabochia (Radulfus). Voyez : Radulfus.
Cabrosia. 296.
Cabrosia (Bartholomeus de). Voyez : Bartholomeus.
Cabrosia (Bernardus de). Voyez : Bernardus.
Cabrosa (Guido de). Voyez : Guido.
Cabrosia (Milo de). Voyez : Milo.
Cabrosia (Oddo de). Voyez : Oddo.
Cabrosia (Reinfredus de). Voyez : Reinfredus.

Cadaver (Hugo de Castro Forti dictus).
Voyez : Hugo de Castro Forti.
Cadurcus, cancellarius. 3, 6.
Caliacum, Calliacum. Voyez : Chaili,
Chailli, Challi.
Caliaco (Hugo de). Voyez : Hugo.
Calliacum, Caliacum. 6, 63, 85, 229,
341.
Calliacum. Voyez : Chaili, Chali.
Calliaco (Burchardus de). Voyez : Burchardus.
Calliaco (Petrus de). Voyez : Petrus.
Calliaco (Teodericus de). Voyez : Teodericus.
Calvellus (Garinus). Voyez : Garinus.
Calvus (Fulco). Voyez : Fulco.
Calvus (Ilbertus vel Olbertus). Voyez : Ilbertus.
Calvo Monte (Robertus de). Voyez : Robertus.
Calzo (Rainerius). Voyez : Rainerius.
Camerarius. 3, 6, 20, 97, 137, 178, 288, 336.
Campart, Campi pars. 107, 216. Voyez : Champartum.
Campiniaco (Balduinus de). Voyez : Balduinus.
Campiniaco (Hilduinus de). Voyez : Hilduinus.
Campiniaco (Hugo de). Voyez : Hugo.
Campis (Radulfus de). Voyez : Radulfus.
Campo Florido (Hugo de). Voyez : Hugo.
Campus Garnodi. 161, 222.
Campo Raforii (Durannus de). Voyez : Durannus.
Campi Remerii. 321.
Cancellarius. 3, 6, 9, 197, 256.
Canis (Rainaldus). Voyez : Rainaldus.
Caniscum. 332.
Cante Merlo (Garnerius de). Voyez : Garnerius.
Cantor. 51, 71, 180, 209, 245.

Capella in Sorvalle, in territorio Silvanectensi. 327.
Capellus, in signo investiturae donatus. 227.
Cappis (Clarembaldus de). Voyez : Clarembaldus.
Captivus vel Captivellus (Girardus). Voyez : Girardus.
Caravicina, matrona. 196, 201, 208.
Carbonellus (Rainaldus). Voyez : Rainaldus.
Carcoicum, Charcosium. 140, 143. Voyez : Charcosium.
Carevedus (Radulfus). Voyez : Radulfus.
Carnifex. 71, 85, 89, 293.
Carnotensis diœcesis. 1.
Caro Macra (Guido). Voyez : Guido.
Carpentarius. 40, 52, 60, 81, 97, 108, 144, 253.
Carruez (Radulfus). Voyez : Radulfus.
Carrugio (Rannulfus de). Voyez : Rannulfus.
Castellerio (Teodericus de). Voyez : Teodericus.
Castellonio (Fredericus de). Voyez : Fredericus.
Castellonio (Joscelinus). Voyez : Joscelinus.
Castellum Forte. 84.
Castellum Forte. Voyez : Castrum Forte.
Castellus (Galerannus) dictus Paganus. Voyez : Galerannus & Paganus.
Castellus (Galerannus, Gallerterius, Milo, Paganus, Petrus, Robertus, Symon. Voyez : Galerannus, Gallerterius, Milo, Paganus, Petrus, Robertus, Symon.
Castis (Drogo de). Voyez : Drogo.
Castra. 34, 61, 71, 104, 144, 293, 336.
Castris (ecclesia de). 254.
Castris (Burchardus de), filius Bernerii. Voyez : Burchardus.
Castris (Galterius de), filius Bernerii. 54. Voyez : Galterius.

Caftris (Burcardus vel Burchardus, Galterius, Guillermus, Hingerius vel Hungerius, Johannes, Milo, Rodulfus de). Voyez : Burcardus, Burchardus, Galterius, Guillermus, Hingerius, Hungerius, Johannes, Milo, Rodulfus.

Caftrum Forte. Voyez : Caftellum Forte.

Caftro Forti (Bartholomeus, Philippus, Thomas de). Voyez : Bartholomeus, Philippus, Thomas.

Caftro Forti (Hugo de), dictus Cadaver. Voyez : Hugo.

Catena (Archembaldus de), Voyez : Archembaldus.

Catenvilla, Chatenvilla, Chetenvilla. 26, 30, 243. Voyez : Chatenvilla.

Cavanvilla, Chavanvilla (Durannus, Gaudricus, Hugo, Hungerius, Raimbertus, Rotbertus de). Voyez : Durannus, Gaudricus, Hugo, Hungerius, Raimbertus, Rotbertus.

Cavanvilla. Voyez : Chavanvilla.

Cavarva (Herbertus de). Voyez : Herbertus.

Cecilia, filia Bernardi de Cabrofa. 256, 282.

Cellæ. 247.

Cellarius. 45.

Cementarius. 58, 78, 97.

Cenforius. 267.

Cenfarii S. Mariæ de Longo Ponte apud Champlant. 287.

Cenfura. 332.

Chadois (Hungerius). Voyez : Hungerius.

Chaili, Chailli, Challi. Voyez : Calliacum.

Chaili (Petrus de). Voyez : Petrus.

Chailli (Anfoldus de). Voyez : Anfoldus.

Challi (Radulfus de). Voyez : Radulfus.

Chalmont (Arnulfus). Voyez : Arnulfus.

Chamili, Chamilli, Chamillis (Hugo). Voyez : Hugo.

Chamilli (Guido). Voyez : Guido.

Champartum, Campart, Campi pars. 82, 107, 216, 253.

Champelant, Champlant, Chanplant. 1, 2, 15, 33, 216, 221, 222, 223, 224, 225, 226, 230, 251, 255, 287.

Champlant (Ecclefia de). 1, 2.

Champlant (monafterium de), 227.

Champlant (Aymo de). Voyez : Aymo.

Champlant (Berardus de). Voyez : Berardus.

Champlant (Holdierius de). Voyez : Holdierius.

Champlant (Hugo de). Voyez : Hugo.

Chananeus (Girelinus). Voyez : Girelinus.

Charcofium, Carcoicum. 143. Voyez : Carcoicum.

Chatenvilla. 30. Voyez : Catenvilla, Chetenvilla.

Chatenvilla (Anfellus de). Voyez : Anfellus.

Chatenvilla (Fulbertus de). Voyez : Fulbertus.

Chavanvilla, Cavanvilla. 80, 147.

Chavanvilla. Voyez : Cavanvilla.

Chetenvilla. 26, 30. Voyez : Catenvilla, Chatenvilla.

Chocherels, Cocherel (Theobaldus). Voyez : Theobaldus.

Choifis, Chofis (Ebrardus). Voyez : Ebrardus Coyfi, Chofi, Choifis.

Choifis, Chofis (Symon), Voyez : Symon.

Chriftiana, filia Algardis. 237.

Chriftianus, cuftos operis ecclefiæ Longi Pontis. 20.

Chriftianus, filius Conftancii. 153.

Chriftianus, presbiter Britiniaci. 151.

Chriftophorus de Villa Abbatis. 180.

Circada. 51, 181.

Claciaco (Balduinus de). Voyez : Balduinus.

Claciaco (Herveus de), dictus Bardulfus. Voyez : Herveus.
Clarembaldus de Coppis. 84.
Clarembaldus de Plaorio. 334.
Clafularius. 97.
Cliens, Clyens. 158, 180, 210, 225, 247.
Cochelinus (Hugo). Voyez : Hugo.
Cocherel (Buchardus). Voyez : Buchardus.
Cocherel, Chocherels (Theobaldus). Voyez : Theobaldus.
Cochet. 19.
Cochet (Berardus de). Voyez : Berardus.
Cochet (Ermengardis de) Voyez : Ermengardis.
Cochet (Gaufredus de). Voyez : Gaufredus.
Cochet (Garinus). Voyez : Garinus.
Cochet (Hugo de). Voyez : Hugo.
Cochinus. 287.
Cochinus (Jofcelinus). Voyez : Jofcelinus.
Cochivi, Cochivit (Guillelmus). Voyez : Guillelmus Cochivi, Cochivit, &c.
Codive (Odo). Voyez : Odo.
Codreium. Voyez : Coldreium, Coldriacum.
Coifelez (Henricus de). Voyez : Henricus.
Coldreio vel Codreio, vel Coldriaco (Buchardus, Giroldus, Guiburgis, Guido, Johannes, Lifiardus de). Voyez : Buchardus, Giroldus, Guiburgis, Guido, Johannes, Lifiardus.
Coldriacum, Coldreium. 44.
Colibertus, coliberta. 175.
Comes (Garnerius). Voyez : Garnerius.
Cometiffa, filia Roberti Pagani de Porta. 81.
Comitiffa, uxor Aymonis vel Haymonis de Boolun. 349.
Comitiffa, uxor Frederici de Caftellonio. 182.
Comitiffa (Rencia). Voyez : Rencia.

Compendolium. 28.
Conductus (jus). 3.
Conftabularius. 3, 6, 9.
Conftancia, uxor Heinrici Efcharat. 285.
Conftancius (1090). 50, 261.
Conftancius, faber. 119.
Conftancius, filius Teoderici de Nogemel. 97.
Conftancius, gener Remburgis. 117, 328.
Conftancius de Miliduno. 290.
Conftancius de Oftrunvilla. 306.
Conftancius de Villabofen. 62.
Confuetudines. 3, 25, 42, 58, 85, 108, 160, 229, 245, 258, 267.
Conful. 283.
Coomerius (Balduinus). Voyez : Balduinus.
Coquina (Petrus de). Voyez : Petrus.
Coquina (Rogerius de). Voyez : Rogerius.
Coqus, Quoquus. 35, 78, 87.
Corberofa (Godefredus de). Voyez : Godefredus.
Corbevilla (Popinus de). Voyez : Popinus.
Corbevilla. Voyez : Curbevilla, Curva Villa.
Corbii (Drogo de), monachus S. Martini de Campis. Voyez : Drogo.
Corboilum, Corboylum. 144, 180.
Corboilo feu Belvaco (Balduinus de) Voyez : Balduinus.
Corboilo (Philippus de). Voyez : Philippus.
Corboilo (Vivianus de). Voyez : Vivianus.
Corbullio (Johannes de) Voyez : Johannes.
Corduanerius. 287.
Cormerio (Hugo de). Voyez : Hugo.
Cornet (Johannes). Voyez : Johannes.
Cornet (Rainaldus). Voyez : Rainaldus.
Cornutus (Rainaldus). Voyez : Rainaldus.
Corveferius, Corviferius. 64, 328.
Cofenciis (Johannes de). Voyez : Johannes.
Cofpel (Herbertus). Voyez : Herbertus.

Coffard (Lyfiardus). Voyez : Lyfiardus.
Coffardus (Gaufredus). Voyez : Gaufredus.
Coftet (Hubertus). Voyez : Hubertus.
Coftet (Paganus). Voyez : Paganus.
Cotella (Guido). Voyez : Guido.
Cotiniaco (alodium de). 152, 170.
Coyfant (Robertus). Voyez : Robertus.
Coyfi, Chofi, Chofis (Ebrardus). Voyez : Ebrardus.
Cramuel (Johannes de). Voyez : Johannes.
Craffus (Holdierius). Voyez : Holdierius.
Creciacum. 292.
Crecio vel Creciaco (Hugo, dominus de). Voyez : Hugo.
Criator. 62.
Crifpinus, miles. 278.
Crifpus (Durannus). Voyez : Durannus.
Crocheto (molendinum de). 313, 316.
Crocibulum (Aymo). Voyez : Aymo.
Cubicularius. 42, 221, 229.
Cuchevi, Cuchivis, Cochivi, Cuchivith (Guillelmus), miles Montis Letherici. Voyez : Guillelmus Cochivi, Cochivit, &c.
Cultellum (traditio per). 331.
Cupeellum (locus apud Larziacum). 324.
Curbehart (Seguinus de). Voyez : Seguinus.
Curbevilla, Corbevilla, Curva Villa. 11, 269, 278.
Curbevilla. Voyez : Corbevilla, Curva Villa.
Curnomium. 282.
Curfor. 212.
Curtebuf. 286.
Curtevrolt (Galterius de). Voyez : Galterius.

Curva Villa. Voyez : Curbevilla, Corbevilla.
Cuftos ecclefiæ. 76.
Cuftos operis (1). 20.
Cufufum. 345.
Cuungerius (Balduinus). Voyez : Balduinus.

D

Daalina, uxor Conftancii. 50.
Daimbertus, archiepifc. Senonenfis. 294.
Daimbertus, filius Adami de Milliaco. 222, 291.
Dampetra (Guido de). Voyez : Guido.
Dapifer. 3, 6, 9, 42, 45, 54, 84, 114, 198, 226, 229, 254.
Dapifer epifcopi. 294.
David, major. 306.
Decanus. 18, 71.
Decima. 1, 2, 7, 10, 14, 19, 39, 50, 83, 166, 191, 254.
Decimæ (tractus). 1, 2.
Decima (minuta). 166, 191, 254, 286.
Decima de monte & valle. 259.
Decimaria, de annona, vino, lino, cambe, ovis, porcis, vitulis. 111.
Decimatio. 140.
Deftrarius, ex caritate donatus. 22.
Dionifius Paganus. 43.
Difnez (Johannes). Voyez : Johannes.
Difpenfator. 180.
Dives (Anfoldus). Voyez : Anfoldus.
Dives (Ogrinus). Voyez : Ogrinus.
Dives (Urfus) de Stampis. Voyez : Urfus.
Docenvilla vel Donzenvilla (Petrus de). Voyez : Petrus de Docenvilla.
Doda, uxor Gaufredi Turpis. 106, 109, 114.

(1) Il nous paraît réfulter des termes de la charte XX que l'*opus* dont il s'agit ici eft l'œuvre de la conftruction de l'églife du prieuré. « ... *Donec opus confummetur, &, conftructo opere...* » lit-on dans le texte. Il eft hors de doute, d'ailleurs, que l'églife du Prieuré de Longpont devait être en pleine conftruction à l'époque de la date préfumée de notre charte.

Doda, uxor Hugonis de Buviler. 127.
Dodo de Balifiaco. 188.
Dodo, hofpes. 164.
Dodo de Villa Nova. 107, 112, 174, 199, 200.
Dodo Voverius. 271.
Dominica terra. 283.
Dominicus (Hugo). Voyez : Hugo.
Domna Petra (Guido de). Voyez : Guido de Dampetra.
Donjone (Aymo de). Voyez : Aymo.
Donjone (Herveus de). Voyez : Herveus.
Donjone (Paganus de). Voyez : Paganus.
Donjonio (Nanterius de). Voyez : Nanterius.
Donzenvilla (Petrus de). Voyez : Petrus de Docenvilla.
Dordingcum, Dordingtum. 256, 274.
Dordigeo, Dordingeo, Dordonio, Durdonio (Albertus, Balduinus, Milo de). Voyez : Albertus, Balduinus, Milo.
Dordonium. Voyez : Dordingcum.
Dravello (Hugo de). Voyez : Hugo.
Dravello (Robertus de). Voyez : Robertus.
Drogo (circ. 1100). 61, 263, 328.
Drogo, archidiaconus Paris. 51, 181, 257.
Drogo Bordeth. 193.
Drogo de Braia. 282.
Drogo de Caftis. 10.
Drogo de Corbii, monachus S. Martini de Campis. 43.
Drogo, diaconus. 51.
Drogo, filius Galterii, arbalaftri. 277.
Drogo de Marcociis. 10.
Drogo de Sancto Wenaylo. 209.
Duda, foror Anfoldi Harpini. 61.
Dude, Dudez (Robertus). Voyez : Robertus.
Duellum judiciarium. 37.
Duifun (Fredericus de). Voyez : Fredericus.
Duifun. Voyez : Dufio.
Dulceia, foror Hugonis. 246.

Dunguno (Baldovinus de). Voyez : Baldovinus.
Dungunum. Voyez : Donjo.
Duno (Guillermus de). Voyez : Guillermus.
Durannus (c. 1120). 254.
Durannus, camerarius. 20.
Durannus de Campo Raforii. 117.
Durannus de Cavanvilla. 68, 70.
Durannus, clericus, dictus Paganus, filius Hermerii de Stampis. 320.
Durannus Crifpus. 85.
Durannus, filius Arnulfi de Nugemello. 230.
Durannus, filius Duranni de Cavanvilla. 68.
Durannus, filius Giroldi de Coldreio. 230.
Durannus, filius Guillermi. 315, 317.
Durannus, filius Gunterii. 315.
Durannus, filius Ooldi. 251.
Durannus, fullo. 78.
Durannus de Gravini. 62.
Durannus de Guillerarvilla. 253.
Durannus, major. 251, 287.
Durannus, major terræ de Ver. 196.
Durannus, miles. 288.
Durannus, monachus. 27, 86.
Durannus, monachus S. Martini de Campis. 97.
Durannus, præpofitus. 46, 63, 81, 84, 112, 159, 199, 294, 299, 304.
Durannus Quoquellus. 62, 63.
Durannus de Vilers. 122.
Durdonium. Voyez : Dordingcum.
Duret Manchet. 27.
Dufione (Urfo de). Voyez : Urfo.
Dufio. Voyez : Duifun.
Dux (Rohardus). Voyez : Rohardus.

E

Ebrardus (c. 1100). 115.
Ebrardus Afzo. 58.
Ebrardus de Britiniaco. 43, 205.

Ebrardus Chofis. Voyez: Ebrardus Coyfi.
Ebrardus Coyfi, Chofi, Chofis, Choifis, Zonfi. 43, 84, 85, 224, 249, 250.
Ebrardus, filius Rainoldi Albi. 187.
Ebrardus, frater Fromundi. 225.
Ebrardus, hortolanus, *vel* ortholanus. 149, 230, 242, 328.
Ebrardus de Lers. 161, 166.
Ebrardus, miles, de Britini. Voyez : Ebrardus de Britiniaco.
Ebrardus, ortholanus. Voyez : Ebrardus, hortolanus.
Ebrardus Paganus, de Viceorio. 52.
Ebrardus de Stampis. 230.
Ebrardus Zonfi. Voyez : Ebrardus Coyfi, Chofi, Choifis.
Ebroinus, famulus S. Martini de Campis. 43.
Ebroinus, nummularius Parifienfis. 219.
Ecelinus, miles. 48.
Edera. Voyez : Hierra.
Edera (Gaufredus de). Voyez: Gaufredus.
Eginarus. 241.
Egleiæ, Agglicæ, Agliæ. 23, 292, 334.
Egleiæ. Voyez : Agliæ.
Elemofina, in villa de Longo Ponte. 85.
Elemofinarius, Helemofinarius, 99, 146. Voyez : Helemofinarius.
Emelina de Athilli. 209.
Emelina, filia Adami Lyfiardi. 209.
Emelina, filia Giroldi & Avelinæ. 122.
Emelina, filia Milonis Caftelli. 52.
Emelina, filia Roberti de Fluriaco. 77.
Emelina, mater Alberti & Oddonis de Ver. 39, 195, 203, 294.
Emelina, mater Heinrici, prioris de Longo Ponte. 324.
Emelina, foror Gilæ. 143.
Emelina, uxor Aymonis. 115.
Emelina, uxor Hervei, militis. 141.
Emelina, uxor Waleranni. 100.
Emelina de Ver. Voyez : Emelina, mater Alberti & Oddonis de Ver.

Engelardus. 24.
Engelbertus (c. 1100). 119, 132.
Engelbetus, filius Galterii. 124.
Engelrannus de Opere. 69.
Engenulfus, panerius. 193.
Engeraldus. 228.
Eni. 85.
Eni (Hugo de). Voyez : Hugo.
Enveifiez (Gaufredus). Voyez : Gaufredus.
Eques. 228.
Equus, caritate donatus. 43, 140.
Erardus, filius Oberti. 163.
Erchembaldus de Valaro, *vel* Valarum. 41, 171.
Erchembaldus. Voyez : Archembaudus, Archimbaudus.
Erchenbaldus, filius Petri de Lugvilla. 134.
Eremburgis, filia Gilæ. 288.
Eremburgis, filia Odelinæ. 236.
Eremburgis, foror Ebrardi Choifis. 224.
Eremburgis, foror Serlonis de Dordenco. 306.
Eremburgis, uxor Godurrici. 228.
Eremburgis, uxor Landrici de Ouriaco. 163.
Eremburgis, uxor Odonis de Ver. 212.
Eremburgis, uxor Rogerii Efturvins. 308.
Eremburgis, uxor Tebaldi de Orengiaco. 299, 328.
Eremburgis. Voyez : Heremburgis.
Erifus, filius Hermerii de Stampis. 320.
Ermenaldus, Ermenoldus, presbyter. 143, 148.
Ermenardus. 272.
Ermenerius, diaconus. 51.
Ermenerius, famulus. 167.
Ermengarda, uxor Hefcelini. 105.
Ermengardis de Cochet. 19.
Ermengardis, dicta Papafola, *vel* Papefola, *vel* de Sancto Veriano. 116, 149, 338.
Ermengardis de Sancto Veriano. Voyez : Ermengardis, dicta Papafola.

Ermengardis, uxor Anfelli. 243.
Ermengardis, uxor Gaufredi. 76.
Ermengardis, uxor Radulfi de Sollario. 97.
Efcharat (Henricus). Voyez : Henricus.
Efcharat (Johannes). Voyez : Johannes.
Efcharat, Efcharaz (Rainaldus). Voyez : Rainaldus.
Efcharbot (Nanterius). Voyez : Nanterius.
Efchercun (Lifiardus de). Voyez : Lifiardus.
Efcherecun, 219, 245, 253.
Efclufa (campus de). 329.
Efglin (Oddo). Voyez : Oddo.
Efpec (Bernardus, Robertus). Voyez : Bernardus, Robertus.
Efpinolium, Spinolium. 16. Voyez : Spinolium.
Eftrichiacus, Terciacum. 134, 159, 164, 165. Voyez : Terciacum.
Eftrichio (Bernoardus de). Voyez : Bernoardus.
Efturvins (Rogerius). Voyez : Rogerius.
Eugenius III, papa. 1.
Euftachia, filia Frederici de Caftellonio, uxor : 1° Balduini de Belvaco; 2° Johannis de Stampis. 178, 182, 183.
Euftachia vel Euftacia, filia Guidonis Lifiardi, uxor Balduini de Belvaco, mater Frederici. 190, 191, 192.
Euftachia, foror Bardini Lifiardi. 50.
Euftachia, uxor Johannis de Stampis. Voyez : Euftachia, filia Frederici de Caftellonio.
Euftachius, presbyter. 51.
Euftacia. Voyez : Euftachia.
Euvrardus, famulus. 347.
Euvrardus, hofpes. 347.
Euvrardus. Voyez : Evrardus.
Eva, uxor Roberti Groffi Vaffalli. 119.
Evefgodus, filius Avefgodi. 56, 57.
Evrardus, miles, de Pleffiaco. 179.

Evrardus de Montiniaco. 287.
Evrardus. Voyez : Euvrardus.
Evroldus, cliens Anfoldi. 247.
Exactiones. 51.

F

Faber. 22, 60, 62, 104, 166, 221.
Fai. 280.
Fai (Robertus). Voyez : Robertus.
Fais, villa. 93.
Falinefchun (vinea de). 131.
Falinefchun (Fulcherius). Voyez : Fulcherius.
Fania, uxor Gualeranni. 193.
Faveriæ. 318.
Feriæ five Nundinæ. 9. Voyez : Nundinæ.
Ferlis (Giroldus). Voyez : Giroldus.
Ferricus Parifius. 256.
Fertada. 152, 170.
Fertada, Ferte (Georgius de). Voyez : Georgius.
Fertada (Oliverius de). Voyez : Oliverius.
Fertada (Potinus de). Voyez : Potinus.
Fidejuffor. 22.
Figulus. 37, 176.
Filiolas (Odo). Voyez : Odo.
Firmedus, presbiter. 252.
Firmitate (Araudus de). Voyez : Araudus.
Firmitate (Afzo de). Voyez : Afzo.
Firmitate (Ingenulfus de). Voyez : Ingenulfus.
Fifcus. 197.
Flamancus (Galterius). Voyez : Galterius.
Florentia, uxor Rainaldi de Braiolo. 256, 274.
Flori (Petrus de). Voyez : Petrus.
Floriaco, Fluri, Fluriaco (Robertus de). Voyez : Robertus.

Fluri, Fluriacum. 180.
Fluri (Pipun de). Voyez : Pipun.
Fontanæ. 30, 31, 227.
Fontanis (alodium de). 152, 159, 170.
Fontis (terra), apud Longum Pontem. 131.
Fonte (Aymo de). Voyez : Aymo.
Fontenellæ, Fontenella, Funtenellæ. 74, 90, 93, 95, 96, 97, 99, 104, 121, 128.
Fontenellis (Afzo de). Voyez : Afzo.
Fontenellis (Johannes de). Voyez : Johannes.
Fontenellis (Rainardus de). Voyez : Rainardus.
Fontenellis (Rainbaldus de). Voyez : Rainbaldus.
Foragium. 355.
Forefacta. 71.
Foreſtarius. 125, 167, 191, 282.
Forgiæ. 107, 310.
Forgiis (ecclesia de). 1, 2, 9, 234, 309, 333. Voyez : S. Mariæ de Forgiis (ecclesia).
Forgiis (Bernardus de). Voyez : Bernardus.
Forgiis (Milo de). Voyez : Milo.
Forgiis (Rainoldus de). Voyez : Rainoldus.
Forgiis (Tevinus de). Voyez : Tevinus.
Fortis (Androldus). Voyez : Androldus.
Forum. 3, 249, 250.
Forum Caſtrenſe. 227.
Foro (Bernerius de). Voyez : Bernerius.
Foro (Leodegarius de). Voyez : Leodegarius.
Fous. 52.
Fraiſnel (Oddo). Voyez : Oddo.
Frambaldus. 317.
Francigena (Bernardus). Voyez : Bernardus.
Fredericus (1100). 246, 287.
Fredericus de Belvaco. 323.

Fredericus de Caſtellonio. 162, 182, 183.
Fredericus, cliens & hoſpes. 225.
Fredericus, cubicularius. 42, 229.
Fredericus de Duiſun. 138.
Fredericus, filius Anſelli. 191.
Fredericus, filius Balduini de Belvaco & Euſtachiæ. 173, 183, 192.
Fredericus, filius Euſtachiæ. Voyez : Fredericus, filius Balduini de Belvaco & Euſtachiæ.
Fredericus, filius Frederici de Duiſun. 138.
Fredericus, filius Gaudrici. 180.
Fredericus, filius Holdrici de Troſolio. 186, 187.
Fredericus, filius Pagani de Stampis, comes. 192.
Fredericus, frater Anſelli de Vitri. 246.
Fredericus de Gigni. 14.
Fredericus de Grinni. 353.
Fredericus, major. 282.
Fredericus de Morſeng vel Murcenc. 69, 130.
Fredericus de Palaciolo. 11.
Freſnes, Fretnes. 1, 2, 249, 250.
Frodgerius, ſacerdos. 48.
Frodo, ſutor. 211.
Frogerius. 56.
Frogerius, canonicus S. Petri de Monte Letherico. 62.
Frogerius, clericus. 167.
Frogerius, Frotgerius, decanus. 111, 141, 143.
Frogerius de Sancto Mederico. 66.
Fromundus (c. 1090). 260.
Fromundus, filius Goncelini. 225.
Fromundus, miles. 155.
Fromundus, ſerviens. 205.
Fromundus de Troſolio. 184, 185, 186, 187, 188, 189, 222.
Frotgerius. Voyez : Frogerius.
Frumentum (Arnulfus). Voyez : Arnulfus.

Frumentum (Burchardus). Voyez : Burchardus, filius Frumenti.
Fulbertus de Chatenvilla. 270.
Fulbertus, filius Stephani de Longo Ponte. 86, 87. *Très-probablement le même personnage que le suivant.*
Fulbertus, filius Stephani, pratarii. 97.
Fulbertus, frater Garini de Salciaco. 271.
Fulbertus de Monte Gaio. 97.
Fulbertus Pigmentum. 62.
Fulcæ. 329.
Fulcardus de Britiniaco. 171.
Fulcherius de Buelun *vel* Boolun. 256, 272.
Fulcherius, decanus. 177.
Fulcherius Falinefchun. 221.
Fulcherius, monachus S. Germani, prior Brollii. 334.
Fulcho, filius Fulchonis de Lers. 22.
Fulcho. Voyez : Fulco.
Fulchodiæ. 139.
Fulchodiæ. Voyez : Fulcoiæ.
Fulchoius, levita. 257.
Fulco, archidiac. Ambianensis. 294.
Fulco de Bevre, *vel* Bevria. 140, 143, 293.
Fulco Calvus. 322.
Fulco, clericus. 85.
Fulco, decanus Parisiensis. 181.
Fulco, dominus de Buno. 75, 101.
Fulco, famulus. 167.
Fulco, filius Adami de Milliaco. 222, 291.
Fulco, filius Roberti de Fluri. 50, 293.
Fulco, forestarius. 125.
Fulco, frater Ansfelli de Vitri. 246.
Fulco de Lers. 22, 32, 33, 40, 71, 154, 245, 307.
Fulco, major. 245, 282.
Fulco de Palefeolo. 312.
Fulco de Vitri. 197.
Fulco. Voyez : Fulcho.
Fulcoias (Bartholomeus de). Voyez : Bartholomeus.

Fulcoiæ. Voyez : Fulchodiæ.
Fulcoisa, uxor Hermerii. 49.
Fullo. 60, 78.
Funtenellæ. 90, 93, 104. Voyez : Fontenellæ.
Furnerius. 52, 97, 125, 195.
Furno (Petrus de). Voyez : Petrus.

G

Galardo. 92.
Galardone (Guillermus de). Voyez : Guillermus.
Galerannus, Walerannus (1100). 99, 100.
Galerannus (1140). 9, 256.
Galerannus, cantor Paris. 181, 257.
Galerannus Castellus, dictus Paganus. 72, 295, 296.
Galerannus, comes Mellendis. 256.
Galerannus, filius Hugonis de Puteolo. 223.
Galerannus de Lymois. 97.
Galerannus Paganus. 253.
Galerannus, præcentor Parisiensis. Voyez : Galerannus, cantor Parisiensis.
Galerannus (Robertus). Voyez : Robertus.
Galeranni (Symon) Voyez : Symon.
Galerannus. Voyez : Gualerannus, Walerannus.
Galfredus de Ver. 40.
Galfridus, capellanus de Longo Ponte. 40.
Galfredus, Galfridus. Voyez : Gaufredus, Gaufridus, Godefredus.
Gallerterius, Gualterius Castellus. 48, 313.
Galo. 228.
Galo, episc. Parisiensis. 295.
Galterez. 220.
Galterius de Alpec. 324.

DU CARTULAIRE

Galterius, arbalaster. 277.
Galterius de Bendevilla. 327.
Galterius Blundellus. 280.
Galterius, Walterius de Boolun *vel* Buelun. 38, 89, 103, 151, 220, 337, 338, 339, 340, 341, 343, 344, 345, 347, 349, 350.
Galterius de Buelun. Voyez : Galterius de Boolun.
Galterius de Buevria. 122.
Galterius, capellanus. 178.
Galterius, carpentarius. 81, 97, 289, 310.
Galterius, Gualterius de Castris. 88, 90, 91, 130, 152, 157, 174, 192, 206, 207, 232, 239, 247, 249, 266, 283.
Galterius de Castris, filius Bernerii. 54.
Galterius de Curtevrolt. 292.
Galterius, Gauterius, dapifer & canonicus S. Victoris Paris. 45, 46, 54, 84, 114, 159, 160, 164, 170, 174, 201, 254, 333.
Galterius, episcopus Meldensis. 181.
Galterius, faber. 104, 242.
Galterius, filius Adami de Milliaco. 222, 291.
Galterius, filius Ermengardis de Sancto Veriano. 338.
Galterius, filius Holdredi. 246.
Galterius, filius Nivardi. 321.
Galterius, filius Roberti, famuli. 135, 305.
Galterius, filius Rogerii de Sancto Yonio. 215.
Galterius, filius Tebaldi de Orengi. 328.
Galterius Flamancus. 232.
Galterius, Gualterius, frater Buchardi de Castris. Voyez : Galterius de Castris.
Galterius, frater Landrici de Ouriaco. 163.
Galterius, frater Oliverii de Fertada. 323, 324.
Galterius, frater Teboldi, monachi. 124.

Galterius, frater Teoderici de Villa Moissun. 89, 91.
Galterius, gener Teburgis, 58.
Galterius de Genulio. 46.
Galterius Grierius. 280.
Galterius de Grini. 79
Galterius Heremita. 219.
Galterius Lisiardus. 180.
Galterius Meschinus. 49, 141, 291.
Galterius de Moressart, 337.
Galterius, mulnerius. 104, 123.
Galterius Muntenellus. 56.
Galterius, nepos Balduini. 91.
Galterius, nepos Gilonis, monachi. 222.
Galterius, *vel* Walterius de Orengiaco. 275, 302, 334, 341.
Galterius, Gauterius Paganus. 144, 152, 159.
Galterius de Perrolio. 97.
Galterius Pinel *vel* Pinellus. 74.
Galterius, præpositus. 260.
Galterius, presbyter. 51, 94, 104, 183, 212, 257.
Galterius, presbyter de Castris. 65.
Galterius, puer. 181.
Galterius Rochardus. 84. *Probablement le même que le suivant :*
Galterius Rozardus. 348.
Galterius de Sancto Yonio. 243.
Galterius Saracenus. 292.
Galterius Sine Censu. 232.
Galterius de Stampis. 60, 178, 289.
Galterius Tirellus. Voyez : Galterius Tyrellus.
Galterius *vel* Gauterius Trosardus. 180.
Galterius, Gauterius Tyrellus, *vel* Tirellus. 177, 178, 180, 183, 232.
Galterius Tyrellus, filius præcedentis. 177.
Galterius, viator. 97, 99, 104.
Galterius de Villa Bona. 52, 235, 262.
Galterius. Voyez : Gallerterius, Gauterius, Gualterius, Walterius.

Gandramuler. 80.
Garinus de Balefy. 288.
Garinus Balzannus, 100.
Garinus Brito. 256, 282.
Garinus, bubulcus. 355.
Garinus Calvellus, hofpes. 316.
Garinus, cenfarius. 267.
Garinus, clericus, de Caftris. 104.
Garinus Cochet. 209.
Garinus, filius Aymonis de Maciaco. 7.
Garinus, filius Huberti Coftet. 252.
Garinus, filius Lifiardi. 212.
Garinus, filius domini Michaelis. 37.
Garinus Graffus. 280.
Garinus de Grunlupo. 306.
Garinus, Guarinus Ruignuns. 95, 323.
Garinus de Rupe Forti. 342.
Garinus de Salciaco. 108, 271.
Garinus de Solini. 37.
Garinus, fubdiaconus. 51, 257.
Garinus. Voyez : Guarinus, Warinus.
Garlanda (Giflebertus de). Voyez : Ciflebertus.
Garmundus. 228.
Garnerius, armiger Balduini de Claciaco. 113.
Granerius de Bevria. 268.
Garnerius de Cante Merlo. 68.
Garnerius, clericus, filius Josberti, coqui. 166.
Garnerius Comes. 232.
Garnerius, coquus. 78, 173.
Garnerius, decanus. 294.
Garnerius, famulus. 7, 50, 60, 63, 71, 72, 81, 89, 90, 93, 103, 117, 120, 122, 135, 156, 168, 172, 177, 190, 191, 195, 212, 227, 230, 245, 255, 268, 274, 278, 280, 282, 285, 294, 300, 304, 312, 317, 325, 327, 334.
Garnerius, filius Bernardi. 58, 97.
Garnerius, filius Garnerii, furnerii. 235.
Garnerius, filius Poncii de Triagnello. 198.

Garnerius, frater Girardi de Rivo. 293.
Garnerius, frater Guidonis Pinelli. 125.
Garnerius, furnerius. 195, 235.
Garnerius, gener Oylardi, famuli, 77, 160, 182, 212.
Garnerius de Maciaco. 337.
Garnerius, major. 88, 97, 104, 118, 127, 149, 242, 314.
Garnerius Malus Filiafter. 196.
Garnerius, monachus. 269.
Garnerius, piftor. 203, 301.
Garnerius. Voyez : Guarnerius, Warnerius.
Garnevefin, Garnulvifin, Guarnoveifin. 37, 273. Voyez : Guarnoveifin.
Garfilius, filius Pagani Serlonis de Dordenco. 307.
Gafcheth (Paganus). Voyez : Paganus.
Gaftinellus (Giroldus). Voyez : Giroldus.
Gaubertus. 228.
Gaubertus de Larziaco. 227.
Gaucherius, frater Hugonis Galeranni. 253.
Gaudricus de Cavanvilla. 73.
Gaudricus, miles, de Saviniaco. 334.
Gaufredus de Alneto, dictus Paganus. 7, 91, 225, 247, 249, 270.
Voyez : Paganus de Alneto.
Gaufredus, Galfredus Anglicus, vel Anglus. 13, 15, 16, 17, 18, 19, 21, 22, 134, 138, 179, 216, 335, 336, 337, 338, 340, 341, 344, 350, 351.
Gaufredus, armiger Galterii Pagani. 141.
Gaufredus, avunculus Guidonis de Valle Crinofa, pueri. 166.
Gaufredus Baudus. 148, 162.
Gaufridus Bernoala. 111, 140, 143, 204, 284, 309.
Gaufredus Borgnus. 279.
Gaufredus de Bofco. 300.
Gaufredus Bovet. 37.
Gaufredus de Britiniaco. 267.
Gaufredus Burdinus. 53.

Gaufredus, canonicus. 91.
Gaufredus, clericus. 19.
Gaufredus de Cochet. 160, 213.
Gaufredus Coffard. 112, 203.
Gaufredus de Edera. 177, 191, 193, 194.
Gaufredus Enveifiez. 166.
Gaufredus II *de Lèves*, epifc. Carnot. 294.
Gaufredus *de Bolonia*, epifc. Paris. 51, 181, 257.
Gaufredus, famulus. 175, 211, 316, 347.
Gaufredus, filius Algardis. 237.
Gaufredus, filius Arnulfi, majoris. 253.
Gaufredus, filius Balduini. 108, 197, 281.
Gaufredus, filius Burchardi de Valle Grinofa. 161, 162, 190.
Gaufredus, filius Garnerii, majoris. 97.
Gaufredus, filius Gaufredi. 76.
Gaufredus, filius Gaufredi Poodi. 24.
Gaufredus, filius Girardi. 254.
Gaufredus, filius Oddonis. 52.
Gaufredus, filius Pagani, futoris. 97.
Gaufredus, filius Reimberti. 71, 293.
Gaufredus, filius Stephani de Longo Ponte. 86, 87. (*Très-vraifemblablement le même que :* Gaufredus, filius Stephani, pratarii, *qui fuit.*)
Gaufredus, filius Stephani, pratarii. 123, 308. (*Très-vraifemblablement le même que :* Gaufredus, filius Stephani de Longo Ponte *qui précède.*)
Gaufredus, filius Symonis. 260.
Gaufredus, filius Theoderici, majoris. 15, 16, 40, 269.
Gaufredus, filius Urrici. 258, 259.
Gaufredus, filius Urfi. 315.
Gaufredus, frater Aymonis de Donjone. 205.
Gaufredus, frater Burchardi de Monte Leterico. 192.
Gaufredus, frater Frederici. 180.
Gaufredus, frater Rogerii, pifloris. 63.
Gaufredus, frater Teoderici de Villa Moiffon. 89.

Gaufredus de Junvilla. 43.
Gaufridus Labele. 37.
Gaufredus, major. 45, 50, 52, 54, 62, 63, 72, 77, 80, 81, 84, 88, 90, 91, 92, 95, 96, 97, 99, 100, 102, 106, 108, 110, 112, 113, 115, 116, 117, 120, 123, 125, 140, 142, 144, 146, 147, 152, 155, 158, 159, 163, 164, 165, 170, 172, 174, 184, 185, 187, 189, 190, 195, 197, 199, 203, 208, 212, 213, 222, 224, 226, 230, 236, 246, 251, 255, 259, 261, 262, 270, 271, 274, 278, 281, 285, 290, 291, 293, 294, 295, 296, 299, 301, 302, 314, 318, 327.
Gaufredus, major Britiniaci. 222.
Gaufredus, major Saviniaci. 253.
Gaufredus Mala Terra. 312.
Gaufredus, miles, de Sauz. 334.
Gaufredus, monetarius. 109, 320.
Gaufredus de Moreto. 109, 315.
Gaufredus, nepos Gifleberti de Valle Grinofa. 103.
Gaufredus, nepos Rainerii, majoris Saviniaci. 246.
Gaufredus de Orccaco. 72, 136.
Gaufredus Paganus de Alneto. Voyez : Gaufredus de Alneto, diƈtus Paganus.
Gaufredus, pater domini abbatis Virzeliaci. 306.
Gaufredus Peot *vel* Peoz, junior. 26, 27, 40.
Gaufredus Peoz. 26, 27.
Gaufredus Piel. 43.
Gaufredus Piper. 192.
Gaufredus Pooldus. 347.
Gaufredus, presbiter Faveriarum. 318.
Gaufredus, puer. 261.
Gaufredus Randolinus. 289.
Gaufredus de Saviniaco. 352.
Gaufredus Soltanus *vel* Sultanus, filius Burchardi de Maci. 75, 85.
Gaufredus, Galfredus Torpalt, Torpaut,

Torpautlis, Torpauz, Turpaudus, Turpis, Turpaut. 13, 14, 34, 38, 87, 106, 109, 114, 134, 138, 177, 216, 219, 307, 345, 349, 350, 352, 353.
Gaufredus de Valle Grinofa, 339, 343.
Gaufredus, Gaufridus. Voyez : Galfredus, Galfridus, Godefredus.
Gauterius de Britonaria, 167.
Gauterius, capellanus. 182.
Gauterius, dapifer. Voyez : Galterius.
Gauterius, filius Gilonis. 182.
Gauterius Napters. 25.
Gauterius, pater Avelinæ. 74.
Gauterius. Voyez : Gallerterius, Galterius, Gualterius, Walterius.
Gentilis (Hugo). Voyez : Hugo.
Genulio (Galterius de). Voyez : Galterius.
Genveriis (Groffinus de). Voyez : Groffinus.
Genveriis (Teboldus de). Voyez : Teboldus.
Georgius de Atrio. 50, 59, 65, 72, 81, 86, 93, 95, 123, 187, 195, 203, 225, 246, 251, 276, 290, 291, 295, 299, 300, 301, 324.
Georgius de Fertada feu Ferte. 50, 52, 54, 72, 88, 96, 97, 112, 117, 184, 187, 222, 259, 276, 278, 290.
Georgius, filiaster Oylardi Gunhard. 97.
Georgius, filius Josboldi. 52, 96, 100, 112, 133, 152, 184, 185.
Georgius, hofpes. 349.
Georgius, major. 275.
Georgius, monachus. 53, 164, 165, 292, 321.
Georgius de Perrolio. 97.
Georgius de Porta. 45, 199.
Georgius Saccus. 305.
Georgius, fubprior Longi Pontis. 143.
Geraldus, frater Ermengardis de Cochet. 19.
Gerardus (c. 1150). 288.

Gerardus, filius Gerardi. 315.
Gerardus, præpofitus. 317.
Geraudus de Sauz. 49.
Germanus. 348.
Geroldus, prior Longi Pontis. 219.
Gibbofus vel Gibofus (Guido). Voyez : Guido.
Gibelina, filia Adami de Milliaco. 222, 291.
Gibuinus, armiger. 292.
Gigni (Fredericus de). Voyez : Fredericus.
Gila, neptis Anfoldi Divitis. 288.
Gila, uxor Arnulfi, 240.
Gila, uxor Fulconis de Bevria. 293.
Gila, uxor Gaufredi Symonis. 260.
Gila, uxor Roberti. 143.
Gilbertus de Mauriniaco. 316.
Gilibertus Goori, 40.
Gilibertus de Pleffeiz. 40.
Gilo, monachus. 222, 291.
Girardus, armiger. 221.
Girardus Barbetz. 182.
Girardus Berta. 254.
Girardus Captivus vel Captivellus. 107, 271, 300.
Girardus, carpentarius, de Campis Remeriis, 52, 321.
Girardus, clericus. 325.
Girardus, faber. 166.
Girardus, famulus. 264.
Girardus, frater Gaufredi, monetarii. 320.
Girardus, furnerius. 97, 125.
Girardus, levita. 257.
Girardus, miles, filius Girardi de Stampis. 180.
Girardus, molendinarius. 287.
Girardus, monachus. 27, 241.
Girardus, nepos Holdierii de Orceaco. 63.
Girardus de Porta. 263.
Girardus de Rivo. 293.

Girardus Septimus, hofpes. 301.
Girardus de Stampis. 180.
Girbertus, archidiaconus Paris. 294.
Girbertus, epifcopus Paris. 84.
Girbertus, filius Teberti. 347.
Girbertus, presbiter de Bofco. 282.
Girbertus de Valle Grinofa. 32, 218.
Girburgis, uxor Wlgrini. 302, 303.
Girelinus Chananeus. 298.
Girelinus, præpofitus. 231.
Giroldus de Coldriaco vel Coldreio. 59, 225, 230, 271, 296.
Giroldus Ferlis. 110.
Giroldus Gaftinellus. 122, 129, 133, 186, 194.
Giroldus, gener Gaufredi. 269.
Giroldus, hofpes. 291.
Giroldus Mincium. 320.
Giroldus, porcherius. 146.
Giroldus de Salicibus. 115.
Giflebertus de Balifiaco. 130.
Giflebertus Buchet. 64.
Giflebertus, clericus. 21.
Giflebertus, cliens Landrici, præpofiti. 210.
Giflebertus, famulus. 315.
Giflebertus, filius Gilæ. 288.
Giflebertus, filius Tebaldi de Orengiaco. 299.
Giflebertus, frater Burchardi de Valle Grinofa. Voyez : Giflebertus de Valle Grinofa.
Giflebertus, frater Lucianæ de Orengiaco. 341.
Giflebertus de Garlanda. 226.
Giflebertus, nepos Roberti Caftelli. 11, 12.
Giflebertus de Orengiaco. 10, 334.
Giflebertus de Petrofo. 319.
Giflebertus de Turnomio. 292.
Giflebertus de Valle Grinofa. 46, 80, 89, 90, 103, 151, 157, 162, 166, 239, 296, 337, 339, 343, 344.

Giflevilla (Helyas de). Voyez : Helyas.
Giflevilla (Robertus de). Voyez : Robertus.
Givifiacum, Givifi, Gyvifi. 176, 294.
Givifi, Gyvifi (prioratus de). 294.
Glagileium. 329.
Godefredus, avunculus Aymonis, militis. 256, 282.
Godefredus de Brailleio, monachus. 336.
Godefredus de Braiolo. 256, 274.
Godefredus de Corberofa. 180.
Godefredus, filius Galonis. 314, 317, 319.
Godefredus, filius Godefredi. 319.
Godefredus, filius Rainaldi de Braiolo. 348.
Godefredus, filius Teudonis de Stampis. 214, 215.
Godefredus Gruel. 42, 44, 47, 84, 90, 140, 142, 155, 165, 174, 199, 212, 255, 295, 323.
Godefredus Morcherus, filius Tebaldi de Muro. 109.
Godefredus de Mauriniaco. 316.
Godefredus Oliverius de Fertada. Voyez : Oliverius de Fertada.
Godefredus. Voyez : Gaufredus, Gaufridus, Galfredus.
Goderannus, facerdos. 181.
Godurricus. 228.
Gohori (Walterius). Voyez : Walterius.
Gohori. Voyez : Goori.
Goioth (Rogerus). Voyez : Rogerus.
Gomecium, Gomez, Gumecium, Gumetz, Gumez. 54, 256, 272, 348. Voyez : Gumecium, Gumetz.
Gomez (Arnulfus de). Voyez : Arnulfus.
Goncelinus, bubulcus. 97.
Goncelinus, famulus. 169.
Goncelinus, pratarius. 112.
Goncelinus, presbiter. 110.
Goncelini (terra) apud Longum Pontem. 131.

Goncelinus. Voyez : Guncelinus.
Gontardus, clericus. 306.
Goori (Gilibertus). Voyez : Gilibertus.
Goori. Voyez : Gohori.
Gorloent (Sevinus). Voyez : Sevinus.
Gofcelinus, Goflinus, filius Balduini. 175.
Gozon (terra de). 234.
Graffus (Garinus). Voyez : Garinus.
Gravini (Durannus de). Voyez : Durannus.
Gregorius, diaconus cardinalis S. Angeli. 1.
Gregorius, presbyter cardinalis tit. S. Calixti. 1.
Grierius (Arraldus). Voyez : Arraldus.
Grierius (Galterius). Voyez : Galterius.
Grimoldus, dapifer Guillelmi, dapiferi. 226.
Grimoldus, filius Ebrardi de Stampis. 230.
Grinni, Grini. 353.
Grinni (Fredericus de). Voyez: Fredericus.
Grini (Galterius de). Voyez : Galterius.
Groetellum. 155.
Groetello *vel* Grootello (molendinum de). 45, 48, 49.
Groffinus, cenfarius. 267.
Groffinus de Genveriis. 279.
Groffus Vaffallus (Robertus). Voyez : Robertus.
Gruel (Godefredus). Voyez : Godefredus.
Gruel (Jofcelinus). Voyez : Jofcelinus.
Grunlupo (Garinus de). Voyez : Garinus.
Guadum Petrofum. Voyez : Vadum Petrofum.
Gualerannus, filius Roberti Coyfant. 321.
Gualerannus, filius Viviani. 193, 194.
Gualerannus. Voyez : Galerannus, Walerannus.
Gualopins (Radulfus). Voyez : Radulfus.
Gualterius. Voyez : Gallerterius, Galterius, Gauterius, Walterius.

Guarinus (magifter). 209.
Guarinus de Arenis. 294.
Guarinus, dapifer. 198.
Guarinus, filius Anfoldi. 289.
Guarinus, filius Pagani de Alneto. 7.
Guarinus, frater Aftonis. 28.
Guarinus, frater Widonis de Alneto. 335.
Guarinus *vel* Warinus de Maciaco *vel* Mafci. 20, 151, 340.
Guarinus, Garinus, major Soliniaci. 279.
Guarinus, pater Manaffe. 247.
Guarinus de Valle. 120.
Guarinus de Ver. 13.
Guarinus. Voyez : Garinus, Warinus.
Guarini (Rainaldus). Voyez : Rainaldus.
Guarnoveſin, Garneveſin. 12. Voyez : Garneveſin.
Guafconius (Guido). Voyez : Guido.
Guibertus, colibertus. 175.
Guibertus, monachus. 27, 40.
Guiboldus Ruffus. 65.
Guiburgis de Coldreio. 28.
Guicha (Teobaldus de). Voyez : Teobaldus.
Guichardus de Berlenviller. 25.
Guido (domnus). 61.
Guido Advenans. 66.
Guido, Wido de Alneto. 13, 26, 29, 151, 335.
Guido de Alvers. 114.
Guido Andegavenſis *vel* Angivinus. 72, 73, 192, 206, 256, 266, 267, 282, 288, 296, 305.
Guidonis Andegavenſis (bofcus). 305.
Guido Blundus. 16, 21, 26, 29, 30, 31, 32, 36, 219, 220, 348, 350.
Guido de Boolum. 13, 14, 219, 220, 349, 350.
Guido Bored. 116.
Guido de Cabroſa. 256.
Guido Caro Macra. 71, 307.
Guido *vel* Wido, carpentarius. 108, 133, 144, 146, 165.

Guido Chamilli. 7, 151.
Guido, Wido, clericus. 239.
Guido de Coldreio. 338.
Guido Cotella. 300.
Guido de Dampetra *seu* Domna Petra. 46, 84.
Guido, diaconus cardinalis S. Mariæ in Porticu. 1.
Guido, dominus de Monte Leterico. 41, 45, 47, 48, 51, 171, 257.
Guido I, dominus de Rupe Forti. 256, 258, 272.
Guido II, dominus de Rupe Forti. 256, 272.
Guido, filius Aldeberti *vel* Alberti. 111, 140.
Guido, filius Ansoldi de Manu Firma. 193.
Guido, filius Aymonis de Agliis. 104.
Guido, filius Aymonis de Norvilla. 111, 225. Voyez : Guido de la Novilla.
Guido, filius Burchardi *junioris* de Valle Grinosa. 166.
Guido, filius Frobergis. 62, 63, 227.
Guido, filius Galterii de Boolun. Voyez : Guido de Boolun.
Guido, filius Galterii Heremitæ. 219.
Guido, filius Gaufredi Pagani de Alneto. 270.
Guido, filius Guiburgis de Coldreio. 28.
Guido, Wido, filius Guidonis de Monte Leterico & Hodiernæ. 41, 43, 48.
Guido, filius Holdeberti. 54, 108, 236, 281.
Guido, filius Hugonis Chamilli. 89.
Guido, filius Milonis de Monte Letherico, vicecomitis Trecensis. 208.
Guido, filius Odonis Arvi. 145.
Guido, filius Petri Castelli. 265, 267, 273, 297, 300.
Guido, filius Stephani de Longo Ponte. 86, 87. (*Très-vraisemblablement le même que : Guido filius Stephani, pratarii, qui suit.*)
Guido, filius Stephani, pratarii. 123, 308. (*Très-vraisemblablement le même que : Guido, filius Stephani de Longo Ponte, qui précède.*)
Guido, filius Ursi. 315.
Guido, frater Avelinæ. 74.
Guido, frater Mainerii. 214.
Guido, frater Milonis Britonis. 164, 165.
Guido, frater Tebaldi de Saviniaco. 90.
Guido, frater Teoderici de Villa Moisson. 89.
Guido, frater Thomæ de Castro Forti. 312.
Guido Gibbosus *vel* Gibosus. 26, 30.
Guido Gunsconius. 127.
Guido de Linais *vel* Lynais. 42, 44, 49, 73, 90, 108, 111, 112, 114, 126, 128, 140, 141, 147, 148, 164, 170, 174, 197, 200, 208, 235, 236, 255, 258, 259, 281, 295, 304, 323.
Guido Lisiardus. Voyez : Guido Lysiardus.
Guido de Lucente. 73, 118, 258, 296, 298.
Guido de Luisant. Voyez : Guido de Lucente.
Guido de Lynais. Voyez : Guido de Linais.
Guido Lysiardus *vel* Lisiardus. 53, 190, 283.
Guido, miles de Monte Leterico. Voyez : Guido, dominus de Monte Leterico.
Guido, monachus, filius Johannis de Maciaco. 33.
Guido, monachus, filius Theobaldi Cocherel. 31.
Guido Muler. 16.
Guido Nanterius, miles. 18.
Guido, nepos Guidonis de Villa Moisson. 117.
Guido, nepos Heinrici, prioris. 172, 225, 233, 246, 306.
Guido de la Novilla. 111. Voyez : Guido, filius Aymonis de Norvilla.

Guido de Palaciolo. 11.
Guido, pelliparius. 219.
Guido vel Wido Pinel vel Pincllus. 43, 56, 57, 75, 88, 125, 197, 204.
Guido, pistor. 166, 179, 336, 337, 338, 340, 341, 344.
Guido de Pistrino. 134.
Guido, presbiter. 68.
Guido, presbiter de Linais, 253.
Guido, presbiter S. Mederici. 98.
Guido de Puteo. 50.
Guido Rubeus, dominus de Rupe Forti. Voyez : Guido I, dominus de Rupe Forti.
Guido Rufus. 316.
Guido de Saviniaco. 122.
Guido, Wido Troffellus, dominus de Monte Leterico. 42, 46, 47, 56, 57, 84, 165, 174, 197, 199, 200, 201, 202, 221, 258, 295.
Guido vel Wido de Valle Grinofa. 24, 26, 27, 28, 31, 32, 34, 40, 217, 220, 347.
Guido de Villa Moiffun vel Villa Muiffon. 66, 88, 93, 117, 186.
Guido. Voyez : Wido.
Guillelmus, buticularius regis. 3, 6, 9.
Guillelmus, Guillermus Cochevi, Cochivi, Cochivit, Cuchevi, Cuchivis, Cuchivith, miles Montis Letherici. 7, 19, 54, 89, 107, 111, 112, 150, 151, 154, 169, 225, 227, 296, 307.
Guillelmus, Guillermus vel Willermus de Castris. 161, 254, 336.
Guillelmus I de Monte Forti, episc. Parisiensis. 55.
Guillelmus, filius Afzonis de Villa Bona. 233, 239.
Guillelmus, Guillermus, filius Balduini. 108, 212, 255, 270, 281.
Guillelmus, filius Fulconis de Palefcolo. 312.
Guillelmus, filius Galterii, dapiferi. 160.

Guillelmus, filius Guillelmi Cochivi. 225, 227.
Guillelmus, filius Jordani de Ivis. 332.
Guillelmus, filius Theoderici, majoris. 16.
Guillelmus de Guillervilla. 24, 218.
Guillelmus de Hierra, miles. 183.
Guillelmus de Maciaco. 15, 133, 155, 159, 224, 276.
Guillelmus, major de Fontanis. 30.
Guillelmus de Milliaco. 18.
Guillelmus, Willelmus Normannus. 194, 355.
Guillelmus de Orecaco, dictus Panis & Aqua. 11.
Guillelmus, pistor. 176.
Guillelmus, præpositus. 198.
Guillelmus, presbiter. 332.
Guillelmus Racicolit. 37.
Guillelmus I, rex Anglorum. 321.
Guillelmus, servus. 100.
Guillelmus, Guillermus. Voyez : Willelmus, Willermus.
Guillerarvilla (Durannus de). 253.
Guillermus Agnus. 91.
Guillermus de Bonella. 43.
Guillermus de Bufchelcio, miles. 76.
Guillermus de Duno. 269.
Guillermus, filius Balduini. Voyez : Guillelmus.
Guillermus, filius Ebrardi Chofi. 250.
Guillermus, filius Ingilardi. 40.
Guillermus, filius Johannis de Maciaco. 85.
Guillermus, filius Petri de Monstrellis. 286.
Guillermus, frater Galfredi de Ver. 40.
Guillermus de Galardone. 279.
Guillermus de Linteis. 286.
Guillermus de Maldestor. 52.
Guillermus, monachus, prior de Gumez. 279.
Guillermus, ortolanus, 52.
Guillermus. Voyez : Guillelmus, Willelmus, Willermus.

Guillervilla (Guillelmus de). Voyez : Guillelmus.
Guimerius, futor. 88.
Guina. 197.
Guirredus (Hugo). Voyez : Hugo.
Guitardus, frater Rogerii Hureti. 160.
Guitardus de Miliduno. 277.
Guitardus (Anfellus). Voyez : Anfellus.
Gumbertus de Burco Medio. 145.
Gumboldus. 254, 261.
Gumecium, Gumetz, Gumez. 54, 256, 272. Voyez : Gomecium, Gomez.
Guncelinus de Longo Ponte. 165.
Guncelinus, presbyter. 90.
Guncelinus. Voyez : Goncelinus.
Gunhard (Oylardus). Voyez : Oylardus.
Gunterius. 315.
Gunterius Paganus. 133.
Guntho, frater Fromundi & Holdrici de Trofolio. 189.
Gurgans Brito. 97.
Gyvifi. Voyez : Givifiacum, Givifi.

H

Hadvinus. Voyez : Advinus.
Harduinus, capellanus S. M. de Longo Ponte. 92, 102, 115, 141, 164, 284, 310. (Très-probablement le même personnage que Harduinus, presbyter.) Voyez ce nom.
Harduinus, monachus. 110.
Harduinus, Arduinus, presbyter vel facerdos. 48, 53, 56, 74, 111, 119, 147, 211, 240.
Harpinus. 309.
Harpinus (Anfoldus). Voyez : Anfoldus.
Havifa, uxor Godefredi. 319.
Havifa, uxor Milonis de Lynais. 72.
Havifis, filia Hermerii de Stampis. 320.
Havifis, uxor Hermerii de Stampis. 320.
Haymo. Voyez : Aymo.
Haymo de Boolun. Voyez : Aymo.
Haymo de Maci, Machi, Maciaco. Voyez : Aymo.
Haymo de Sancto Yonio. Voyez : Aymo.
Hecelinus, Heccelinus, Hefcelinus, Hezelinus de Linais. 17, 24, 41, 192, 270, 339, 347.
Hecelinus. Voyez : Hefcelinus, Hezelinus.
Heinricus (circ. 1100). 159, 196, 228, 313.
Heinricus, clericus, filius Garnerii, monachi. 269.
Heinricus, filius Fulcoidi. 129.
Heinricus filius Herberti de Ablum. 176.
Heinricus, frater Balduini de Corboylo. 178.
Heinricus, frater Rainoldi. 238.
Heinricus, hofpes. 267.
Heinricus, levita. 257.
Heinricus, nepos Roberti de Fluriaco. 73.
Heinricus Paganus, miles. 171.
Heinricus, piftor. 251.
Heinricus, Henricus, prior Longi Pontis. 43, 50, 53, 54, 63, 66, 73, 75, 81, 84, 85, 90, 93, 100, 112, 115, 118, 143, 144, 147, 150, 158, 163, 164, 167, 169, 170, 175, 180, 184, 188, 197, 198, 200, 205, 223, 224, 225, 227, 236, 244, 256, 261, 272, 302, 306, 323, 327.
Heinricus. Voyez : Henricus.
Heldeardis. 263.
Heldebergis, amita Milonis de Atilliaco. 283.
Heldeburgis (domna). 158.
Heldigerius, clericus. 52, 320.
Heldigerius, filius Milonis. 262.
Helemofinarius, Elemofinarius. 146, 237. Voyez : Elemofinarius.
Helena, uxor Arnulfi de Boolum. 135.
Helencus (c. 1090). 237.

Helinuinus, præpositus de Bertocurt. 272.

Helinvisa, hospes. 225.

Helizabeth, filia Bernardi de Cabrosa. 256, 282.

Helizabeth, filia Guidonis Trosselli, uxor Philippi, filii Philippi, regis Francorum 197.

Helizabeth, filia Hugonis Arvi. 145.

Helizabeth, soror Ansclli de Vitri. 246.

Helizabeth, Helyzabeth, uxor Adami de Milliaco. 222, 291.

Helizabeth, uxor Ansoldi Harpini. 65.

Helisabeth, uxor Frederici de Duisun. 138.

Helizabeth, uxor Hermanni de Bainous. 226.

Helizabeth, uxor Milonis de Cabrosia. 232.

Helizabeth, uxor Roberti Pagani. 78.

Helizabeth, Helisabeth. Voyez : Helyzabeth.

Helvisa, uxor Hugonis de Munteler. 312.

Helvisa, uxor Lisiardi de Coldreio. 339.

Helvisa, uxor Odonis Arvi. 145.

Helvisa uxor Widonis de Alneto. 335.

Helyas de Baillolio. 329.

Helyas de Gislevilla. 330.

Helyzabeth, uxor Hervei de Donjone, & mater Aymonis. 142, 205.

Helyzabeth, uxor Petri de Linais. 275.

Helyzabeth, uxor Petri de Monstrellis. 286.

Helyzabeth. Voyez : Helisabeth, Helizabeth.

Henricus de Coisselez. 182.

Henricus, Heinricus Escharat. 247, 285.

Henricus, monachus. 106.

Henricus. Voyez : Heinricus.

Herbertus de Ablum. 176.

Herbertus de Balisi *vel* Balifiaco. 54, 107.

Herbertus de Cavarva. 97.

Herbertus, clericus. 167.

Herbertus Cospel. 306.

Herbertus, filius Ysembardi de Marchociis. 67.

Herbertus, hospes S. Mariæ. 53.

Herbertus, miles Gaufredi Tyrelli. 177.

Herbertus Minnun. 64.

Herbertus de Opera *vel* Opere. 91, 121, 195, 337, 344.

Herbertus de Orengiaco, 35

Herbertus Pinellus. 180.

Herbertus, presbiter. 128.

Herbertus Rasicot. 146.

Herbertus de Rivo. 163.

Herbertus, serviens. 235.

Herbertus, serviens Guarini. 247.

Herbertus, servus. 122, 129.

Herchambaldus. Voyez : Archembaudus, Archimbaudus.

Heremburgis, Eremburgis, uxor Hingerii de Castris. 38, 345.

Heremburgis. Voyez : Eremburgis.

Heremita (Galterius). Voyez : Galterius.

Herfredus (1106). 197.

Hergodus, decanus S. Genovefæ. 76.

Herlandus, Herlannus de Valle. 256. 272, 333.

Herlanus, miles, 310.

Herlebodus. 254.

Herluinus, filius Orri. 238.

Herlainus, magister Ludovici VI. 42, 229.

Hermannus de Bainous. 226.

Hermannus de Buisien. 24.

Hermannus, filius Johannis Beroardi. 111.

Hermannus, presbyter. 64, 91, 157, 177, 205. — *Probablement le même personnage que:*

Hermannus, presbiter de Monte Leheri. 98.

Hermerius (c. 1100). 119, 260, 282.

Hermerius de Britiniaco. 142.

Hermerius, cliens. 49.

Hermerius Rusticum Persequens. 199.

Hermerius de Sancto Philiberto, hospes. 225.

Hermerius de Stampis. 320.

Hermerus, filius Bertranni. 110.

Hermeri (terra), apud Piscosas. 296.

Hermesendis, mater Frederici de Grinni. 353.

Hermuinus, præpositus de Bertolcurt. 256.

Hersendis, filia Hermerii de Stampis. 320.

Hersendis, mater Galterii Pagani. 144, 152, 159.

Hersendis, mater Heremburgis de Castris & uxor Reinaldi de Lui. 38, 345.

Hersendis, soror Heinrici, prioris de Longo Ponte. 170.

Hersendis, uxor Landrici. 159.

Hersendis, uxor Wigrini. 111, 147.

Hertaudus, monachus. 196.

Herveus Basset. 237.

Herveus Brito. 183, 195.

Herveus de Claciaco, dictus Bardulfus. 306.

Herveus, diaconus. 329.

Herveus de Donjone. 142. 205, 225.

Herveus, famulus. 27, 247.

Herveus, filius Arnaldi. 321.

Herveus, miles. 141.

Herveus, vicecomes. 42.

Hescelinus. 57, 105.

Hescelinus, frater Milonis de Lynais. 72.

Hescelinus. Voyez : Hecelinus.

Hezelinus. Voyez : Hecelinus, Hescelinus.

Hierosolima, Hierusalem. Voyez : Jerosolima, Jherosolima.

Hierra. Voyez : Edera.

Hierra (Guillelmus de), miles. Voyez : Guillelmus.

Hierusalem. Voyez : Jerosolima, Jherosolima.

Hildeerius, pistor. 261.

Hildeerius, Holdierius Rica Pancia. 261, 269.

Hildeerius. Voyez : Holdierius.

Hilduinus de Campiniaco. 128.

Hilduinus, clericus. 201.

Hilduinus, filius Pagani Castelli. 265.

Hilduinus de Paleseolo. 43.

Hilduinus vel Holduinus Temperies. 127, 136.

Hingerius vel Hungerius de Castris. 7, 38, 89, 151, 207, 305, 345.

Hobertus Paganus. 65.

Hodierna, uxor Guidonis, domini de Monte Leterico. 41, 48.

Hoduinus, præpositus Guinecii. 256.

Holando (Radulfus de). Voyez : Radulfus.

Holdeardis, uxor Burchardi Cocherel. 344.

Holdeardis, uxor Herberti de Ablum. 176.

Holdeardis, uxor Oylardi de Ver Magno. 238.

Holdebertus, asinarius. 88, 151, 190.

Holdebertus de Atrio. Voyez : Holdebertus, filius Georgii de Atrio.

Holdebertus, filius Georgii de Atrio. 72, 190, 213, 301, 312.

Holdeburgis, hospes. 225.

Holdeburgis, uxor Dodonis Voverii. 271.

Holdeburgis (terra), apud Saviniacum. 174.

Holdeerius, filius Hengelifrerii. 287.

Holdevinus, cementarius. 58.

Holdierius, avus Crispini, militis. 278.

Holdierius de Champlant. 58.

Holdierius Crassus. 58.

Holdierius Huretus. 126.

Holdierius de Orceaco. 63.

Holdierius de Porta. 95.

Holdierius. Voyez : Hildeerius.

Holdricus, filius Arnulfi, carnificis. 112.

Holdricus de Trofolio. 185, 186, 187, 188, 189.

Holduinus, clericus. 260.
Holduinus, filius Popini. 260.
Holduinus, præpositus Gomecii. 272.
Holduinus Temperies. Voyez : Hilduinus vel Holduinus.
Holdvisœ (feodus), apud Papunvillam. 306.
Hortolanus. 149, 242. Voyez : Ortolanus.
Hospes. 17, 20, 53, 74, 77, 86, 93, 105, 107, 116, 128, 142, 144, 149, 151, 152, 154, 155, 172, 192, 205, 225, 227, 246, 267, 329. — quid solvat. — 93.
Hostecium, Hosticium, Hostisia, Osticium. 10, 20, 66, 100, 317, 326.
Hubertus, armiger Milonis de Forgiis. 334.
Hubertus de Bellemviler. 216.
Hubertus de Bosco. 212.
Hubertus Bosreth. 65.
Hubertus, cognatus Henrici, prioris Longi Pontis. 104.
Hubertus Costet. 252.
Hubertus, famulus. 321.
Hubertus, filius Froberti. 251.
Hubertus, filius Gaufredi Enveisiez. 166.
Hubertus, frater Guidonis. 63.
Hubertus, frater Harduini, capellani. 102, 141, 310.
Hubertus, frater Rainaldi Carbonelli. 269.
Hubertus, pelletarius. 86, 88, 97, 108, 112, 149, 155, 183, 195, 230, 236, 242, 276, 281, 302.
Hubertus de Saviniaco. 352.
Hubertus Turuns. 238.
Hubraca (Hugo de). Voyez : Hugo.
Hugo (c. 1090). 237.
Hugo Admire. 58, 126.
Hugo de Alvers. 114.
Hugo, armiger, filius Huberti. 290.
Hugo de Atiis vel Athiis, miles. 22, 245.

Hugo de Atrio. 282.
Hugo Bacheler. 80.
Hugo Bardul. 26.
Hugo Bassetus, Basset. 50, 155, 258, 283.
Hugo de Batuns. 27.
Hugo Bibens. 234, 279.
Hugo Bisol, monachus. 245, 282.
Hugo Bocellus. 42, 210, 295.
Hugo Bordellus. 291.
Hugo Briardus. 194.
Hugo Brito. 162, 180.
Hugo de Brueriis. 42, 54, 84, 112, 114, 142, 160, 200, 244, 323.
Hugo Burgaldus. 65.
Hugo de Buviler. 127.
Hugo de Caliaco vel Calliaco. 226, 288.
Hugo de Campiniaco, helemosinarius. 107, 108, 113, 142, 162, 188, 204, 212.
Hugo de Campo Florido, cancellarius Regis. 256.
Hugo de Castro Forti, dictus Cadaver. 83.
Hugo de Cavanvilla. 274.
Hugo Chamili, Chamilli, Chamillis. 49, 52, 54, 73, 75, 80, 89, 141, 144, 146, 152, 159, 165, 168, 205, 206, 225, 226, 296.
Hugo Champlant. 280.
Hugo, clericus. 34.
Hugo Cochelinus. 60.
Hugo de Cochet. 36, 218.
Hugo, cocus. 196.
Hugo de Cormerio. 293.
Hugo Dominicus. 63.
Hugo, dominus de Crecio vel Creciaco. 84, 177, 292.
Hugo de Dravello. 180.
Hugo de Eni. 85.
Hugo, episc. Hostiensis. I.
Hugo, famulus Teulfi, monachi. 149.
Hugo, filius Alberti. 254.

Hugo, filius Alvi. 77, 79, 107, 143, 148, 216.
Hugo, filius Anfelini. 62.
Hugo, filius Anfoldi Harpini. 58.
Hugo, filius Araudi. Voyez : Hugo, filius Arraldi.
Hugo, filius Arnulfi Malviel. 96.
Hugo, filius Arraldi *vel* Araudi. 102, 152.
Hugo, filius Benedicti. 110.
Hugo, filius Bernoardi. 225. (*Probablement le même que le suivant.*)
Hugo, filius Bernoardi de Eftrichio. 326. (*Probablement le même que le précédent.*)
Hugo, filius Froberti. 287.
Hugo, filius Galeranni Pagani. 253.
Hugo, filius Galterii, presbiteri. 94.
Hugo, filius Galterii de Villa Bona. 52, 235.
Hugo, filius Giroldi & Avelinæ. 122.
Hugo, filius Guillelmi Cochevi. 227.
Hugo, filius Herberti de Ablum. 176.
Hugo, filius Jofleni. 233.
Hugo, filius Lyfiardi *vel* Lifiardi. 80, 116, 227, 231.
Hugo, filius Odonis. 288.
Hugo, filius Odonis Arvi. 145.
Hugo, filius Rannulfi de Perrolio. 342.
Hugo, filius Seiberti. 254.
Hugo, filius Tebaldi. 102.
Hugo, foreftarius. 167.
Hugo, frater Adami de Salciaco. 104.
Hugo, frater Ermengardis de Cochet. 19.
Hugo, frater Guillelmi Cuchevis. 7, 154, 225, 307.
Hugo, frater Landrici de Ouriaco. 163.
Hugo, frater Milonis de Atilliaco. 283.
Hugo, frater Ranciæ de Perrolio. 102.
Hugo, frater Rogerii Pagani de Sancto Yonio. 84, 160, 207, 256, 274, 333.
Hugo Gentilis. 195, 270.

Hugo Guirredus *vel* Wirredus. 75, 100.
Hugo de Hubraca. 329, 330.
Hugo de Ingenvilla. 180.
Hugo Langobardus, monachus. 317.
Hugo de Lers. 24, 31, 40, 219, 230.
Hugo Lifiardus. Voyez : Hugo, filius Lyfiardi.
Hugo de Lupini. 149.
Hugo Magnus de Calliaco. 341.
Hugo Malus Vicinus. 199.
Hugo Malviel. 279.
Hugo de Mauriaco. 196.
Hugo, monachus. 340.
Hugo, monachus, de Campiniaco. Voyez : Hugo de Campiniaco, helemofinarius.
Hugo, monachus, frater Theobaldi de Valle Grinofa. 43, 106, 189.
Hugo de Monte Oberti. 180.
Hugo de Munteler. 312.
Hugo, nepos Anfelli de Vitri. 246.
Hugo, nepos Anfoldi. 284.
Hugo de Orengiaco. 58.
Hugo de Orli. 267.
Hugo de Palaciolo. 49.
Hugo de Palefeolo, monachus. 43, 155.
Hugo de Perrolio. 208, 222.
Hugo, piftor. 45, 142, 275.
Hugo de piftrino. 135.
Hugo de Planci. 84.
Hugo, puer. 181.
Hugo de Puteolo. 223.
Hugo Quarterius *vel* Quartus. 336.
Hugo de Rubro Monte. 116.
Hugo de Ruellis, hofpes. 116.
Hugo Rufus. 32.
Hugo, ferviens. 90.
Hugo de Sefiaco. 180.
Hugo, fororius Ermengardis. 76.
Hugo de Spina. 212.
Hugo Tullivis. 63.
Hugo de Valentun. 180.
Hugo de Valle Grinofa. 15, 16, 26, 217.
Hugo de Venelaco. 196.

Hugo de Ver. 111.
Hugo, viator. 316.
Hugo Wirredus. Voyez : Hugo Guirredus.
Humbaudus, famulus. 141.
Humbertus, famulus. 152.
Humbertus, filius Arroldi. 45.
Hunaldus, hofpes. 74.
Hundevum. 37.
Hunfredus de Moncello. 329.
Hungerius. 57, 106, 309.
Hungerius de Caftris. Voyez : Hingerius.
Hungerius de Cavanvilla, *vel* Chavanvilla, miles. 80, 111, 147, 188.
Hungerius Chadois. 166.
Hungerius, famulus Gaufredi, majoris. 302.
Hungerius, filius Galterii de Caftris. Voyez : Hingerius *vel* Hungerius de Caftris.
Hungerius, miles, de Chavanvilla. Voyez : Hungerius de Cavanvilla *vel* Chavanvilla.
Hungerius de Limos. 111.
Hungerius de Roferiis. 185.
Hungerius de Vilers. 139.
Hungerius de Villarat. 139.
Hungerius de Vova. 216.
Hungerius. Voyez : Hingerius.
Huretus (Holdierius). Voyez : Holdierius.
Huretus (Rainardus). Voyez : Rainardus.
Huretus (Rogerius). Voyez : Rogerius.
Hyvo, frater Johannis, famuli. 179.
Hyvo. Voyez : Ivo, Yvo.

I

Ilbertus (1070). 48, 74, 94, 164, 211, 241.
Ilbertus *vel* Olbertus Calvus. 54, 102, 106, 112, 148, 171, 184.
Ilbertus, ferviens. 310.
Ilbertus de Vilers. 203.

Ilburgis, uxor Hugonis Wirredi. 130.
Ildigerius, piftor. 141, 310.
Imarus, epifc. Tufculanus. 1.
Imperator (Robertus). Voyez : Robertus.
Incurfio. 5.
Infans (Symon). Voyez : Symon.
Infirmarius. 120.
Ingelbertus, infirmarius. 120.
Ingelrannus. 97.
Ingenoldus, monachus. 196.
Ingenulfus de Firmitate. 129.
Ingenvilla (Hugo de). Voyez : Hugo.
Ingua, mater Petri Reptaldi. 60.
Ifembardus, famulus. 289.
Ifembardus, frater Anfelli de Vitri. 243.
Ifembardus, frater Pagani de Bevria. 233.
Ifembardus Paganus, *alias* Ifembardus de Stampis. 180. 283. Voyez : Paganus de Stampis.
Ifembardus Paganus, filius Anfelli. 243.
Ifembardus, fervus. 259.
Ifembardus de Stampis, dictus Paganus. Voyez : Ifembardus Paganus, & Paganus de Stampis.
Ifembardus, fubdiaconus. 181.
Ifembardus. Voyez : Yfembardus.
Ifemburgis, uxor Bernerii. 267.
Ivifia, uxor Bernardi de Cabrofia. 256, 282.
Ivo, Yvo, frater Johannis, famul. 16, 187, 337, 339, 341, 343, 344, 348.
Ivo. Voyez : Hyvo, Yvo.
Ivri. 177, 178, 191.
Ivrini (Radulfus de). Voyez : Radulfus de Virini.
Ivvanna, mater Remburgis. 161.

J

Jeremias, presbyter. 291.
Jerofolima, Jherofolima, Jerufalem, Iherufalem, Hierofolima, Hierufalem.

34, 37, 40, 45, 69, 88, 154, 177, 178, 182, 183, 202, 209, 212, 311, 336.
Johanna, filia Frederici de Duifun. 138.
Johannes (1070). 48.
Johannes Andegavenfis. 337, 338.
Johannes Anderinus vel Anderlinus. 42, 320.
Johannes Barba, famulus. 143, 144, 170, 321.
Johannes Beloardus. 41.
Johannes Beroardus. 92, 111, 128.
Johannes, bubulcus, 78, 97.
Johannes de Bunduflo. 180.
Johannes, camerarius. 137.
Johannes, carpentarius. 253, 256, 282.
Johannes de Caftris. 132.
Johannes, cognatus Guillermi de Caftris. 161.
Johannes de Coldriaco. 65, 155.
Johannes de Corbullio. 40.
Johannes Cornet. 218.
Johannes de Cofenciis. 18.
Johannes de Cramuel. 40.
Johannes, decanus Parifiensis. 257.
Johannes, diaconus cardinalis SS. Sergii & Bacchi. 1.
Johannes Difnez. 216.
Johannes Efcharat. 19, 219.
Johannes, famulus. 14, 16, 20, 21, 22, 24, 25, 26, 27, 29, 30, 31, 32, 34, 35, 38, 40, 135, 138, 151, 179, 187, 217, 220, 335, 336, 337, 338, 339, 341, 343, 344, 345, 347, 348, 350, 351, 352, 353.
Johannes, filius Anfelli Pagani. 109.
Johannes, filius Beroardi. 261.
Johannes, filius Ebroini, nummularii. 219.
Johannes, filius Garnerii, famuli. 7, 101, 177, 190, 192, 288.
Johannes, filius Giroldi de Coldriaco. 225, 271.

Johannes, filius Hermerii. 10.
Johannes, filius Johannis de Maciaco. 85.
Johannes, filius Oylardi, famuli. 159, 203.
Johannes, filius Pagani de Stampis. 178.
Johannes, filius Rainaldi Cornuti. 305.
Johannes, filius Rogerii. 122.
Johannes, filius Teoderici de Caftellerio. 52.
Johannes, filius Theobaudi. 17.
Johannes de Fontenellis. 97, 112.
Johannes, frater Ermengardis de Cochet. 19.
Johannes, frater Girardi, carpentarii 321.
Johannes, frater Guillelmi de Maciaco. 155, 224. (Très-probablement le même que le fuivant, Johannes de Maciaco.)
Johannes, frater Raginaldi de Bunduflo. 180.
Johannes de Maciaco vel Maci. 24, 26, 33, 85, 212, 287, 294.
Johannes, monachus. 272.
Johannes, nepos Symonis Galeranni. 207.
Johannes Paalee. 10.
Johannes, pater Raimberti, presbiteri. 211.
Johannes Picherans. 203.
Johannes de Plefleio. 253.
Johannes, presbiter. 265.
Johannes, presbiter de Eni. 85.
Johannes, prior Longi Pontis. 162, 177, 178, 209, 266, 292, 316, 319.
Johannes Ruffus de Athiis. 334, 341.
Johannes Sancelina. 220.
Johannes de Stampis. 183.
Johannes de Verfaliis. 353.
Joi. 1, 2, 268.
Jordanus de Juis. 332.
Jorria (Leodegarius de). Voyez: Leodegarius.
Josbertus (c. 1090). 241.
Josbertus (1100). 246.

Josbertus ad Dentes. 108.
Josbertus de Breneriis. 198.
Josbertus, carnifex. 85.
Josbertus, carpentarius. 60.
Josbertus, coquus *vel* quocus. 10, 87, 134, 135, 156, 166, 177, 179, 253, 273, 289, 335, 340, 341, 347.
Josbertus, faber. 62.
Josbertus, filius Conftancii. 287.
Josbertus, filius Gaufredi, majoris. 81, 90, 97, 159.
Josbertus, frater Josberti Pagani, futoris. 183.
Josbertus, gener Luciani. 315.
Josbertus, levita. 257.
Josbertus, major. 282.
Josbertus, miles. 222.
Josbertus Paganus, futor. 50, 93, 108, 183, 212, 230, 299.
Josbertus, piftor. 253, 273.
Josbertus Ruffus. 238.
Josbertus, futor. Voyez : Josbertus Paganus, futor.
Josbertus de Villa Romenor. 102.
Jofcelinus (1070). 48.
Jofcelinus, archidiaconus Paris. 51, 181, 257.
Jofcelinus de Caftellonio. 194.
Jofcelinus Cochinus. 63.
Jofcelinus, coquus. 119.
Jofcelinus, famulus. 27.
Jofcelinus Gruel. 48, 148, 185.
Jofcelinus de Perrolio. 58.
Joflenus. 313.
Joflenus de Bainnos. 226.
Joflenus, filius Urfi. 315.
Joflinus, clericus. 66.
Jofzo, camerarius. 348.
Judeta, uxor Helye de Baillolio. 329.
Judeus. 194.
Juis (Jordanus de). Voyez : Jordanus.
Julius, presbyter cardinalis tit. S. Marcelli. I.

Junianus (1100). 246.
Junvilla (Gaufredus de). Voyez : Gaufredus.
Jufticiæ. 3, 91, 219.

L

Labele (Gaufridus). Voyez : Gaufridus.
Lachieinrem. 77.
Lai (Reinaldus de). Voyez : Reinaldus.
Lambertus de Berlenviller. 25.
Lambertus, camerarius S. Mariæ de Longo Ponte. 336.
Lambertus, clafularius. 97.
Lambertus de Orccaco. 328.
Lambertus de Villa Bona. 287.
Lancelinus, diaconus. 51.
Lancelinus, monachus, frater Guidonis de Lynais. 128.
Lancia, uxor Johannis Andegavenfis. 337.
Lando, acolita. 257.
Lando, cantor Parifienfis. 51.
Landricus de Attiis. 133.
Landricus, filius Arroldi, majoris. 63, 84.
Landricus, filius magiftri Guarini. 209.
Landricus, filius Odonis. 77.
Lancricus, filius Odonis Arvi. 145.
Laudricus, frater Bertranni. 312.
Landricus de Ouriaco. 163.
Landricus Pilus de Suria. 204.
Landricus, præpofitus. 112, 174, 200, 210, 231.
Landricus, prior Longi Pontis. 10, 16, 20, 21, 22, 27, 34, 40, 297, 350, 353.
Longobardus (Hugo). Voyez : Hugo.
Larziacus. 2, 324, 327.
Larziaco (Gaubertus de). Voyez : Gaubertus.
Larzi (Robertus de). Voyez : Robertus.
Laurentius, corviferius. 64.

Laurentius, faber. 22.
Laurentius, filius Arnaldi. 243.
Laurentius, monachus. 16, 18.
Lebertus (c. 1100). 63.
Lebertus, forestarius. 282.
Lebertus, nepos Oddonis Mulerii. 50.
Lebren (pressorium de). 339.
Lecherie (Radulfus), famulus. Voyez : Radulfus.
Ledemaldus, filius Bartholomei de Castro Forti. 207.
Ledevilla, Lodevilla, Ludevilla. 29, 237, 238, 239, 240, 241, 252.
Ledevilla (Odo de). Voyez : Odo.
Leo, judeus. 194.
Leodegarius, filius Herberti de Rivo. 163.
Leodegarius, filius Oylardi de Ver Magno. 238.
Leodegarius de Foro. 316.
Leodegarius de Jorria. 243.
Lers. 144, 154.
Lers (Ebrardus de). Voyez : Ebrardus.
Lers (Fulco de). Voyez : Fulco.
Lers (Hugo de). Voyez : Hugo.
Leschot (Stephanus), præpositus Montis Leterici. Voyez : Stephanus.
Letardus, carpentarius. 253.
Leteldis, Letholdis, uxor Hugonis Chamillis & mater Guidonis Chamilli. 144, 146, 151, 152, 159, 206.
Lethardus, filius Richardi Pela Rusticum. 263.
Lethardus, filius alter Richardi Pela Rusticum. 263.
Letholdis. Voyez : Leteldis.
Letvisa, uxor Aymonis de Agliis. 104.
Letvisa, Litvisa, uxor Milonis *Magni*, domini de Monte Letherico. 202.
Leudo de Malleis. 139.
Licæ. 2.
Liciis (Teunfus de). Voyez : Teunfus.
Limos, Limoas, Lymois. 296.

Limos (Hungerius de). Voyez : Hungerius.
Limos, Limoas. Voyez : Lymois.
Linais, Lynais. 64, 110.
Linais, Lynais (Guido de). Voyez : Guido.
Linais (Heccelinus de). Voyez : Heccelinus.
Linais (Petrus de). Voyez : Petrus.
Linais. Voyez : Lynais.
Linteis (Guillermus de). Voyez : Guillermus.
Lisiardus de Coldreio. 339.
Lisiardus de Eschercun. 237.
Lisiardus, nepos Willelmi Zonsi. 249.
Lisiardus, patruus Roberti Pagani. 255.
Lisiardus (Adam, Bardinus, Galterius, Guido, Hugo, Philippus, Stephanus). Voyez : Adam, Bardinus, Galterius, Guido, Hugo, Philippus, Stephanus.
Lisiardus. Voyez : Lysiardus.
Litbertus de Turre, miles. 17.
Litvisa. Voyez : Letvisa.
Lodevilla. Voyez : Ledevilla, Ludevilla.
Lodovicus. Voyez : Ludovicus.
Longus Pons, villa. 1, 3, 5, 51, 84, 85, 87, 89, 100, 105, 106, 179, 180, 189, 200, 202, 303, 336.
Longi Pontis (capellania). 40.
Longi Pontis (ecclesia parœcialis). 2, 55.
Longi Pontis (ecclesia prioralis). Voyez : S. Mariæ de Longo Ponte (ecclesia prioralis).
Longus Pons de Lysui *vel* Lysii. 106, 107, 108, 109, 112, 113, 114, 115. Voyez : Longus Pons (villa).
Longo Ponte (Guncelinus de). Voyez : Guncelinus.
Longo Ponte (Stephanus de). Voyez : Stephanus, pratarius.
Lucente (Guido de). Voyez : Guido.
Lucens. Voyez : Luisant.
Luciana, filia Haymonis de Boolum. 13.

Luciana, filia Ogrini Divitis, de Agliis. 334.

Luciana, soror Hugonis de Creciaco. 292.

Luciana, uxor Walterii de Orengiaco. 341.

Lucianus (c. 1060). 313, 322.

Lucianus, serviens. 315.

Ludevilla. Voyez : Ledevilla, Lodevilla.

Ludovicus VI, Rex Francorum. 5, 6, 42, 84, 229, 306.

Ludovicus VII, Rex Francorum. 3, 4, 6, 7, 9, 256, 292, 348.

Lugvilla. 134.

Lugvilla (Petrus de). Voyez : Petrus de Lunvilla.

Lugvilla. Voyez : Lunvilla.

Luisant, Lucens, Parvum Luisant. 24, 68, 69, 70. Voyez : Parvum Luisant.

Luisant (Guido de). Voyez : Guido de Lucente.

Luisant (Philippus de). Voyez : Philippus.

Luisant. Voyez : Lucens.

Lunvilla, Lugvilla. 58, 59, 60, 61, 65, 134, 335.

Lunvilla (Bernardus de). Voyez : Bernardus.

Lunvilla (Petrus de). Voyez : Petrus.

Lunvilla. Voyez : Lugvilla.

Lupini (Hugo de). Voyez : Hugo.

Lupus (Rainoldus). Voyez : Rainoldus.

Lupi Fossa. 329.

Lusarchiæ. 307.

Luxoviensis (diœcesis). 1.

Lymois. Voyez : Limos.

Lymois (Galerannus de). Voyez : Galerannus de Lymois.

Lynais, Linais. 110.

Lynais (Guido de). Voyez : Guido de Linais.

Lynais (Milo de). Voyez : Milo de Linais.

Lynais (Teodericus de), dictus Panis Calidus. Voyez : Teodericus.

Lynais. Voyez : Linais.

Lysiardus, acolitus. 51.

Lysiardus Cossard. 64.

Lysiardus, famulus. 175.

Lysiardus, filius Godefredi. 129.

Lysiardus, frater Oylardi, famuli. 62.

Lysiardus (Guido). Voyez : Guido.

Lysiardus. Voyez : Lisiardus.

M

Mabilia, uxor Guidonis Trosselli. 197, 200.

Machaina (Ada). Voyez : Ada.

Machania, uxor Fulconis de Lers. 22, 32.

Macharius, abbas Mauriniacensis. 3.

Machiacum. Voyez : Maciacum.

Maciacum, Machiacum. 15, 343.

Maci, Machi, Maciaco, Masci (Aymo vel Haymo, Burchardus, Garnerius, Guarinus vel Warinus, Guillelmus, Johannes, Petrus, Seguinus, Sultanus de). Voyez : Aymo, Burchardus, Garnerius, Guarinus, Guillelmus, Johannes, Petrus, Seguinus, Sultanus.

Magister regis. 42.

Magnus (Hugo). Voyez : Hugo.

Mainardus, filius Aldonis. 180.

Mainerius (c. 1060). 313.

Mainerius, filius Alberti. 214.

Mainfredus, cliens Arroldi de Bundusso. 158.

Maingodus, talamerarius. 262.

Major. 7, 13, 19, 25, 38, 45, 52, 60.

Majoria (terra de), apud Papunvillam. 307.

Mala Terra (Gaufredus). Voyez : Gaufredus.

Malbertus, monachus. 244.

Maldestor (Guillermus de). Voyez : Guillermus.

Malgerius, monachus. 43, 62, 187.

Malgerius, miles, filius Hilduini. 147.
Malleis (Leudo de). Voyez : Leudo.
Maltraval (Nanterius de). Voyez : Nanterius.
Malus Filiaster (Garnerius). Voyez : Garnerius.
Malus Filiaster (Paganus). Voyez : Paganus.
Malus Parvulus (Robertus). Voyez : Robertus.
Malus Vicinus (Hugo). Voyez : Hugo.
Malviel (Arnulfus). Voyez : Arnulfus.
Malviel (Hugo). Voyez : Hugo.
Malviel (Odo). Voyez : Odo.
Malviel (Rainaldus). Voyez : Rainaldus.
Manasse, prior Montis Letherici. 20.
Manasse de Turnomio. 292.
Manasse, vicecomes Senonensis. 84.
Manasses, frater Lanciæ. 337.
Manasses de Villamor. 84.
Manchet (Duret). Voyez : Duret.
Mandavilla. 1. Voyez : Mundavilla.
Manu Firma (Anfoldus de). Voyez : Anfoldus.
Marca argenti. 7.
Marcha, uxor Serlonis Pagani. 327.
Marchesium. 52.
Marchestue (terra de). 170.
Marchociis (Ysembardus de). Voyez : Ysembardus.
Marchociæ. Voyez : Marcociæ.
Marciliaco (Symon de). Voyez : Symon.
Marcinus. 132.
Marcocia, jus pascendi. 47.
Marcociæ, Marchociæ. 67, 77, 247, 317.
Marcociis (Drogo de). Voyez : Drogo.
Marcociæ. Voyez : Marchociæ.
Marcolciis (Milo de). Voyez : Milo.
Marcus, filius Roscelini. 109.
Marescaudus. 109.
Margarita, uxor Tyrberti. 36.
Maria (1100). 246.
Maria, filia Algardis. 237.

Maria, filia Rainaldi de Braiolo. 256. 274.
Maria, filia Teberti. 347.
Maria, mater Johannis, hospitis. 17.
Maria, uxor Aymonis de Maciaco. 276.
Maria, uxor Burchardi de Valle Grinosa. 217.
Marmerel (Willelmus). Voyez : Willelmus.
Martinus de Atrio. 348.
Martinus, bubulcus. 273.
Martinus, frater Odonis. 212.
Martinus, pelletarius. 180.
Martinus Rufus, 302.
Mascelinus, cubicularius. 221.
Masci. Voyez : Maci, Maciacum.
Masseria (Petrus de). Voyez : Petrus.
Matheus (c. 1100). 223.
Matheus, camerarius regis. 3, 6.
Matheus, constabularius. 3, 6, 9.
Matheus, nepos Teberti, præpositi. 341.
Mathildis, soror Frederici. 180.
Mathildis, uxor Gaufridi Labele. 37.
Mathildis, uxor Teoderici de Lynais. 64.
Mattildis, uxor Guidonis de Valle Grinosa. 220.
Mattildis. Voyez : Mathildis.
Mauriaco (Hugo de). Voyez : Hugo.
Mauriniacensis (abbatia). 178.
Mauriniaco (Gilbertus, Godefredus de). Voyez : Gilbertus, Godefredus.
Maza, uxor Johannis de Cramuel. 40.
Medenta, castellum. 76.
Medicus. 182, 199.
Meingodus, bubulcus. 253.
Meingodus. Voyez : Mengodus.
Menardus, carnifex. 71, 293.
Menardus, filius Galterii. 124.
Mengodus, Meingodus, talamerarius. 95, 108, 122.
Menuel (Robertus). Voyez : Robertus.
Merlo (Yvo de). Voyez : Yvo.
Merrolæ. 242, 244.

21 *

Meschinus (Galterius). Voyez : Galterius.
Mesnil. 127.
Mesnil (terra de), apud Britiniacum. 155.
Mesnil (Otrannus de). Voyez : Otrannus.
Mesniliacum Ansberti. 284.
Michael (dominus). 37.
Michael, famulus. 14.
Michael, nepos Terrici, presbyteri de Saviniaco. 21.
Mileium, Miliacum. Voyez : Milleium, Milliacum.
Milesendis Caravicina. Voyez : Caravicina, matrona.
Milesendis, filia Balduini. 270.
Milesendis, soror Roberti. 254.
Milesendis, uxor Guillelmi Cochevi. 227.
Milesendis, uxor Hugonis de Villa Bona. 235.
Milesendis, uxor Johannis Beroardi. 92.
Miliduno (Constancius de). Voyez : Constancius.
Miliduno (Guitardus de). Voyez : Guitardus.
Miliduno de Ponte (Adam de). Voyez : Adam.
Milleio (Arraudus de). Voyez : Arraudus.
Milleium, Milliacum. 18, 222, 291.
Milliaco (Adam de). Voyez : Adam.
Milliaco (Guillelmus de). Voyez : Guillelmus.
Milo (circ. 1100). 61, 159.
Milo de Alneto. 29, 40.
Milo de Atilliaco. 283.
Milo Bassetus, Basset. 73, 107, 121, 155.
Milo de Braio vel Braico. 209, 255. Voyez : Milo junior de Monte Letherico, dominus de Braio, vicecomes Trecensis ; Milo, filius Milonis, domini de Monte Letherico ; Milo, vicecomes.
Milo Brito, filius Heinrici, prioris. 164, 165, 170.

Milo de Cabrosia. 232.
Milo Castellus. 52, 136, 260, 265.
Milo de Castris. 49.
Milo de Dordigco, vel Dordingco. 112.
Milo, famulus. 95, 97, 99, 149.
Milo, filius domini Guidonis. 61.
Milo, filius Guidonis de Lynais. 90, 126.
Milo, filius Hescelini. 105.
Milo, filius Manasse. 247.
Milo, filius Manassis de Villamor. 84.
Milo, filius Milonis, domini de Monte Leterico. 43, 46, 47, 84. Voyez : Milo junior de Monte Letherico, dominus de Braio & vicecomes Trecensis ; Milo, vicecomes ; Milo de Braio.
Milo, filius Symonis Galcherii. 258, 259.
Milo, filius Symonis Galeranni. 250.
Milo, filius Teoli vel Teulfi, famuli. 52, 58, 88, 118, 182, 280.
Milo de Forgiis. 334. (Probablement le même que le suivant) :
Milo, frater Adami de Forgiis. 207. (Probablement le même que le précédent.)
Milo, frater Heinrici Pagani. 171.
Milo, frater Philippi de Castro Forti. 97.
Milo, fullo. 60.
Milo junior, de Monte Letherico, dominus de Braio, vicecomes Trecensis. 5, 43, 46, 47, 84, 140, 199, 202, 209, 255, 304, 323. Voyez : Milo de Braio ; Milo, filius Milonis, domini de Monte Letherico ; Milo, vicecomes.
Milo de Linais vel Lynais. 72, 75, 99, 147, 166, 296, 335.
Milo de Lynais. Voyez : Milo de Linais.
Milo Magnus, vel senior, dominus de Monte Letherico. 43, 44, 45, 47, 48, 84, 201, 202.
Milo de Marcolciis. 288.
Milo de Mortemer vel Mortuo Mari. 71, 305.
Milo Partitus, de Brugiis. 231.

Milo, vicecomes. 140. Voyez : Milo *junior* de Monte Letherico, dominus de Braio & vicecomes Trecenfis; Milo filius Milonis, domini de Monte Letherico; Milo de Braio.

Mina (*menfura*). 82, 149.

Mincium (Odo). Voyez : Odo.

Mincium (Giroldus). Voyez : Giroldus.

Minifter. 3, 5.

Minnun (Herbertus). Voyez : Herbertus.

Mifebele (Rainaldus), de Villa Moiffun. Voyez : Rainaldus.

Molendinarius. 48, 52, 287. Voyez : Mulnerius.

Moncello (Hunfredus de). Voyez : Hunfredus.

Moncello (Oylardus de). Voyez : Oylardus.

Moneta. 7.

Monetarius. 109.

Montis (cenfura), apud Canifcum. 332.

Mons Fortis. 321.

Monte Forti, Munforti (Amalricus, Symon, comites de). Voyez : Amalricus, Symon.

Monte Gaio (Fulbertus de). Voyez : Fulbertus.

Monte Gaio (Paganus de). Voyez : Paganus.

Montis Leherici (caftellum). 3, 16, 44, 52, 84.

Montis Leherici (forum). 3, 341.

Mons Lehericus. Voyez : Mons Letericus.

Mons Letericus, Mons Lethericus, burgus. 1, 2, 3, 20, 34, 40, 44, 50, 64, 75, 144, 190, 191, 197, 304, 341. Voyez : Mons Lehericus.

Monte Letherico (ecclefia & capitulum de). Voyez : S. Petri de Monte Leterico (ecclefia & capitulum).

Montis Letherici (milites). 4, 7, 197, 296.

Montis Letherici (prioratus). 20, 42.

Monte Leterico (Burchardus de), Voyez : Burchardus.

Monte Leterico (Guido, dominus de). Voyez : Guido.

Monte Leterico (Milo de). Voyez : Milo, filius Milonis, domini de Monte Letherico, & Milo *junior*, de Monte Letherico, dominus de Braio & vicecomes Trecenfis.

Montis Letherii (forefta). 50.

Mons Letericus, Mons Lethericus, Mons Letherius. Voyez : Mons Lehericus.

Mons Oberti, Montobertum. 40, 193. Voyez : Montobertum.

Monte Oberti (Hugo de). Voyez : Hugo.

Monte Sancti Petri (Oddo, miles de). Voyez : Oddo.

Monftrellis (Petrus de). Voyez : Petrus.

Montatum. 110.

Monteclein. 1, 2, 268.

Montiniaco (Evrardus de). 287.

Montobertum. Voyez : Mons Oberti.

Morandus. 63.

Morcencum. 90, 163, 175.

Morcenco (Tebaldus de). Voyez : Tebaldus.

Morcencum. Voyez : Morfeng, Murcene.

Morcherius (c. 1100). 80.

Morcherius de Balifiaco. 77, 214, 235.

Morcherius, filius Marchoardi. 327.

Morcherius, miles. Voyez : Morcherius de Balifiaco.

Morcherius de Stampis. 274.

Morcherus (Godefredus), filius Tebaldi de Muro. Voyez : Godefredus.

Moreffart. 116, 149.

Moreffart (Galterius de). Voyez : Galterius.

Moreffart (Philippus de). Voyez : Philippus.

Moreffart (Rogerius Paganus de). Voyez : Rogerius Paganus de Moreffart.

Moreto (Gaufredus de). Voyez : Gaufredus.

Morinus Paganus. 50, 118.

Morfeng (Fredericus de). Voyez : Fredericus.

Morfeng. Voyez : Morcencum, Murcenc.

Mortemer (Milo de). Voyez : Milo.

Mortuo Mari (Milo de). Voyez : Milo de Mortemer.

Muler (Guido). Voyez : Guido.

Mulerius (Oddo). Voyez : Oddo.

Mulnerius. 95, 104, 120, 123, 325. Voyez : Molendinarius.

Multo (Arnulfus). Voyez : Arnulfus.

Mundavilla, Mandavilla. 1, 83.

Mundavilla (ecclefia de). 204.

Mundavilla. Voyez : Mandavilla.

Munfort. Voyez : Mons Fortis.

Munteler (Hugo de). Voyez : Hugo.

Muntenellus (Galterius). Voyez : Galterius.

Murcenc (Fredericus de). Voyez : Fredericus de Morfeng.

Murcenc, Murceng. Voyez : Morcencum, Morfeng.

Muro (Tebaldus de). Voyez : Tebaldus.

N

Naalendis, uxor Guarini, majoris Soliniaci. 279.

Nanterius (c. 1110). 129, 251.

Nanterius de Brueriis. 97.

Nanterius de Donjonio. 111.

Nanterius Efcharbot *vel* Scrabo. 143, 188.

Nanterius, filius Mariæ de Braiolo. 256, 274.

Nanterius, filius Milonis Caftelli. 52, 260, 266.

Nanterius de Maltraval. 221.

Nanterius de Orceaco. 7, 58, 250.

Nanterius Scrabo. Voyez : Nanterius Efcharbot.

Nanterius (Guido), miles. Voyez : Guido.

Nanters (Gauterius). Voyez : Gauterius.

Natalis, cancellarius. 9.

Neelfide (Amalricus). Voyez : Amalricus.

Nateio (terra de), apud Orengiacum. 298.

Nicholaus, filius Burchardi de Caftris. 190.

Nicholaus, Nicolaus, nepos Thomæ, militis. 216.

Nicholaus, fororius Galfredi de Ver. 40.

Nicolaus, epifc. Albanenfis. 1.

Nigrarius (Rogerius). Voyez : Rogerius.

Nodus de Hua. 14.

Noercium. Voyez : Noorcium.

Nogemellum, Nongemellum, Nugemellum. 232, 249, 287.

Nogemelli (forum). 249, 250.

Nogemello (Bernerius de). Voyez : Bernerius.

Nogemel (Teodericus de). Voyez : Teodericus.

Nogemellum, Nogemel. Voyez : Nugemellum.

Nongemelli (ecclefia). 49.

Nongemellum. Voyez : Nogemellum, Nugemellum.

Nooreium, Noorium, Noercium. 288, 289, 290, 305, 337.

Noercio *vel* Noorcio (ecclefia de). 1, 2, 289.

Nooreium. Voyez : Noercium.

Norbertus, filius Galterii. 124.

Normandus. 196.

Normannus de Stampis. 225.

Normannus (Guillelmus). Voyez : Guillelmus.

Norvilla (Aymo de). Voyez : Aymo.

Norvilla. Voyez : Novilla (la), Nulvilla (la).

Notarius. 294.
Novilla (Guido de la). Voyez : Guido.
Novilla (la). Voyez : Norvilla, Nulvilla (la).
Nugemello (Arnulfus de). Voyez : Arnulfus.
Nugemello (Balduinus de). Voyez : Balduinus.
Nugemello (Teodericus de). Voyez : Teodericus.
Nugemellum. Voyez : Nogemellum, Nongemellum.
Nulvilla (Aymo de la). Voyez : Aymo de Norvilla.
Nulvilla (la). Voyez : Norvilla, Novilla (la).
Nummi cenfuales. 351.
Nummularius. 219.
Nundinæ *five* Feriæ. 3, 4. Voyez : Feriæ.

O

Obedientia. 1, 82.
Obelina, mater Hugonis Galeranni. 253.
Obertus (domnus). 331.
Obertus, bubulcus. 97.
Obertus de Perolio *vel* Perrolio. 102, 208.
Obertus, pifcator. 264.
Obertus, portarius. 242.
Oblationes. 354.
Oddo de Cabrofia. 24.
Oddo Efglin. 22, 24.
Oddo Fraifnel. 223.
Oddo, miles de Monte Sancti Petri. 18.
Oddo Mulerius. 50, 308.
Oddo *vel* Odo de Ver. 39, 195, 203, 212, 294, 298, 299.
Oddo de Villa Moiffon. 10, 16.
Oddo. Voyez : Odo.

Odelina (c. 1100). 236, 281.
Odelina, filia Anfoldi Harpini. 58.
Odelina, fi'ia Helenæ. 135.
Odelina, filia Johannis de Maciaco. 85.
Odelina, filia Walterii de Orengiaco. 341.
Odelina, mater Belotini. 221.
Odelina, mater Willelmi Zonfi. 249.
Odelina, uxor Armanni. 211.
Odelina, uxor Burchardi de Caftris. 155.
Odelina, uxor Ebrardi Choifis. 224.
Odelina, uxor Nanterii. 260.
Odelina, uxor Rainaldi Cornuti. 305.
Odelina, uxor Symonis Infantis, de Orceaco. 263, 264.
Odelina, uxor Theudonis. 213.
Odelina, uxor Thomæ, militis. 216.
Odo de Aveneres. 223.
Odo, avunculus Aymonis, militis. 256, 282.
Odo Bifol, dictus Paganus. 245.
Odo de Bonella. 54.
Odo Codive. 77.
Odo, comes *vel* conful Corboilenfis. 180, 283.
Odo, curfor. 212.
Odo, decanus Parifienfis. 51.
Odo, famulus. 172.
Odo Filiolas. 252.
Odo, filius Alvi *vel* Arvi. 77, 145.
Odo, filius Arnulfi Malviel. 93, 95, 97.
Odo, filius Briardi. 193.
Odo, filius Erinburgis. 46.
Odo, filius Erneifii de Cabrofia. 46.
Odo, filius Giroldi & Avelinæ. 122.
Odo, filius Hermanni & Helizabeth. 226.
Odo, filius Holdeberti *vel* Huldeberti. 54, 92.
Odo, filius Landrici de Ouriaco. 163.
Odo, filius Reinonis. 212.
Odo, filius Roberti & Godevæ. 168.
Odo, frater Alberti de Ver. Voyez : Oddo de Ver.

Odo, frater Anfoldi Harpini. 61.
Odo, frater Gaufredi de Cochet. 160.
Odo de Ledevilla. 227.
Odo Malviel. 232.
Odo, maritus Ranciæ de Perrolio. 102.
Odo, miles. 53.
Odo, miles Yvonis de Merlo. 180.
Odo Mincium. 54.
Odo, nepos Gilonis, monachi. 222.
Odo de Ouriaco. 163.
Odo Panes. 287.
Odo Parens. 287.
Odo Parvus. 287.
Odo Peot *vel* Peoz, prior Montis Letherici. 40.
Odo, præpositus. 240.
Odo, precursor. 277.
Odo, Oddo, presbyter. 45, 51, 257.
Odo, prior Cluniacensis. 171.
Odo de *Perona*, prior Longi Pontis. 106, 309, 321.
Odo de Riis. 184, 185, 187, 222, 275, 302, 303.
Odo Ruffus. 306.
Odo de Spinolio. 145.
Odo, subdiaconus. 51, 257.
Odo, subprior S. Martini de Campis. 177, 292.
Odo de Villa Nova. 45.
Odo. Voyez : Oddo.
Offerenda. 50, 62, 207.
Ogiva, uxor Stephani. 86.
Ogrinus Dives, de Agliis. 334.
Olbertus Calvus. Voyez : Ilbertus.
Olgrinus, presbiter de Lynais. 92, 147.
Oliverius de Fertada *vel* Godefredus Oliverius. 323, 324.
Ollandus, subdiaconus. 181.
Oonoldis, filia Petri Mulnerii. 120.
Opera *vel* Opere (Herbertus de). Voyez : Herbertus.
Opere (Engelrannus de). Voyez : Engelrannus.

Ophergiæ, Orphegiæ. 1, 354, 355.
Ophergiis, Orphegiis (ecclesia de). 354.
Opizo (Paganus). Voyez : Paganus.
Orbertus, piscator. 136.
Orceacum, Orciacum. 52, 136, 253, 257, 260, 267, 277, 297, 301.
Orceaco (ecclesia de). 1, 2, 257, 258, 259, 260, 263, 265.
Orceaco, Orciaco (Bernardus, Gaufredus, Guillelmus dictus Panis & Aqua, Holdierius, Lambertus, Nanterius, Rainerius, Symon de). Voyez : Bernardus, Gaufredus, Guillelmus, Holdierius, Lambertus, Nanterius, Rainerius, Symon.
Orengi, Orengiacum, Oringiacum. 35, 195, 298, 302, 328, 340.
Orengiaco (ecclesia de). 1, 2, 39, 294, 303.
Orengi, Orengiaco (grangia monachorum de). 35, 40.
Orengiaci (monasterium). 299.
Orengi, Orengiaco (Baldoinus, Galterius, Gislebertus, Herbertus, Hugo, Tebaldus, Wlgrinus de). Voyez : Baldoinus, Galterius, Gislebertus, Herbertus, Hugo, Tebaldus, Wlgrinus.
Orli (Hugo de). Voyez : Hugo.
Orphanus (Rogerius). Voyez : Rogerius.
Orphegiæ. Voyez : Ophergiæ.
Orricus. 263, 310.
Ortolanus, Ortholanus. 52, 218, 230. Voyez : Hortolanus.
Ofanna, filia Hungerii de Cavanvilla. 80.
Ofanna, filia Odonis Arvi. 145.
Osbergia, uxor Richardi Pela Rusticum. 263.
Osbertus, camerarius S. M. de Longo Ponte. 288.
Osbertus, frater Duranni de Vilers. 122.
Osbertus de Thoca. 288.
Ofmundus, forestarius. 191.
Ofmundus, hospes. 88.

Ofticium. Voyez : Hoftecium, Hoftifia.
Oftrunvilla (Conftancius de). Voyez : Conftancius.
Otardus, monachus. 53, 115, 141, 164, 171, 211, 284, 310.
Otardus, facerdos. 48.
Otrannus. (c. 1100). 78.
Otrannus, filius Ilberti. 93. (Très-probablement le même perfonnage que le fuivant) :
Otrannus de Mefnil. 63.
Otrannus, piftor. 324.
Otto, diaconus cardinalis S. Georgii ad Velum aureum. 1.
Ouriaco (Landricus de). Voyez : Landricus.
Ouriaco (Odo de). Voyez : Odo.
Ouriacum. Voyez : Viri, Viriacum.
Oylardus (1100). 246, 248, 309.
Oylardus Barba. 102, 148, 152, 169.
Oylardus, famulus. 45, 52, 54, 61, 77, 79, 81, 88, 90, 96, 97, 100, 102, 106, 108, 112, 113, 116, 127, 142, 143, 144, 147, 152, 155, 158, 159, 160, 163, 164, 165, 168, 169, 170, 175, 182, 184, 185, 187, 188, 189, 191, 195, 203, 208, 211, 212, 222, 224, 236, 255, 262, 274, 276, 281, 283, 284, 291, 293, 294, 295, 296, 299, 301, 302, 314, 318, 320, 327.
Oylardus, filius Harpini. 118, 182, 271, 312, 325.
Oylardus, filius Oylardi. 129.
Oylardus Gunhard. 97.
Oylardus, hofpes. 74.
Oylardus de Moncello. 135.
Oylardus, pratarius. 99, 110.
Oylardus, presbiter & monachus. 132.
Oylardus, facerdos. 257.
Oylardus, venator. 180.
Oylardus de Ver Magno. 238.

P

Paalec (Johannes). Voyez : Johannes.
Paganus de Alneto. 7, 91, 249. Voyez : Gaufredus de Alneto, dictus Paganus.
Paganus Alpes. 97, 279.
Paganus Bardinus. 319.
Paganus Boulevres. 127.
Paganus de Bevria. 233.
Paganus Bifol. 129.
Paganus Caftellus. 72, 79, 136, 265.
Paganus Coftet. 212.
Paganus de Donjone. 205.
Paganus, filius Algardis. 237.
Paganus, filius Anfeis. 214.
Paganus, filius Armerii. 326.
Paganus, filius Fillonis. 129.
Paganus, filius Garini. 129.
Paganus, filius Guidonis. 54, 82.
Paganus, filius Hadonis. 315, 317.
Paganus, filius Hermerii. 243.
Paganus, filius Mainardi. 198.
Paganus, frater Galterii de Curtevrolt. 292.
Paganus, frater Guillelmi de Milliaco. 18.
Paganus, frater Mathei. 223.
Paganus, frater Petri Caftelli. 300.
Paganus Gafcheth. 132.
Paganus, hofpes. 151.
Paganus Malus Filiafter. 88, 316.
Paganus de Monte Gaio. 42, 229, 315.
Paganus Morinus. Voyez : Morinus Paganus.
Paganus, nepos Milonis Britonis. 164.
Paganus, nepos Tebaldi, monachi. 65.
Paganus Opizo. 314. (Très-vraifemblablement le même que le fuivant) :
Paganus de Perre vel Petrorio. 320, 325.
Paganus de Petrorio. Voyez : Paganus de Perre.

Paganus Popizo. 223. Voyez : Paganus Opizo.

Paganus de Porta. Voyez : Robertus Paganus de Porta.

Paganus de Sancto Yonio. Voyez : Rogerius de Sancto Yonio, dictus Paganus.

Paganus Serlo vel Paganus Serlo, de Dordenco. Voyez : Serlo Paganus, Serlo de Dordenco.

Paganus de Servum. 209.

Paganus de Stampis. 129, 178, 192. Voyez : Ifembardus Paganus & Ifembardus de Stampis, dictus Paganus.

Paganus, futor. 86, 97.

Paganus (Dionifius, Durannus, Galerannus, Galterius, Gunterius, Heinricus, Hobertus, Ifembardus, Josbertus, Morinus, Odo, Robertus, Rogerius). Voyez: Dionifius, Durannus, Galerannus, Galterius, Gunterius, Heinricus, Hobertus, Ifembardus, Josbertus, Morinus, Odo, Robertus, Rogerius.

Palaciolum, Palefeolum, Palefiacum. 85.

Palaciolo, Paleifol, Paleifolo, Palefiaco, Palefeolo, Palefiolo, Palefol, Palefolio (Albericus, Aymo, Burchardus, Fredericus, Fulco, Guido, Hilduinus, Hugo, Tegerius, Tefcelinus de). Voyez : Albericus, Aymo, Burchardus, Fredericus, Fulco, Guido, Hilduinus, Hugo, Tegerius, Tefcelinus.

Paleifol, Palefeolum, Palefiacum. Voyez : Palaciolum.

Palefeolo (Hugo de), monachus. Voyez : Hugo.

Palvello (portus de). 210, 214, 215.

Panel (Stephanus). Voyez : Stephanus.

Panerius, panetarius. 193, 278.

Panes (Odo). Voyez : Odo.

Papafola, uxor Odonis de Ver. 298.

Papafola, Papefola (Ermengardis). Voyez : Ermengardis.

Papini Villa (obedientia de). 1.

Papunvilla. 306, 307.

Parens (Odo). Voyez : Odo.

Parifiacenfis feu Parifienfis (porta) in burgo Montis Letherici. 5, 44, 52.

Parifienfis (diœcefis). 1.

Parifienfis (porta). Voyez : Parifiacenfis (porta).

Parifius. 1, 2, 6, 7, 126, 181, 254, 256, 289, 294, 311, 312.

Parifius (Ferricus, Tibertus). Voyez : Ferricus, Tibertus.

Parifius (Teodericus de). Voyez : Teodericus.

Partitus (Milo). Voyez : Milo.

Parvum Luifant. 338. Voyez : Luifart.

Parvus Pons, Parifius. 1, 2, 311.

Parvo Ponte (Afzo de). Voyez : Afzo.

Parvus (Odo). Voyez : Odo.

Parvus (Wlgrinus). Voyez : Wlgrinus.

Pedagium. 71.

Pela Rufticum (Richardus). Voyez : Richardus.

Pelles conficiens (Radulfus). Voyez : Radulfus.

Pelletarius, pelliparius. 86, 88, 97, 108, 112, 180, 219, 236.

Pel Urfi (Afcelinus). Voyez : Afcelinus.

Peot vel Peoz (Gaufredus), junior. Voyez: Gaufredus.

Peot vel Peoz (Odo), prior Montis Letherici. Voyez : Odo.

Peoz (Gaufredus). Voyez : Gaufredus.

Perolio (Obertus de). Voyez : Obertus.

Perolium. Voyez : Perrolium.

Perre (Paganus de). Voyez : Paganus.

Perre. Voyez : Perrolium.

Perrolium, Perolium, Perre, Petrorium. 102, 132.

Perrolio (Galterius, Georgius, Hugo, Jofcelinus, Obertus, Paganus, Rancia, Rannulfus de). Voyez : Galterius, Georgius, Hugo, Jofcelinus, Obertus, Paganus, Rancia, Rannulfus.

DU CARTULAIRE 337

Petra Omesia. 73.
Petronilla, uxor Galterii de Boo'un. 350.
Petrorio (Paganus de). Voyez : Paganus de Perre.
Petrorium. Voyez : Perrolium.
Petroro atque Autnatet (terra de). 212.
Petroso (Gislebertus de). Voyez : Gislebertus.
Petrosum. Voyez : Vadum Petrosum.
Petrus *Venerabilis*, abbas Cluniacensis. 8.
Petrus de Alneto. 29, 220.
Petrus, archidiaconus Paris. 336.
Petrus de Berlenviller. 25.
Petrus Bernardus. 274.
Petrus de Bevria. 276.
Petrus de Brueriis. 224.
Petrus Bulloe. 137. *Probablement le même que :*
Petrus Bulo. 305.
Petrus de Calliaco, major. 231. (*Peut-être le même que :* Petrus de Chaili.
Petrus Castellus. 52, 136, 263, 264, 265, 267, 295, 296, 300, 301, 304.
Petrus de Chaili. 71. (*Peut-être le même que :* Petrus de Calliaco, major.
Petrus de coquina *vel* quoquina. 135, 179, 341.
Petrus, dapifer episcopi. 294.
Petrus de Docenvilla *vel* Donzenvilla. 54, 114.
Petrus de Donzenvilla. Voyez : Petrus de Docenvilla.
Petrus, famulus S. Mariæ. 92.
Petrus, filius Agnetis *vel* Agnetis de Brueriis. 80, 116, 231, 242, 243.
Petrus, filius Galterii, arbalastri. 277.
Petrus, filius Galterii, carpentarii. 97.
Petrus, filius Guidonis Bored. 116.
Petrus, filius Guinemari. 49.
Petrus, filius Hugonis de Brueriis. 84.
Petrus, filius Hugonis Lisiardi. 80.
Petrus, filius Hugonis de Munteler. 312.
Petrus, filius Ofelinæ. 115.
Petrus, filius Rogerii Goioth. 35.
Petrus, filius Tebaldi de Muro. 109.
Petrus, filius Teberti. 347.
Petrus, filius Willelmi Marmerel. 226.
Petrus de Flori. 40.
Petrus, frater Heinrici Escharat. 285.
Petrus, frater Pagani de Bevria. 233.
Petrus, frater Raimberti de Cavanvilla. 69.
Petrus, frater Roberti Bonini. 110.
Petrus, frater Tebaldi de Morcenco. 100.
Petrus, frater Tedbaldi de Muro. 114.
Petrus, frater Teoderici de Villa Moisson. 89.
Petrus, frater uxoris Galterii de Castris. 174.
Petrus de Furno. 10.
Petrus de Linais. 66, 275.
Petrus de Lugvilla. Voyez : Petrus de Lunvilla.
Petrus de Lunvilla *vel* Lugvilla. 59, 60, 118, 134, 258, 271.
Petrus de Maciaco, miles. 159.
Petrus, major Calliaci. 85, 276.
Petrus de Masseria. 351.
Petrus, monachus armarius. 85.
Petrus, monachus, filius Rainaldi Misebele. 139.
Petrus de Monstrellis. 286.
Petrus, mulnerius. 120.
Petrus, panetarius, de Vizoor. 278.
Petrus, pater Yvonis, presbyteri. 278.
Petrus, pistor. 58.
Petrus de pistrino. 22.
Petrus de Pratis. 283.
Petrus, presbiter Marcociarum. 247.
Petrus, prior Longi Pontis. 3, 7.
Petrus, prior de Ponte Ulfentia. 306.
Petrus Reptaldus. 60.
Petrus de Richevila, præpositus Stampensis. 37.
Petrus, salnerius. 282.
Petrus Turcus. 260.

22

Philippus. 18.
Philippus de Baignos. 311.
Philippus de Castro Forti. 97.
Philippus de Corboilo. 212.
Philippus, *alias* Milo de Ponte, episcopus Tricassinus. 196.
Philippus, filius Ermengardis Papasolæ. 149.
Philippus, filius Gaufredi. 182.
Philippus, filius Hermanni de Bainnos & Helizabeth. 226.
Philippus, filius Milonis Basseti. 121, 155.
Philippus, filius Nivardi. 223.
Philippus, filius Philippi I, regis Francorum. 197.
Philippus, filius Rogerii & Ermengardis. 116.
Philippus, frater Adami de Forgiis. 207.
Philippus, frater Jordani de Ivis. 332.
Philippus, frater Tirberti. 36.
Philippus, gener Gaufredi, majoris. 78.
Philippus Lisiardus. 191.
Philippus de Luisant *vel* Luysant. 20, 154, 340.
Philippus de Moressart. 50.
Philippus, prior de Brolio. 16, 20.
Philippus I, rex Francorum. 6, 181, 197, 306.
Phylacteria ecclesiæ Longi Pontis. 180.
Picherans (Johannes). Voyez : Johannes.
Piel (Gaufredus). Voyez : Gaufredus.
Pigmentum (Fulbertus). Voyez : Fulbertus.
Pigmentum (Radulphus). Voyez : Radulfus.
Pilus de Suria (Landricus). Voyez : Landricus.
Pilus Ursi (Ascelinus). Voyez : Ascelinus.
Pinel, Pinellus (Galterius). Voyez : Galterius.
Pinel, Pinellus (Wido *vel* Guido). Voyez : Guido.
Pinellus (Herbertus). 180.

Pinoldus, vice-comes. 180.
Piper (Gaufredus). Voyez : Gaufredus.
Piper (Rogerius). Voyez : Rogerius.
Pipini (furnus), apud Piscosas. 296.
Pipun de Fluri. 168, 248.
Pipuns (Rogerius). Voyez : Rogerius.
Pirerio (arpennus de), apud Catenvillam. 243.
Pireriis (terra de), prope Orceacum. 260.
Piscator. 136, 264.
Piscosæ. 11, 296, 297, 300, 301, 304.
Piscosis (ecclesia de). 1, 2, 295, 296, 301.
Pistor. 45, 58, 63, 67, 88, 93, 141, 166, 196, 203, 251, 261.
Pistorellus. 92.
Pistrino (Guido, Hugo, Petrus de). Voyez : Guido, Hugo, Petrus.
Placitum. 5, 54.
Planci (Hugo de). Voyez : Hugo.
Plaorio (Clarembaldus de). Voyez : Clarembaldus.
Pleseiz, Plesseiz, Plesseium, Plessiacum. 1, 2, 14, 22, 33, 146, 148, 150, 151, 159, 173.
Plesseium *(nom commun)*. 168.
Plesseiz (A'raudus, Auraudus de). Voyez : Alraudus *vel* Auraudus.
Plesseiz (Gilibertus de). Voyez : Gilibertus.
Plesseio (Johannes de). Voyez : Johannes.
Plesseiz (Rainaldus de). Voyez : Rainaldus. 246.
Plesseiz (Wlgrinus de). Voyez : Wlgrinus.
Plessiaco (Evrardus, miles, de). Voyez : Evrardus.
Poin, filius Josberti, coqui. 134, 335, 341.
Polin, Polinus (Robertus). Voyez : Robertus.
Poncius, levita. 181.

Poncius, presbiter. 85.
Poncius de Triagnello. 198.
Pons, castellum. 196.
Pontis Ulfentiæ (prioratus). 306.
Poodus, Poot (Buchardus). Voyez : Buchardus.
Pooldus (Gaufredus). Voyez : Gaufredus.
Popinus. 288.
Popinus de Corbevilla. 260.
Popizo (Paganus). Voyez : Paganus.
Porcherius. 146.
Porta. 63, 78.
Porta (Anfellus de). Voyez : Anfellus.
Porta (Georgius de). Voyez : Georgius.
Porta (Girardus de). Voyez : Girardus.
Porta (Paganus de), cognomento Robertus. Voyez : Robertus Paganus de Porta.
Porta (Robertus de), dictus Paganus. Voyez : Robertus Paganus de Porta.
Portarius. 242.
Portu (Holdecrius de). Voyez : Holdierius.
Postellus (Rogerius). Voyez : Rogerius.
Potinus de Fertada. 323.
Pratarius. 47, 97, 99, 112.
Prato (molendinum de). 259, 263.
Prato (Robertus de). Voyez : Robertus.
Pratis (Petrus de). Voyez : Petrus.
Precursor. 277.
Prefectus. 208.
Prepositus. 46, 63, 81, 84, 112, 231.
Presbiter, presbyter. Le même que : sacerdos.
Presbiter (Wimbertus). Voyez : Wimbertus.
Pressuragium. 71, 353.
Prior clauftri. 321.
Provenienfis (moneta). 7.
Pruncium. 128.
Puber (Radulfus). 340.
Pugeldus. 48.

Pujoldus. 44.
Puoldus, vicecomes. 54.
Puteolo (Hugo de). Voyez : Hugo.
Puteo (Benedictus de). Voyez : Benedictus.
Puteo (Guido de). Voyez : Guido.

Q

Quarterius (Hugo). Voyez : Hugo.
Quocus. Voyez : Coquus.
Quoquellus (Durannus). Voyez : Durannus.
Quoquina. Voyez : Coquina.
Quoquus. Voyez : Coquus.
Quostereth, menfura. 176.

R

Racicoht (Guillelmus). Voyez : Guillelmus.
Radulfus (1090). 50.
Radulfus (1100). 246.
Radulfus le Verd, perperam dictus Hugo, archiepifc. Remenfis. 294.
Radulfus de Atiis. 157.
Radulfus Baudus. 52, 140, 146, 148, 162, 172, 225.
Radulfus Bellus. 295.
Radulfus Cabochia. 329.
Radulfus de Campis. 17.
Radulfus, capellanus Mobiliæ. 197.
Radulfus Carevedus. 328.
Radulfus Carruez. 325.
Radulfus de Challi. 25.
Radulfus I, comes Viromandorum, dapifer regis. 3, 6, 9, 292.
Radulfus, decanus. 157, 177.
Radulfus, famulus. 172.

Radulfus, famulus Harduini, monachi. 110.

Radulfus, filius Galterii Saraceni. 292.

Radulfus, filius Galterii, viatoris. 97, 99, 104, 112, 304. Voyez : Radulfus de Sollario.

Radulfus, filius Landrici, præpositi. 210.

Radulfus, filius Yfembardi de Marchociis. 67.

Radulfus Gualopins. 220.

Radulfus de Holando. 332.

Radulfus de Ivrini. Voyez : Radulfus de Virini.

Radulfus Lecherie, famulus. 22, 27.

Radulfus Pelles conficiens. 305.

Radulfus Pigmentum. 68, 334.

Radulfus, presbiter de Sancto Philiberto. 336.

Radulfus Puber. 340.

Radulfus Rusticus. 207.

Radulfus de Sollario. 97, 210, 285. Voyez : Radulfus, filius Galterii, viatoris.

Radulfus Tarcue vel Tarcuet. 78, 97.

Radulfus de Valle. 224.

Radulfus de Virini vel Ivrini. 215, 315, 317.

Raganellus (Afcelinus). Voyez : Afcelinus.

Raginaldus de Bunduflo vel Bundoflo, ferviens Girardi de Stampis. 180.

Raginaldus, difpenfator Benedicti, prefbiteri. 180.

Raimbaldus, Raimbaudus, famulus. 43, 52, 96, 100, 107, 109, 112, 142, 144, 146, 158, 163, 174, 187, 188, 295, 320.

Raimbaldus, ferviens. 275.

Raimbaudus, filius Helizabeth. 65.

Raimbertus de Cavanvilla. 69.

Raimbertus, filius Gaudrici de Cavanvilla. 73.

Raimbertus, presbyter. 211.

Raimboldus, filius Johannis, presbyteri. 265.

Raimboldus de Salce. 287.

Raimboldus. Voyez : Raimbaldus, Raimbaudus.

Raimundus, Rainmundus, major. 306, 327.

Rainaldus Aculeus. 222.

Rainaldus, Rainoldus Albus. 184, 187.

Rainaldus, archidiaconus Parifienfis. 181.

Rainaldus de Athiis. 89, 176.

Rainaldus Bigoz. 43. (*Très-probablement le même que :* Rainoldus Bigot.)

Rainaldus de Braiolet, vel Braiolo, vel Brayolo. 42, 54, 114, 200, 244, 256, 274, 333, 348.

Rainaldus Canis. 100.

Rainaldus Carbonellus. 269.

Rainaldus Cornet. 190.

Rainaldus Cornutus. 305.

Rainaldus de Monte Letherico, episc. Trecenfis. 84, 294. Voyez : Rainaldus, frater Milonis de Brayo.

Rainaldus, Reinaldus Efcharat, vel Efcharaz. 24, 343.

Rainaldus, faber. 160, 242, 256, 282.

Rainaldus, filius Agnetis de Brueriis. 242.

Rainaldus, filius Arroldi, majoris. 308.

Rainaldus, filius Aymonis vel Haymonis de Boolun. 349.

Rainaldus, filius Guidonis de Villa Moifun. 88, 117, 186.

Rainaldus, filius Rainaldi de Braiolo. 274.

Rainaldus, frater Johannis de Bunduflo. 180.

Rainaldus, frater Milonis de Brayo. Voyez : Rainaldus *de Monte Letherico*, epifc. Trecenfis.

Rainaldus, frater Rofcelinæ. 153.

Rainaldus, frater Rofæ de Saviniaco. 156.

Rainaldus Malviel. 108.

Rainaldus Mifebele, de Villa Moiffun. 139.

Rainaldus, filius Arnulfi Malviel. 96.

Rainaldus, filius Arroldi. 249.

Rainaldus, filius Arroldi, majoris. 63, 101.

Rainaldus, filius Holdierii Hureti. 126.

Rainaldus, frater Teoderici de Villa Moiffon. 89, 91.

Rainaldus Guarini. 133.

Rainaldus, miles. 115.

Rainaldus de Pleffeiz. 246, 311.

Rainaldus, presbyter. 115, 137.

Rainaldus, puer. 181.

Rainaldus Ruffus. 196.

Rainaldus de Trofolio. 188.

Rainaldus de Vicino. 207.

Rainaldus. Voyez : Rainoldus, Rainaudus, Reinaldus.

Rainardus, cantor S. Mariæ. 180.

Rainardus, faber. 60.

Rainardus, filius Hermerii de Stampis, 320.

Rainardus, filius Rogerii. 62.

Rainardus, frater Anfoldi. 284.

Rainardus de Fontenellis. 112.

Rainardus Huretus. 122.

Rainaudus, decanus Milliaci. 18.

Rainaudus, frater Johannis, hofpitis. 17.

Rainaudus. Voyez : Rainaldus, Rainoldus, Reinaldus.

Rainbaldus de Fontenellis. 112.

Rainerius. 228.

Rainerius Bornus. 143.

Rainerius Calzo. 52.

Rainerius, clericus. 160, 325.

Rainerius, Renerius, filius Oylardi, famuli. 58, 97.

Rainerius, major. 153.

Rainerius, major Saviniaci. 246.

Rainerius de Orcenco. 146.

Rainerius, piftor. 251, 269, 324.

Rainerius de Savigniaco. 158, 167.

Rainerius Turcus. 136, 264.

Rainoldus Bigot. 97. (*Très-probablement le même que* : Rainaldus Bigoz.)

Rainoldus, clericus. 287.

Rainoldus, filius Garini. 287.

Rainoldus, filius Hermenfredi. 287.

Rainoldus, filius Riburgis. 238.

Rainoldus de Forgiis. 289.

Rainoldus Lupus. 287.

Rainoldus, mulnerius. 95.

Rainoldus, fororius Oylardi. 238.

Rainoldus. Voyez : Rainaldus, Reinaldus.

Ramnulfus. Voyez : Rannulfus.

Rancia de Perrolio. 102.

Randolinus (Gaufredus). Voyez : Gaufredus.

Rannulfus, Ranulfus (1070). 48, 76, 309.

Rannulfus de Carrugio. 123.

Rannulfus, famulus. 45, 52, 85, 108, 113, 142, 144, 152, 163, 174, 175, 184, 185, 211, 236, 281, 284, 315, 318, 320, 326.

Rannulfus, filius Georgii. 171.

Rannulfus, frater Gaufredi, majoris. 106, 147.

Rannulfus, helemofinarius. 146.

Rannulfus, major S. Mariæ. 102, 140, 143, 164, 170.

Rannulfus, Ramnulfus, monachus. 43, 252.

Rannulfus de Perrolio. 342.

Rannulfus, fartor. 63, 280.

Rafcicot, hofpes. 77.

Raficot (Herbertus). Voyez : Herbertus.

Recturæ plenariæ. 216, 349.

Reiis (Rodulfus de). Voyez : Rodulfus.

Reiis. Voyez : Riis.

Reimbertus, presbyter. 115, 148.

Reinaldus de Lai. 38, 345.

Reinaldus. Voyez : Rainaldus, Rainoldus.

Reinardus, filius Hermeri. 109.

Reinerius Riche Pance. 259.

Reinfredus de Cabrofia. 221.
Relevamenta & reveftimenta. 71.
Rembertus, bubulcus. 97.
Remburgis, uxor Ebrardi de Lers. 161.
Remigius, canonicus, 91.
Renardus de Britiniaco, miles, 171.
Renardus, filius Renardi de Britiniaco. 171.
Renaudus, frater Johannis Efcharat. 219.
Renaudus, monachus, frater Milonis & Petri de Alneto. 27, 29.
Rencia Comitiffa. 118.
Rencia, filia Helenæ. 135.
Rencia, uxor Haymonis de Boolum. 13.
Renerius, carnifex. 89.
Renerius. Voyez : Rainerius, Reinerius.
Repenti (Robertus de). Voyez : Robertus.
Reptaldus (Petrus). Voyez : Petrus.
Reftaldus de Saviniaco. 133.
Rica Pancia (Hildcerius, Holdierius). Voyez : Hildcerius, Holdierius.
Rica Pancia. Voyez : Riche Pance.
Ricardus Anglicus. 78, 88, 95, 97.
Ricardus, arator. 275.
Ricardus, colibertus. 175.
Ricardus, Richardus, famulus. 71, 89, 156, 173, 177, 249, 266, 273, 292, 316.
Ricardus, filius Herberti Pinelli. 180.
Ricardus, magifter Philippi, filii regis Philippi. 197.
Richardus Pela Rufticum. 263.
Riche pance (Reinerius). Voyez : Reinerius.
Riche Pance. Voyez : Rica Pancia.
Richerius, hofpes. 164.
Richerius de Tigeriaco. 180.
Richevila (Petrus de), præpofitus Stampenfis. Voyez : Petrus.
Ricoldis, uxor Milonis Partiti. 231.
Ricoldis, uxor Wimberti Presbiteri. 222.
Rigaudus, famulus. 172.

Riis (Odo de). Voyez : Odo.
Riis. Voyez : Reiis.
Rivo (Girardus de). Voyez : Girardus.
Rivo (Herbertus de). Voyez : Herbertus.
Roagium, rodagium. 71, 225, 313.
Roardus Rufus. 287.
Robertus (c. 1065). 76.
Robertus (c. 1100). 318.
Robertus Anglicus. 288, 341.
Robertus Bocut. 166.
Robertus Bomet. 243.
Robertus Boninus, de Lynais. 110.
Robertus Brunellus, hofpes. 299.
Robertus de Buifun. 131.
Robertus de Calvo Monte. 194.
Robertus Caftellus. 11, 297, 348.
Robertus, Rotbertus de Chavanvilla. 216.
Robertus, Rotbertus, cocus. 216, 253.
Robertus, colibertus. 175.
Robertus Coyfant. 321.
Robertus de Dravello, 140, 194.
Robertus Dude *vel* Dudez. 72, 123.
Robertus, eques. 228.
Robertus Efpee. 329.
Robertus Fai. 78.
Robertus, famulus. 50, 58, 65, 72, 89, 93, 95, 97, 104, 120, 127, 135, 155, 156, 167, 173, 191, 195, 215, 225, 268, 269, 278, 280, 306, 311, 323, 327.
Robertus, figulus. 37.
Robertus, filius Bernardi de Cabrofia. 282.
Robertus, filius Ermenaldi, presbyteri. 143.
Robertus, filius Guillermi, ortolani. 52.
Robertus, filius Guillelmi, regis Anglorum, dux Normanniæ. 321.
Robertus, filius Hefcelini. 74.
Robertus, filius Holdeerii. 287.
Robertus, filius Johannis. 10, 85.
Robertus, filius Normanni. 291.
Robertus, filius Rannulfi de Perrolio. 342.

Robertus, filius Roberti Pagani de Porta. 81.
Robertus, filius Seiberti. 254.
Robertus, filius Stephani, præpositi. 117.
Robertus de Floriaco, Fluri, Fluriaco. 50, 52, 73, 79, 80, 107, 108, 153, 174, 204, 236, 256, 259, 281, 282, 293, 296, 298.
Robertus, frater Guidonis vel Widonis, pistoris. 337, 341.
Robertus, frater Hugonis Galeranni. 253.
Robertus, frater Pagani de Porta. Voyez : Robertus, frater Roberti Pagani de Porta.
Robertus, frater Roberti Pagani de Porta, 78, 90, 267.
Robertus, frater Widonis, pistoris. Voyez : Robertus, frater Guidonis.
Robertus dictus Galerannus. 269, 291.
Robertus de Gislevilla. 329, 330.
Robertus Grossus Vassallus. 119.
Robertus Imperator. 260.
Robertus de Larzi. 225.
Robertus Malus Parvulus. 96.
Robertus, medicus. 182.
Robertus Menuel, hospes. 343.
Robertus, monachus. 61.
Robertus, nepos Afzonis, presbyteri de Tocha. 331.
Robertus, nepos Rogerii Goiot. 334.
Robertus, nepos Theoderici, majoris. 14.
Robertus, ortolanus. 218, 219.
Robertus Paganus, filius Holdeburgis. 255, 308.
Robertus Paganus de Porta. 63, 78, 81, 82, 84, 86, 87, 90, 118, 120, 123, 224, 289, 308.
Robertus, pistor. 273.
Robertus Polin vel Polinus. 40, 91.
Robertus de Prato. 163.
Robertus, presbyter. Voyez : Robertus, sacerdos.
Robertus, prior Longi Pontis. 41, 76, 313, 331, 332.
Robertus, privignus Roberti Castelli. 297.
Robertus de Repenti. 112.
Robertus, sacerdos. 181, 257, 306, 332.
Robertus, stabalarius. 7.
Robertus Syrot. 312.
Robertus de Villers. 118.
Rochardus (Galterius). Voyez : Galterius.
Rodagium. 71. Voyez Roagium.
Rodulfus de Balgenciaco. 42.
Rodulfus de Brueriis. 167.
Rodulfus de Castris. 182.
Rodulfus, decanus. 71.
Rodulfus, famulus. 175.
Rodulfus de Reiis. 180.
Rogerius de Atiis. 176.
Rogerius Burdinus. 115.
Rogerius, cementarius. 78.
Rogerius, cocus. 141.
Rogerius de corquinn. 22.
Rogerius, decanus. 332.
Rogerius Esturvins. 308.
Rogerius, famulus. 84, 88, 90, 182, 212, 243.
Rogerius, filius Agnetis. 231.
Rogerius, filius Duranni de Cavanvilla. 70.
Rogerius, filius Oylardi, famuli. 127, 299.
Rogerius, frater Rainerii. 153.
Rogerius, frater Rogerii, famuli. 182.
Rogerius, gener Johannis Andegavensis. 337.
Rogerius Goioth. 34, 35, 334.
Rogerius, hospes. 251.
Rogerius Huretus vel Hurez. 97, 99, 104, 160, 182, 215, 269, 294, 317, 324.
Rogerius, major Saviniaci. 268.
Rogerius Nigrarius. 342.

Rogerius Orphanus. 52, 88, 133, 235.
Rogerius Paganus. Voyez : Rogerius de Sancto Yonio, dictus Paganus.
Rogerius Paganus de Morcssart. 116, 149.
Rogerius Piper. 64.
Rogerius Pipuns. 177.
Rogerius, pistor. 63, 112, 188.
Rogerius Postellus. 128.
Rogerius Ruffus. 62.
Rogerius de Sancto Yonio, filius Galterii. 54, 333.
Rogerius de Sancto Yonio, dictus Paganus. 54, 75, 84, 160, 207, 215, 244, 256, 274, 304, 323, 333.
Rogerius de Savini, vel Saviniaco. 97, 122, 206, 294.
Rogerius Sturgio. 93.
Rogerius, sutor. 40.
Rogerus. Voyez : Rogerius.
Rogus, locus apud Longum Pontem de Lysui. 21, 113.
Rohais, uxor Johannis de Maciaco. 85.
Rohardus Dux. 63.
Rohardus, serviens. 182.
Rohes. 355.
Roscelina, uxor Hugonis Bisol. 245.
Roscelina, uxor Pagani de Servum. 209.
Roscelina, uxor Tebaldi de Saviniaco. 153.
Rosellus. 355.
Roseriæ. 124.
Roseriis (Hungerius de). Voyez : Hungerius.
Roseriis (Teboldus de). Voyez : Teboldus.
Rosxillun (nemus). 322.
Rosza, soror Heinrici Escharat. 285.
Rosza, uxor Stephani de Saviniaco. 156.
Rosza. Voyez : Roza.
Rotbertus. Voyez : Robertus.
Rotroldus, episcopus Ebroicensis. 256.
Roza, uxor Teberti. 347.

Roza, Voyez : Rosza
Rozardus (Galterius). Voyez : Galterius.
Rozlinus, capellanus Bundussi. 138.
Rua (Tebaldus de). Voyez : Tebaldus.
Rubernun (Arnaldus de). Voyez : Arnaldus).
Rubro Monte (Hugo de). Voyez : Hugo.
Ruellis (Hugo de), hospes. Voyez : Hugo.
Ruffus vel Rufus (Ascelinus, Balduinus, Burchardus, Guiboldus, Guido, Hugo, Johannes, Josbertus, Martinus, Odo, Rainaldus, Roardus, Rogerius, Teodericus, Theobaldus). Voyez : Ascelinus, Balduinus, Burchardus, Guiboldus, Guido, Hugo, Johannes, Josbertus, Martinus, Odo, Rainaldus, Roardus, Rogerius, Teodericus, Theobaldus.
Ruignuns (Garinus). Voyez : Garinus.
Rupibus (Arnulfus de). Voyez : Arnulfus.
Rupes Fortis. 256.
Rupe Forti (Garinus de). Voyez : Garinus.
Rupe Forti (Simon, comes de). Voyez : Simon.
Rupe Forti (Thomas de). Voyez : Thomas.
Rusticum Persequens (Hermerius). Voyez : Hermerius.
Rusticus (Radulfus). Voyez : Radulfus.

S

Sacerdos. Le même que : presbyter.
Sacrista. 20, 334, 341, 344.
Sacristæ (clausum), apud Vilers. 334, 341, 342.
Sacristæ (clausum), apud VillaLosen. 344.
Saccus (Georgius). Voyez : Georgius.

Salce (Raimboldus de). Voyez : Raimboldus.
Salciacum, Sauz. 103, 271, 341.
Salciaco (nemus de). 270.
Salciaco (Adam de). Voyez : Adam.
Salciaco (Garinus de). Voyez : Garinus.
Salcio (Amicus de). Voyez : Amicus.
Salicibus (Giroldus de). Voyez : Giroldus.
Salinarius, salnerius. 95, 282, 299, 351.
Salomon. 313.
Sancelina, mater Heinrici Escharat. 285.
Sancelina, uxor Gualterii Castelli. 313.
Sancelina (Johannes). Voyez : Johannes.
Saracenus (Galterius). Voyez : Galterius.
Sartor. 63, 88, 99.
Sauciel. 36.
Sauz (Gaufredus de), miles. Voyez : Gaufredus.
Sauz (Geraudus de). Voyez : Geraudus.
Sauz. Voyez : Salciacum.
Savigni, Savigniacus, Saviniacus. 1, 2, 10, 17, 21, 149, 156, 157, 158, 174, 175, 179, 283.
Saviniaci (ecclesia). 2, 21, 153.
Savini, Saviniaco. (Ascelinus, Berardus, Bernoal, Burchardus, Gaudricus, Gaufredus, Guido, Hubertus, Rainerius, Restaldus, Rogerius, Stephanus, Tebaldus de). Voyez : Ascelinus, Berardus, Bernoal, Burchardus, Gaudricus, Gaufredus, Guido, Hubertus, Rainerius, Restaldus, Rogerius, Stephanus, Tebaldus.
Scissus *vel* Scyfus S. Macharii. 53, 111, 113, 141, 164, 175, 184, 188, 275, 302.
Scrabo (Nanterius). Voyez : Nanterius Escharbot.
Seguinus de Curbehart. 261.
Seguinus, filius Helizabeth. 256, 272.
Seguinus de Maci. 287.
Seguinus. Voyez : Sevinus, Siguinus.

Seimarus. 61, 263.
Senonensis (archiepiscopatus). 1.
Septimus (Girardus), hospes. Voyez : Girardus.
Sepultura. 1, 44, 50, 180, 207, 222, 235, 295, 296, 303, 333.
Serannus, serviens. 92.
Sericus, 146.
Serlo de Dordenco. Voyez : Serlo Paganus.
Serlo Paganus, *vel* Paganus Serlo, *vel* Serlo de Dordenco. 306, 307, 327.
Serviens. 90, 92, 179, 180, 182, 205, 226, 247.
Serviens regis. 97.
Servum (Paganus de). Voyez : Paganus.
Servus. 122, 129.
Sesiaco (Hugo de). Voyez : Hugo.
Sevinus (c. 1100). 85, 315.
Sevinus de Ablivis. 58.
Sevinus, Seguinus, Siguinus, filius Milonis Castelli. 52, 136, 260, 265, 266.
Sevinus Gerloent. 37.
Sevinus, pistor. 45.
Sevinus. Voyez : Seguinus, Siguinus.
Signia. 1.
Siguinus. Voyez : Seguinus, Sevinus.
Silvanectense (territorium). 327.
Simon, comes de Rupe Forti. 11, 12.
Simon de Sparniaco. 283.
Simon. Voyez : Symon.
Sine Censu (Galterius). Voyez : Galterius.
Siquiniacus, silva. 49, 52.
Soisi (Teodericus de). Voyez : Teodericus.
Solini (Garinus de). Voyez : Garinus.
Soliniacum, Soliniacus. 1, 2, 37, 256, 272, 274, 279, 282, 348.
Sollario (Radulfus de). 97. Voyez : Radulfus, filius Galterii, viatoris; Radulfus de Sollario.
Soltanus de Viriaco. 71.

22 *

Soltanus, Sultanus (Gaufredus), filius Burchardi de Maci. Voyez : Gaufredus.

Soltanus. Voyez : Sultanus.

Sparniaco (Simon de). Voyez : Simon.

Speculator. 210.

Spina (Hugo de). Voyez : Hugo.

Spinolio (Odo de). Voyez : Odo.

Spinolium. Voyez : Espinolium.

Stabularius. 7.

Stampæ. 3, 37, 109, 313, 319, 325, 326.

Stampis (Ansellus de), filius Teoderici. Voyez : Ansellus.

Stampis (Arraldus *vel* Adraldus de). Voyez : Arraldus.

Stampis (Ebrardus de). Voyez : Ebrardus.

Stampis (Galterius de). Voyez : Galterius.

Stampis (Girardus de). Voyez : Girardus.

Stampis (Hermerius de). Voyez : Hermerius.

Stampis (Isembardus de). Voyez : Isembardus Paganus.

Stampis (Johannes de). Voyez : Johannes.

Stampis (Morcherius de). Voyez : Morcherius.

Stampis (Normannus de). Voyez : Normannus.

Stampis (Paganus de). Voyez : Paganus.

Stampis (Teudo de). Voyez : Teudo.

Stampis (Ursus de). Voyez : Ursus Dives, de Stampis.

Stephanus (1070). 48.

Stephanus, acolita. 257.

Stephanus Adrachepel. 311.

Stephanus, archidiaconus Paris. 42, 84, 174, 229, 294.

Stephanus de Balisiaco. 219.

Stephanus Barba. 52, 279.

Stephanus de Berlencurt. 269.

Stephanus de Britiniaco. 97, 108.

Stephanus, cancellarius. 197.

Stephanus, clericus. 203, 212, 333.

Stephanus, coquus. 201.

Stephanus I de *Silvanectis*, episcopus Paris. 71, 177, 292.

Stephanus, filius Ansoldi. 112.

Stephanus, filius Belotini. 287.

Stephanus, filius Frederici. 246.

Stephanus, filius Guidonis. 82.

Stephanus, filius Radulfi Pigmenti. 334.

Stephanus, filius Rainaldi de Plesseiz. 246.

Stephanus, filius Roberti Pagani. 78.

Stephanus, frater Gaufredi Pagani, de Alneto. 270.

Stephanus, frater Naalendis. 279.

Stephanus, frater Pagani. 247.

Stephanus Leschot, præpositus Montis Leterici. 40.

Stephanus Lisiardus. 218.

Stephanus de Longo Ponte. Voyez : Stephanus, pratarius.

Stephanus, miles, de Maciaco, dictus Palmarius. 15.

Stephanus, miles, de Vitri. 311.

Stephanus Panel. 201.

Stephanus, præpositus. 41, 117, 259.

Stephanus, pratarius. 47, 87, 97, 123, 127, 131, 159, 165, 258, 276, 301, 308. Voyez : Stephanus de Longo Ponte.

Stephanus, prior Longi Pontis. 48, 74.

Stephanus de Saviniaco, miles. 89, 156.

Stilla (mensura grani). 355.

Sturgio (Rogerius). Voyez : Rogerius.

Subprior. 143, 177.

Sultanus (c. 1115). 256, 282.

Sultanus, filius Burchardi de Maci. 205, 224, 233.

Sultanus, filius Giroldi Gastinelli. 194.

Sultanus de Maciaco. Voyez : Sultanus, filius Burchardi de Maci.

Sultanus (Anferedus). Voyez : Anferedus.

Sultanus. Voyez : Soltanus.

Summa salis. 329.

Summum villæ, locus apud Britiniacum. 142.

Sutor. 50, 79, 86, 88, 93, 97, 108, 137, 299.

Symon (c. 1100). 97.

Symon de Arsiz. 223.

Symon, avunculus Guidonis Castelli. 273.

Symon de Breis. 84.

Symon, Simon de Brucia. 58, 77, 90, 125, 160, 173, 224, 269, 290, 325, 328.

Symon, Simon Castellus. 215, 295, 296, 299, 300.

Symon Choisi. 224.

Symon, comes de Monte Forti *vel* Munforti & comes Eboracensis. 256, 348.

Symon I, dominus de Monte Forti. 321.

Symon, figulus. 176.

Symon, filius Drogonis de Braia. 282.

Symon, filius Fulchonis de Lers. 22.

Symon, filius Galcherii. 223, 258.

Symon, filius Galeranni. 207.

Symon, filius Gaufredi. 76.

Symon, filius Gaufredi Anglici. 13, 15, 16, 17, 22, 138.

Symon, filius Josberti. 288.

Symon, filius Odonis de Ver. 195, 212, 298.

Symon, filius Ursini Divitis. 319.

Symon, filius Ursonis. 316.

Symon, frater Teoderici, monachi. 253.

Symon, Simon Galeranni. 250, 287.

Symon Infans. Voyez : Symon de Orceaco, dictus Infans.

Symon de Marciliaco, miles. 180.

Symon, monachus camerarius. 178.

Symon, Simon de Orceaco, dictus Infans. 72, 113, 136, 197, 261, 262, 263, 264, 304.

Symon, pistor. 36.

Symon, prior S. Mariæ de Longo Ponte. 341, 348.

Symon. Voyez : Simon.

Synodus. 51.

Syrot (Robertus). Voyez : Robertus.

SANCTÆ-SANCTI

Sanctæ Genovefæ Paris. (ecclesia). 76.

Sanctæ Mariæ (boscus). 56.

Sanctæ Mariæ (clausum), apud Lonugum Pontem. 100.

Sanctæ Mariæ (grangia) apud Britiniacum. 164.

Sanctæ Mariæ (grangia), apud Longum Pontem. 141.

Sanctæ Mariæ (grangia), apud Plesseiz. 148.

Sanctæ Mariæ de Forgiis (ecclesia). 9, 172. Voyez : Forgiis (ecclesia de).

Sanctæ Mariæ de Longo Ponte (ecclesia prioralis). 3, 4, 6, 7, 8, 51.

Sanctæ Mariæ de Longo Ponte (thesaurus). 8.

Sancti Andreæ de Orphegiis (monasterium). 1.

Sancti Arnulfi de Toca *vel* Tocha (ecclesia). 329, 330, 331, 332.

Sancti Clementis Castrensis (pratellum). 323.

Sancti Dyonisii (boscus). 321.

Sancti Dyonisii de Bundusso (ecclesia). Voyez : Bundusso (ecclesia de).

Sancti Exuperii (ecclesia). 209.

Sancti Jacobi (peregrinagium). 347.

Sancti Juliani Paris. (capella). 1, 2, 288, 311, 312.

Sancti Martini de Campis Paris. (prioratus). 177.

Sancti Martini de Orceaco (atrium). 261.

Sancti Martini de Orceaco (ecclesia). Voyez : Orceaco (ecclesia de).

Sanctus Medericus. Sancti Medrici (ecclesia). Sancti Medrici de Linais (ecclesia). 1, 2, 72, 147.

Sancti Medrici (ecclesia). Voyez : Sanctus Medericus.

Sancto Mederico (Frogerius de). Voyez : Frogerius.

Sancti Medrici de Linais (ecclesia). Voyez : Sanctus Medericus.

Sanctus Michael. 349.

Sancti Michaelis (ecclesia). 111.

Sancti Nicholai de Givisiaco (ecclesia). 176.

Sancti Petri (altare), in ecclesia Longi Pontis. 84.

Sancti Petri de Britiniaco (ecclesia). 147.

Sancti Petri de Buxeio (ecclesia). 27.

Sancti Petri de Monte Leterico (ecclesia & capitulum). 44, 55, 62, 73.

Sanctus Petrus de Stampis. 316.

Sanctus Philibertus. 336.

Sancto Philiberto (Hermerius de), hospes. Voyez : Hermerius.

Sancto Veriano (Ermengardis de). Voyez : Ermengardis dicta Papasola.

Sancti Victoris Paris. (capitulum). 254.

Sancto Wenaylo (Drogo de). Voyez : Drogo.

Sancto Yonio (Aymo de). Voyez : Aymo.

Sancto Yonio (Galterius de). Voyez : Galterius.

Sancto Yonio (Paganus de). Voyez : Rogerius de Sancto Yonio, dictus Paganus.

Sancto Yonio (Rogerius de), filius Galterii. Voyez : Rogerius.

Sancto Yonio (Rogerius de), dictus Paganus. Voyez : Rogerius.

T

Tadet (Adam). Voyez : Adam.

Talamerarius. 95, 108, 262.

Tarcue, Tarcuet (Radulfus). Voyez : Radulfus.

Tebaldus (1070). 48.

Tebaldus (c. 1100). 315.

Tebaldus de Atiis. 159.

Tebaldus, filius Bernoardi de Estrichio. 326.

Tebaldus, Teobaldus, filius Burchardi Cocherel. 343, 344.

Tebaldus, Teobaldus, filius Guillermi. 317.

Tebaldus, filius Stephani de Longo Ponte, pratarii. 159, 258.

Tebaldus, frater Guidonis de Villa Moisson. 66.

Tebaldus, Teboldus, monachus. 65, 124.

Tebaldus de Morcenco. 100.

Tebaldus de Muro, 109, 114.

Tebaldus, nepos Roberti Pagani de Porta. 130. (Peut-être le même que : Teobaldus, filius Stephani de Longo Ponte.

Tebaldus, notarius. 294.

Tebaldus, Teobaldus de Orengieco. 184, 299, 328.

Tebaldus de Rua. 123.

Tebaldus de Saviniaco. 153.

Tebaldus. Voyez : Teboldus, Teobaldus, Theobaldus.

Tebelina, uxor Petri Castelli. 301.

Tebertus (c. 1116). 84.

Tebertus, criator. 62.

Tebertus, filius Afzonis de Firmitate. 347.

Tebertus, frater Girardi, carpentarii. 321.

Tebertus, pater Mariæ de Valle Grinosa. 217.

Tebertus, præpositus. 166, 340, 341, 352.

Tebertus, speculator. 210.

Tebertus *vel* Terbertus de Turre. 13, 28.

Teboldus (1070). 48, 111.

Teboldus, famulus. 175.

Teboldus, filius Aymonis. 146.

Teboldus, filius Reimberti. 71, 293.

Teboldus de Genueriis. 129.

Teboldus de Roseriis. 65.

Teboldus. Voyez : Tebaldus, Teobaldus, Theobaldus.

Tecelinus, sacrista S. M. de Longo Ponte. 341.

Tecelinus, subprior S. M. de Longo Ponte. 297, 350.

Tecelinus. Voyez : Tescelinus.

Tedvinus. Voyez : Tevinus.

Tegeriaco (Uwanus de). Voyez : Ywanus, filius Richerii de Tigeriaco.

Tegeriacum. Voyez : Tigeriacum.

Tegerius, *alias* Tescelinus, de Palefolio. 275, 276.

Teherius (1100). 246.

Temperies (Hilduinus *vel* Holduinus). Voyez : Hilduinus *vel* Holduinus.

Teobaldus, episc. Parisiensis. 2, 7, 288, 336.

Teobaldus, filius Galterii de Boolun. 350.

Teobaldus, filius Stephani de Longo Ponte. 87, 308. (*Peut-être le même que*) : Tebaldus, nepos Roberti Pagani de Porta.

Teobaldus, Tebaldus, frater Burchardi Cocherel. 343, 344.

Teobaldus, frater Hugonis de Lers. 31.

Teobaldus de Guicha. 129.

Teobaldus, hospes. 316.

Teobaldus *vel* Tebaldus, prior Longi Pontis. 1, 2, 103, 166, 179, 288, 305, 334, 336.

Teobaldus. Voyez : Tebaldus, Teboldus, Theobaldus.

Teodericus (c. 1145). 256.

Teodericus (c. 1150). 288.

Teodericus de Calliaco. 261.

Teodericus, camerarius. 97, 224.

Teodericus de Castellerio. 52.

Teodericus, clericus. 65, 110, 182, 183.

Teodericus, Theodericus, elemosinarius. 99, 213, 237, 277, 285, 290.

Teodericus, famulus. 169.

Teodericus, filiaster Girardi de Porta. 263.

Teodericus, filius Adami de Milliaco. 222, 291.

Teodericus, filius Arnulfi, majoris. 253.

Teodericus, filius Guidonis de Villa Moissun. 117.

Teodericus, filius Herfendis. 52.

Teodericus, filius Hugonis. 102.

Teodericus, filius majoris. 288.

Teodericus, filius Waleranni. 100.

Teodericus de Lynais, dictus Panis Calidus. 64.

Teodericus, miles, de Parisiis. 126, 226.

Teodericus, monachus. 97, 155, 244, 253, 279, 311, 317.

Teodericus, monachus & capellanus Thomæ, abbatis Mauriniacensis. 178.

Teodericus de Nogemel *vel* Nugemello. 58, 97.

Teodericus de Nugemello. Voyez : Teodericus de Nogemel.

Teodericus de Parisius. 177.

Teodericus, præfectus. 208.

Teodericus Russus. 112.

Teodericus de Soisi. 333.

Teodericus, tincturarius. 68.

Teodericus de Villa Moissun *vel* Villa Mussun, miles. 72, 89, 91, 99, 251.

Teodericus. Voyez : Theodericus, Terricus.

Teoldus, Teolus, Teuifus, famulus. 45,

52, 76, 85, 108, 109, 112, 113, 172, 188, 236, 281, 318.

Teolus, famulus. Voyez : Teoldus, Teulfus.

Terbertus de Turre. Voyez : Tebertus.

Terciacum, Eftrichiacus. 159, 164, 165. Voyez : Eftrichiacus.

Terra ad dimidiam carrucam.—Terra ad unam carrucam. 159, 164, 165, 295, 296, 300, 304, 309, 333.

Terra arabilis ad duos boves. 318, 324, 327.

Terrichus, carpentarius. 40.

Terricus, Teodericus, Theodericus, major Pleffiaci. 25, 40. Voyez : Teodericus, Theodericus.

Terricus, presbyter Saviniaci. 21.

Terricus. Voyez : Teodericus, Theodericus.

Tesca. Voyez : Tefza.

Tefcelinus, filius Fulconis de Buno. 75.

Tefcelinus, hofpes. 225.

Tefcelinus de Palefol. 302.

Tefcelinus, facrifta. 334.

Tefcelinus. Voyez : Tecelinus.

Tesheriæ. 246.

Tefza, Tefça, uxor Holdrici de Trofolio. 187.

Teudo, filius Godefredi de Stampis. 214.

Teudo de Stampis. 214.

Teudo. Voyez : Theudo.

Teulfus, famulus. Voyez : Teoldus, Teolus.

Teulfus, monachus. 149, 177, 268.

Teunfus de Liciis. 180.

Tevinus de Forgiis. 43, 54, 84, 207, 259, 309, 333.

Tevinus, Tedvinus, fubdiaconus. 181, 257.

Tevinus, frater Burchardi de Maciaco. 142.

Thebaldus. Voyez : Theobaldus.

Theloneus. 3.

Theobaldus de Balifiaco. 16.

Theobaldus, Tebaldus Chocherels *vel* Cocherel. 25, 31, 218, 220, 348.

Theobaldus Rufus. 16, 32, 34, 218, 220.

Theobaldus *vel* Thebaldus de Valle Grinofa. 15, 16, 43, 52, 217.

Theobaldus. Voyez : Tebaldus, Teboldus, Teobaldus.

Theodericus (1140). 9.

Theodericus, Teodericus, Terricus, major de Pleffiaco. 13, 14, 15, 16, 17, 18, 19, 20, 25, 34, 40, 218, 219, 348, 351.

Theodericus, Teodericus, monachus, 62, 84.

Theodericus. Voyez : Teodericus, Terricus.

Theudo, famulus. 167.

Theudo, filius Gaufredi de Cochet. 213.

Theudo, filius Urfi de Stampis. 215.

Theudo. Voyez : Teudo.

Thoca (Osbertus de). Voyez : Osbertus.

Thoca. Voyez : Tocha.

Thomas, abbas Mauriniacenfis. 178, 316.

Thomas Bibens. 13, 14.

Thomas de Brueriis. 42, 80, 84, 157, 200, 215, 231, 298, 323.

Thomas de Caftro Forti. 84, 312.

Thomas, filius Aymonis de Norvilla. 225.

Thomas, filius Bertæ. 238.

Thomas, filius Drogonis de Braia. 282.

Thomas, filius domni Hugonis Chamilli. 146, 159, 205, 206, 226. (*Sans doute le même que le suivant*) :

Thomas, miles, filius Hugonis. 216.

Thomas, Tomas, nepos Galterii de Boulun. 349.

Thomas de Rupe Forti, præpofitus de Gumez. 348.

Thomas Taxellus. 160, 225.

Tibertus Parifius. 256.

Tibertus de Valle Grinofa. 32, 218.
Tigeriaco (Richerius de). Voyez : Richerius.
Tigeriacum. Voyez : Tegeriacum.
Tinctor. 40.
Tincturarius. 68.
Tirebois (Aymo). Voyez : Aymo.
Tirellus (Galterius). Voyez : Galterius Tyrellus.
Tirrea, mater Anfelli de Vitri. 246.
Tivillone (ecclefia de). 254.
Tocha. 331.
Tocha (monafterium de), 1.
Tocha. Voyez : Thoca.
Tomas. Voyez : Thomas.
Torinni. 20.
Torpalt, Torpaut, Torpautlis, Turpaudus, Turpis (Gaufredus). Voyez : Gaufredus.
Toffum. 38.
Toftinus, ferviens Guillelmi, dapiferi. 226.
Trecaffina urbs. 84.
Triagnello (Poncius de). Voyez : Poncius.
Trofardus (Gauterius). Voyez : Gauterius.
Trofolium. 189.
Trofolio (Fromundus de). Voyez : Fromundus.
Trofolio (Holdricus de). Voyez : Holdricus.
Trofolio (Rainaldus de). Voyez : Rainaldus.
Troffellus (Guido vel Wido). Voyez : Guido vel Wido Troffellus.
Tulivis (Hugo). Voyez : Hugo.
Turcus (Petrus). Voyez : Petrus.
Turcus (Rainerius). Voyez : Rainerius.
Turnella (vinea de). 176.
Turnomio (Giflebertus de). Voyez : Giflebertus.
Turnomio (Manaffe de). Voyez : Manaffe.

Turpaudus vel Turpis (Gaufredus). Voyez : Gaufredus Torpalt, Torpaut, &c.
Turre (Litbertus, miles de). Voyez : Litbertus.
Turre (Tebertus vel Terbertus de). Voyez : Tebertus vel Terbertus.
Turuns (Hubertus). Voyez : Hubertus.
Tyrbertus, filius Tirberti. 36.
Tyrellus (Galterius). Voyez : Galterius.

U

Ubaldus, presbyter cardinalis tit. Sanctæ Crucis in Jerufalem. 1.
Ulmeto (Andreas de). Voyez : Andreas.
Umbertus, frater Harduini. 92.
Urmerio (Jofcerannus de). 90.
Urfinus Dives. Voyez : Urfus Dives.
Urfo de Dufione. 316.
Urfo. Voyez : Urfus.
Urfus, Urfinus Dives, de Stampis. 109, 215, 313, 319.
Urfus, Urfo, filius Herberti. 315, 317, 318.
Urfus, filius Normanni de Stampis. 225.
Urfus, miles. 82.
Urfus de Stampis. Voyez : Urfus Dives, de Stampis.
Uvvanus. 129.
Uvvanus. Voyez : Yvvanus.
Uvvanus de Tegeriaco. Voyez : Yvvanus, filius Richerii de Tegeriaco.

V

Vadum Petrofum, Guadum Petrofum. 74, 92, 101.

Valaro (Erchembaldus de). Voyez : Erchembaldus.

Valarrone (Anfoldus de). Voyez : Anfoldus.

Valbuini (vallis). Voyez : Vallis Baen, Vallis Valbuini.

Valentun (Hugo de). Voyez : Hugo.

Valle (Guarinus de). Voyez : Guarinus.

Valle (Herlandus de). Voyez : Herlandus.

Valle (Radulfus de). Voyez : Radulfus.

Valles. 248.

Vallibus (Augrinus de). 180.

Vallis Baen, Vallis Valbuini. 264, 268.

Valle Grinofa. (Aales, Buchardus *junior*, Buchardus *senior*, Gaufredus, Girberbertus, Giflebertus, Guido *vel* Wido, Hugo, Theobaldus *vel* Thebaldus, Tibertus de). Voyez : Aales, Buchardus *junior*, Buchardus *senior*, Gaufredus, Girbertus, Giflebertus, Guido *vel* Wido, Hugo, Theobaldus *vel* Thebaldus, Tibertus.

Vallis Valbuini. Voyez : Vallis Baen.

Vazlinus, filius Duranni de Cavanvilla. 70.

Venator. 180.

Venelaco (Hugo de). Voyez : Hugo.

Ver. 1, 2, 196, 197, 198, 199, 200, 201, 202, 203, 208, 211, 212, 213.

Ver *vel* Veris. (Aibertus, Albertus, Balduinus, Galfredus, Guarinus, Hugo de). Voyez : Aibertus, Albertus, Balduinus, Galfredus, Guarinus, Hugo.

Ver Magnum. 203.

Ver Magno (Oylardus de). Voyez : Oylardus.

Ver Parvum. 203, 207.

Verfaliis (Johannes de). Voyez : Johannes.

Veru fractum & divifum pro memoria cujufdam doni. 198.

Viator. 97, 104, 227, 316.

Viccorio (Ebrardus Paganus de). Voyez : Ebrardus Paganus.

Viccorium. Voyez : Vizcorium, Vizcor.

Vicino (Rainaldus de). Voyez : Rainaldus.

Victor, facerdos Efpinolii. 16.

Vilarcel (Arraldus de), filius Fulcoidi. Voyez : Arraldus.

Vilarcel. Voyez : Villarcel.

Vilebofein. Voyez : Villabofen.

Vilers (Durannus de). Voyez : Durannus.

Vilers (Hungerius de). Voyez : Hungerius.

Vilers (Ilbertus de). Voyez : Ilbertus.

Vilers. Voyez : Villaris, Villers.

Villa Abbatis, Abbatis Villa. 1, 2, 209.

Villa Abbatis (Chriftophorus de). Voyez : Chriftophorus.

Villa Bona. 235, 275, 276.

Villa Bona (Afzo de). Voyez : Afzo.

Villa Bona (Galterius de). Voyez : Galterius.

Villa Bona (Lambertus de). Voyez : Lambertus.

Villabofen, Vilebofein. 344.

Villabofen (Conftancius de). Voyez : Conftancius.

Villa Judea. 1, 2.

Villa Jufta. 236, 280.

Villa Jufta (Anfeis de). Voyez : Anfeis.

Villa Leheria (Albericus de). Voyez : Albericus.

Villa Moiffon, Villa Moiffun, Villa Muiffon, Villa Muiffun, Villa Muffun. (Guido, Oddo, Teodericus de). Voyez : Guido, Oddo, Teodericus.

Villa Moiffun. 139.

Villa Muffun. Voyez : Villa Moiffon.

Villa Nova. 159, 171. Voyez : Villa Nova Regia.

Villa Nova (Dedo de). Voyez : Dodo.

Villa Nova (Odo de). Voyez : Odo.

Villa Nova Regia. 135, 285. Voyez : Villa Nova.

Villa Peror. 223.

Villa Romanaria, Villa Romenor. 13, 44, 118.

Villa Romenor (Josbertus de). Voyez : Josbertus.

Villamor (Manasses de). Voyez : Manasses.

Villanus. 25.

Villarat (Hungerius de). Voyez : Hungerius.

Villarcel. 94, 98, 116, 149.

Villarcel. Voyez : Vilarcel.

Villaris, Villers, Villerium, Vilers. 81, 224, 289, 291, 334, 341, 342, 347.

Villaris, Villers. Voyez : Vilers.

Villerium. Voyez Villaris, Villers, Vilers.

Villers (Arraldus de). Voyez : Arraldus.

Villers (Robertus de). Voyez : Robertus.

Vinbergis, uxor Leberti. 63.

Vinum. 10.

Viriacus. 1, 2, 122, 133.

Viri (Asto de), hospes. Voyez : Asto.

Viriaco (Soltanus de). Voyez : Soltanus.

Viriaco (Wlgrinus de). Voyez : Wlgrinus.

Viri, Viriacum. Voyez : Ouriacum.

Virini (Radulfus de). Voyez : Radulfus.

Virzeliaci (abbatia). 306.

Vitalis, presbyter. 150, 169, 204.

Vitri, Vitrium. 246, 311.

Vitri (Ansellus de). Voyez : Ansellus.

Vitri (Fulco de). Voyez : Fulco.

Viverii. 265.

Viveriis (capella de). 259.

Vivianus de Corboilo. 235.

Vizeorio (Albertus de). Voyez : Albertus.

Vizeorium. Voyez : Viceorium, Vizoor.

Vizoor, Viceorium, Vizeorium. 245, 278. Voyez : Viceorium, Vizeorium.

Vova (Hungerius de). Voyez : Hungerius.

Voverius (Dodo). Voyez : Dodo.

W

Walerannus, frater Petri Castelli. 263.

Walerannus. Voyez : Galerannus, Gualerannus.

Walterius Gohori vel Goori. 11, 12.

Walterius. Voyez : Gallerterius, Galterius, Gauterius, Gualterius.

Warinus de Maciaco vel Masci. Voyez : Guarinus.

Warinus, pater Guillelmi de Guillervilla. 24.

Warinus. Voyez : Garinus, Guarinus.

Warnerius, famulus. 50.

Warnerius. Voyez : Garnerius.

Wido. Voyez : Guido.

Willelmus, dapifer. 226.

Willelmus, filius Avelinæ de Maciaco. 20.

Willelmus, filius Ebrardi Zonsi. 249.

Willelmus, marescaudus. 109.

Willelmus Marmerel. 226.

Willelmus, Willermus. Voyez : Guillelmus, Guillermus.

Willermus, monachus, 43.

Wimbertus, presbyter. 222.

Wirredus (Hugo). Voyez : Hugo Guirredus.

Wlgrinus. 111, 302, 303.

Wlgrinus de Atiis. 97, 304.

Wlgrinus, canonicus. 128.

Wlgrinus Dives. 156.

Wlgrinus, filius Gunhardi. 109.

Wlgrinus, filius Landrici, præpositi. 210.

Wlgrinus, frater Aymonis de Donjone. 49.

Wlgrinus, frater Roscelinæ. 153.

Wlgrinus, miles. 147.

Wlgrinus, monachus. 141.

Wlgrinus de Orengiaco. 275.

Wlgrinus Parvus, de Atiis. 267.

Wlgrinus de Plessviz. 184, 185.

Wlgrinus de Viriaco. 180.

Y

Yrſo, ſubdiaconus. 51.
Yrſus, prior Sancti Martini de Campis. 167.
Yſaac, capellanus de Forgiis. 234.
Yſembardus de Marchociis, 67.
Yſembardus. Voyez: Iſembardus.
Yvo (1100). 246.
Yvo, Ivo, archidiaconus Paris. 51, 257.
Yvo, coquus. 196.
Yvo, Yvotet, Ivo, famulus. 19, 21, 22, 24, 25, 26, 27, 29, 30, 31, 32, 34, 53, 217, 347.
Yvo, filius Garnerii, famuli. 166, 334.
Yvo de Merlo, filius Gisleberti. 180.
Yvo, presbyter. 232, 237, 273, 278, 289, 307.
Yvo. Voyez : Ivo, Hyvo.
Yvotet. Voyez : Yvo, famulus.
Yvvanus, filius Richerii de Tigeriaco. 180.
Yvvanus. Voyez : Uvvanus.

Z

Zonzi (Ebrardus). Voyez : Ebrardus Choſi, Choiſis, Coyſi, Zonſi.

DICTIONNAIRE GÉOGRAPHIQUE

DU CARTULAIRE

A

Abbatis Villa. Voyez : Villa Abbatis.

Ablivæ. *Ablis* (Seine-&-Oife), arrondiffement de Rambouillet, canton de Dourdan.

Ablum. *Ablon* (Seine-&-Oife), arrondiffement de Corbeil, canton de Longjumeau.

Agliæ, Aggliæ. Voyez : Egliæ.

Agliis & Buffiaco (terra de). *Egly*, & *Boiffy-fous-Saint-Yon* (terre de). Voyez : Egleiæ & Buxiacum.

Alba Spina (cultura de), prope Longum Pontem ?

Algar. Peut-être *Augas* ou la *Croix-d'Augas ?* canton de la forêt de Fontainebleau (Seine-&-Marne), arrondiffement, canton & commune de Fontainebleau.

Alneolum. *Launay* ou *Launoy*, commune de Saint-Michel-fur-Orge (Seine-&-Oife), arrondiffement de Corbeil, canton d'Arpajon. Voyez : Alnetum qui fuit.

Alnetum. 1° le même qu'Alneolum qui précède : *Launay* ou *Launoy*, commune de Saint-Michel-fur-Orge ; 2° *Launay-fur-Calonne* (Calvados), arrondiffement, canton & commune de Pont-l'Evêque.

Alpec, autrefois *Aupec*, aujourd'hui le *Pecq* (Seine-&-Oife), arrondiffement de Verfailles, canton de Saint-Germain-en-Laye.

Alvers. *Auvers-Saint-Georges* (Seine-&-Oife), arrondiffement d'Etampes, canton de la Ferté-Alais.

Antogniacum. *Antony* (Seine), arrondiffement & canton de Sceaux.

Ario. *Airion* (Oife), arrondiffement & canton de Clermont.

Arroviler. *Orvilliers* (Seine-&-Oife), arrondiffement de Mantes, canton de Houdan.

Arfiz. *Arcis* ou *Arcy*, commune de Chaumes (Seine-&-Marne), arrondiffement de Melun, canton de Tournan.

Ateiæ, Athiæ, Atiæ, Atthiæ, Attiæ. *Athis-Mons* (Seine-&-Oife), arrondiffement de Corbeil, canton de Long-jumeau.

Athilli. Voyez : Atilliacum.

Atiæ. Voyez : Ateiæ, Athiæ.

Atilliacum, Athilli. *Attily*, commune de Ferrolles-Attilly (Seine-&-Marne), arrondiffement de Melun, canton de Brie-Comte-Robert.

Atthiæ, Attiæ. Voyez : Ateiæ, Athiæ.

Aveneres?

Avum, *Avon* (Seine-Marne), arrondiffement & canton de Fontainebleau.

B

Baignos, Bainnos, Bainous. *Bagneux* (Seine), arrondiffement & canton de Sceaux.

Baillolium. *Bailleul-la-Vallée* (Eure), arrondiffement de Pont-Audemer, canton de Cormeilles.

Bainnos, Bainous. Voyez : Baignos.

Balefy. Voyez : Balifi, Balifiacum.

Balgenciacum. *Baugency* (Loiret), arrondiffement d'Orléans, canton de Baugency.

Balifi, Balifiacum, Balefy. *Balify* (Seine-&-Oife), arrondiffement de Corbeil, canton & commune de Longjumeau.

Batuns. *Batonceau?* commune de Gazeran (Seine-&-Oife), arrondiffement & canton de Rambouillet.

Beervilla. *Verville*, commune de Bruyères-le-Châtel (Seine-&-Oife), arrondiffement de Corbeil, canton d'Arpajon.

Bellemviler. Voyez : Berlenviler.

Belvacum. *Beauvais*, commune de Champeuil (Seine-&-Oife), arrondiffement & canton de Corbeil.

Bendeville. *Bardeville*, commune de Saint-Cyr-fous-Dourdan (Seine-&-Oife), arrondiffement de Rambouillet, canton de Dourdan.

Berlencurt. *Ballancourt* (Seine-&-Oife), arrondiffement & canton de Corbeil.

Berlenviler, Berlenviller, Bellemviller. *Ballainvilliers* (Seine-&-Oife), arrondiffement de Corbeil, canton de Longjumeau.

Bertocurt, Bertolcurt. *Bétaucourt* ou *Bétancourt*, commune de Saint-Forget (Seine-&-Oife), arrondiffement de Rambouillet, canton de Chevreufe.

Bevre, Bevria, Buevria. *Bièvre* ou *Bièvres* (Seine-& Oife), arrondiffement de Verfailles, canton de Palaifeau.

Blecemviler. *Breffonvilliers*, commune de Leudeville (Seine-&-Oife), arrondiffement de Corbeil, canton d'Arpajon.

Bonella. *Bonnelles* (Seine-&-Oife), arrondiffement de Rambouillet, canton de Dourdan.

Bonum Villare. *Bonvilliers*, commune de Morigny-Champigny (Seine-&-Oife), arrondiffement & canton d'Etampes.

Boolum, Boolun, Buelun. *Bullion* (Seine-&-Oife), arrondiffement de Rambouillet, canton de Dourdan.

Bos Rei. *Bois-le-Roi* (Seine-&-Marne), arrondiffement & canton de Fontainebleau.

Bofferia. Voyez : Buxeria, Buxiaria.

Bractellum. Voyez : Braitellum.

Brai, Braicum, Braium. *Bray-fur-Seine* (Seine-&-Marne), arrondiffement de Provins, canton de Bray-fur-Seine.

Braia. Autrefois *Braie*, aujourd'hui *Brie-Comte-Robert* (Seine-&-Marne), arrondiffement de Melun, canton de Brie-Comte-Robert.

Braicum. Voyez : Brai.

Brailleium. Voyez : Braitellum.

Braiolet, Braiolum. Voyez : Braitellum.

Braitellum, Bractellum, Brailleium, Braiolet, Braiolum. *Breuillet* (Seine-&-Oise), arrondissement de Rambouillet, canton de Dourdan.

Braium. Voyez : Brai.

Breiæ. Bries ou Bris, aujourd'hui *Briis-sous-Forges* (Seine-&-Oise), arrondissement de Rambouillet, canton de Limours.

Breneriæ. *Bernières?* (Eure), arrondissement de Louviers, canton de Gaillon.

Britini, Britiniacum, Brittiniacum. *Bretigny* (Seine-&-Oise), arrondissement de Corbeil, canton d'Arpajon.

Britonaria. *La Bretonnière*, commune de Saint-Germain-lez-Arpajon (Seine-&-Oise), arrondissement de Corbeil, canton d'Arpajon.

Brolium, Brollium (prioratus). *Le Breuil*, commune d'Epinay-sur-Orge (Seine-&-Oise), arrondissement de Corbeil, canton de Longjumeau.

Brucia, *La Brosse*, commune de Janvry (Seine-&-Oise), arrondissement de Rambouillet, canton de Limours.

Brucia Guidonis. Très-vraisemblablement le même que Brucia qui précède.

Brueriæ. *Bruyères-le-Châtel* (Seine-&-Oise), arrondissement de Corbeil, canton d'Arpajon.

Buclun. Voyez : Boolum.

Buevria. Voyez : Bevre, Bevria.

Buisien, Buison, Buisun. *Le Buisson*, commune de Champceueil (Seine-&-Oise), arrondissement & canton de Corbeil.

Bundoflum, Bunduflum. *Bondoufle* (Seine-&-Oise), arrondissement & canton de Corbeil.

Bunum, Buno. *Buno*, commune de Buno-Bonnevaux (Seine-&-Oise), arrondissement d'Etampes, canton de Milly.

Burcus Medius, Burcus Medius Marcociarum. Voyez : Marcociæ.

Buscheleium. *Buchelay* (Seine-&-Oise), arrondissement & canton de Mantes.

Busseria. Voyez : Buxeria, Buxiaria.

Bussiacum. Voyez : Buxeium, Buxiacum.

Butnæ, Butnis (terra de). *Boigneville?* (Seine-&-Oise), arrondissement d'Etampes, canton de Milly; ou : *Poigny?* (Seine-&-Oise), arrondissement d'Etampes, canton & commune de Méréville; ou peut-être plutôt : *Boutigny?* (Seine-&-Oise), arrondissement d'Etampes, canton de la Ferté-Alais.

Buviler. *Bouville?* (Seine-&-Oise), arrondissement & canton d'Etampes.

Buxeium. Voyez : Buxiacum.

Buxeria. Voyez : Buxiaria.

Buxiacum, Buxeium, Bussiacum. *Boissy-sous-Saint-Yon* (Seine-&-Oise), arrondissement de Rambouillet, canton de Dourdan.

Buxiaria, Buxeria, Bosseria, Busseria, Buxeria juxta Orceacum. *La Boissière*, commune de Villebon (Seine-&-Oise), arrondissement de Versailles, canton de Palaiseau.

C

Cabrosu, Cabrosia. *Chevreuse* (Seine-&-Oise), arrondissement de Rambouillet, canton de Chevreuse.

Caliacum, Calliacum, Chaili, Chailli, Challi. *Chailly-en-Bière* (Seine-&-Marne), arrondissement & canton de Melun.

Calvus Mons. *Chaumont-en-Vexin?* (Oise), arrondissement de Beauvais, canton de Chaumont-en-Vexin.

Campiniacum. *Champigny*, commune de

Morigny (Seine-&-Oise), arrondissement & canton d'Etampes.

Campi, *Champs?* commune de Saint-Martin-en-Bière (Seine-&-Marne), arrondissement & canton de Melun.

Campus-Floridus. *Champ-Fleury*, commune d'Orgeval (Seine-&-Oise), arrondissement de Versailles, canton de Poissy.

Campus Garnodi. *Chagrenon* ou *Champgrenon*, commune d'Auvers-Saint-Georges (Seine-&-Oise), arrondissement d'Etampes, canton de la Ferté-Alais.

Campus Rasorii. *Champ-Rosay?* commune de Draveil (Seine-&-Oise), arrondissement de Corbeil, canton de Boissy-Saint-Léger.

Campi-Remerii. *Champ-Roméry*, commune de Dampierre (Seine-&-Oise), arrondissement de Rambouillet, canton de Chevreuse.

Caniscum. *Canchy* ou *Canchay?* (Calvados), arrondissement de Bayeux, canton d'Isigny.

Cantemerlus, Cantus merli. *Chantemerle*, commune d'Essonnes (Seine-&-Oise), arrondissement & canton de Corbeil.

Capella in Sorvallo, in territorio Silvanectensi. *La Chapelle-en-Serval* (Oise), arrondissement & canton de Senlis.

Cappæ?

Carcoicum, Charcosium. *Charcoy* ou *Charcoix*, commune du Plessis-Paté (Seine-&-Oise), arrondissement de Corbeil, canton de Longjumeau.

Carnotensis diœcesis. *Chartres* (diocèse de) (Eure-&-Loir).

Carrugium. *Le Carrouge*, commune de Bretigny (Seine-&-Oise), arrondissement de Corbeil, canton d'Arpajon.

Castellerium. *Le Châtellier* ou *les Châtelliers*, commune de Ponthévrard (Seine-&-Oise), arrondissement de Rambouillet, canton de Dourdan.

Castellonium. *Châtillon*, commune de Viry-Châtillon (Seine-&-Oise), arrondissement de Corbeil, canton de Longjumeau.

Castellum Forte. Voyez : Castrum Forte.

Castra, Casta. *Chastres*, aujourd'hui *Arpajon* (Seine-&-Oise), arrondissement de Corbeil, canton d'Arpajon.

Castrum Forte, Castellum Forte. *Châteaufort* (Seine-&-Oise), arrondissement de Versailles, canton de Palaiseau.

Catena. *La Chaîne*, commune de Plaisir (Seine-&-Oise), arrondissement de Versailles, canton de Marly-le-Roi.

Catenvilla, Chatenvilla, Chetenvilla. *Cheptainville* (Seine-&-Oise), arrondissement de Corbeil, canton d'Arpajon.

Cavanvilla, Chavanvilla. *Chevanville* ou *Chouanville*, commune de Marcoussis (Seine-&-Oise), arrondissement de Rambouillet, canton de Limours.

Cavarva, très-probablement mauvaise leçon pour Cavanna. *Chevanne* (Seine-&-Oise), arrondissement & canton de Corbeil.

Cellæ. *Sceaux*, chef-lieu d'arrondissement du département de la Seine.

Chaili-Chailli. Voyez : Caliacum, Colliacum.

Champlant, Champelant, Chanplant. *Champlan* (Seine-&-Oise), arrondissement de Corbeil, canton de Longjumeau.

Charcosium. Voyez : Carcoicum.

Chatenvilla. Voyez : Catenvilla.

Chavanvilla. Voyez : Cavanvilla.

Chetenvilla. Voyez : Catenvilla.

Claciacum. *Clacy (ancien fief de)*, commune de Noisy-le-Sec (Seine), arrondiffement de Saint-Denis, canton de Pantin.

Cochet. *Cochet* ou *les Cochets*, commune de Lardy (Seine-&-Oife), arrondiffement d'Etampes, canton de la Ferté-Alais.

Codreium. Voyez : Coldreium, Coldriacum.

Coifelez. *Choifel?* (Seine-&-Oife), arrondiffement de Rambouillet, canton de Chevreufe.

Coldreium, Coldriacum, Codreium. 1° le *Coudray*, commune de Briis-fous-Forges (Seine-&-Oife), arrondiffement de Rambouillet, canton de Limours ; 2° le *Coudray*, commune de Coudray-Montceaux (Seine-&-Oife), arrondiffement & canton de Corbeil.

Compendolium, *Champdeuil?* (Seine-&-Marne), arrondiffement de Melun, canton de Mormant.

Corberofa. *Corbreufe* (Seine-&-Oife), arrondiffement de Rambouillet, canton de Dourdan.

Corbevilla, Curbevilla, Curva Villa. *Corbeville*, commune d'Orfay (Seine-&-Oife), arrondiffement de Verfailles, canton de Palaifeau.

Corbii. *Corbie*, (Somme), arrondiffement d'Amiens, canton de Corbie.

Corboilum, Corboylum, Corbullium. *Corbeil* (autrefois *Vieux-Corbeil*, fur la rive droite de la Seine, & *Nouveau-Corbeil*, fur la rive gauche), chef-lieu d'arrondiffement du département de Seine-&-Oife.

Cormerium. *Le Cormier* (Seine-&-Oife), arrondiffement de Rambouillet, canton & commune de Limours.

Cofencire. *Courances* (Seine-&-Oife), arrondiffement d'Etampes, canton de Milly.

Cotiniacum. *Coffigny*, commune de Bretigny (Seine-&-Oife), arrondiffement de Corbeil, canton d'Arpajon.

Cramuel. *Cramayel*, commune de Moiffy-Cramayel (Seine-&-Marne), arrondiffement de Melun, canton de Eric-Comte-Robert.

Creciacum, Crecium. *Crécy* ou *Croiffy*, aujourd'hui *Crécy-en-Brie* (Seine-&-Marne), arrondiffement de Meaux, canton de Crécy.

Crocheto (molendinum de). *Le Crochet*, commune de Boigneville (Seine-&-Oife), arrondiffement d'Etampes, canton de Milly.

Cupcellum, locus apud Larziacum?

Curbehart. Peut-être *Corbay?* commune des Bréviaires (Seine-&-Oife), arrondiffement & canton de Rambouillet.

Curbevilla. Voyez : Corbevilla.

Curnomium, mauvaife leçon pour *Turnomium. Tournan* (Seine-&-Marne), arrondiffement de Melun, canton de Tournan.

Curtebuf. *Courtabœuf*, communes d'Orfay & de Villejuft (Seine-&-Oife), arrondiffement de Verfailles, canton de Palaifeau.

Curtevrolt. *Courtrevouft*, commune de Maifon-Rouge-en-Brie (Seine-&-Marne), arrondiffement de Provins, canton de Nangis.

Curva Villa. Voyez : Corbevilla.

Cufufum. *Courfon* ou *Courfon-Launay* (Seine-&-Oife), arrondiffement de Rambouillet, canton de Limours.

D

Dampetra, Domna Petra. *Dampierre* (Seine-&-Oife), arrondiffement de Rambouillet, canton de Chevreufe.

Docenvilla, Donzenvilla. *Douanville* ou *Douaville*, commune de Paray-Douaville (Seine-&-Oise), arrondissement de Rambouillet, canton de Dourdan.

Domna Petra. Voyez : Dampetra.

Donjo, Donjonium, Dungunum. *Donjons*, commune de Soisy-sous-Etiolles (Seine-&-Oise), arrondissement & canton de Corbeil.

Donzenvilla. Voyez : Docenvilla.

Dordigeum, Dordingeum, Dordingtum, Dordonium, Durdonium. *Dourdan* (Seine-&-Oise), arrondissement de Corbeil, canton de Dourdan.

Dordonium. Voyez : Dordigeum, Dordingeum.

Dravellum. *Draveil* (Seine-&-Oise), arrondissement de Corbeil, canton de Boissy-Saint-Léger.

Duisun, Dusio. D'*Huison* ou *Duison* (Seine-&-Oise), arrondissement d'Etampes, canton de la Ferté-Alais.

Dungunum. Voyez : Donjo.

Dunum ?

Durdonium. Voyez : Dordigeum, Dordingeum.

Dusio. Voyez : Duisun.

E

Edera. Voyez : Hierra.

Egleiæ, Agliæ, Aggliæ. *Egly* (Seine-&-Oise), arrondissement de Corbeil, canton d'Arpajon.

Eni. *Igny* (Seine-&-Oise), arrondissement de Versailles, canton de Palaiseau.

Eschercun, Escherecun. *Echarcon* (Seine-&-Oise), arrondissement & canton de Corbeil.

Esclusa (campus de) ?

Espinolium, Spinolium. *Épinay-sur-Orge* (Seine-&-Oise), arrondissement de Corbeil, canton de Longjumeau.

Estrichiacus, Estrichium, Terciacum. *Etrechy* (Seine-&-Oise), arrondissement & canton d'Etampes. Voyez : Terciacum.

F

Fai, Fais. *Le Fay*, commune de Linas (Seine-&-Oise), arrondissement de Corbeil, canton d'Arpajon.

Falineschun (vinea de) ?

Faveriæ. Jadis *Favières*, aujourd'hui *Saint-Sulpice-de-Favières* (Seine-&-Oise), arrondissement de Rambouillet, canton de Dourdan.

Fertada, Ferte, Firmitas. *la Ferté-Alais* (Seine-&-Oise), arrondissement d'Etampes, canton de la Ferté-Alais.

Firmitas. Voyez : Fertada.

Flori, Floriacum, Fluri, Fluriacum. *Fleury-Mérogis* (Seine-&-Oise), arrondissement de Corbeil, canton de Longjumeau.

Fluri, Fluriacum. Voyez : Flori, Floriacum.

Fontanæ; Fontanis (alodium de). *La Fontaine*, commune de Bretigny (Seine-&-Oise), arrondissement de Corbeil, canton d'Arpajon (1).

Fonte (terra de), apud Longum Pontem. *La Fontaine*, appelée à partir du XIIme siècle : *Fontaine Dame-Hodierne*, sur le territoire de Longpont (Seine-&-Oise), arrondissement de Corbeil, canton de Longjumeau.

---

(1) Il y avait, dit l'abbé Lebœuf (XI, 286), à Bretigny, dans l'intérieur même du village, un autre fief, également possédé par les moines de Longpont & qu'on appelait *Fontaine* ou *Fontaine-lez-Bretigny*. Il ne faut pas le confondre avec le fief plus important & plus connu de *La Fontaine*.

Fontenella, Fontenellœ, Funtenellœ. Ce lieu de *Fontenellœ* paraît être le même que *Fontanœ* ou *la Fontaine* mentionné plus haut. Voyez : Fontanœ.

Eorgiœ. *Forges* ou *Forges-les-Bains* (Seine-&-Oise), arrondissement de Rambouillet, canton de Limours.

Fous ?

Fresnes, Fretnes. 1° *Fresnes-lez-Rungis* (Seine), arrondissement de Sceaux, canton de Villejuif ; 2° *Fresnes*, commune de Bretigny (Seine-&-Oise), arrondissement de Corbeil, canton d'Arpajon. — D'après l'abbé Lebeuf *(Histoire du diocèse de Paris*, XI, 273), le hameau de Fresnes portait primitivement le nom de *Marcheftue* ou *Marchaiftué*, qu'il traduit ainsi : *marais tari* ou *desséché*. Voyez plus bas : *Marcheftue*.

Fulcœ ?

Fulchodiœ, Fulcoiœ. *Fourcherolles* ou *Foucherolles*, commune de Palaiseau (Seine-&-Oise), arrondissement de Versailles, canton de Palaiseau.

Funtenellœ. Voyez : Fontenellœ.

G

Galardo. *Gallardon* (Eure-&-Loir), arrondissement de Chartres, canton de Maintenon.

Gandramuler. Peut-être *Muleron ?* commune de Janvry (Seine-&-Oise), arrondissement de Rambouillet, canton de Limours ; ou bien : *Gandré* ou *Gondré (ferme de) ?* commune de Morsang-sur-Seine (Seine-&-Oise), arrondissement & canton de Corbeil.

Garlanda. *Garlande* (ancien fief de), situé sur le territoire de Bagneux (Seine), arrondissement & canton de Sceaux. Il a complètement disparu & le nom même n'a pas été conservé.

Garnevesin, Garnulvisin, Guarnoveisin. *Garnevoisin* & *Guarnoversin* (1). Deux petits hameaux limitrophes, dépendant de la commune de Limours (Seine-&-Oise), arrondissement de Rambouillet, canton de Limours.

Genveriœ. *Janvry*, (anciennement *Janvries*) (Seine-&-Oise), arrondissement de Rambouillet, canton de Limours.

Genulium. *Chenoul ?* (Seine-&-Marne), arrondissement de Fontainebleau, canton de Château-Landon.

Gigni. Voyez : Grini, Grinni.

Gislevilla ?

Givisi, Givisiacum, Gyvisi. *Juvisy* (Seine-&-Oise), arrondissement de Corbeil, canton de Longjumeau.

Glagileium ?

Gomecium, Gomez, Gumecium, Gumetz, Gumez. *Gometz-la-Ville* & *Gometz-le-Châtel* (Seine-&-Oise), arrondissement de Rambouillet, canton de Limours.

Gozon (terra de) ?

Gravini. *Gravigny* (Seine-&-Oise), arrondissement de Corbeil, canton & commune de Longjumeau.

Grini, Grinni, Gigni. *Grigny* (Seine-&-Oise), arrondissement de Corbeil, canton de Longjumeau.

Groetellum ; Groetello *vel* Grootello (molendinum de). *Groteau (le moulin)*, commune de Longpont (Seine-&-Oise), arrondissement de Corbeil, canton de Longjumeau.

---

(1) Ces deux hameaux, mentionnés par l'abbé Lebeuf (*Hist. du Dioc. de Paris*, IX, 188), avec la désignation d'*écarts*, ne figurent pas sur la carte de l'État-major.

Grunlupus. *Grandlup?* commune de Grandlup-&-Fay (Aisne), arrondissement de Laon, canton de Marle.

Guadum Petrosum. Voyez : Vadum Petrosum.

Guarnovesin. Voyez : Garnevesin.

Guicha. *La Guiche (le bois de)*, commune de Coudray-Montceaux (Seine-&-Oise), arrondissement & canton de Corbeil.

Guillervilla. *Guillerville*, commune de Linas (Seine-&-Oise), arrondissement de Corbeil, canton d'Arpajon.

Gumetz, Gumez, Gumecium. Voyez : Gomecium, Gomez.

Gyvisi. Voyez : Givisi, Givisiacum.

H

Hierosolima, Hierusalem, Voyez : Jerosolima, Jherosolima.

Hierra, Edera. *Yerres* (Seine-&-Oise), arrondissement de Corbeil, canton de Boissy-Saint-Léger.

Hierusalem. Voyez : Jerosolima, Jherosolima.

Holandum ?

Hubraca ?

I

Ingenvilla. *Engenville* (Loiret), arrondissement de Pithiviers, canton de Malesherbes.

Ivri. *Ivry-sur-Seine* (Seine), arrondissement de Sceaux, canton de Villejuif.

Ivrini. Voyez : Virini.

J

Jerosolima, Jherosolima, Jerusalem, Jherusalem, Hierosolima, Hierusalem. *Jérusalem* (Palestine).

Joi. *Jouy-en-Josas* (Seine-&-Oise), arrondissement & canton de Versailles.

Jorria. *Jouars*, commune de Jouars-Pontchartrain (Seine-&-Oise), arrondissement de Rambouillet, canton de Chevreuse.

Juis?

Junvilla. *Jonville*, commune de Saint-Fargeau (Seine-&-Marne), arrondissement & canton de Melun.

L

Lachieinrem *ou* la Chiein Rem. Nous supposons que ce nom barbare, mal transcrit par le scribe du Cartulaire, qui n'avait pu déchiffrer convenablement le texte de la charte originale, doit s'appliquer à la ferme appelée le *Chêne-Rond*, commune de Marcoussis (Seine-&-Oise), arrondissement de Rambouillet, canton de Limours.

Lai. *L'Hay* (Seine), arrondissement de Sceaux, canton de Villejuif.

Larziacus, Larzi. *Lardy* (Seine-&-Oise), arrondissement d'Etampes, canton de la Ferté-Alais.

Ledevilla, Lodevilla, Ludevilla. *Leudeville* (Seine-&-Oise), arrondissement de Corbeil, canton d'Arpajon.

Lers. *Liers*, commune de Sainte-Geneviève-des-Bois (Seine-&-Oise), arrondissement de Corbeil, canton de Longjumeau.

Licæ, Liciæ. *Lisses* ou *Lices* (Seine-&-Oise), arrondissement & canton de Corbeil.

Limos, Limoas, Limous, Lymois. *Limours*, anciennement *Limoux* (Seine-&-Oise), arrondissement de Rambouillet, canton de Limours.

Linais, Lynais. *Linas* (Seine-&-Oise), arrondissement de Corbeil, canton d'Arpajon.

Lintei?

Lodevilla. Voyez : Ledevilla.

Longus Pons. *Longpont* (Seine-&-Oise), arrondissement de Corbeil, canton de Longjumeau.

Longus Pons de Lysui, Lysii vel Lysiu. *Lysiu*, nom donné au XIIe siècle à un écart de la paroisse de Longpont, aujourd'hui disparu: (Seine-&-Oise), arrondissement de Corbeil, canton de Longjumeau.

Lucens. Voyez : Luisant.

Ludevilla. Voyez : Ledevilla.

Lugvilla. Voyez : Lunvilla.

Luisant, Parvum Luisant, Lucens?

Lunvilla, Lugvilla. *Leuville* (Seine-&-Oise), arrondissement de Corbeil, canton d'Arpajon.

Lupini. *Louvigny?* (Calvados), arrondissement & canton de Caen.

Lupi Fossa?

Lusarchiæ. *Luzarches* (Seine-&-Oise), arrondissement de Pontoise, canton de Luzarches.

Luxoviensis (diœcesis). *Lisieux* (diocèse de), chef-lieu d'arrondissement du département du Calvados.

Lymois. Voyez : Limos.

Lynais. Voyez : Linais.

M

Machi, Machiacum. Voyez : Maci, Maciacum.

Maci, Maciacum, Machi, Machiacum, Masci. *Massy* ou *Macy* (Seine-&-Oise), arrondissement de Corbeil, canton de Longjumeau.

Maldestor. *Maudétour* ou *Mondétour*, commune d'Orsay (Seine-&-Oise), arrondissement de Versailles, canton de Palaiseau.

Mallei?

Maltraval?

Mandavilla. Voyez : Mundavilla.

Manus Firma. Peut-être *Bras-de-Fer?* commune d'Evry-sur-Seine (Seine-&-Oise), arrondissement & canton de Corbeil.

Marchestue. *Marchestue* ou *Marchaistué*, nom primitif du hameau de *Fresnes*, commune de Bretigny (Seine-&-Oise), arrondissement de Corbeil, canton d'Arpajon. Voyez plus haut : Fresnes, Fretnes, 2°.

Marchociæ. Voyez : Marcociæ.

Marciliacum. *Marcilly?* (Seine-&-Marne), arrondissement de Meaux, canton de Lizy-sur-Ourcq.

Marcociæ, Marchociæ, Marcolciæ. *Marcoussis* (Seine-&-Oise), arrondissement de Rambouillet, canton de Limours.

Masci. Voyez : Maci, Maciacum.

Masseria. *Mezières* ou *Maizières?* commune de Buno-Bonnevaux; ou peut-être *Maisse?* (Seine-&-Oise), arrondissement d'Etampes, canton de Milly.

Mauriacum. Voyez : Mauriniacum.

Mauriniacum, Mauriacum, Mauriniacensis (abbatia). *Morigny* ou *Morigny-Champigny* (Seine-&-Oise), arrondissement & canton d'Etampes. *Morigny* (l'abbaye de), de l'ordre de Saint-Benoît, au diocèse de Sens.

Medenta. *Mantes*, chef-lieu d'arrondissement du département de Seine-&-Oise.

Merlum. *Chantemerle?* commune d'Essonnes (Seine-&-Oise), arrondissement & canton de Corbeil.

Merrolæ. *Marolles-en-Hurepoix* (Seine-&-Oise), arrondissement de Corbeil, canton d'Arpajon.

Mesnil. *Le Mesnil*, commune de Longpont (Seine-&-Oise), arrondissement de Corbeil, canton de Longjumeau.

Mesnil apud Britiniacum. *Le Mesnil*, commune de Bretigny (Seine-&-Oise), arrondissement de Corbeil, canton d'Arpajon.

Mesniliacum Ansberti. Vraisemblablement *le Mesnil*, commune de Marcoussis (Seine-&-Oise), arrondissement de Rambouillet, canton de Limours.

Mileium, Miliacum. Voyez : Milleium, Milliacum.

Milidunum. *Melun*, chef-lieu du département de Seine-&-Marne.

Milleium, Milliacum, Mileium, Miliacum. *Milly* (Seine-&-Oise), arrondissement d'Etampes, canton de Milly.

Moncellum. 1° *Montceaux*, commune de Coudray-Montceaux (Seine-&-Oise), arrondissement & canton de Corbeil ; 2° *Monceaux-en-Auge* (Calvados), arrondissement & canton de Lisieux.

Mons Fortis, Munfort. *Montfort-l'Amaury* (Seine-&-Oise), arrondissement de Versailles, canton de Montfort-l'Amaury.

Mons Gaius. *Montjay*, commune de Bures (Seine-&-Oise), arrondissement de Versailles, canton de Palaiseau.

Mons Lehericus, Mons Leherius, Mons Lethericus, Mons Leterius, Mons Letherius, Mons Leterius. *Montlhéry* (Seine-&-Oise), arrondissement de Corbeil, canton d'Arpajon.

Mons Oberti, Montobertum. *Montobert* ou *Montaubert*, commune de Vert-le-Grand (Seine-&-Oise), arrondissement de Corbeil, canton d'Arpajon.

Mons Sancti Petri. *Saint-Pierre* (Seine-&-Oise), arrondissement d'Etampes, canton & commune de Milly.

Monstrelli. *Montreuil* (Seine-&-Oise), arrondissement, canton & commune de Versailles.

Montatum. *Montubot*, commune de Linas (Seine-&-Oise), arrondissement de Corbeil, canton d'Arpajon.

Monteclein. *Montéclin*, commune de Bièvres (Seine-&-Oise), arrondissement de Versailles, canton de Palaiseau.

Morcencum, Morfeng, Murcene, Murceng. *Morsang-sur-Orge* (Seine-&-Oise), arrondissement de Corbeil, canton de Longjumeau.

Montiniacum. *Montigny-le-Bretonneux?* (Seine-&-Oise), arrondissement & canton de Versailles.

Montobertum. Voyez : Mons Oberti.

Moressart ?

Moretum. *Moret* (Seine-&-Oise), arrondissement d'Etampes, canton & commune de Méréville.

Morfeng. Voyez : Morcencum.

Mortemer, Mortuum Mare ?

Munfort. Voyez : Mons Fortis.

Mundavilla, Mandavilla. *Mondeville* (Seine-&-Oise), arrondissement d'Etampes, canton de la Ferté-Alais.

Munteler ?

Murcene, Murceng. Voyez : Morcencum.

Murus. *Murs?* commune d'Egreville (Seine-&-Marne), arrondissement de Fontainebleau, canton de Lorrez-le-Bocage.

N

Nateio (terra de), apud Orengiacum ?

Nodus de Hua ?

Noereium. Voyez : Nooreium.

Nogemel, Nogemellum, Nongemel, Nongemellum, Nugemellum. *Longjumeau* (Seine-&-Oise), arrondissement de Corbeil, canton de Longjumeau.

Nooreium, Noorium, Noereium. *Nozay* (Seine-&-Oise), arrondissement de Versailles, canton de Palaiseau.

Norvilla, Novilla (la), Nulvilla (la). *La Norville* (Seine-&-Oise), arrondissement de Corbeil, canton d'Arpajon.

Nugemellum. Voyez : Nogemel, Nogemellum.

Nulvilla (la). Voyez : Norvilla.

O

Ophergiæ, Orphegiæ. *Auffargis* (Seine-&-Oise), arrondissement & canton de Rambouillet.

Orceacum, Orciacum. *Orçay* ou *Orsay* (Seine-&-Oise), arrondissement de Versailles, canton de Palaiseau.

Orengi, Orengiacum, Oringiacum. *Orangis*, commune de Ris-Orangis (Seine-&-Oise), arrondissement & canton de Corbeil.

Orli. *Orly* (Seine), arrondissement de Sceaux, canton de Villejuif.

Orphegiæ. Voyez : Ophergiæ.

Ostrunvilla. *Outronville* ou *Outrouville*, commune d'Allaines (Eure-&-Loir), arrondissement de Chartres, canton de Janville.

Ouriacum, mauvaise leçon pour Viriacum. *Viry.* Voyez : Viri, Viriacum.

P

Palaciolum, Paleisol, Palcisolum, Palesiacum, Paleseolum, Palesiolum, Palesol, Palesolium. *Palaiseau* (Seine-&-Oise), arrondissement de Versailles, canton de Palaiseau.

Paleisolum, Paleseolum, Palesiacum, Palesolium. Voyez : Palaciolum.

Palvello (portus de). Peut-être le *Pavillon?* commune d'Etioles (Seine-&-Oise,) arrondissement et canton de Corbeil.

Papini villa, Papunvilla. *Papinville* ou *Paponville*, commune de Sainte-Escobille (Seine-&-Oise), arrondissement de Rambouillet, canton de Dourdan.

Papunvilla. Voyez : Papini villa.

Parisius, Parisiensis (diœcesis). *Paris* & le diocèse de *Paris*.

Parvum Luisant. Voyez : Luisant, Lucens.

Parvus pons, Parisiis. *Le Petit pont, à Paris*.

Perolium. Voyez : Perrolium.

Perre. Voyez : Perrolium.

Perrolium, Perolium, Perre, Petrorium. *Le Perray* ou *Perroy*, commune de Sainte-Geneviève-des-Bois (Seine-&-Oise), arrondissement de Corbeil, canton de Longjumeau.

Petra Omesia ?

Petrorium. Voyez : Perrolium.

Petrosum. Voyez : Vadum Petrosum.

Pireriis (terra de), prope Orceacum ?

Piscofæ. *Pecqueuse*, (Seine-&-Oise), arrondissement de Rambouillet, canton de Limours.

Planci. *Plancy*, (Aube), arrondissement d'Arcis-sur-Aube, canton de Méry-sur-Seine.

Plaorium. *Plailly ?* (Oise), arrondissement & canton de Senlis.

Pleseiz, Plesseiz, Plesseium, Plessacum. 1° *Le Plessis-Paté* (Seine-&-Oise), arrondissement de Corbeil, canton de Longjumeau; 2° *Plessis-le-Comte* commune de Fleury-Mérogis, (Seine-&-

Oife), arrondiffement de Corbeil, canton de Longjumeau.

Ponte Ulfentia (prioratus de) ?

Puteolum, *Puifeaux* ? (Loiret), arrondiffement de Pithiviers, canton de Puifeaux.

R

Reiis, Riis. *Ris*, commune de Ris-Orangis (Seine-&-Oife), arrondiffement & canton de Corbeil.

Richevilla. *Richeville*, commune de Vauhalland (Seine-&-Oife, arrondiffement de Verfailles, canton de Palaifeau.

Riis. Voyez : Reiis.

Roferiæ. *Rofières*, commune de Bretigny (Seine-&-Oife), arrondiffemeut de Corbeil, canton d'Arpajon.

Rofxillun (nemus) ?

Rua. *La Rue*, commune d'Orfay (Seine-&-Oife), arrondiffement de Verfailles, canton de Palaifeau.

Rubernun. *Libernon* ou *Ribernon*, commune d'Orfay (Seine-&-Oife), arrondiffement de Verfailles, canton de Palaifeau.

Ruber Mons. *Montrouge* (Seine), arrondiffement & canton de Sceaux.

Ruellæ. *Les Ruelles*, commune de Mittainville (Seine-&-Oife, arrondiffement & canton de Rambouillet.

Rupes. *Les Roches*, commune de Bièvres (Seine-&-Oife), arrondiffement de Verfailles, canton de Palaifeau.

Rupes Fortis. *Rochefort* (Seine-&-Oife), arrondiffement de Rambouillet, canton de Dourdan.

S

Salces, Salciacum, Salcium, Salices, Saulz, Sauz. *Saulx* ou *Saulx-les-Chartreux* (Seine-&-Oife), arrondiffement de Corbeil, canton de Longjumeau.

Sauciel. *Saucelle* ou *Saucelles*, commune de Prunay (Seine-&-Oife), arrondiffement d'Etampes, canton de Milly.

Saulz, Sauz. Voyez : Salces, Salciacum.

Savigni, Savigniacus, Savini, Saviniacus. *Savigny-fur-Orge* (Seine-&-Oife), arrondiffement de Corbeil, canton de Longjumeau.

Senonenfis (archiepifcopatus). *Sens* (archevêché de), chef-lieu d'arrondiffement du département de l'Yonne.

Servum. *Servon* (Seine-&-Marne), arrondiffement de Melun, canton de Brie-Comte-Robert.

Sefiacum, Soifi. *Soify-fous-Etiolles* (Seine-&-Oife), arrondiffement & canton de Corbeil.

Signia. *Segni* (Italie), anciens Etats pontificaux, patrimoine de Saint-Pierre.

Silvaneêtenfe (territorium). *Senlis* (diocèfe de), chef-lieu d'arrondiffement du départemeni de l'Oife.

Siquiniacus, filva. *Séguigny* (la forêt de), s'étendant le long de la vallée de l'Orge, en face de la tour de Montlhéry, entre les villages de Villiers-fur-Orge, Saint-Michel-fur-Orge, Sainte-Geneviève-des-Bois & Grigny: (Seine-&-Oife), arrondiffement de Corbeil, cantons de Longjumeau & d'Arpajon.

Soifi. Voyez : Sefiacum.

Solini, Soliniacum, Soliniacus. On ne fait à quel lieu moderne appliquer ce nom de *Soliniacum*. L'abbé Lebeuf

(*Histoire du Diocèse de Paris*, x, 150) propose, mais avec grande hésitation & sans donner de raisons à l'appui de son attribution, de donner le nom de *Soliniacum* au village de *Marolles-en-Hurepoix* (Seine-&-Oise), arrondissement de Corbeil, canton d'Arpajon.

Sollarium. *Soulaire* ou *Solaire*, aujourd'hui *Solers* (Seine-&-Marne), arrondissement de Melun, canton de Tournan.

Sparniacum : paraît être le même lieu que *Espinolium* ou *Epinay-sur-Orge*. Voyez : Espinolium.

Spina. *L'Epine*, commune de Saint-Vrain (Seine-&-Oise), arrondissement de Corbeil, canton d'Arpajon.

Spinolium. Voyez : Espinolium.

Stampæ. *Etampes*, chef-lieu d'arrondissement du département de Seine-&-Oise.

Summum villæ, locus apud Britiniacum ?

Sanctæ Genovefæ Parisiensis (ecclesia). *Sainte-Geneviève* (l'abbaye de), à Paris.

Sanctus Arnulfus de Toca vel Tocha. *Saint-Arnoul-lez-Touques* (Calvados), arrondissement & canton de Pont-l'Evêque.

Sancti Exuperii (ecclesia). *Saint-Spire* (église collégiale de), à Corbeil, chef-lieu d'arrondissement du département de Seine-&-Oise.

Sancti Juliani Parisiensis (capella). *Saint-Julien-le-Pauvre* (chapelle & prieuré de), à Paris : aujourd'hui dépendance & chapelle paroissiale de l'Hôtel-Dieu.

Sancti Martini de Campis Parisiensis (prioratus). *Saint-Martin-des-Champs* (prieuré de), à Paris : aujourd'hui le Conservatoire des Arts-&-Métiers.

Sanctus Medericus ; Sancti Mederici (ecclesia). *Saint-Merry* (église collégiale & paroissiale de), à Linas (Seine-&-Oise), arrondissement de Corbeil, canton d'Arpajon.

Sancti Mederici de Linais (ecclesia). Voyez : Sanctus Medericus.

Sanctus Michael. *Saint-Michel-sur-Orge* (Seine-&-Oise), arrondissement de Corbeil, canton d'Arpajon.

Sanctus Philibertus. *Saint-Philibert*, commune de Bretigny (Seine-&-Oise), arrondissement de Corbeil, canton d'Arpajon.

Sanctus Verianus. *Saint-Verain* ou *Vrain* (Seine-&-Oise), arrondissement de Corbeil, canton d'Arpajon.

Sancti Victoris Parisiensis (capitulum). *Saint-Victor* (abbaye de), à Paris.

Sanctus Wenaylus. *Saint-Guénault* (primitivement prieuré, puis église paroissiale de), à Corbeil, chef-lieu d'arrondissement du département de Seine-&-Oise.

Sanctus Yonius. *Saint-Yon* (Seine-&-Oise), arrondissement de Rambouillet, canton de Dourdan.

T

Tegeriacum, Tigeriacum. *Tigery* (Seine-&-Oise), arrondissement et canton de Corbeil.

Terciacum. *Etrechy*. Voyez : Estrichiacus, Estrichium.

Tesheriæ ? D'après les termes de la charte unique qui nous fournit ce nom de lieu, & desquels il y a lieu de conclure qu'il était très-voisin de Vitry-sur-Seine, ne pourrait-on pas reconnaître, sous cette forme latine fort altérée, le nom du village de *Thiais*, qui, si nous en croyons l'abbé Lebeuf (XII, 158), a été quelquefois écrit :

Thiars & Thiairs? (Seine), arrondissement de Sceaux, canton de Villejuif.

Thoca. Voyez : Tocha.

Tigeriacum. Voyez : Tegeriacum.

Tivillo. ?

Tocha, Thoca. *Touques* (Calvados), arrondissement & canton de Pont-l'Evêque.

Torinni. *Torigny*, & aujourd'hui, par corruption, *Trotigny* (Seine &-Oise), arrondissement de Rambouillet, canton & commune de Chevreuse.

Tossum. *Tousson* (Seine-&-Marne), arrondissement de Fontainebleau, canton de la Chapelle-la-Reine.

Trecassina urbs. *Troyes*, chef-lieu du département de l'Aube.

Triagnellum. *Trainel* (Aube), arrondissement & canton de Nogent-sur-Seine.

Trofolium. *Trousseau*, commune de Ris-Orangis (Seine-&-Oise), arrondissement & canton de Corbeil.

Turnonium. *Tournan* (Seine-&-Marne), arrondissement de Melun, canton de Tournan.

Turrris. *La Tour*, commune de Tigery (Seine-&-Oise), arrondissement & canton de Corbeil.

V

Vadum Petrosum, Guadum Petrosum. *le Guêpéreux* ou *Guipéreux*, commune de Longpont (Seine-&-Oise), arrondissement de Corbeil, canton de Longjumeau.

Valaro, Valarro, Vaularro. *Valaron* ou *Vaularron*, appelé aussi *Varilles*, commune de Marcoussis (Seine-&-Oise), arrondissement de Rambouillet, canton de Limours.

Valbuini (Vallis). Voyez : Vallis Baen, Vallis Valbuini.

Valentun. *Valenton* (Seine-&-Oise), arrondissement de Corbeil, canton de Boissy-Saint-Léger.

Vallis. *La Vallée*, commune de Saint-Vrain (Seine-&-Oise), arrondissement de Corbeil, canton d'Arpajon.

Valles. *Vaux*, aujourd'hui *Grandvaux*, commune de Savigny-sur-Orge (Seine-&-Oise), arrondissement de Corbeil, canton de Longjumeau.

Vallis Baen, Vallis Valbuini, Valbuini (Vallis). *Vaubayen* ou *Vauboyen*, commune de Bièvres (Seine-&-Oise), arrondissement de Versailles, canton de Palaiseau.

Vallis Grignosa, Vallis Grinosa. *Vaugrigneuse* (Seine-&-Oise), arrondissement de Rambouillet, canton de Limours.

Vallis Herlandi. *Vauhallan* (Seine-&-Oise), arrondissement de Versailles, canton de Palaiseau.

Vallis Valbuini. Voyez : Vallis Baen.

Venelacum ?

Ver, Vers, Ver Magnum. *Vert-le-Grand* (Seine-&-Oise), arrondissement de Corbeil, canton d'Arpajon.

Ver Parvum. *Vert-le-Petit* (Seine-&-Oise), arrondissement de Corbeil, canton d'Arpajon.

Versaliæ. *Versailles*, chef-lieu du département de Seine-&-Oise.

Viceorium, Vizeorium, Vizoor. *Wissous* (Seine-&-Oise), arrondissement de Corbeil, canton de Longjumeau.

Vicinum. *Voisins* ou *Voisins-le-Bretonneux* (Seine-&-Oise), arrondissement de Rambouillet, canton de Chevreuse.

Vilarcel. Voyez : Villarcel.

Vilebosein. Voyez : Villabofen.

Vilers. Voyez : Villaris, Villers.

Villa Abbatis, Abbatis Villa. *Villabé*

(Seine-&-Oife), arrondiffement & canton de Corbeil.

Villa Bona. *Villebon* (Seine-&-Oife), arrondiffement de Verfailles, canton de Palaifeau.

Villabofen, Vilebofein. *Villebouʒin*, commune de Longpont (Seine-&-Oife), arrondiffement de Corbeil, canton de Longjumeau.

Villa Judea. *Villejuif* (Seine), arrondiffement de Sceaux, canton de Villejuif.

Villa Jufta. *Villejuft* (Seine-&-Oife), arrondiffement de Verfailles, canton de Palaifeau.

Villa Leheria. *Villeʒière*, commune de Gometz-le-Châtel (Seine-&-Oife), arrondiffement de Rambouillet, canton de Limours.

Villa Moiffon, Villa Moiffun, Villa Muiffon, Villa Muiffun, Villa Muffun. *Villemoiffon* (Seine-&-Oife), arrondiffement de Corbeil, canton de Longjumeau.

Villa Nova. Voyez : Villa Nova Regia.

Villa Nova Regia, Villa Nova. *Villeneuve-le-Roi* (Seine-&-Oife), arrondiffement de Corbeil, canton de Longjumeau.

Villa Peror. *Villepreux* (Seine-&-Oife), arrondiffement de Verfailles, canton de Marly-le-Roi.

Villa Romanaria, Villa Romenor. *Villemeneux?* (Seine-&-Marne), arrondiffement de Melun, canton & commune de Brie-Comte-Robert.

Villamor. *Villemaur* (Aube), arrondiffement de Troyes, canton d'Eftiffac.

Villarat. *Villeras*, commune de Saclay, (Seine-&-Oife), arrondiffement de Verfailles, canton de Palaifeau.

Villarcel, Vilarcel. *Villarceaux*, commune de Nozay (Seine-&-Oife), arrondiffement de Verfailles, canton de Palaifeau.

Villaris, Villerium, Villers, Vilers. 1° *Villiers-fur-Orge* (Seine-&-Oife), arrondiffement de Corbeil canton de Longjumeau; 2° *Villiers*, commune de Nozay (Seine-&-Oife), arrondiffement de Verfailles, canton de Palaifeau; 3° *Villiers-en-Bière* (Seine-&-Marne), arrondiffement & canton de Melun.

Viri, Viriacum, Ouriacum. *Viry* ou *Viry-Châtillon* (Seine-&-Oife), arrondiffement de Corbeil, canton de Longjumeau.

Virini, Ivrini. *Vrigny-aux-Bois* (Loiret), arrondiffement & canton de Pithiviers.

Virzeliaci (abbatia). *Véʒelay* (abbaye de), (Yonne), arrondiffement d'Avallon, canton de Vézelay.

Vitri, Vitrium. *Vitry-fur-Seine* (Seine), arrondiffement de Sceaux, canton de Villejuif.

Viverii. *Viviers*, aujourd'hui le *Grand-Vivier*, commune d'Orfay (Seine-&-Oife), arrondiffement de Verfailles, canton de Palaifeau.

Vizeorium, Vizoor. Voyez : Viceorium.

Vova. *La Vove* (Eure-&-Loir), arrondiffement de Châteaudun, canton de Brou.

TABLE DES MATIÈRES

	Pages
Introduction	5
Catalogue des Prieurs de Notre-Dame de Longpont	55
Texte du Cartulaire	59
Inventaire des Titres du Prieuré de Longpont. — Table du Cartulaire n° 1	277
Table générale	291
Dictionnaire géographique	355

www.ingramcontent.com/pod-product-compliance
Lightning Source LLC
Chambersburg PA
CBHW050258170426
43202CB00011B/1735